2ª edição - Maio de 2025

**Coordenação editorial**
Ronaldo A. Sperdutti

**Preparação de originais**
Marcelo Cezar

**Capa**
Juliana Mollinari

Proibida a reprodução total ou parcial desta obra sem prévia autorização da editora.

**Imagem Capa**
Shutterstock

© 2021-2025 by Boa Nova Editora.

**Projeto gráfico e diagramação**
Juliana Mollinari

Av. Porto Ferreira, 1031 | Parque Iracema
CEP 15809-020 | Catanduva-SP
17 3531.4444

**Assistente editorial**
Ana Maria Rael Gambarini

www.**lumeneditorial**.com.br
www.**boanova**.net

**Impressão**
Gráfica Loyola

atendimento@lumeneditorial.com.br
boanova@boanova.net

---

**Dados Internacionais de Catalogação na Publicação (CIP)**
**(Câmara Brasileira do Livro, SP, Brasil)**

Leonel (Espírito)
    Apesar de tudo-- / ditado por Leonel ;
[psicografado por] Mônica de Castro. -- 1. ed. --
Catanduva, SP : Lúmen Editorial, 2021.

    ISBN 978-65-5792-017-6

    1. Obras pscicografadas 2. Romance espírita
I. Castro, Mônica de. II. Título.

21-77082                                    CDD-133.9

**Índices para catálogo sistemático:**

1. Romance espírita    133.9

Eliete Marques da Silva - Bibliotecária - CRB-8/9380

Impresso no Brasil – Printed in Brazil
02-05-25-1.000-4.000

# Apesar de tudo...

## Mônica de Castro
Romance pelo espírito **Leonel**

LÚMEN
EDITORIAL

# Capítulo 1

O céu cinzento era prenúncio de que muita chuva ia cair naquele fim de domingo. Leontina estugou o passo, na tentativa de iniciar a subida até sua casa antes do temporal. Com as águas rolando, a lama desceria morro abaixo, tornando praticamente impossível subir sem um escorregão ou um tombo no lamaceiro.

— Vamos logo, Clementina — falou para a irmã. — Vai desabar um pé d'água.

Estranhamente, Clementina havia estacado diante de um latão de lixo. Parecendo oscilar entre a repulsa e a curiosidade, remexia em seu interior com a pontinha dos dedos. Leontina parou também e se aproximou, maldizendo Romualdo, que punha a cabeça da irmã naquele desatino. Na certa, ele havia ameaçado ir embora novamente, deixando Clementina feito uma doida sem raciocínio. Será que nem o culto daquela noite servira para pôr um pouco de juízo na cabeça daquela doidivanas?

— Mas o que foi que deu em você, Clementina? — reclamou, tentando puxar a irmã pelo braço. — Quer ficar toda ensopada? Olhe que já está relampejando.

Um raio despencou nas cercanias, e o estrondo ensurdecedor do trovão que o seguiu causou um calafrio em Leontina. Ela se encolheu e clamou baixinho por Deus, deixando o olhar perdido no céu por uns instantes, tentando adivinhar onde caíra aquele relâmpago. Esperava, sinceramente, que não houvesse sido perto de sua casa. Mais um sacolejo e o barraco não resistiria: viria ao chão feito um caixote desmantelado.

Ela se virou para a irmã, ainda segurando-lhe o braço mas, antes que pudesse dizer novamente *venha*, ouviu um choro miudinho partindo de algum lugar abaixo delas.

— Ué! — exprimiu impressionada. — Será que tem alma do outro mundo por aqui? Acho melhor a gente ir, Clementina. Já estou até ouvindo coisas.

— Fique quieta, Leontina! — exasperou-se a outra. — Será possível que você ainda não notou?

— Ainda não notei o quê...?

A pergunta ficou no ar, a resposta não veio. Seguindo a direção do dedo da irmã, Leontina estacou estupefata. Na mesma hora, grossos pingos de chuva começaram a cair, e ela apertou a bíblia de encontro ao peito, segurando na garganta o grito de susto que por pouco não deixou explodir.

— Meu Jesus Cristinho! — exclamou, por fim. — Isso é o que eu estou pensando que é?

Ainda sem responder, Clementina afastou o trapo engordurado e puxou cuidadosamente o corpinho retorcido de um bebê. Ele soluçava baixinho, fraco demais para expressar no pranto a fome que a barriga sentia. Clementina entregou sua bíblia para a irmã e acomodou o bebê nu em seu colo. Imediatamente, a criança começou a balançar a cabeça, como se buscasse alimento no seio sem leite de Clementina.

— Ele está com fome e com frio — constatou ela, protegendo-o com o próprio corpo. — E todo sujo, cheio de assaduras! Venha, vamos levá-lo daqui.

Sem dizer nada, as duas dispararam pela rua, iniciando a subida da ladeira que dava acesso ao morro. A chuva engrossava a cada instante, raios se precipitavam por toda parte, seguidos da barulheira infernal da trovoada. Como a criança, assustada, começou a gemer baixinho, Clementina tentou proteger seus ouvidos, para que ela não se incomodasse tanto com os ensurdecedores trovões.

Por sorte o barraco de Clementina não era muito lá no alto, e elas logo entraram correndo, respingando lama no cimento da sala. Clementina levou o bebê para o quarto e deitou-o na cama. Ele estava completamente nu, o corpinho trêmulo roxo de frio.

— Coitado! — apiedou-se Leontina. — Quem será que teve a coragem de fazer uma malvadeza dessas?

— Não temos tempo para pensar nisso agora — respondeu Clementina, enquanto apanhava no armário um cobertor furado e o deitava sobre o menino. — O mais importante é aquecê-lo e dar-lhe de comer.

— E ele come o quê? É tão pequenininho...

— Deve beber leite. Vou esquentar um pouco. E água para lavá-lo.

— Como é que você vai dar de mamar a ele? Precisa de uma mamadeira. E quem é que vai sair nessa chuva para comprar uma? — o olhar de súplica de Clementina já dizia tudo, e ela objetou: — Ah! Não, nem pensar! Eu é que não vou sair nesse aguaceiro!

— Por favor, Leontina. Ele vai morrer!

— Vá você, então. Eu fico aqui, tomando conta dele. Dou-lhe banho e tudo.

*Apesar de tudo...*

— E se o Romualdo chegar? O que é que você vai dizer a ele?

— Que você foi até a farmácia e já volta.

— Como vai explicar o bebê?

— Digo que o encontramos na lata de lixo, ué!

— Ah! Leontina, por favor. Faça isso por mim, eu imploro. Não quero deixar o menino sozinho.

— Acho que o melhor é a gente entregá-lo à polícia.

— Depois pensamos nisso. Agora, o importante, é fazê-lo comer. Olhe só o coitadinho. Além de roxo, está magrinho que só. As costelinhas estão até grudadas na pele.

Vendo a magreza do menino, Leontina se deu por vencida. Levantou-se de um salto e falou, impaciente:

— Está bem, está bem. Vou à farmácia. Mas quem vai pagar a mamadeira é você.

Com um sorriso de vitória, Clementina puxou a bolsa de cima do armário e abriu-a, contando as notas com cuidado, para se certificar de que não faltava nenhuma.

— Aqui — disse ela, estendendo o dinheiro para a irmã. — Traga uma bem baratinha. E se lá vender fraldas, compre um pacotinho também.

— Descartáveis?

— É claro que não! Fralda descartável é muito caro. Traga um pacote de pano mesmo.

Lá se foi Leontina, debaixo de chuva, comprar mamadeira e fraldas para o bebê. Enquanto a aguardava, Clementina admirava a criança, orando a Jesus para que a salvasse. Era um bebê tão bonitinho! Escurinho, da cor do Romualdo. Bem podia ser filho dele. E dela...

O pensamento foi tão rápido que Clementina quase não o percebeu. Já pensava no bebê como se fosse seu filho. E por que não poderia ser? A mãe o abandonara, o jogara no lixo. Por que ela, que o encontrara, não podia ser a mãe dele?

Procurando não pensar naquilo, levantou-se para esquentar a água e o leite. A leiteira estava quase vazia, mas ainda havia o suficiente para alimentar a criança. Ela acendeu o fogão e pôs o leite em uma boca, colocando, em outra, uma chaleira com água. Sentou-se à mesa para esperar, de olho no bebê. De onde estava, podia avistar o quarto, contíguo à sala que também servia de cozinha. Do outro lado, um banheiro minúsculo e, ao fundo, um pequeno quintal.

O leite era tão pouco que logo esquentou. A água demorou um pouco mais. Clementina apagou o fogo, voltou para o quarto com a chaleira e derramou a água morna numa bacia. O bebê estava de olhos fechados, tão quieto que ela temeu que tivesse morrido. Ela colocou a mão debaixo do seu nariz, para sentir-lhe a respiração que, de tão fraca, parecia que ia sumir. O peito ossudo subia e descia regularmente, embora sem muito vigor. Teve medo de que ele não resistisse.

— Por favor, Jesus — orou ela com fervor. — Não deixe o bebezinho morrer. Ele é tão pequeno, tão indefeso, tão puro... Ajude-me a cuidar dele para que sobreviva...

— Falando sozinha, Tina?

Clementina deu um pulo da cama e fitou o recém-chegado com espanto. Romualdo estava parado no umbral da porta, olhando-a com olhos vermelhos, encharcados de pinga. Aproximando-se, puxou-a com rispidez, beijando-a com volúpia. Ela afastou o rosto, torcendo o nariz, e reclamou:

— Solte-me! Não suporto esse seu cheiro de cachaça.

— Você está sempre reclamando — contestou ele, a voz pastosa e engrolada.

Quando Romualdo fez menção de se atirar na cama, Clementina soltou um grito estridente:

— Cuidado!

Com o susto, ele olhou para o leito. Só então percebeu o bebê adormecido sob o cobertor e a bacia com água sobre

*Apesar de tudo...*

uma cadeira. De tão pequeno, dava a impressão de ser uma trouxinha de roupa em que ele mal havia reparado.

— O que é isso? — perguntou ele, tentando focar a vista na criança.

— Um bebê. Não está vendo?

— Isso eu sei. Mas de quem é?

A resposta foi tão repentina que até Clementina se surpreendeu:

— É meu. Meu filho.

— Que besteira é essa, mulher? Desde quando você tem filho? E ainda mais um bebê feito esse? Então eu não ia ver a sua gravidez? — Ele riu de si mesmo e voltou a mirar a criança, que permanecia imóvel sob as cobertas. — Está vivo?

— Está dormindo — falou ela, sem muita convicção.

— Parece morto.

Impressionado, Romualdo aproximou o rosto do bebê, que ainda não se mexia. Cutucou-o com os dedos, até que ele abriu os olhos e choramingou baixinho.

— Olhe só o que você fez! — censurou Clementina. — Acordou o pobrezinho.

Romualdo se aproximou da mulher, que havia pegado a criança no colo, e afagou sua cabecinha.

— É tão bonitinho!

— Você acha?

Ele assentiu e tornou curioso:

— Fale sério, Tina. De quem é?

— É meu, já disse.

— É claro que não é seu. Vamos, conte-me. É do pastor com alguma pilantra lá da igreja?

— Não fale assim do pastor! — rebateu ela furiosa. — Se você fosse à igreja, talvez não bebesse tanto e se acertasse na vida.

— Está bem, desculpe — ele abaixou os olhos, envergonhado, e mudou de assunto: — Ele parece estar com fome.

O bebê agora chorava com mais vontade. Clementina ninou-o gentilmente, tentando acalmá-lo.

— Não chore, bebezinho. Mas onde está a Leontina com essa mamadeira?

— Leontina foi comprar mamadeira?

— Como você espera que eu o alimente? Ele ainda não sabe beber em copo.

— Verdade... — ele ficou olhando a criança, até que continuou: — Tina...

— O que é?

— Você ainda não me disse como foi que ele veio parar aqui.

Não tinha jeito. Clementina não queria se afastar do bebê, mas precisava contar a verdade a Romualdo.

— Você jura que não conta a ninguém? — ele assentiu. — E vai me ajudar a ficar com ele?

— Ficar com ele? Mas Tina, o bebê tem mãe...

— Não tem, não! Mãe nenhuma faz o que fizeram com ele.

— Você já está fazendo mistério demais. Quer me contar logo de onde foi que veio essa criança?

— Primeiro você tem que prometer. Vai me apoiar ou não?

— Como posso apoiá-la numa loucura?

— Quando você conhecer toda a história, aí sim, vai ver o que é loucura.

— Muito bem. Vou apoiar você, desde que não tenha sequestrado o bebê.

— Que sequestrado o quê? Por acaso sou alguma criminosa?

— Deixe de enrolar e conte logo.

Clementina contou tudo em minúcias, acompanhando os olhares de espanto de Romualdo a cada passagem da narrativa. Ao final, ele estava com os olhos marejados mais

*Apesar de tudo...*

pela emoção do que pelo efeito do álcool, que agora quase não sentia.

— Viu por que tenho que ficar com ele? — concluiu. — A mãe é uma irresponsável, criminosa. Onde já se viu deitar o filho fora na lata de lixo?

— Que horror! Tem razão quanto à mãe, mas acho que você não vai poder ficar com ele.

— Por que não? Fui eu que o achei.

— Um bebê não é um guarda-chuva que a gente apanha nos achados e perdidos. A polícia não vai deixar você ficar com ele.

— Quem falou em polícia? Não vamos contar nada.

— E você acha que ninguém vai descobrir?

— Só se você falar.

— Abra os olhos, Tina! As autoridades virão aqui buscá-lo.

— As autoridades não vão saber! Podemos registrá-lo como nosso filho e ninguém nunca vai ficar sabendo.

— Registrá-lo? Agora, sim, ficou louca de vez.

— Pense bem, Romualdo. Nós sempre desejamos ter um filho, mas Deus não nos deu. Agora, recebemos esse de presente. Por que temos que nos desfazer dele?

— Porque ele não é nosso. E a mãe, provavelmente, já deve estar atrás dele.

— A mãe o jogou no lixo! Ela não o quer. E ele também não haveria de a querer se soubesse o que ela fez.

— Olhe só para ele, Tina. Nós nem sabemos se ele vai sobreviver. E se esse bebê morrer nas nossas mãos? Você já pensou na encrenca em que vamos nos meter?

— Ele não vai morrer. E não diga mais isso. É só Leontina chegar com a mamadeira, que vou alimentá-lo. Ele vai sobreviver, vai crescer forte e lindo. E vai ser o nosso filho.

— Posso saber como você pretende fazê-lo passar por nosso filho?

— Você vai ao cartório e o registra como nosso. Pronto.

— Eu nunca registrei filho nenhum... não é preciso apresentar nenhum papel?

— Não sei, mas posso perguntar ao pastor. Ele deve saber.

— Logo ao pastor? Aí mesmo é que você não vai ficar com ele. O pastor vai obrigá-la a entregar a criança ao juizado de menores.

— Eu vou descobrir, Romualdo. Tem advogados na igreja para quem eu posso perguntar. Depois, registramos a criança e nos mudamos. Ninguém vai ficar sabendo de nada.

Por um momento, Romualdo ficou tentado a dissuadir Clementina daquela loucura e entregar a criança ao juizado de menores. Contudo, olhando melhor para o pequenino, seu coração se apertou. Ele sempre quis ter um filho, mas Clementina jamais engravidara. Ele a acusara de estéril várias vezes, mesmo sabendo que o problema era dele, consequência da caxumba que contraíra na infância. O orgulho masculino, no entanto, o impedira de contar a verdade, e Clementina sempre vivera se culpando por não terem filhos. Dinheiro para um tratamento, ela não tinha, de forma que nunca ficou sabendo que a incapacidade era dele, não dela.

Não seria essa a oportunidade de compensá-la por aqueles nove anos de casamento sem filhos? Ela não era mais nenhuma jovenzinha, mas ainda tinha bastante tempo de vida para criar um filho e vê-lo crescer. Os dois podiam. E ele sempre quisera uma criança, muito embora, intimamente, se demonstrasse resignado com a própria esterilidade. Aquela não seria a sua chance?

Olhando para os dois, ninguém diria que não eram mãe e filho, que não tinham o mesmo sangue. Até fisicamente eram parecidos. O menino era feito Clementina, feito ele. Os cabelos ainda eram ralos, mas já dava para perceber que cresceriam crespos iguais aos deles. Quem negaria que eram seus pais?

*Apesar de tudo...*

A decisão estava tomada. No dia seguinte, segunda-feira, Romualdo iria ao cartório se informar sobre o registro do menino. Se dissesse que ele nasceu em casa, quem iria contestar? A partir de então, o menino seria seu filho.

# Capítulo 2

Leontina desceu o morro maldizendo a vida e sua burrice. Por que se deixara convencer a sair debaixo daquele temporal? E, ainda por cima, tinha que escorregar pela ladeira se arriscando a levar um raio na cabeça. Tudo para que a doidivanas da irmã ficasse em casa paparicando um bebê que deveria ser entregue aos cuidados de uma instituição mais preparada.

Seguiu praguejando pela rua, passando pelo local onde encontraram o menino. A lata de lixo ainda estava lá. Uma mendiga remexia o seu interior, provavelmente à procura de restos de comida. Leontina se apiedou, fez uma pequena prece para que Jesus salvasse aquela alma e seguiu adiante. Na direção oposta, vinha uma mulher elegante, equilibrando-se em seu salto alto debaixo de um guarda-chuva imenso, todo florido. Ao passar pela lata de lixo, foi abordada pela mendiga, mas não lhe deu atenção, estugando o passo para fugir de seu assédio inconveniente.

Leontina estava próximo o suficiente para ouvir a voz pastosa de alguém visivelmente embriagada:

— Você viu o meu filho, dona? Viu o meu bebê?

Leontina gelou. Pensou em se virar para pedir explicações, mas um terror súbito endureceu os seus pés, que não conseguiram se voltar. Aproveitando a trégua da chuva, atravessou em direção à farmácia, deixando para trás a lata de lixo e sua estranha visitante. O remorso começou a consumi-la. Devia ter parado e perguntado sobre o que a mulher estava falando. Mas ela sabia bem sobre o que era. Não podia ser uma coincidência, nem a mulher estava bêbada a ponto de inventar um bebê no mesmo latão de lixo em que, por acaso, ela e Clementina haviam acabado de encontrar uma criança.

Margarete revirava a lata, mal contendo a agonia. Na ânsia de encontrar o que procurava, nem viu Leontina passar. Onde é que ela estava com a cabeça quando se desfizera do bebê? Fora um ato de desespero, ela não queria, realmente, se livrar da criança. A mente turvada pelo álcool lhe dificultara o raciocínio e estimulara a depressão. Num de seus rompantes de desequilíbrio, pensara que atirar o filho no lixo a livraria de um problema. O filho, porém, não era o problema. O problema era ela, que não conseguia administrar a própria vida.

Margarete vivia lá pelos lados de Belford Roxo, sempre às voltas com homens e empregos. Quando os pais morreram, contava já dezenove anos, de forma que teve que trabalhar para sobreviver. A vida não foi nada fácil. Não possuía nenhuma qualificação profissional, mal sabia ler e escrever. Por vezes, arranjava um emprego de doméstica ou de empacotadora em algum mercadinho, mas nunca ficava muito tempo, porque era irresponsável e costumava faltar ao trabalho sem justificativas plausíveis.

Ia pulando de emprego em emprego, até que foi trabalhar na casa de uma família influente em Belford Roxo. Aos vinte e seis anos, embora já tivesse perdido um pouco o viço da juventude, consequência de uma vida dura e sacrificada, tinha ainda um quê de beleza que chamava a atenção. E, como na casa em que trabalhava, o filho da patroa era um rapazinho muito bem apessoado, de seus quatorze anos, Margarete logo se engraçou com ele. Inexperiente, Anderson se apaixonou pela primeira mulher de sua vida.

Durante dois anos, Margarete trabalhou e viveu ali, até que acabou engravidando. No começo da gravidez, dona Bernadete, a patroa, se condoeu, prometendo mantê-la no emprego mesmo após o nascimento da criança. Para Margarete, isso não era suficiente. Ela queria que Anderson assumisse suas responsabilidades e reconhecesse o filho, dando a ambos uma vida de luxo.

Pressionado, Anderson não viu alternativa senão revelar a verdade. Como era de se esperar, o pai, Graciliano, ficou furioso. Interpelada, Margarete confirmou tudo, exigindo dinheiro para seu filho. A exigência não surtiu efeito. Preconceituoso aos extremos, Graciliano não aceitou como neto o filho de uma doméstica negra, ainda por cima, muito mais velha do que Anderson. Mandou o menino para um internato em São Paulo e colocou Margarete na rua.

Pobre, sem ter para onde ir, Margarete ficou desesperada. Vadiava pelas ruas, mendigava, exibindo a barriga imensa para provocar a compaixão dos transeuntes, que sempre lhe davam um trocado ou outro. Com o dinheiro, comprava comida e bebida. Até que, desiludida, viu no álcool a salvação de sua desgraça, pois a bebida tinha o efeito de um anestésico em sua mente e a fazia esquecer, por momentos, da sua miséria.

Sentindo a proximidade do parto, foi sozinha para a maternidade pública, onde o bebê nasceu sem maiores

*Apesar de tudo...*

complicações. Era um menino franzino, a pele morena de um tom amarronzado mais claro do que o da mãe. Ao ver a criança, o ódio consumiu o peito de Margarete. Se ela e o filho fossem brancos, teriam um lugar na vida de Anderson. Com aquele pensamento, saiu da maternidade decidida a dá-lo para adoção.

Mas o coração de uma mãe bate de forma diferente, e Margarete não teve coragem de se desfazer do menino. Podia tentar pedir ajuda à dona Bernadete. Talvez ela se apiedasse e lhe desse algum dinheiro.

Com o bebê no colo, Margarete tocou a campainha da casa de Anderson. Como não a conhecia, a criada que atendeu mandou que ela esperasse. Em breve, Bernadete apareceu.

— O que está fazendo aqui? — sussurrou ela, fechando a porta para que ninguém lá de dentro as visse. — Quer que Graciliano chame a polícia?

— Por favor, ajude-me — choramingou. Não tenho dinheiro nem para onde ir.

— Isso é problema seu. Ninguém mandou abusar da nossa confiança.

— Sei que errei, mas o menino não tem culpa. Ele é seu neto.

Margarete chegou para o lado o trapo que encobria o filho e exibiu-o à Bernadete, que virou o rosto e contestou irritada:

— Esse menino não é meu neto, não é nada meu. E você não tem como provar que é. Ele é... ele é... — ela hesitava falar, para não revelar seu preconceito — é muito diferente da nossa família. Ninguém irá dizer que é filho de Anderson.

— A senhora sabe que é.

— Não sei de nada! Você é quem diz, mas esse bastardinho pode ser filho de qualquer um. Ninguém, em sã consciência, vai acreditar que ele é meu neto. E Anderson é uma criança, você o seduziu. Uma mulher adulta feito você não pode sair por aí dormindo com adolescentes. Nós podíamos chamar a polícia e você seria presa.

De tão abismada, Margarete abriu a boca e ficou parada, olhando para Bernadete com cara de espanto. Subitamente, a porta se abriu, e Graciliano apareceu.

— Eu devia imaginar que era você, sua negra — falou ele com raiva, olhando a criança em seus braços. — E trouxe a cria com você. Onde já se viu tamanho atrevimento?

Soluçando, Margarete revidou com voz humilde e sofrida:

— Pelo amor de Deus, doutor Graciliano, me ajude.

— Vá-se embora daqui, sua desaforada! Ou chamo a polícia!

— Não precisamos provocar um escândalo — ponderou Bernadete, tentando conter o alvoroço para não fazer feio diante da vizinhança. — Margarete já estava de saída. Não é mesmo, Margarete?

Ela simplesmente assentiu e abaixou a cabeça, apertando o filho de encontro ao peito. De tão humilhada, nem quis mais discutir e não percebeu que Bernadete cochichava algo no ouvido de Graciliano. Virou-lhes as costas, descendo os degraus que levavam ao jardim da frente. Uma batida em seu ombro fez com que se voltasse. Parada mais atrás, Bernadete sacudia um maço de cédulas diante de sua face.

— Vamos, pegue. Sei que é isso que você quer.

— É o máximo que vai ter de nós — acrescentou Graciliano. — Seu golpe do baú não deu resultado.

Em lágrimas, Margarete apanhou o dinheiro e enfiou-o dentro do sutiã, sentindo os seios doloridos ao tocá-los. Estavam cheios de leite para amamentar o filho, que dormira o tempo todo. Desnorteada, dobrou a esquina e avistou um bar, dirigindo-se para lá. Entrou, quase atropelando um

*Apesar de tudo...*

mendigo que dormia encostado à parede. O mendigo se remexeu e a xingou alto, voltando a adormecer em seguida. Sem lhe dar importância, ela pediu uma pinga. Mesmo com a criança no colo, conseguiu encher a cara, sentindo-se mais confiante, livre para fazer o que bem entendesse.

Seguiu cambaleante pela rua, pensando em sua vida. A cada tropeço, apertava o bebê, com medo de deixá-lo cair, e ele respondia com um gorgolejo. Era uma criança quietinha, quase não chorava. Olhando para ele, Margarete sentiu um misto de ódio e ternura.

Como se enganara com Bernadete! Ela, que parecia tão boa, revelara-se uma mulher cruel, mesquinha, preconceituosa. A família toda de Anderson era cheia de preconceito, fato com que ela não contava ao idealizar seu plano. Pensava mesmo que poderia dar o golpe do baú, como dissera Graciliano, mas o tiro saíra pela culatra, e ela agora estava em situação pior do que antes, carregando um filho bastardo a tiracolo.

Resolveu tomar um ônibus qualquer. Como não sabia ler, o destino era desconhecido. O ônibus seguiu pela Via Dutra, vazio naquela tarde de domingo. Apesar da bebedeira, Margarete ainda conseguiu amamentar o filho, que agora não parava de chorar. Com o balanço do veículo, ela acabou adormecendo, os joelhos apoiados no encosto do banco da frente, para impedir o bebê de cair.

Margarete acordou com o trocador cutucando-a:

— Ponto final — disse ele, de mau humor.

— Hum...? — fez ela, espreguiçando-se e olhando para o filho que agora dormia saciado, deixando seu seio exposto.

— Ponto final — repetiu o homem, olhando com ar de cobiça para o seio desnudo de Margarete. — Você tem que descer.

— Que lugar é esse? — questionou ela, cobrindo-se com a blusa rota.

— Penha.

— Onde é que fica isso?

— No Rio de Janeiro. Você é doida, é?

O bebê se remexeu, Margarete ajeitou-o no colo.

— Preciso de uma bebida — anunciou, sentindo a língua pesada e áspera.

— Olhe, moça, gostaria muito de ajudar, mas não posso. Ainda tenho mais duas viagens a fazer, e é melhor você sair. Daqui a pouco o fiscal chega, e vou ser chamado a atenção por sua causa.

Margarete olhou para a escuridão da rua. Por um momento, pensou que a noite houvesse caído. Olhando melhor, reparou que eram pesadas nuvens que tomavam o céu.

— Vai cair um temporal — constatou. — Para onde é que eu vou?

— Você não sabe para onde vai? — ela meneou a cabeça, e ele retorquiu: — Por que não pega o ônibus de volta?

— Nunca mais vou voltar a Belford Roxo. E se não posso ficar aqui, vou encontrar onde ficar.

— Ônibus não é albergue, moça.

Margarete saiu sem se despedir, caminhando pela rua escura. O céu ameaçava chuva, e das grossas. Em outro ponto mais adiante, tomou um ônibus qualquer. Precisava desesperadamente de um trago. Sentada no banco de trás, pensou em saltar novamente, mas o motorista acionou o veículo, e ela engoliu o vício, sentindo aquele ódio surdo martelando em seu peito. Com o sacolejo do ônibus, o bebê se agitou um pouco, vomitando no colo de Margarete, que praguejou e o levantou bruscamente. Ele desatou a chorar, causando-lhe imensa fúria.

— Cale a boca, desgraçado — disse entredentes, enquanto o sacudia, aumentando seus soluços.

— Não devia tratar assim o seu bebê — ela ouviu uma voz dizer e constatou que era uma mulher sentada no banco lateral. — É maldade.

*Apesar de tudo...*

Margarete sentiu vontade de mandar a mulher não se meter na sua vida, mas havia outros passageiros observando-a com ar de reprovação. Só por isso, acomodou de novo o filho e procurou se acalmar, embora o ódio persistisse.

*Como se não bastasse tanta desgraça, ainda tenho que aguentar a recriminação do povo por sua causa,* pensou com raiva.

— Gente assim não devia ter filho — falou baixinho um homem à sua frente, causando-lhe ainda mais irritação.

— É mesmo — concordou a moça ao lado dele. — Não sei para que colocar filho no mundo.

— Essas mulheres são assim mesmo. Tratam filho que nem bicho.

Embora falassem baixo, Margarete ouviu tudo o que disseram. O ódio que sentiu foi tão intenso que ela, sem querer, apertou as mãos ao redor do pescocinho do filho. O menino se contorceu, soltou um gemido gutural, e só então ela percebeu que o estava estrangulando.

— Meu Deus! — disse para si. — O que estou fazendo?

Assustada consigo mesma, Margarete levantou-se abruptamente e deu o sinal para saltar. Pagou a passagem, desceu numa rua movimentada, em um bairro desconhecido. Caminhando a esmo, alcançou uma praça iluminada, onde, ao centro, um lago artificial ostentava imenso e lindo chafariz. Durante um tempo ficou observando a beleza da praça e do chafariz, sem fazer a menor ideia de onde estava.

Caminhou aleatoriamente, atenta aos luminosos que piscavam por todo lado, maldizendo-se por não saber ler. Identificou, porém, o símbolo do Metrô que Anderson lhe mostrara algumas vezes nas revistas. Passou por uma lanchonete que lhe pareceu atraente, mas não ousou entrar, com medo de ser expulsa. Virou na primeira rua que avistou, caminhando à procura de um bar. Carregando o bebê feito uma trouxa, entrou no botequim e pediu uma dose de pinga, que o atendente serviu a contragosto. Quando terminou, pediu outra, depois mais outra, e foi assim até acabar o pouco dinheiro que Bernadete lhe dera.

Completamente alterada pela bebida, saiu trôpega, carregando o pequeno fardo que, segundo pensava, era a causa de todo o seu infortúnio. Um cheiro desagradável lhe dizia que o menino sujara a única fralda que possuía, presente de uma enfermeira caridosa, que agora estava imprestável. Com raiva, arrancou a fralda do bebê e atirou-a para longe.

— Cretino! — esbravejou, irritada com o choro desesperado da criança. — Tenho que me livrar de você!

Enrolou o bebê no cobertor puído e cheirando a vômito, sentindo o estômago embrulhar com a mistura de odores fétidos. Um raio riscou o céu, e ela apressou a caminhada, procurando um lugar para deixar o filho. Não se atreveu a colocá-lo em nenhuma porta ou portão, com medo de ser surpreendida por algum transeunte ou, pior, pela polícia.

Foi então que passou ao lado de um latão de lixo velho, todo enferrujado. Sem tampa, cheio quase até a borda, fora colocado em frente a um muro de pedra muito alto, que protegia uma casa em ruínas. A ideia surgiu, imediata, parecendo-lhe brilhante. E se colocasse o bebê ali dentro? Cautelosamente, experimentou o portão, mas ele estava trancado com um cadeado grosso.

Voltando-se para a lata de lixo, ficou observando. Com a ameaça de chuva, a rua estava praticamente vazia. Não havia ninguém por perto. Apenas o latão a lhe acenar de forma tentadora.

Margarete apertou o casaco roto ao redor do corpo para se proteger do frio. O filho, envolto nos farrapos, finalmente se aquietara e adormecera. Tudo estava sossegado, a criança e a rua. Nada parecia se mover ou ter vida.

*Apesar de tudo...*

Era agora ou nunca. Se esperasse um pouco mais, a coragem se desvaneceria. Ela continuaria na mesma, com aquele pequeno fardo a roubar-lhe a juventude e a vida. Olhou ao redor mais uma vez e, como não avistou ninguém, deu um passo resoluta. Com um único gesto, deitou sobre os detritos o cobertor esfarrapado e malcheiroso que abrigava o corpinho miúdo do filho. Virou as costas ao latão e saiu a passos apressados, sem olhar para trás, certa de que aquela seria a última vez que poria os olhos naquela criança.

# Capítulo 3

Fazia poucas horas que tudo aquilo se passara, então, como podia ser que o bebê houvesse desaparecido? Margarete o deixara na lata de lixo movida por um breve acesso de raiva, tomada pela bebida, sem saber que era influenciada por espíritos ignorantes, irritados com a criança que desviava sua atenção das portas dos bares.

Lembrava-se que depois caminhara a esmo, até encontrar um banco de praça, onde se deitara. De tão cansada e bêbada, rapidamente pegou no sono. Despertou com os primeiros pingos de chuva caindo sobre seu rosto. Durante alguns minutos, permanecera deitada de costas, permitindo que a água lavasse a bebedeira e lhe trouxesse o frescor de uma nova consciência. Já desperta, procurou o bebê a seu lado e embaixo do banco, para onde poderia ter escorregado no breve instante em que ela adormecera. Mas ele não estava ali.

Puxando pela memória, a muito custo se lembrou do latão de lixo. De um salto, desatou a correr, derrapando nas poças da calçada. Enquanto corria, ia refazendo na mente os passos que a levaram até o latão, tentando desesperadamente se lembrar da rua em que ficava. Entrou na primeira, andando apressada até perceber que era a rua errada. Fez o caminho de volta, tomou a do lado, finalmente reconhecendo os lugares por onde havia passado horas antes.

Correu aos tropeções, pisoteando as poças, escorregando vez por outra. Só agora percebia que havia latões de lixo em ambos os lados da rua. Não eram muitos, mas o suficiente para confundi-la. Qual fora mesmo a lata? Procurando avidamente, um muro de pedras lhe trouxe uma sensação de familiaridade. Por trás do muro, uma casa em ruínas e, na frente, um latão de lixo igual a tantos outros naquela rua. Só podia ser aquele.

Dirigiu-se para lá, coração aos pulos, e logo reconheceu o cobertor esfarrapado que servia de roupa ao filho desde que nascera. Apanhou o pano com euforia, revirou-o nas mãos, talvez esperando que, por encanto, a criança ainda estivesse ali embrulhada. Olhou dentro da lata, remexeu no lixo, procurou ao redor e até nos bueiros. Nada. Ele havia sumido.

Com o desespero tomando conta de seu coração, Margarete começou a chorar, futucando, num frenesi, o interior da lixeira. Uma mulher passou perto dela, mas Margarete não lhe prestou muita atenção, concentrada que estava em sua busca. Quando uma senhora elegante atravessou seu caminho, Margarete se viu perguntando em desespero:

— Você viu o meu filho, dona? Viu o meu bebê?

Sem responder, a mulher se afastou às pressas. Confusa, Margarete andava de um lado a outro, baratinada, sem saber o que fazer. Sentiu falta da bebida, mas o dinheiro havia acabado. Um gole, com certeza, a ajudaria a pensar. De repente, encontrar o filho deixou de ser tão importante quanto alimentar o vício. Na certa, ele estava bem. Se tivesse morrido, seu corpo estaria ainda no lixo ou jogado na sarjeta, mas não estava. Alguém devia tê-lo recolhido. Depois de um trago, ela pensaria com mais calma e sairia perguntando aqui e ali.

Após mendigar pelas redondezas, conseguiu uns trocadinhos e correu ao mesmo bar de antes.

— Quero uma dose de pinga — pediu, a voz engrolada.

— Mostra-me o dinheiro primeiro — ordenou o dono, desconfiado.

Ela exibiu umas moedas, que ele pegou, servindo-a de um trago. Ela bebeu sofregamente, pediu mais um. Pagou adiantado, e o homem entornou a bebida em seu copo. Na vez do terceiro, o dinheiro havia acabado.

— Vamos ali nos fundos que lhe pago com outra moeda — convidou ela, lançando um olhar lúbrico para o homem.

O dono do bar era um português grosseirão, mas muito correto e bem-casado. Quando Margarete lhe acenou com o sexo em troca de pinga, ele se enfureceu. Cerrou os punhos e, balançando-os diante dos olhos dela, esbravejou:

— Mas que rapariga mais sem-vergonha! Passa-te daqui, rameira, ou te ponho para fora a bordoadas!

Com medo de apanhar, Margarete nem pensou duas vezes. Em seu habitual estado de embriaguez, rodou nos calcanhares e desatou a correr porta afora, atravessando a rua feito louca. O motorista nem teve tempo de frear. Margarete surgiu na sua frente saída do nada. O Chevette vermelho, novinho em folha, suspendeu-a no ar com tanta violência, que seus ossos se quebraram antes mesmo de ela tocar o chão, já morta, os olhos esbugalhados congelados na surpresa do inevitável.

Ali perto, Leontina finalmente conseguia ser atendida na farmácia cheia de gente. Quando saiu, estava decidida a

*Apesar de tudo...*

contar à mendiga que havia encontrado seu filho e que ele estava em segurança na casa de sua irmã. Antes de alcançar o latão, notou uma multidão ao redor de um carro amassado e, mais além, o que parecia um corpo estirado no chão. Sirenes estridentes vinham se aproximando, até que pararam, com policiais e médicos se revezando para constatar a morte. A chuva havia dado uma trégua, de forma que Leontina pôde ainda parar para se informar do ocorrido.

— Foi uma mulher que atravessou correndo a rua e o carro a pegou — falou uma conhecida.

Mesmo antes de ver, Leontina sabia que aquele corpo era da mendiga. Aproximou-se cautelosamente, deu uma espiada, confirmando suas suspeitas. Na mesma hora, as pernas fraquejaram, ela pensou que ia desmaiar. E agora, o que iria fazer? Completamente aturdida, subiu a ladeira e pegou o caminho de barro que conduzia ao barracão de Clementina. Da porta, além da choradeira do bebê, ouviu as vozes de Clementina e Romualdo. Entrou em silêncio. A irmã voou em cima dela, arrancando-lhe a mamadeira das mãos.

— Que demora, Leontina! O menino está se esgoelando de tanto gritar.

Enquanto Clementina derramava leite na mamadeira, ela comentou numa voz que parecia saída de uma caverna profunda.

— Teve um acidente feio lá na rua. Uma mulher bêbada morreu atropelada.

— Que coisa horrível! — lamentou Clementina.

— Vou lá ver — anunciou Romualdo, já da porta.

— Você não tem jeito, hein! — censurou Clementina. — Adora uma desgraça.

Assim que Clementina encostou o bico da mamadeira na boquinha do bebê, ele começou a sugar o leite com sofreguidão. De banho tomado, tinha um pano de cabeça enrolado à guisa de fralda.

— Ele já sabe? — perguntou Leontina, referindo-se a Romualdo.

— Já. Contei-lhe tudo e ele prometeu me ajudar.

— Ajudar em quê?

— A ficar com o bebê, oras. Ele agora é meu filho.

— Preciso lhe contar uma coisa. Uma coisa séria.

— O que é?

— Descobri quem é a mãe dele.

Clementina gelou. Com o pânico a dominá-la, contrapôs incrédula, balbuciante:

— Não é possível.

— É, sim. Ouvi quando ela perguntou a uma mulher na rua se havia visto o seu bebê. E ela estava remexendo no latão em que o encontramos.

— Não! Não pode ser. Ela não pode pegá-lo de volta. A mulher jogou-o no lixo!

— E agora está morta...

— Morta? Mas como? Foi a que morreu atropelada?

Leontina assentiu e acrescentou com pesar:

— Jamais vou me esquecer daquele rosto.

— Meu Deus!

— E agora, o que vamos fazer?

Após uma breve pausa, Clementina se recompôs e considerou, enchendo-se de esperança:

— Nada. Se a mulher morreu, ninguém vai reclamar a criança. Ela pode ser minha.

— Isso não está certo, Clementina. E a família dele?

— A família dele agora sou eu. Você pensa que se essa mulher tivesse família, teria  abandonado o filho? É claro que não. Mesmo que ela não o quisesse, algum parente haveria de cuidar dele.

— Pensando por esse lado...

— É isso mesmo. O bebê não tem família. A família dele agora somos nós. Eu sou a mãe, Romualdo o pai, e você é a tia.

*Apesar de tudo...*

Fez-se um silêncio momentâneo, até que Leontina ponderou:

— Isso não me parece correto. Ele não é seu filho.

— E é filho de quem? O que eu preciso fazer para convencê-la de que ele agora é meu filho? Você já parou para pensar que Deus pode ter enviado esse bebê para que eu cuidasse dele, já que a mãe era uma doidivanas? Qual é o mal nisso? Vai que ele não tem ninguém mesmo. Se eu o devolver, vão mandá-lo para um orfanato, ele pode até acabar virando bandido. Aqui comigo, vou criá-lo temente a Deus, dentro das leis da nossa igreja, sob os olhos do pastor. Quer criação melhor do que essa?

Pronto. Com aquele argumento infalível Clementina sabia que ganharia a batalha. Já que Leontina era muito religiosa, a criação do menino junto às orações e vigílias do pastor era sinal de que mais uma alma estaria salva.

— Bem, talvez você tenha razão.

— É claro que tenho razão.

— E como é que você vai explicar o aparecimento dessa criança? Não pode inventar que saiu da sua barriga.

— É por isso que vamos nos mudar.

— Vão se mudar? Para onde?

— Ainda não sei. E você pode vir com a gente.

— Não sei se quero me mudar. Gosto daqui.

— Nós vamos para perto. Longe o suficiente apenas para que ninguém saiba quem somos.

— Ah!

— E estamos pensando em nos mudar para o asfalto.

— Como? Ficaram ricos e eu não sei?

— Vamos dar um jeito. Romualdo vai arranjar um emprego para nos tirar daqui.

— Sei. Já estou ouvindo isso há anos.

— Mas agora é sério. Ele também se encantou com o Wellington.

— Wellington?

— Vai ser o nome dele. Não é bonito?

— Não acho, não. Não podia chamá-lo de Paulo ou de Pedro?

— São nomes muito comuns. Wellington é diferente, muito elegante.

Leontina suspirou e tornou a indagar:

— Enquanto vocês não se mudam, como vão fazer para esconder o bebê?

— Ele vai ficar dentro de casa. Se alguém o vir, direi que é filho de uma prima.

— Nós nem temos prima!

— E daí? Não sabe fingir, não?

— Mentira é pecado. O pastor nos disse que nunca devemos mentir.

— Mas nesse caso, não conta. É por uma boa causa. Ele é filho de uma prima que precisou viajar com urgência para visitar a mãe doente lá em Maceió, e o bebê ficou por nossa conta.

— Nossa, você já criou uma história.

— Com princípio, meio e um final feliz.

Logo Romualdo voltou com as notícias do acidente, e Leontina lhe informou que a mulher morta, provavelmente, era a mãe do bebê.

— Se é assim, não teremos problema em ficar com ele.

— Você também? — indignou-se Leontina.

— Foi o que disse a ela — acrescentou Clementina. — Já podemos considerar Wellington como nosso filho.

— Que Wellington o quê! — objetou Romualdo. — O nome dele vai ser Marcos.

— Marcos? Mas é muito comum! Wellington é que tem personalidade.

— Nada disso. Marcos é muito mais bonito. Sempre quis ter um filho com esse nome. O que você acha, Leontina?

*Apesar de tudo...*

Ela olhou sem jeito para a irmã, que foi logo dizendo:

— Leontina não gosta de Wellington.

— Mostra que tem bom gosto.

— Por que não chamam o menino de Marcos Wellington? — sugeriu Leontina. — Ou de Wellington Marcos?

Ficou Marcos Wellington.

No dia seguinte, uma nota quase imperceptível num jornal de pequena circulação exibia o corpo de Margarete estirado no chão, o rosto parcialmente encoberto por um jornal. Leontina mostrou o periódico a Clementina, que tornou com horror:

— Jogue isso fora! É uma pena que ela tenha morrido assim, mas agora não temos motivos para nos preocupar com ela.

— Que Deus a tenha — acrescentou Leontina.

— Melhor que ela esteja ao lado dele do que aqui conosco, onde poderia reclamar o Wellington.

— Clementina, que horror! Não é isso que aprendemos na igreja.

— Tem razão, desculpe-me. Mas é que não posso mais me separar do meu filho.

Leontina não disse nada. No fundo, compreendia a angústia da irmã. Clementina sempre desejou ser mãe. Aquela criança chegara a tempo de completar seu sonho e salvar seu casamento. Quem sabe agora Romualdo não tomasse jeito e arrumasse um emprego decente? Essa era a sua promessa, mas foram tantas as promessas que ele havia feito...

— Vamos nos mudar, pode crer — afirmou Clementina, como se ouvisse os pensamentos da irmã. — Romualdo vai encontrar um bom emprego e vamos nos mudar para o asfalto.

A mudança, contudo, não aconteceu. O emprego de Romualdo não foi suficiente para pagar uma casa no asfalto, e eles continuaram mesmo no morro do Salgueiro[1]. O menino despertou pouca curiosidade. Clementina não era mulher de muitos amigos nem se dava com os vizinhos o suficiente para provocar questionamentos. Naquela vizinhança, cada um cuidava de sua própria miséria.

Não foi difícil para Romualdo registrá-lo como filho. Dois amigos do trabalho serviram de testemunha de que o menino nascera em casa, e uma parteira confirmou que fizera o parto. Sem motivos para desconfiar de gente pobre e humilde o escrivão fez o registro, passando Marcos Wellington a ser, oficialmente, filho de Romualdo e Clementina.

O menino foi criado sob rígidos padrões evangélicos, acompanhando a tia e a mãe aos cultos dominicais, o que lhe conferiu uma base moral sólida o suficiente para enfrentar a vida. Das origens de seu nascimento, pouca coisa restou. Apenas um recorte de jornal, que Leontina não conseguiu jogar fora, exibindo o rosto sem vida de Margarete.

---

1 Morro do Salgueiro – comunidade localizada no bairro da Tijuca, Rio de Janeiro.

*Apesar de tudo...*

# *Capítulo 4*

Ao despertar na vida espiritual, Margarete não tinha a menor ideia de onde estava. Não se recordava do acidente, apenas de sua incursão pelas latas de lixo à procura de seu bebê. Por que não lhe dera um nome? Não gostava de chamá-lo só de *meu filho* ou simplesmente de bebê, então, pensou que poderia dar-lhe o nome de Anderson, que era o nome do pai dele. Dessa forma, ficaria mais fácil tentar localizá-lo.

Olhando ao redor, percebeu que se encontrava numa cidade desconhecida, com ruas de terra batida e casebres de madeira espalhados aleatoriamente. Estivera deitada num tipo de varanda, numa casa esquisita que mais parecia um caixote, de tão quadrada, sem telhas, sem janelas. Aprumou o corpo, tentando olhar mais além. Tudo era tão igual! Que lugar seria aquele?

Assim que deu o primeiro passo para descer da varanda e ganhar o que lhe parecia a rua, foi surpreendida por um homem muito claro, de cabeleira negra, surgido de lugar nenhum. Foi como se ele se materializasse à sua frente, e Margarete levou a mão ao peito, soltando um gritinho de medo.

— Desculpe-me se a assustei — falou o homem. — Vim logo que percebi que você havia acordado.

Ela olhou para os lados, tentando imaginar onde ele estivera observando-a e como chegara até ela tão rápido.

— De onde foi que você veio?

— Ah! Dali... — e apontou para a rua com um gesto vago.

— Dali de onde? Só vejo casas sem janelas. Como foi que você me viu? Estava escondido? E quem é você, afinal? É o dono desse lugar horrendo?

— Como você faz perguntas!

— Desculpe. É que estou confusa. Não me lembro de como cheguei aqui.

— Você bebeu demais e apagou — o que não era mentira, embora também não fosse toda a verdade. — Eu a encontrei e a trouxe para cá.

Margarete levou a mão às têmporas e tornou queixosa:

— Minha cabeça dói... meu corpo parece moído. Sinto como se tivesse sido atropelada por um caminhão...

Parou de falar bruscamente, pois uma confusão mental se instalara em sua cabeça. Flashes de imagens pipocaram em seu cérebro. As lembranças de um bar, um português bigodudo e um carro vermelho surgiram embaralhadas. O homem percebeu seu estado e se aproximou dela, abraçando-a gentilmente. Margarete se afastou desconfiada.

— Não tenha medo — tranquilizou ele. — Pode confiar em mim. Só quero ajudá-la.

Margarete sentiu que podia confiar naquele homem. Ele tornou a abraçá-la com um carinho que ela jamais havia experimentado e pôs as duas mãos sobre a sua cabeça, afagando-a com delicadeza. Em seguida, deslizou-as pelo

*Apesar de tudo...*

corpo da moça, que sentiu um arrepio confortante. Aos poucos, a dor foi diminuindo, até que cessou completamente.

— Nossa! — exclamou ela, totalmente maravilhada. — Você é médico ou mágico?

— Sou só um amigo. Alguém que gosta muito de você.

— Como pode gostar de mim se eu nem o conheço?

— Tem razão, esqueci de me apresentar. Meu nome é Félix.

— Félix? Como o gato[1]?

Ele riu e apertou o queixo dela, respondendo com ternura:

— Exatamente.

— Que engraçado. E eu me chamo...

— Margarete, eu sei — adiantou-se ele, antes que ela concluísse.

— Sabe como?

— Já disse que sou seu amigo. Sei tudo sobre você.

Ela recuou um pouco e revidou desconfiada:

— Você veio aqui a mando do doutor Graciliano? Foi isso? Ele mandou que você me prendesse e levasse meu filho? Onde está o meu filho? Meu Anderson?

— Não se lembra do que fez com ele? — Félix ficou um pouco impaciente, mas tentou não demonstrar.

— Eu... eu... lembro-me de que o coloquei num latão de lixo. Mas foi um desatino de momento. Depois voltei para buscá-lo.

— E não o encontrou mais, não foi?

— Alguém o pegou... Foi você!

— Não.

— Mas então, quem foi?

— Não sei.

— Será que foi a polícia?

— O que aconteceu depois que você deixou o bebê na lata de lixo? Procure se lembrar.

---

1 Referência ao personagem de desenho animado.

— Eu... voltei para aquela praça e deitei-me num banco. Depois... — ela apertou os olhos, puxando pela memória — estava chovendo, acordei com os pingos na minha cara. Levantei-me, voltei para buscar o Anderson, conforme lhe falei, mas ele havia sumido.

— E depois?

— Eu... procurei... remexi a lata... não o encontrei. Havia uma mulher... uma mulher elegante. Perguntei a ela, mas ela não me deu atenção. — Ela parou de falar e fitou Félix com horror, abrindo a boca num grito mudo. — Meu Deus! Foi ela! Aquela mulher o sequestrou!

— Não, Margarete, não foi isso. Foi você. Você o abandonou e o perdeu. Lembre-se! O que você fez depois que a mulher passou?

— Eu... — ela pensou um pouco e diminuiu a voz, envergonhada — fui mendigar.

— E aí?

— Por que é que você está me pressionando tanto? Não disse que sabe tudo de mim?

— Quero que você se lembre.

— Por quê? Não quero me lembrar.

— É preciso. Vai lhe fazer bem. Vamos, Margarete, pense só mais um pouquinho.

— Eu... — novamente a memória falhou, e ela teve que fazer um grande esforço para se lembrar — peguei o dinheiro e fui ao bar beber. Havia um português. Ele foi mau comigo...

— Foi mau? Tem certeza?

— É que eu precisava de mais um trago. Só mais um. Mas ele não me deu e gritou comigo, e...

De repente, viu sua própria imagem sair correndo do bar e gritou horrorizada, enterrando o rosto no peito de Félix para não se lembrar.

*Apesar de tudo...*

— Por favor — implorou —, não me torture mais. Não quero saber o que houve. Deixe para lá. Estou bem agora, só preciso encontrar o meu filho. Você me ajuda?

Félix afagou seus cabelos e beijou sua testa. Não pretendia mais pressioná-la. Já que ela não queria se recordar do acidente, por ora, seria melhor deixar para lá. Aos poucos, ela se lembraria de tudo.

— Está bem — concordou ele, beijando-a na testa novamente. — Não precisa se desesperar.

— Estou cansada — queixou-se ela. — Com fome e com sede.

— Venha comigo, vou levá-la para dentro.

— Você mora aqui? — surpreendeu-se ela, apontando para o barraco.

— Moro.

Margarete não disse nada, mas quando entrou compreendeu por que ele a havia deixado na varanda. O ambiente era único, escuro, abafado. Só havia uma cama, uma mesa, uma cadeira e mais nada. Ela hesitou um momento, sentindo um certo mal-estar, porém, ele a puxou gentilmente, fazendo-a sentar-se.

— Não tem janela... — observou ela. — Só aquela porta, que mal dá para se perceber. E onde é que eu vou dormir, se só há uma cama?

— Fique tranquila e deixe tudo por minha conta.

Ele ficou parado alguns instantes, como se estivesse pensando, até que se dirigiu para a porta.

— Aonde é que você vai? — perguntou ela.

— Você não está com fome? — ela assentiu. — Vou arranjar-lhe algo para comer.

Margarete ficou pensando que ele devia fazer suas refeições na rua, porque não havia nem fogão, nem geladeira ali. Na certa, ele era muito pobre. Mal havia concluído o pensamento quando Félix voltou, trazendo nas mãos um prato de sopa quentinha e um copo de água cristalina e fresca. Colocou-os na mesa à frente de Margarete, incentivando-a a comer com o olhar. Ela comeu e bebeu em silêncio, porém, com avidez, surpreendendo-se com o sabor agradável da sopa e da água. Quando terminou, sentia-se satisfeita, revigorada.

— Como foi que providenciou uma comida com tanta rapidez, se você nem tem cozinha? — ele não respondeu. — E como estava gostosa! Não combina com essa pobreza. — Com medo de o haver desgostado, ela tratou de remendar: — Quero dizer, você não me parece bem de vida. Mas não se preocupe, eu também sou pobre, miserável até...

— Não precisa tentar se justificar, Margarete. Você tem razão. Sou um homem pobre que só agora está conseguindo compreender o que realmente possui valor na vida.

Ela não entendeu, mas não perguntou. Ao invés disso, procurou um comentário agradável:

— Você é um homem bonito e simpático. Não tem namorada?

— Hum... Será que pode ser você?

Margarete riu gostosamente e respondeu mais descontraída:

— Eu, hein! De homem branco, já chega o Anderson.

Calou-se novamente, lembrando-se do filho.

— Não me importo com cor — afirmou ele. — Gosto de você do jeito que é, e isso é outra coisa que aprendi aqui.

— O quê?

— Que as pessoas são todas iguais, porque o espírito não tem sexo nem forma, nem cor. Ora podemos ser brancos, ora negros, ora homens, ora mulheres. O que vale é a essência, que usa o corpo para evoluir. Quando morremos, nos despimos de tudo que vem da carne. Mas a essência permanece com as nossas experiências, sempre pronta a aprender e crescer.

*Apesar de tudo...*

Margarete fitou-o com assombro:

— Não entendi nada.

— Não importa. Um dia você vai entender.

Ela pensou por alguns segundos, até que considerou:

— Você falou que aprendeu muito aqui — ele assentiu. — Onde, exatamente, é aqui?

Responder à pergunta não faria bem a Margarete naquele momento, não antes de ela se lembrar. Félix mudou de assunto:

— Acho que você devia descansar um pouco. Mais tarde, levarei você para dar uma volta.

Puxando-a pela mão, ele a acomodou na cama. Cobriu-a com um lençol bem branquinho, deu-lhe um beijo na face e sentou-se ao lado dela. Assim que Margarete adormeceu, ele se levantou e saiu. Caminhou alguns metros até alcançar uma espécie de clínica médica, uma construção pequena, porém, muito asseada, agradável, cercada por um jardim florido e perfumado. Entrou e deu um sorriso para a atendente, que lhe sorriu de volta.

— Ele está aí? — indagou, sentando-se num banco perto da janela.

— Está atendendo. Vai esperar?

— Vou.

Depois de quase meia hora, uma porta se abriu, dando passagem a uma mulher assustada e rota. Atrás dela, o doutor Laureano sorriu amistosamente quando avistou Félix.

— Meu amigo! — saudou com bonomia. — Vamos entrando.

Era sempre assim, e Félix se emocionou. Fosse quem fosse que procurasse Laureano, era recebido com a mesma simpatia e ternura. Ele era um médico do invisível, psiquiatra em sua última encarnação, um homem que dedicara a vida ao auxílio fraterno e caridoso aos doentes mentais. Desencarnado, desejoso de prosseguir em sua missão, conseguiu uma colocação naquele posto de auxílio localizado em um plano não muito denso do astral inferior, a fim de orientar espíritos dementados e confusos a reencontrar o equilíbrio, preparando-os para deixar aquele local de sofrimentos.

O astral em que Félix se encontrava ficava localizado bem próximo à crosta terrestre, habitado por espíritos confusos, transtornados, presos em suas próprias emoções desestruturadas. Seres, em geral, atormentados pela culpa, medo e remorso. Não se encontravam ali espíritos dos mais empedernidos nem violentos. Eram apenas criaturas que não haviam ainda conseguido desvencilhar-se do pesar provocado pelas vivências humanas.

O sentimento que ali predominava era a vergonha. Envergonhados de seus atos, presos ao orgulho, alheios ao autoperdão, os espíritos criaram um astral para viver sem se expor. Reunidos no mesmo local, suas vibrações deram forma à cidade e suas casas-caixotes. Sem janelas, com apenas uma porta, era ali que se sentiam seguros, certos de que não seriam vistos, reconhecidos nem acusados. Laureano os ajudava a superar, compreender as razões da culpa e reconquistar a autoestima. Uma vez livres, reuniam coragem para partir.

Até certo ponto de sua existência espiritual, Félix habitara mundos ainda inferiores. As esferas mais baixas, contudo, não o atraíam, pois a repulsa natural à violência e à vingança desfizeram aquela breve sintonia energética. Sem perceber, Félix ia se afastando dos círculos mais densos e adentrando camadas um pouco mais sutis.

Ao se deparar com a cidade intermediária, sentiu que era ali o seu lugar. Vagou a esmo por alguns dias, até que Laureano o encontrou, cuidou dele, ajudou-o a compreender que as atitudes humanas obedecem à lei do progresso e ninguém deve se condenar por simplesmente crescer. É preciso

*Apesar de tudo...*

conscientizar-se e caminhar ao encontro da transformação, sem necessidade de sofrer ou se punir. A cada atitude boa, a consequência é uma reação positiva da vida em forma de alegria e prazer.

O que Félix mais desejava era reencontrar Margarete, e foi esse sentimento que o prendeu ali. Anos após a conquista da libertação interior, Félix ainda se ligava ao amor que sentia por ela. Ciente de suas dificuldades na matéria, resolveu que só sairia dali com ela. Tudo faria para que ela, ao desencarnar, não caísse presa a seres malignos. Com autorização de Laureano, conseguiu resgatá-la antes dos espíritos de ébrios que a acompanhavam pelos bares da vida física.

Laureano levou Félix para seu consultório e fechou a porta.

— E então? — indagou interessado. — Como ela está?

— Confusa, como era de se esperar. Não sabe que desencarnou.

— E você lhe contou?

— Ainda não. Queria primeiro lhe falar.

— Fez bem. Quando chegar a hora, irei a sua casa.

— Ela está louca pelo filho e me pediu para encontrá-lo.

— Isso não seria aconselhável. Margarete poderia causar um certo tumulto e perturbar a criança.

— Quem são seus novos pais?

— Prefiro que você não saiba. Do contrário, quando Margarete melhorar e aprender a ler pensamentos, estando na mesma faixa vibratória que você, pode acabar descobrindo através dos registros de sua mente.

— E não vai ler os seus?

— Só se eu permitir.

Apesar de Laureano trabalhar num astral mais denso, era um espírito iluminado e esclarecido, cujos pensamentos vibravam em intensidade acima da modulação mental dos habitantes locais. Consequentemente, eles não podiam ler-lhe os pensamentos.

— Por que você acha que ela vai atrapalhar o Anderson? — tornou Félix.

— Anderson? É assim que ela o chama agora?

— É.

— Muito bom. Deixe-a chamá-lo por esse nome. Vai dificultar ainda mais sua localização.

— Você não respondeu a minha pergunta: por que Margarete atrapalharia o crescimento do filho?

— Ela é um espírito desequilibrado que só lhe causaria transtornos. E a nova mãe do menino não possui emoções firmes o suficiente para resistir-lhe. As dificuldades da vida podem ter o efeito de armadilhas do destino, caso não se consiga manter a mente e o coração em equilíbrio.

— Mas será que ela não chegará a ele através dessas próprias pessoas? Não é possível que elas formem um elo de pensamentos que leve Margarete até o filho?

— Possível, sempre é. Mas a nova tia de Anderson é uma mulher religiosa, e sua fé vai manter Margarete afastada. Enquanto ela e a irmã se mantiverem ligadas a Jesus e às orações, em equilíbrio emocional, nenhum espírito perturbador conseguirá alcançá-las. Têm por líder espiritual um pastor nobre e de moral elevada, capaz de orientá-las sempre na direção do bem. O que precisamos fazer é orar para que elas jamais se afastem desse caminho.

— O que poderá acontecer se elas assim o fizerem?

— O futuro nos dirá. E agora vamos, meu filho. Acompanhe-me num momento de oração.

Félix estava acostumado à mania de rezar de Laureano. No começo, achava tudo muito chato, mas depois foi se apercebendo do bem-estar que o invadia sempre que ele ou alguém orava. Sem questionar, ajoelhou-se ao lado do médico e simplesmente entregou os pensamentos à luz, enquanto o outro direcionava fluidos de amor e equilíbrio ao lar de Clementina.

# Capítulo 5

Margarete acordou aos gritos, debatendo-se na cama. A seu lado, Félix deu um salto do colchonete improvisado e sacudiu-a vigorosamente:

— Margarete! Margarete! Acorde!

Ela arregalou os olhos e se agarrou aos braços dele, ao mesmo tempo em que dizia apavorada:

— Tive um pesadelo medonho! Sonhei que tinha morrido atropelada por um carro.

Félix a encarou com perplexidade. Embora se lembrasse de seu desenlace, Margarete acreditava que fora um sonho. Antes que ele pudesse falar, ouviram uma batida na porta, e Laureano entrou. Com ele, uma enxurrada de luz inundou o ambiente. Margarete olhou para ele atônita, sentindo estranha confiança naquele velhinho de olhar bondoso e calmo.

— Olá — cumprimentou ele, com a jovialidade de sempre. — Como estão as minhas crianças?

— Margarete não se sente muito bem — contou Félix. — Sonhou que havia morrido.

Aquilo já era do conhecimento de Laureano. Não foi por outro motivo que viera. Fazia quase um mês que Margarete estava vivendo com Félix e aquela era a primeira vez que se lembrava do acidente. Laureano se sentou ao lado dela, tomou-lhe a mão nas suas e falou carinhosamente:

— Não quer me contar como foi o seu sonho?

Ela estava fascinada pelo halo de luz que o envolvia, propositadamente deixado ao alcance de sua percepção.

— Perdão... — ela começou a dizer. — Não conheço o senhor, mas... como pode brilhar tanto? De onde vem toda essa luz?

— Essa luz a incomoda?

— Ao contrário, me enche de alegria. É como se me revigorasse a alma.

— Bem, é isso mesmo o que acontece. Essa luz está aqui por sua causa. Foi por você que a trouxe comigo.

As palavras dele a emocionaram, e duas lágrimas escorreram de seus olhos.

— Não sei por que tanta bondade. O senhor e Félix nunca me viram e me tratam como se eu fosse alguém.

— Você é alguém — esclareceu Laureano. — É um espírito, uma centelha de Deus.

— São palavras lindas e estranhas... Aliás, tudo aqui é muito estranho. Não sei há quanto tempo estou aqui, perdi a noção das horas. Tenho que encontrar meu filho, mas até isso me parece confuso.

— Por que quer encontrá-lo?

— Por quê? Porque ele é meu filho, oras.

— Mas você o abandonou.

— O senhor, que parece tão bom, veio até aqui para me julgar?

— De modo algum. Vim aqui para conversar com você e tentar fazer com que enxergue a verdade.

— Que verdade?

— A verdade sobre você.

— Não estou entendendo nada, para variar. Por que todo mundo aqui fala por charadas?

— Não é uma charada — contestou Félix. — Temos medo de dizer algo que você não queira ouvir.

— O que, por exemplo? — sondou ela.

— Por que não me conta o seu sonho? — interrompeu Laureano. — Gostaria muito de ouvi-lo.

— O senhor parece bastante legal, mas por que lhe contaria algo se nem o conheço?

— Ele é o doutor Laureano, de quem tanto lhe falei — informou Félix.

— Eu já imaginava. Só queria ter certeza.

— Vejo então que já me conhece por intermédio de Félix — disse ele. — Estou certo?

— É. Félix fala muito do senhor.

— Vamos deixar as formalidades de lado. Vai me fazer mais feliz se me chamar apenas de Laureano. É assim que se tratam os iguais.

— O senhor? Igual a mim? Acho que vocês são é doidos.

— Laureano cuida dos doidos, Margarete — explicou Félix. — Ele é psiquiatra.

— Então é isso? Vocês acham que estou louca?

— Creio que Félix não foi claro em suas palavras — emendou Laureano. — Quando encarnado, eu tratava de loucos. Hoje cuido de espíritos que, como você, encontram-se perdidos num mar de confusão. Tento clarear suas mentes e trazer-lhes um pouco de lucidez.

Margarete o olhava pasmada. Será que não compreendera bem o que ele dissera?

*Apesar de tudo...*

— Perdão — revidou ela. — Mas agora mesmo é que não estou entendendo nada. O que o senhor quis dizer com *quando encarnado?*

— Quando habitava o mundo dos vivos.

— Como assim, o mundo dos vivos? Que mundo é esse, afinal? O mundo dos mortos?

— É você quem está dizendo.

— Agora não tenho mais dúvidas de que estou na companhia de loucos. De que hospício vocês fugiram?

— Margarete, por favor, tente se acalmar — aconselhou Félix.

— Não! Logo vi. Tanta bondade só podia ser enganação. Estou no meio de doidos. Quero sair daqui agora mesmo! Exijo que você me leve embora ou vou chamar a polícia.

Ela correu para a porta, e Félix tentou segurá-la, mas foi impedido por Laureano. Quando passou para o lado de fora, teve uma surpresa aterradora. A ruela em que saíra não era mais aquela pobrezinha a qual já estava se acostumando. Encontrava-se agora em uma rua asfaltada, numa cidade grande. De um lado e de outro, latas de lixo guarneciam as calçadas. Imediatamente reconheceu a rua onde abandonara o filho e o latão em que o procurara.

— Não pode ser — disse para si mesma.

De repente, ela se sentiu atirada para a frente por uma força misteriosa. Atravessou a rua, apertando nas mãos um punhadinho de moedas e notas amarrotadas. Aos tropeções, entrou num bar e foi atendida por um português, que lhe vendeu duas doses de pinga. Na terceira, como o dinheiro acabou, tentou seduzir o homem para que lhe vendesse fiado. Ele se enfureceu, brandiu os punhos na frente dela, levando-a a fugir desabalada. Na carreira, ao atravessar a rua, viu um carro vermelho partindo para cima dela. Gritou apavorada e fechou os olhos, encolhendo-se no chão, à espera do baque que não veio.

Quando tornou a abrir os olhos, a cena se havia desfeito, a rua voltou a ser a mesma de sempre, com seus caixotes imitando casebres. Parados na porta de casa, Félix e Laureano a fitavam, cheios de compaixão.

— Preciso de uma bebida — pediu ela. — Há quanto tempo não tomo um trago!

Félix correu para ela e a abraçou.

— Minha querida, o que foi que houve?

Apenas Laureano havia visto o que ela vivera. Com a calma de sempre, aproximou-se:

— Não quer agora me contar o seu sonho?

Margarete desatou num pranto sentido. Abraçou-se com força a Félix, soluçando com profunda tristeza:

— Eu morri, não foi? Aquele carro me pegou. Eu morri e nem sabia disso. Mas como pode ser, se ainda estou viva?

— Você mesma o disse — esclareceu Laureano. — Ainda está viva, pois só o que morre é a matéria densa, mas permanecemos vivos em nosso corpo sutil.

— Para variar, não compreendo o que você diz, mas aceito essa verdade.

— Puxa! — exclamou Félix. — Até que foi mais fácil do que eu imaginava.

— Porque, no fundo, Margarete já sabia que havia desencarnado. Apenas não quis aceitar a realidade.

— Tem razão. Tive medo. Mas agora estou bem e pronta para me iniciar em minha nova vida.

— Como assim está pronta? — questionou Félix.

A mente de Margarete havia trabalhado com impressionante rapidez. Sabendo-se morta na matéria, mas viva em espírito, imaginou que aquela seria uma ótima oportunidade para se aproximar do filho e saber o que havia lhe acontecido. Simples, sem confusão nem ser notada. Poderia ficar junto dele sem que ninguém percebesse. Não era o ideal,

*Apesar de tudo...*

mas pelo menos era uma saída. Quem sabe não poderia até ir ao encontro de Anderson e deitar-se com ele?

— Nada disso que você está pensando, poderá realizar — sentenciou Laureano.

Margarete tomou um susto. Não imaginava que alguém pudesse ler os seus pensamentos.

— E por que não? — rebateu mal-humorada.

— Você não sabe onde está a criança e não estou autorizado a dizer — ela olhou para Félix, e Laureano prosseguiu: — E não adianta pedir ajuda a Félix. Ele não tem a menor ideia do paradeiro do menino.

— Ele é meu filho! — exasperou-se ela.

— Não é mais. Ele pertence a um plano de existência; você, a outro.

— Se sou espírito, posso ir aonde quiser, não posso? Pelo menos é assim que a gente vê na televisão.

— A televisão desconhece as leis que regem o mundo. Aqui, como no mundo da matéria, existem leis que devem ser observadas. A diferença é que a lei dos homens foi criada para equilibrar a sua imperfeição, ao passo que as leis que imperam no invisível decorrem da natureza de todas as coisas, revelando, por isso mesmo, a própria perfeição de Deus.

Ela o olhou com um certo rancor, mas não contestou. Não tinha maturidade nem conhecimento, nem preparo moral para o contradizer.

— Venha comigo, Margarete — chamou Félix. — Ainda podemos ser felizes.

— Não vejo como possa ser feliz ao lado de um desconhecido — rebateu friamente.

— Não sou um desconhecido. Nós já nos conhecemos de outras vidas.

Aos poucos, a memória de Margarete foi se restabelecendo, e cenas de sua última encarnação se delinearam em sua mente. Embora não soubesse bem decifrá-las, sabia que eram reminiscências de tempos idos.

— Preciso de um trago — anunciou com irritação. — E agora.

— Margarete, você não pode.

— Posso sim — desafiou.

— Você nem sabe como fazer isso.

— Quero beber! Onde tem um bar por aqui? Um bar! Preciso desesperadamente de um bar. Quero beber!

Na mesma hora, Margarete desvaneceu. Félix encarou Laureano com amargura e murmurou em lágrimas:

— E agora? O que vamos fazer?

— Não podemos fazer nada. Era inevitável que isso acontecesse. Margarete ficou tempo demais sem pensar na bebida. Mas o vício não a abandonou, e quando ela se viu contrariada, reavivou a impressão do álcool, do qual seu corpo emocional encontra-se impregnado.

— Aonde ela foi?

— A algum bar, não tenho dúvidas. E já deve estar aprendendo a sugar a essência da bebida de ébrios invigilantes.

— Não podemos fazer nada?

— Eu não posso sair daqui agora. Mas aconselho-o a ir atrás dela, ou outros poderão encontrá-la na sua frente.

— E se ela não quiser voltar comigo?

— Limite-se a observá-la e acompanhar os seus passos. Ela vai sugar o álcool até que a sensação da embriaguez a anestesie. Aí então, traga-a de volta. Mas cuidado: muitos espíritos maldosos e perigosos estarão à espreita para escravizá-la e obrigá-la a trabalhar para eles. Margarete pode se deixar seduzir por suas palavras doces e falsas. Esteja alerta e, quando isso acontecer, eleve seu pensamento a Deus e busque envolver a ambos numa redoma de luz.

— Só isso irá bastar para afastá-los?

*Apesar de tudo...*

— A oração é a arma mais poderosa contra aqueles que ainda não conhecem o poder do amor. Com ela, você estará bem guarnecido e preparado para trazer Margarete de volta. Mas não se iluda. Ela virá com você, contudo, assim que melhorar, vai sair de novo.

— Como posso encontrá-la?

— Dê-me sua mão — ele deu. — Agora pense firmemente nela.

Com a mente de ambos fixada em Margarete, Félix, imediatamente, se viu ao lado dela. Seus pensamentos a haviam levado para o boteco que ela costumava frequentar ainda em Belford Roxo. Como Laureano previra, rapidamente ela aprendeu a sugar as energias dos encarnados e, naquele momento, se deliciava com a essência etílica que desprendia da cachaça. Félix olhou ao redor, à procura de espíritos perigosos, mas não viu nenhum. Apenas uma forma-pensamento[1] bastante densa e nebulosa quase se infiltrava num senhor sentado a uma mesa, enquanto o espírito de uma mulher apalpava um homem no balcão. Félix notou que ele se excitava só com o toque da mão invisível.

Ele voltou a atenção para Margarete que, alheia a tudo aquilo, permanecia grudada no bêbado, sugando o máximo que podia. A visão de sua amada naquela atitude obsessiva e perturbadora lhe causou imenso mal-estar, mas ele não desistiu. Procurou um lugar para se sentar e ficou tomando conta dela. Demorou muito para que ela se saciasse, até que, finalmente, a essência do álcool lhe subiu à cabeça e a ilusão da bebedeira atirou-a ao chão.

Só então Félix saiu de seu esconderijo e se aproximou, angustiado com o estado de embriaguez em que Margarete se encontrava. Se viva estivesse, teria entrado em coma alcoólico. A matéria química, contudo, não era capaz de

1 Formas-pensamento são criações mentais plasmadas no mundo astral, de natureza idêntica ao pensamento que as criou.

penetrar seu corpo emocional. Os efeitos que se produziam sobre Margarete derivavam da essência deletéria do álcool, transmitindo-lhe a nítida sensação de embriaguez, facilmente descartada se ela recuperasse o equilíbrio mental. Em suma, tudo não passava de uma poderosa ilusão criada pela mente acostumada aos efeitos do álcool.

Ele se abaixou ao lado dela e ergueu-a no colo, no exato momento em que espíritos mal-encarados adentravam o bar, acompanhando um meliante perigoso. Mal os seres o olharam de esguelha, Félix fez breve oração, que o levou de volta a sua casa. Deitou Margarete na cama, ajoelhou-se a seus pés e, com os olhos úmidos, misturou seus soluços à oração de agradecimento.

*Apesar de tudo...*

# Capítulo 6

Aos onze anos, Marcos era um menino muito educado e decidido. Desde cedo escolhera a profissão: queria ser advogado, para ajudar a acabar com as desigualdades e injustiças sociais. Era um sonho que a mãe estimulava, embora não lhe desse muito crédito. Como um menino pobre feito Marcos Wellington conseguiria passar em uma faculdade do governo, já que eles não tinham condições de pagar uma particular?

— Eu vou conseguir, mãe, você vai ver — afirmava ele.

— Você ainda nem sabe direito o que é ser advogado — objetava Romualdo. — É profissão de gente rica. É mais fácil ser pedreiro como seu pai.

— Deixe, Romualdo — censurava Clementina. — Se é o que ele quer, vai conseguir.

Mas a vida não era fácil, e as tentações, muitas. Todos os domingos, Leontina passava em casa de Clementina para irem ao culto evangélico. Naquele dia, não foi diferente.

Marcos terminou de ajeitar a gravata, com a qual a mãe o obrigava a ir ao culto, e foi esperar a tia na porta de casa. Sentou-se no batente, atirando pedrinhas na parede para ouvir o estalido que elas produziam. Estava assim distraído quando ouviu uma voz conhecida chamando-o do portão:

— E aí, Zé das Ovelhas, vai todo enfatiotado para a missa de novo?

Marcos fitou o interlocutor e engoliu um momento fugaz de raiva. Zé das Ovelhas era o apelido que ganhara quando, certa vez, respondendo aos gracejos de Jéferson, dissera que eram todos ovelhas no rebanho do Senhor. Jéferson caiu na gargalhada, chamando-o de Zé das Ovelhas, e o apelido pegou.

— Missa é da igreja católica. Vou ao culto.

— Tanto faz.

Jéferson falava agitando exageradamente o pulso diante dos olhos de Marcos, até que ele reparou por quê. Um relógio novo, tininindo de um brilho prateado ofuscante, reluziu à luz do sol.

— Uau! — fez Marcos, que sempre desejou ter um relógio. — Onde você conseguiu?

— Trabalhando — Marcos se aproximou e segurou o punho do outro, revirando-o para admirar a pulseira cromada. — Você poderia conseguir um, se quisesse. O Mandrake cansou de falar que tem vaga para você.

Mandrake era o nome do traficante local, que se dera esse apelido por se considerar um mágico no desaparecimento, já que a polícia jamais conseguira colocar as mãos nele. Utilizava-se de garotos para fazer avião, que levavam as drogas para cima e para baixo, arriscando-se a ser surpreendidos e presos ou, pior, mortos em algum confronto com a polícia.

Os olhos de Marcos brilharam ante a possibilidade de possuir um relógio daqueles. Mas as palavras do pastor

*Apesar de tudo...*

reverberaram em sua mente, e ele parou assustado, como se o sacerdote estivesse ali presente:

— As drogas são um dos portais de que o diabo se utiliza para abrir a passagem para o inferno. E como disse o amado apóstolo Mateus, "o Filho do homem enviará os seus anjos, que tirarão do seu reino todos os que causam escândalos e promovem a iniquidade, e os lançarão à fornalha acesa, onde haverá choro e ranger de dentes"[1].

O medo de ir para o inferno foi maior do que o desejo de possuir o relógio, e Marcos meneou a cabeça, falando envergonhado:

— Não, Jéferson, obrigado.

— Tem certeza? — ele assentiu, e o outro deu de ombros.

— Você é quem sabe.

Como Leontina despontou no fim da rua, Jéferson fez um aceno para Marcos e tomou a direção oposta. A tia chegou esbaforida e indagou, estreitando a vista para ver se podia ainda reconhecer o garoto.

— Quem era aquele?

— Ninguém. Um conhecido.

— Olhe lá, hein, Marcos Wellington! Não vá se meter com más companhias.

— Não se preocupe, titia. Tenho Deus no coração.

A resposta satisfez Leontina, que abraçou o sobrinho e estalou-lhe um beijo na face. Marcos recebeu o beijo com respeito, muito embora se irritasse com a forma como a tia o chamara. Detestava ser chamado de Marcos Wellington.

Logo Clementina estava ao lado deles, e os três partiram rumo à igreja.

— Estou preocupada com Romualdo — Clementina cochichou ao ouvido da irmã, para que Marcos não ouvisse.

— Por quê?

---

1 Mateus, 14:41,42.

— Ando desconfiada de que ele arranjou uma amante.

Leontina levou a mão à boca, abafando um grito de horror, e tornou séria:

— Como foi que você descobriu?

— Não descobri. Mas ele anda diferente, esquisito. Quase não me procura mais.

— E o emprego?

— Vai bem, mas tem chegado tarde, dizendo que arranjou uns serviços extras depois do trabalho.

— Será que não é verdade?

— Ah, é? E cadê o dinheiro? — Leontina não respondeu. — Não sei o que farei se descobrir que Romualdo tem mesmo uma amante. Acho que sou capaz de me matar.

— Não diga uma coisa dessas! Quer condenar sua alma para sempre? Suicídio é um dos maiores pecados que o ser humano pode cometer. E depois, tem o Marcos Wellington. Quem é que vai cuidar dele? A madrasta?

— Isso não! — objetou Clementina, sentindo a ira subir-lhe pelo pescoço e inundar suas faces. — Levanto-me da sepultura e dou um jeito de levar a rameira comigo. Vou arder no fogo do inferno, mas não estarei sozinha.

Leontina abriu a boca novamente e tornou abismada:

— Que horror! Isso não são palavras de uma cristã temente a Deus. Seu filho está melhor do que você. Ainda há pouco me disse que tinha Deus no coração. E você? O que abriga no seu? O ódio, a vingança, o pecado?

Clementina enxugou duas lágrimas discretas e perguntou emocionada:

— Marcos Wellington disse isso?

— Disse.

— Meu filho é um menino de ouro. Ainda vou me orgulhar muito dele.

— Pois então, pare de falar essas bobagens. Não dê asas ao diabo, pois ele pode levá-la com ele para um voo

*Apesar de tudo...*

no inferno. Trate de se manter firme em sua fé, ou Deus irá castigá-la por sua blasfêmia.

Clementina não disse nada. Por mais que desse razão à irmã, não podia sequer imaginar-se longe de Romualdo. A paixão pelo marido era tão intensa que, se ela não se matasse, de qualquer forma, morreria de desgosto.

Assistiram ao culto em silêncio, com profundo respeito e devoção. Dos três, Leontina era a mais religiosa. Acreditava piamente nas Escrituras e em tudo que o pastor pregava, abrigando palavras de fé e caridade em seu coração. Era uma pessoa piedosa, genuinamente boa e sabia perdoar com facilidade. Tinha também uma crença fervorosa nos pecados da alma, nas penas eternas e no fogo do inferno, razão pela qual vivia em oração, pautando sua conduta nos exatos termos descritos na bíblia.

Para Clementina, a igreja representava uma fuga, uma forma de conviver pacificamente com seus problemas matrimoniais. Sempre achou que, quanto mais dedicada à religião, maior seria sua recompensa. Fora esse seu testemunho quando ganhara o filho. Agora, o que ela mais desejava era conservar o marido a seu lado. Por isso, não faltava aos dias de culto e fazia o que podia para ajudar na congregação, certa de que Deus a recompensaria salvando seu casamento.

Marcos, por sua vez, vivia sentimentos contraditórios. Ao mesmo tempo em que interiorizava os ensinamentos adquiridos na escola dominical e nas pregações do pastor, sentia um quase irresistível desejo de se libertar de tudo aquilo e se entregar ao mundo. Via Jéferson e os outros meninos do morro com coisas bonitas que ele não podia comprar e, silenciosamente, ansiava por uma oportunidade de possuir tais objetos. Mas como, se o pai ganhava pouco, e a mãe não trabalhava?

A solução era, ao mesmo tempo, fácil e quase impossível. Para ter o que eles tinham, Marcos teria que seguir o caminho do crime. Só que ele não queria se tornar um criminoso. Tinha medo das consequências: de se ver embaraçado na lei dos homens e na de Deus. Temia a polícia tanto quanto temia os anjos que o conduziriam ao inferno. Toda vez que Jéferson lhe acenava com um objeto caro, ele pensava em aceitar o convite de Mandrake, pelo menos uma vez, só para comprar alguma coisa bonita. Mas o medo de que a satisfação de um desejo se transformasse na escravidão aos demais o fazia recuar.

O jeito então era seguir os conselhos da mãe e da tia: estudar para conseguir um emprego honesto e digno, para poder comprar o que queria. Mas isso também devia ser pecado, porque o pastor acabava de gritar lá do púlpito:

— "O ambicioso apressa-se de enriquecer, mas não sabe que a miséria virá sobre ele[2]"! Por isso, meus filhos, é que lhes digo: não gastem o tempo valioso na busca de riquezas, mas aceitem a pobreza que Deus lhes enviou para que juntem tesouros no céu. Jesus levou uma vida pobre, pois sabia que não se pode servir a Deus e ao dinheiro. Ser pobre é abrir-se ao amor de Deus, portanto, cultivem a simplicidade da vida e aprendam a viver com humildade, pois nada é necessário ao homem além do essencial para uma vida consagrada ao Evangelho do Cristo.

Marcos abaixou a cabeça, envergonhado consigo mesmo. No fundo, não concordava com aquelas palavras, mas o que fazer? Se estava na bíblia, é porque era verdade. Na volta para casa, ouviu a tia perguntar:

— E então, Marcos Wellington, gostou do sermão de hoje?

— Gostei... — falou hesitante. — Mas fiquei com uma dúvida. Será que é pecado eu querer ser advogado para ter uma vida melhor e tirar meus pais e minha tia do morro?

---

2 Provérbios, 28:22.

As duas o fitaram com lágrimas nos olhos, e foi Leontina quem respondeu:

— Não, meu querido. O que é pecado é a ambição do dinheiro. Mas se você trabalhar honestamente, para melhorar de vida, não estará pecando.

— Mas e para ter coisas que não são assim tão necessárias? Como um relógio novo e caro?

— Acho que o diabo pode tentar você com essas ideias, para desviá-lo do caminho da virtude e do bem. Cuidado.

O menino silenciou, arrependido de ter perguntado, e foi caminhando na frente, de forma que Clementina pôde retomar a conversa com a irmã:

— Como posso fazer para descobrir se Romualdo tem mesmo uma amante?

— Você devia estar preocupada com o seu filho, com as ideias que os garotos do morro podem meter na cabeça dele.

— Ele não precisa disso. É muito ajuizado. Você mesma ouviu.

— É, mas ele já está sonhando com relógios caros. O mundo está cheio de tentações, minha irmã. Não podemos nos descuidar um minuto.

— Ora, mas você lhe respondeu muito bem. Tenho certeza de que Marcos Wellington aprendeu. — Leontina suspirou, e Clementina prosseguiu: — Agora, voltando àquele assunto, preciso descobrir.

— Acho que o melhor é não falarmos mais disso. Desde a chegada de Marcos Wellington que Romualdo tem sido um bom marido, embora não conseguisse manter a promessa de tirá-la do morro. Mas arranjou um emprego fixo, nunca bateu em você e já não bebe tanto. Devia se contentar com isso.

— Contentar-me com isso, você diz? E o sexo? Faz parte da vida de todo casal.

— Vocês não podem ter filhos. Sexo não devia ser tão importante assim.

— Essa é muito boa! Diz isso porque nunca foi casada e não sabe o que é ter um homem em sua cama.

— Se nunca me casei, foi porque optei pelo devotamento a Cristo — revidou ela magoada — Essa é uma coisa boa da igreja católica que devíamos adotar. Devia ser permitido que nós, mulheres, nos consagrássemos somente a Deus e a Jesus.

— Como uma freira, você diz? — ela assentiu. — Deus me livre! Gosto de homem e não abro mão do sexo.

— É por causa do sexo que você está com essas ideias pecaminosas. As coisas mundanas não deviam se sobrepor às coisas de Deus.

— Tudo bem, Leontina, você tem razão em tudo o que diz. Mas se esquece de que um dos mandamentos fala que não devemos cobiçar a mulher do próximo. Isso não se aplica ao marido também? Adultério é pecado, e se Romualdo estiver com uma amante, não estará também cometendo um pecado mortal?

— Por isso é que lhe digo que o melhor é não saber. Se ele estiver pecando, deixe sua consciência ao julgamento do Senhor. Faça a sua parte, que é ser fiel, boa esposa, boa mãe, e entregue o resto nas mãos de Deus.

Clementina já estava ficando cansada de ouvir falar em Deus, pecado e inferno. Afinal, fazia a sua parte, ia à igreja, cuidava do marido e da casa. Não merecia uma recompensa à altura? Por que então Deus a estava punindo daquela forma? Embora não dissesse mais nada, ia descobrir a verdade. Não era mulher de aceitar passivamente a traição do marido.

*Apesar de tudo...*

# Capítulo 7

A desconfiança passou a ser companheira inseparável de Clementina. À exceção dos fins de semana, Romualdo ficava fora todas as noites, só retornando por volta das onze horas. Quando chegava, encontrava Clementina acordada, esperando por ele. As perguntas eram sempre as mesmas. As respostas, invariáveis:

— Onde você esteve?

— Trabalhando.

— Até quando vai esse bico que você arranjou?

— Não sei. Depois desse, já tenho outro em vista.

— Onde?

— Na casa de uma madame lá na Gávea.

— E cadê o dinheiro?

— Ainda não recebi.

Clementina esperava pacientemente até que ele tomasse banho, servia-lhe o jantar e ajeitava a cama para que ele se deitasse, deitando-se ao lado dele. Romualdo logo fingia pegar no sono, e mesmo quando Clementina o acariciava, sugerindo que se amassem, ele a repelia gentilmente, a desculpa de sempre na ponta da língua:

— Estou cansado. Trabalhei demais hoje.

Não foi por outro motivo que ela resolveu segui-lo. Durante dias, juntara dinheiro para a empreitada. Pegou um táxi e foi atrás do ônibus que ele tomou, até um prédio em reforma na rua da Carioca. De posse do endereço da obra em que ele trabalhava, resolveu voltar mais tarde. Durante o horário de trabalho, era certo que ele nada faria.

Aguardou com ansiedade o final do dia. Deu ordens expressas a Marcos para que não saísse de casa, trancasse tudo e só abrisse a porta para a tia. Com um beijo na testa, abençoou-o e saiu. Dessa vez tomou um ônibus e desceu quase em frente à obra. Chegou bem no final do expediente, ainda a tempo de ver Romualdo se despedir dos colegas e ganhar a rua.

Do outro lado da calçada, seguiu-o à distância. Passaram pela Praça Tiradentes e a Rua Visconde do Rio Branco, até virar na Rua dos Inválidos. Ele tocou a campainha de um sobrado e foi recebido por uma jovem, bonita, voluptuosa de corpo, que o abraçou e o beijou na boca, puxando-o para dentro.

Clementina precisou se segurar num poste para não cair, sentindo que todo o seu mundo ruía sobre a cabeça. Então era verdade! Romualdo tinha mesmo uma amante mais jovem, mais bonita, as formas bem-feitas e rígidas. Muito diferente do corpo alquebrado e flácido que ela ganhara ao longo dos anos. Não era justo.

Desnorteada, foi até o sobrado e tocou a campainha. Outra mulher atendeu e olhou-a com ar interrogativo.

— O que deseja? — perguntou por fim, já que Clementina não se decidia a abrir a boca.

*Apesar de tudo...*

— Quero falar com Romualdo.

— E quem é você?

— A mulher dele.

A outra gelou. Pensou em bater a porta na cara da desconhecida, mas Clementina já havia atravessado o pé no portal e segurava a porta com uma das mãos.

— Romualdo! — gritou a mulher para dentro da casa. — Tem alguém aqui querendo falar com você.

Ele apareceu dois minutos depois, sem camisa, segurando uma lata de cerveja. Ao dar de cara com ela, sua expressão murchou. A mulher que a recebera rodou nos calcanhares e subiu apressada, passando por ele sem dizer nada. Não queria ser envolvida na briga doméstica de ninguém.

— Como pôde? — desabafou Clementina, segurando as lágrimas. — Como pôde fazer isso comigo?

— Vá para casa, Clementina. Lá, conversaremos.

— Só se você vier comigo.

— Agora não posso.

— Onde está a prostituta com quem você está dormindo?

— Vá para casa, já disse.

— Não sem antes lhe dar uma surra.

— Vá para casa! — gritou ele, irritado.

Ela começou a chorar, e Romualdo deu-lhe um empurrão, para poder fechar a porta. Clementina tocou a campainha outra vez, mas ele não atendeu. Ela continuou tocando e tocando, até que a mulher que a recebera berrou da janela:

— Pare com isso! Ele não está mais aqui. Saiu pela porta dos fundos e pulou o muro do vizinho. Vá fazer escândalo em outro lugar.

Clementina soltou a campainha e olhou desconfiada para a mulher, que entrou e bateu a janela. Atravessou a rua, para ver se conseguia enxergar melhor lá dentro, mas tudo estava fechado. Ainda pensou em sentar e esperar para dar uma coça na amante, contudo, não se atreveu. Só o que queria era ter seu Romualdo de volta.

Abandonou o sobrado e tomou o ônibus de volta. Era hora do *rush*, e ela teve que esperar muito até chegar a casa. Entrou esbaforida, procurando pelo marido, mas apenas Marcos estava ali, vendo um programa no velho aparelho de televisão.

— Onde está seu pai? — indagou ela.

— Ainda não chegou. E por que você está com essa cara?

— Por nada.

Ela saiu e foi sentar-se no degrau da entrada. Afundou o rosto entre as mãos e ficou ali, esquecida de si mesma, o coração lacerado pela dor da traição. Ao ouvir passos se aproximando, levantou os olhos. Romualdo estava parado na sua frente, braços cruzados, impregnando o ar com o cheiro forte da bebida. Ela o encarou com rancor e ressentimento, mas ele foi o primeiro a falar:

— Voltei para pegar minhas coisas.

— Pegar suas coisas?

— Vou-me embora, Clementina. Não dá mais para viver assim.

— Assim como? Eu não fiz nada. Foi você quem me traiu.

— É a isso mesmo que me refiro. Não posso mais levar essa vida dupla.

— Vai me trocar por uma prostituta?

— Sheila não é prostituta. É balconista numa padaria na cidade.

— Foi lá que vocês se conheceram?

— Foi.

Clementina se levantou, segurou as mãos dele. Endereçando-lhe um olhar de paixão, implorou:

— Em nome de Deus e do nosso amor, Romualdo, não faça isso. Posso perdoar essa sua aventura, mas não me abandone.

*Apesar de tudo...*

Ele abaixou a cabeça, constrangido, e respondeu sem a encarar:

— Não foi uma aventura. Sheila e eu estamos apaixonados.

— Você está enfeitiçado pela beleza e a juventude dela. Mas isso vai passar. Eu é que sou a sua mulher.

— Não é mais.

— Nós somos casados.

— Podemos nos divorciar.

— Não quero! Não admito!

— Você só está dificultando as coisas. Com ou sem o seu consentimento, eu vou embora e vou viver com Sheila.

— Faça isso, e passo a faca naquela rameira — rugiu ela com ódio.

— Você está louca. Não pensa no nosso filho?

— E você? Por acaso está pensando nele? Está?

Ele se desvencilhou dela e foi até a porta.

— Não adianta, Clementina. Já está decidido.

Ele entrou apressado, com ela em seu encalço, seguindo-o até o quarto.

— Você não pode! — choramingou. — Eu o amo, Romualdo, como posso viver sem você?

— O que está acontecendo? — perguntou Marcos.

— Seu pai quer ir embora — esclareceu Clementina, em lágrimas. — Conheceu uma vagabunda e quer se amigar com ela.

O olhar espantado de Marcos feriu o coração de Romualdo como uma faca, mas nem isso serviu para que ele mudasse de ideia.

— Sua mãe não quer aceitar que nosso casamento acabou.

— Você vai nos deixar? — inquiriu Marcos espantado.

Romualdo não respondeu, e Clementina afirmou com escárnio:

— Vai. Ele vai deixar a família legítima que Deus lhe concedeu para se juntar com uma rameira do baixo meretrício!

Romualdo estava decidido a não dizer mais nada. De que adiantaria brigar com Clementina se não ia mudar de ideia? Sheila já o aguardava para fugirem juntos, para um lugar onde Clementina não pudesse encontrá-los e fazer mal a ela. Brevemente, arrumou suas poucas roupas numa maleta puída. Fechou os dois trincos, fez um afago no rosto do filho e já ia sair quando Clementina o interrompeu, atirando-se a seus pés, em súplica:

— Não, Romualdo, você não pode! Por favor, não me deixe. Faço qualquer coisa para que você não se vá. Qualquer coisa! Quer que eu aceite a prostituta? Tudo bem, eu aceito. Faço de conta que nada aconteceu, não pergunto mais nada, não quero nem saber o que você faz nem com quem. Aceito o que você me der, as migalhas que guardar para mim. Faço qualquer coisa por você, mas por favor, não me deixe!

Ela chorava descontrolada, para espanto de Marcos, que nunca havia visto uma cena daquela. O constrangimento de Romualdo também foi aumentando, embora o escândalo só servisse para aumentar a repulsa que passara a sentir de Clementina.

— Está se humilhando à toa — afirmou ele. — Minha decisão já está tomada e não tem volta.

Mesmo a contragosto, empurrou-a com força, para que ela largasse as suas pernas, e passou por cima de seu corpo caído no chão, sacudido pelo pranto desesperado. De tão atônito, Marcos não sabia se acudia a mãe ou se impedia o pai. Abaixou-se ao lado dela e segurou-a pelos ombros, oferecendo-lhe o peito para se apoiar. Romualdo já estava na porta quando ouviu o filho chamar lá de dentro:

— Pai.

Parou hesitante, a mão na maçaneta, mas não se virou. Escancarou a porta com fúria, jogando-a de encontro à parede,

*Apesar de tudo...*

e saiu, descendo o morro para uma nova vida. Nunca mais queria tornar a ver Clementina.

Com muito esforço, Marcos ergueu a mãe do chão. Ela não parava de chorar, agarrada a ele, sacudindo a cabeça feito uma demente. Ele a deitou na cama e sentou-se ao lado dela. Alisou seus cabelos, ouviu seus soluços, sem coragem de dizer nada. Não entendia por que o pai havia feito aquilo.

Pela cabeça de Clementina, mil coisas passavam, desde o suicídio até o questionamento de Deus. Sem conseguir compreender o porquê daquela traição, voltou-se contra Ele. Não fora ela uma boa cristã e uma boa fiel? Não ia ao culto todos os domingos, não recitava as orações que o pastor lhe indicava? Sempre que podia, não ajudava nas tarefas da igreja? Por que então estava sendo punida daquela forma? Se ela fazia direitinho tudo o que o pastor mandava, não devia ser castigada. E se estava, então era porque Deus não existia ou não se importava com ela.

Com esses pensamentos, levantou-se hesitante, caminhando até o espelho. O cabelo estava todo desgrenhado, a roupa amassada, os olhos vermelhos, inchados de tanto chorar. Penteou-se, alisou o vestido e apanhou a bolsa.

— Você vai sair? — perguntou Marcos, atônito.

Ela olhou para ele como se não o visse e respondeu em tom alheado:

— Vou dar uma volta. Tranque tudo e não abra para ninguém.

Saiu, deixando-o perplexo. Dali em diante, Marcos não conseguiu mais sossegar. A televisão ficou ligada para ninguém, porque ele não conseguia prestar-lhe atenção. Olhava sem ver, consultando o relógio a cada minuto. As horas iam-se passando, e nada de Clementina voltar.

O sono se aproximava, mas Marcos não queria dormir. Clementina estava demorando muito. Ele abriu a janela, espiou, mas nem sinal da mãe. O morro começava a se aquietar, e ela não aparecia. Olhou para o relógio de novo: faltavam dez minutos para a meia-noite. Fazia muito tempo que ela saíra.

Calçou os chinelos e saiu, subindo o morro a passos largos. Logo alcançou o barraco da tia e bateu à porta. Como Leontina acordava muito cedo para trabalhar, já estava dormindo quando ele chegou. Agoniado, ele começou a esmurrar a porta e chamar:

— Tia! Tia Leontina!

Finalmente, ela despertou assustada. Reconheceu a voz do sobrinho e correu a destrancar a porta.

— Marcos Wellington, o que aconteceu?

— Minha mãe sumiu. Meu pai saiu de casa, ela foi para a rua faz mais de quatro horas e ainda não voltou. Estou preocupado.

— Você quer dizer que seu pai foi embora?

— Foi. Mamãe disse que ele foi se amigar com uma rameira...

Leontina cerrou os olhos, invocando a presença de Deus, e logo uma suave luz desceu sobre eles.

— Entre. Vou me vestir depressa.

Leontina foi com o sobrinho para a casa dele esperar pela irmã. Sentou-se na poltrona da sala, com Marcos deitado em seu colo. As horas avançavam rapidamente, mas nada de Clementina chegar. Até que, quando o sono se tornou insuportável, os dois adormeceram abraçados.

*Apesar de tudo...*

# Capítulo 8

Um barulho de coisas caindo tirou Leontina e Marcos do sono, os dois abriram os olhos quase ao mesmo tempo. O sol já se insinuava pelas frestas da janela, riscando o chão com listras de luz e calor. Novo ruído veio do quarto, dessa vez como se um fardo tivesse sido atirado sobre a cama, fazendo ranger as molas soltas do colchão. Ambos olharam na mesma direção, e o que viram lhes pareceu uma réplica da mulher que atendia pelo nome de Clementina. Rota e desgrenhada, a mulher era como uma cópia grotesca e mal-acabada.

Marcos ficou sentado, sem se mover, com medo de provocar alguma reação naquele bicho que tomara o lugar de sua mãe. Apenas Leontina aproximou-se da irmã, que em instantes adormecera e roncava ruidosamente. Clementina fedia a cachaça, a roupa amassada, os cabelos crespos eriçados, emprestando ao rosto um ar de demência prematura.

Leontina quase soltou um grito de pavor. Nunca tinha visto a irmã naquele estado. Nem parecia uma mulher religiosa, temente a Deus. Contendo a repulsa, cutucou-a com irritação, chamando-a agressivamente:

— Clementina! Acorde, Clementina! Vamos, levante-se!

Clementina resmungou e deu tapas no ar, tentando acertar a dona daquela voz irritante. A irmã continuou chamando, balançou-a vigorosamente, mas ela não respondeu. Sequer se mexia. Havia ferrado em um sono tão profundo que nem o retinir de um trovão conseguiria despertá-la. Leontina ainda sacudiu-a mais um pouco, até que desistiu. Era inútil tentar acordar a irmã dopada pela bebedeira.

— Minha mãe está morta? — indagou Marcos num soluço, horrorizado ante a cena inusitada.

— Não. Ela está dormindo.

— Ela bebeu, não foi? — Leontina assentiu. — Pensei que minha mãe soubesse que a bebida é coisa do demônio.

— Eu também. Mas, pelo visto, o diabo a tentou e ela cedeu à tentação.

— Foi porque papai foi embora?

— Provavelmente.

— E agora, tia, o que vamos fazer?

— Nada. Deixe-a dormir. Vou trabalhar e, na volta, a gente conversa.

— E eu, o que faço?

— Tome seu banho e vá para a escola. Não vale a pena perder um dia de aula por causa dessa doida irresponsável. Espere só até o pastor saber disso.

Leontina beijou o sobrinho no rosto e foi aprontar-se para o trabalho. Seguindo as ordens da tia, o menino entrou no banheiro minúsculo para um banho no pinga-pinga do chuveiro. De uniforme, segurando a mochila da escola, não teve coragem de sair. Não podia deixar a mãe sozinha naquele estado. Se faltasse apenas um dia de aula, será que perderia tanta coisa assim?

*Apesar de tudo...*

Colocou a mochila de volta no armário e sentou-se ao lado dela, na cama. Alisou-lhe a carapinha espetada, tentando conter os fios rebeldes que já perdiam o efeito do henê. Sentiu a ternura invadi-lo e abraçou a mãe pelos ombros. O cheiro da bebida invadiu suas narinas, fazendo-o recuar, enjoado. Com lágrimas nos olhos, deitou-se junto a ela, virando o rosto para o outro lado, para fugir da sua respiração pesada, impregnada do cheiro de álcool. Por causa da noite maldormida, logo pegou no sono.

Despertou com um novo aroma, dessa vez de tempero, que se espalhava por toda a casa. Pela janela aberta, dava para perceber que ainda era dia, embora a sombra da tarde denotasse o avanço das horas. Marcos procurou a mãe com o olhar. Encontrou-a mexendo as panelas no fogão. Ela estava de banho tomado, os cabelos rebeldes contidos debaixo de um lenço, roupas limpas e cheirosas. Sentiu imensa satisfação ao vê-la de volta ao normal e se levantou, aproximando-se dela.

— Oi, mãe — chamou baixinho.

Ela se virou com largo sorriso. Segurou o rosto dele entre as mãos e estalou-lhe um beijo na testa.

— Pensei que não fosse acordar mais, preguiçoso. Posso saber por que não foi à escola?

— Você chegou tarde. Titia e eu ficamos preocupados.

Clementina mordeu os lábios e revidou contrariada:

— Você foi chamar sua tia?

— Fui.

— Pois não devia.

— O que você esperava que eu fizesse, mãe? Papai foi embora e você sumiu. Pensei que tivesse me abandonado também.

— Isso não, meu filho, nunca! — protestou ela, com veemência. — Jamais vou abandonar você.

— Mas papai foi embora...

— Seu pai nos trocou por uma vagabunda — revidou ela com raiva.

— Foi por isso que você bebeu?

Clementina começou a chorar e puxou o filho, abraçando-o até quase sufocá-lo

— Marcos Wellington, você é a única coisa que me resta no mundo. Seu pai foi embora, e agora não sei o que vamos fazer. Não sei se vou conseguir viver sem ele...

As palavras foram engolidas pelos soluços, e ela o largou para se atirar de bruços na cama. Chorava tanto que ele pensou que ela fosse engasgar.

— Por favor, mãe, não fique assim. Eu estou aqui e vou proteger você.

— Ah! meu filho... Você é um menino tão bom, mas é apenas uma criança.

— Já tenho onze anos, posso me virar.

Clementina sorriu entre as lágrimas e afagou o rosto dele:

— Meu menino, dinheiro não é tudo. Posso arranjar um emprego. Mas como é que vou fazer para viver sem o meu marido? Como vou... — novo soluço — ... sem o meu homem...?

Marcos não compreendia muito bem, mas abraçou-a com força.

— Podemos pedir ajuda ao pastor. Ele é homem também.

— Como você é ingênuo. E é bom que seja assim, livre das maldades do mundo.

Marcos podia ser ingênuo, reflexo da rigidez de educação, mas não era nenhum idiota. Sabia que, dali em diante, a vida deles seria muito difícil. A mãe não trabalhava, o pai, na certa, não lhe deixara nenhum dinheiro.

— Olhe, mãe, não se desespere. Se pedirmos ajuda ao pastor, sei que ele vai fazer algo por nós. Ele já ajudou tanta gente...

*Apesar de tudo...*

— Não quero mais ouvir falar de pastor nesta casa! — esbravejou ela, dando um susto em Marcos. — Eu segui tudo o que o pastor falou, e olhe só no que deu! Meu marido me trocou por uma sirigaita mais jovem. Mas tinha que ser. Que homem vai querer a mulher de casa, recatada, sem maquiagem, usando saias pelo joelho e blusas até o pescoço, quando pode ter qualquer uma com as pernas e os seios à mostra? Os homens gostam é disso, Marcos Wellington, vá aprendendo. Gostam de mulheres chamativas, bem maquiadas, de corpo bem-feito para ser exibido na rua. E eu, a tonta, achando que, mantendo o recato, manteria também o respeito do meu marido!

Marcos já vira muitas mulheres do tipo que a mãe descrevia, mas sempre pensou que eram daquelas que cediam à tentação do demônio. A mãe só podia estar louca se achava que deveria ser como elas.

— Não fale assim, mãe. Você é uma mulher decente.

Ela deu um riso irônico e tornou com desdém:

— O que você entende de mulher decente? O que o pastor e sua tia puseram na sua cabeça?

— E não é o certo?

— Não sei mais o que é certo ou errado, meu filho. Só o que sei é que segui à risca as ordens do pastor e foi punida por isso.

— Ficar com raiva do pastor não vai adiantar nada.

A voz de Leontina fez os dois se sobressaltarem. Ela estava parada na porta do quarto, os olhos chamejando com o fulgor da reprovação.

— Tia! — exclamou Marcos. — Não vimos a senhora chegar.

— Não viram porque estavam dando ouvidos aos conselhos de satã.

— Chega dessa baboseira de diabo, satã e pecado! — objetou Clementina com fúria. — De hoje em diante, essas mentiras não entram mais em minha casa.

— Como ousa chamar as verdades da bíblia de mentiras?

— São mentiras, sim! Mentiras deslavadas, histórias de terror para assustar os crédulos e idiotas. Mas para mim, chega! Não acredito mais em nada disso. Vão, você e o pastor, enganar os trouxas da congregação, porque a mim, não me convencem mais. E nem ao meu filho!

— Não se atreva a afastar o menino do caminho de Jesus.

— Nunca mais vamos pisar naquela igreja. Nem naquela, nem em outra qualquer.

— Vou tentar não levar em consideração as suas palavras, porque sei que você está sofrendo e está fora de si. Mas advirto-a, Clementina: modere o que diz, ou Deus irá castigá-la.

— Mais do que já me castigou? Quando levou embora o meu Romualdo, já me infligiu todas as penas que ele podia inventar.

— Não blasfeme!

— Estou apenas dizendo o que sinto, e se você quiser chamar de blasfêmia, o problema é seu. Não me importo mais com nada que tenha relação com a igreja.

— Mãe — intercedeu Marcos —, pelo amor de Deus, tenha cuidado. O pastor disse que a blasfêmia...

— Não quero mais saber o que o pastor disse! — esbravejou, colérica. — Nunca mais vou dar ouvidos a pastor nenhum. E você, de hoje em diante, está proibido de voltar àquela igreja!

— Você não tem o direito de condenar a alma do menino — censurou Leontina. — Condene a sua, mas Marcos Wellington é um bom cristão e traz a bíblia no coração. Não o atire no abismo do inferno junto com as suas blasfêmias.

— Quer saber de uma coisa, Leontina? — replicou ela, já impaciente. — Vá você para o abismo do inferno. Quanto a mim, já convivi demais com as proibições do pastor. Tudo é feio, é pecado. Mas abandonar a mulher não é pecado, não?

*Apesar de tudo...*

— Não vou admitir que você fale comigo desse jeito!

— Essa casa é minha, falo do jeito que eu quiser. E se não está satisfeita, ponha-se daqui para fora!

— Mamãe! — espantou-se Marcos.

— Deixe, Marcos Wellington — falou Leontina. — É melhor mesmo eu ir embora. Sua mãe agora está revelando a boa bisca que é. Eu devia saber. Ela sempre teve uma tendência à libertinagem e à vida mundana. A igreja era o que a segurava. Agora ela não tem mais motivo para fingir, não precisa mais se disfarçar de boa cristã. Você nunca foi uma mulher religiosa, Clementina. Só ia à igreja para obter algo em troca. Mas agora não precisa mais, não é mesmo? Não foi à toa que seu marido a deixou.

— Saia daqui! — gritou Clementina, apontando a porta da rua.

— Mãe, não faça isso — implorou Marcos, em lágrimas.

— Não se meta nisso, Marcos Wellington! — protestou a mãe. — Isso é entre mim e sua tia — e, virando-se para a outra, explodiu: — O que está esperando? Saia daqui, vamos!

— Ainda vai se arrepender por isso — rugiu a irmã, entredentes.

Leontina saiu batendo a porta, e Clementina apagou o fogo, que já escurecia o fundo da panela, exalando um odor forte de queimado.

— Idiota! — gritou. — Ainda me fez queimar o jantar.

Como Marcos chorava, Clementina largou tudo e correu para ele, tomando-o nos braços.

— Não chore, meu filho. Tudo vai ficar bem.

— Mas mãe, você enxotou a titia. Agora mesmo é que estamos sozinhos.

— Temos um ao outro.

— Mas e a igreja? E o pastor? O que será de nossas almas?

Ela o olhou de frente e enxugou os seus olhos.

— Olhe, meu bem, não quero mais que você se aproxime daquela igreja. Tudo o que disseram lá é mentira. E o pastor é o maior mentiroso de todos. Ele só vai ficar enchendo a sua cabeça com essas bobagens sobre Deus e o diabo, céu e inferno, virtude e pecado. Se Deus existe, não está preocupado com a gente.

— Você não acredita no que ele diz? — ela meneou a cabeça. — Mas você sempre acreditou!

— Isso foi antes de seu pai sair de casa. Agora pense comigo. Se Deus existisse, teria nos punido dessa forma, a mim, que sempre fui à igreja todos os domingos e sempre recitei as orações, e a você, que é apenas uma criança e não merece sofrer?

— Não sei...

— Pois eu sei e estou lhe dizendo. Tudo o que o pastor fala são mentiras. Ele só quer nos enganar para mandar em todo mundo e pegar o nosso dinheiro.

— Mas ele pega tão pouco! Ele sempre falou que quem não tem não precisa dar. E ainda distribui para os pobres.

— Tudo enganação. Do dele mesmo, ele não tira. Vive numa mansão luxuosa, com carro do ano e servido por várias empregadas. Isso lá é caridade?

Marcos silenciou. Estava confuso, não compreendia. Sempre vira o pastor às voltas com obras sociais, ajudando a população carente e, não raras eram as vezes em que tirara de seu próprio bolso para socorrer alguma família mais necessitada. Que soubesse, ele morava numa casa simples de vila, tinha um carro velho e uma única empregada que já acompanhava a família havia anos. A mãe, agora, dizia que era tudo fingimento, ele não conseguia entender. Será que era mesmo?

Não tendo argumentos para opor, Marcos ficou com a verdade da mãe. A partir daquele dia, nunca mais foi à igreja,

*Apesar de tudo...*

nem quando o pastor foi à sua casa para tentar convencer Clementina, que sequer o recebeu. Olhando pelo buraco da fechadura, viu que era ele e não abriu a porta. Já estava farta das ameaças do inferno, não precisava de nenhum pastor fanático para lhe dizer o que fazer. Dali em diante, cuidaria da sua vida como quisesse, faria tudo o que tinha vontade e que não fizera antes por medo do pastor, que era só um homem e não tinha o poder de mandar ninguém para o inferno.

Nem que Deus a condenasse pessoalmente, ainda assim, jamais voltaria a pisar numa igreja.

# Capítulo 9

Marcos subia o morro devagar, levando duas sacolas de supermercado carregadas de compras. Até que o dia fora proveitoso. Dado seu carisma especial, que sensibilizava as pessoas, conseguir esmolas não era nenhum problema.

Todas as manhãs, Marcos vestia uma roupa puída, calçava chinelos gastos e descia a rua para pedir dinheiro nas portas das lojas da Praça Saens Peña. Como era época do Natal, a onda de solidariedade favorecia a compaixão, despertando o desejo de ajudar crianças carentes.

Depois que juntava o suficiente, Marcos subia o morro, tomava banho, trocava de roupa e descia novamente para fazer compras no mercado. Quando estava sóbria, a mãe cozinhava. Quando não, era o próprio menino quem fazia as refeições. Na maioria das vezes, Clementina estava tão bêbada que não conseguia sequer encontrar o caminho de casa, obrigando Marcos a ir buscá-la no boteco.

Marcos subia o morro com as compras, satisfeito porque o dinheiro fora suficiente para um pedaço de carne e dois potes de geleia de Mocotó. Com isso, ganhara ainda dois copos para substituir os que a mãe havia quebrado em seu último acesso de bebedeira.

— E aí, Zé das Ovelhas? — gracejou Jéferson, que se juntou a Marcos na subida do morro. — Quer ajuda?

— Pode deixar — respondeu o menino, apertando as sacolas. — Não está pesado.

— Dia duro, hein?

— Nem tanto. Até que consegui uns bons trocados.

— Não sei por que você se contenta com migalhas quando poderia ter um banquete. Sabe que, lá em casa, todo dia comemos bife com batatas fritas?

Marcos sentiu a boca salivar e respondeu de olhos baixos:

— Não precisamos disso, obrigado. Tenho conseguido me virar e não nos falta comida.

— Se você quer chamar essa lavagem que você faz de comida, tudo bem.

— Não fale assim, Jéferson. Temos que dar graças pelo que comemos.

— Não acredito que você ainda está preso nesse negócio de rezas! Todo mundo sabe que sua mãe virou as costas para a igreja.

— Você ainda não me chama de Zé das Ovelhas?

— É o costume.

— Pois é... a mesma coisa, eu. Ainda tenho o costume de orar e agradecer.

— Você é muito bobo mesmo. O Mandrake cansa de falar que tem um lugar especial para você. Você e sua mãe não passariam mais necessidades.

— Agradeça ao Mandrake por mim, mas não estou interessado. Posso cuidar de mim e da minha mãe sozinho.

— Orgulho de pobre é fogo!

— Não é orgulho. Agradeço o que ele está tentando fazer. Sério. Só que não dou para o negócio.

— Bobagem. É só levar uns pacotinhos para lá e para cá. E você é *de menor*. Se a polícia *te* pegar, não pode *te* prender. É por isso que o Mandrake gosta de nós.

— Mesmo assim, não, obrigado.

Com ar distraído, Jéferson sacou um *Game Boy* do bolso, abriu-o e começou a jogar, despertando imensa curiosidade em Marcos. O barulhinho eletrônico que emergia do aparelho fascinou Marcos a tal ponto, que ele não resistiu e perguntou curioso:

— O que é isso?

— Meu *Game Boy*. Quer ver?

Marcos parou, colocando as sacolas no chão, e Jéferson passou-lhe às mãos o joguinho. Ele ficou fascinado com o bonequinho correndo numa tela colorida de cristal líquido. Nunca antes havia visto coisa mais maravilhosa.

— Puxa, Jéferson, onde você conseguiu isso?

— Presente do Mandrake.

Rapidamente, Marcos aprendeu a mexer nos botões e controlar o boneco. Permaneceu algum tempo jogando, maravilhado com a novidade.

— É realmente demais!

Jéferson sorriu intimamente e continuou a tentá-lo:

— Amanhã nós vamos ver *Matrix* no cinema. Você quer vir?

— Não posso — falou ele, devolvendo o jogo a Jéferson. — Não posso me dar o luxo de gastar dinheiro para ir ao cinema.

O outro deu de ombros e não disse nada. Nem precisou, porque Marcos sabia quem iria pagar as entradas.

— Tem certeza? — insistiu o garoto.

— Tenho. Mas obrigado mesmo assim.

— Tudo bem. Você é quem sabe.

*Apesar de tudo...*

Jéferson fez um aceno com a mão e desatou a correr morro acima, enquanto Marcos recolhia as sacolas para seguir seu caminho. Quando entrou em casa, a mãe não estava, ele soltou um gemido de desânimo. Ajeitou as compras na pequenina geladeira, dobrou as sacas e guardou-as na caixa atrás do fogão, junto com as demais, para servirem de saco de lixo. Em seguida, tornou a sair.

O bar do Zeca, ao pé do morro, era o lugar que Clementina costumava frequentar, e foi para lá que ele se dirigiu. Como não era muito longe, chegou rápido, logo avistando-a na companhia de um malandro das redondezas. Marcos perguntou-se como não a havia visto quando subira, sem saber que ela, entrevendo-o de longe, tratara de se esconder mais ao fundo. Ele se aproximou e cumprimentou os frequentadores. A mãe estava sentada ao lado do tal sujeito, gargalhando entre um gole e outro de pinga. Marcos foi até sua mesa e bateu em seu ombro.

— Marcos Wellington! — exclamou, a voz dissimulada. — Que surpresa, filhinho. O que está fazendo aqui?

— Vim buscar você. Vamos para casa.

— Agora não. Pode ir que eu vou depois.

— Por favor, mãe, vamos embora. Trouxe comida para o jantar.

— Ah! meu filho, hoje não estou com vontade de cozinhar. Por que não vai jantar lá na sua tia?

Desde que pusera a irmã para fora, as duas nunca mais haviam se falado, embora Marcos continuasse a manter contato com a tia e a visitasse regularmente. Clementina fingia que não sabia dessas visitas. Do contrário, o orgulho falaria mais alto, levando-a a ralhar com o filho e proibi-lo de visitar a irmã. Mas ela sabia que Leontina costumava dar comida a Marcos sempre que o via com fome.

— Não dá, mãe — contestou ele. — Tia Leontina mal ganha para ela. Não é justo tirar o pouco que ela tem. Vamos, eu mesmo faço o jantar.

— Dá o fora, moleque — interrompeu o homem, empurrando-o com uma das mãos. — Já não ouviu sua mãe dizer que não está a fim de ir?

Aquilo irritou Clementina, que revidou zangada:

— Ei! Nada de empurrar o meu filho — ela se levantou ruidosamente, entornou o resto do copo de bebida na boca e falou para o menino: — Pague a conta e vamos embora.

Não tinha jeito. Sempre que Clementina bebia, era ele quem pagava a conta, com o dinheiro que arrecadava na rua. Sabendo disso, reservava uma parte para quitar as dívidas dela com a bebida. A tia lhe dissera para não pagar, porque só assim o dono deixaria de vender-lhe fiado, e ela teria que parar com a bebida. Contudo, na única vez em que ele fizera isso, Clementina se aborrecera e sumira de casa por toda a noite, quase matando-o de preocupação. Voltou no dia seguinte com um sorriso no rosto e passou uma semana bebendo, sem lhe pedir nada, levando-o a crer que ela havia se deitado com algum homem para conseguir o dinheiro.

Marcos acertou a conta, foi embora carregando a mãe. Enlaçou-a pela cintura e conduziu-a morro acima. Com a noite, uma lua branca e redonda deitava uma iluminação natural pelas curvas do caminho. Enquanto subiam, Leontina vinha descendo na direção oposta, e Clementina virou o rosto, fingindo que não a vira. Marcos, porém, a cumprimentou, e ela respondeu com um aceno de cabeça.

— Você devia fazer as pazes com a tia — comentou ele. — Ela é sua irmã e sua amiga.

— Irmã, pode ser, porque não tem jeito. Mas amiga, duvido muito.

— Ela gosta de você.

— Ela gosta é de me recriminar. Só porque é virgem pensa que é muito boa. Aquela solteirona mal-amada... Se arranjasse um homem para quem dar, não seria tão amarga.

*Apesar de tudo...*

Marcos engoliu a grosseria. Em casa, Clementina foi logo se atirando na cama, enquanto ele ia para a cozinha preparar o jantar. As dificuldades empurraram Marcos para a vida. Desde cedo, teve que aprender a se virar e a cuidar da mãe sozinho. A tia o ajudou, ensinando-o a cozinhar, às escondidas de Clementina.

Marcos cortou a carne em bifes, esquentou o arroz e o feijão de véspera, cozinhou alguns legumes, colocou tudo na mesa. Chamou a mãe, que se sentou ao lado dele, e fez uma oração em silêncio, procurando ignorar o ar de irritação que ela fazia. Clementina não gostava que ele rezasse.

Enquanto comiam, Clementina ia repensando sua vida. Não era certo fazer o que fazia com o filho. Marcos Wellington, um menino ainda, assumira, sozinho, toda a responsabilidade da casa. Ela ficara de arranjar um emprego, mas as constantes bebedeiras não permitiam. Quem contrataria uma empregada bêbada? Por isso, ele fora obrigado a se virar nas ruas, arrumando dinheiro sabe-se lá como. No princípio, ela o interrogou, mas depois achou melhor se calar. Marcos afirmara que o dinheiro era dado e que jamais furtara um níquel sequer. Que importância tinha isso agora?

Tudo porque Romualdo os abandonara e sumira no mundo. Dele, nunca mais tivera notícias. Ela o havia procurado no sobrado da Rua dos Inválidos, mas ninguém sabia dele ou de Sheila. Se era verdade ou não, não tinha como apurar.

— Devo estar pagando pelos meus pecados — afirmou ela de repente, fitando o vazio.

— Por que está dizendo isso?

— Você sabia que seu pai teve uma mulher antes de me conhecer?

— Não diga!

— Foi o que ele disse. Estava namorando uma fulana, não sei quem era. Ele disse que não era nada importante, terminou com ela para ficar comigo. Pouco depois, nos casamos.

— Como foi que vocês se conheceram?

— Vi-o na igreja certa vez, quando fui buscar sua tia para irmos juntas ao médico. Fiquei impressionada, acho que foi amor à primeira vista. Desde aquele dia, passei a acompanhá-la aos cultos. Lembro-me de como Leontina ficou feliz. Mal sabia que o meu interesse era outro.

— Você só foi à igreja por causa de meu pai? — horrorizou-se.

— O que é que tem? Estava interessada nele, e ele, em mim. Em pouco tempo, começamos a namorar e nos casamos.

— Mas você continuou a frequentar a igreja depois disso.

— Foi uma promessa. Se Deus me desse aquele homem, prometi que me tornaria uma fiel.

— E papai? Por que deixou de ir?

— Seu pai nunca foi um homem religioso. Ele costumava brincar, afirmando que só fora parar naquela igreja para me conhecer. Mas eu desconfio que ele tinha uma amante lá. Peguei-o várias vezes de conversa com uma dona toda espevitada, casada com um velhote.

— Se era assim, você fez um bem a ele. Afastou-o do pecado do adultério.

— Não é que é verdade? O cretino... Ainda me devia esse favor.

— E tia Leontina? O que achou disso tudo?

— Nada. Quando lhe demos a notícia, limitou-se a assentir. Mal o conhecia e nada sabia sobre a vida dele, muito menos da tal mulher. Se soubesse, teria me recriminado até a morte.

— Por que será que ela nunca se casou?

— Sua tia sempre foi uma mulher sem graça.

— Até que ela não é feia...

— Mas sempre foi muito chata. Tudo para ela é pecado, principalmente o sexo. Dizia que só aceitaria que um homem lhe tocasse para a procriação. Qual é o homem que aceita isso?

Ele abaixou os olhos, envergonhado com aquela conversa, e tornou sério:

— Não sei.

No dia seguinte, Marcos saiu cedo para aproveitar bem o dia. Queria juntar dinheiro para comprar presentes de Natal para a mãe e a tia. Se sobrasse algum, talvez conseguisse um jogo igual ao do Jéferson. Será que era muito caro?

Quando Clementina acordou, o filho já não estava mais em casa, como sempre. Ela se sentou, lembrando da conversa da noite anterior, e um remorso atroz a corroeu por dentro. Não era certo tirar o filho da escola para mendigar, botar comida dentro de casa e ainda pagar a conta do bar. Era ela que devia trabalhar para sustentá-lo.

Levantou-se e tomou um banho frio para espantar o calor. Bebeu um gole do café que o filho deixara pronto em cima do fogão, mastigou um pedaço de pão duro e foi debruçar-se na janela. O dia estava muito quente, de forma que ela voltou para dentro, fugindo do sol da manhã. Abriu a geladeira e, de um gole, bebeu uma garrafa de água. Como a sede não passou, resolveu dar um pulinho até o bar.

Ao chegar, uma surpresa desagradável. O dono do bar havia enfartado, a birosca estava fechada. Desapontada, Clementina voltou para casa. Ao mesmo tempo em que maldizia o homem, sentia um certo alívio por se ver obrigada a ficar sem beber.

Em casa, sentou-se para ver televisão. Como o aparelho estava muito velho, a antena não captava nada direito. Clementina deu vários socos na TV, a imagem foi se distorcendo aos poucos, até que ela conseguiu identificar alguma coisa na tela cheia de chuviscos. Sentou-se com um copo d'água gelada, que foi passando na testa para resfriar o suor.

Estava passando um programa de desenho animado. Clementina tentou focar nele a atenção, mas a imagem durou pouco tempo no ar. A antena saiu de posição, deixando na tela apenas listras horizontais. Irritada, Clementina socou o aparelho tantas vezes que ele deu um estalido e apagou, enchendo-a de raiva.

Precisava urgentemente de uma bebida, mas como? O bar do Zeca estava fechado, era o único lugar em que podia comprar fiado. Após alguns minutos, pôs-se a revirar a casa em busca de dinheiro. Não demorou muito e achou uns trocados na gaveta de Marcos. Ótimo, pensou. Daria para uma garrafa inteira de pinga.

O boteco mais próximo era um lugar familiar, temido por Clementina. Fora dali que a mãe de Marcos Wellington fugira em desabalada carreira para a morte. Leontina lhe contara tudo. Ela ia passar adiante, contudo, a sede era maior. O vício incontrolável deixava sua boca amarga implorando pela bebida. Hesitou ainda alguns instantes, mas logo se resolveu. Não faria mal nenhum beber no mesmo lugar em que a verdadeira mãe de seu filho buscara a morte. Muitos anos haviam se passado desde aquele episódio, ninguém mais pensava no assunto. Era um medo tolo achar que algo poderia acontecer só por estar naquele bar. Com esse pensamento, deu dois passos adiante e entrou.

*Apesar de tudo...*

# Capítulo 10

Nos onze anos que vivera ao lado de Félix e Laureano, Margarete continuava dando trabalho, insistindo para rever o filho. Todavia, por mais que se esforçasse, não conseguia se lembrar do local exato em que o abandonara. Sabia que fora numa lata de lixo em algum bairro do Rio de Janeiro, mas onde? Não se recordava.

Ir ao encontro do menino seria um desastre para todos. Por isso, nem Laureano, nem Félix estimulavam a recuperação da memória de Margarete. Sem conseguir encontrar o filho, ela perambulava a esmo pelas ruas, de bar em bar, sugando as energias de ébrios descuidados. Félix a acompanhava de perto, levando-a tão logo entidades trevosas se aproximassem de seu corpo fluídico, debilitado pela essência da bebida.

Nessas ocasiões, Margarete não oferecia resistência, devido à fraqueza energética que sentia sempre que empregava forças na absorção do álcool. Era Félix que a mantinha a salvo de espíritos aproveitadores, impedindo que ela fosse levada para regiões mais profundas do astral inferior, já que Margarete sintonizava muito facilmente com energias dessa vibração.

Num dia em particular, Margarete despertou irrequieta. Félix havia saído, provavelmente ao encontro de Laureano. Havendo dominado o processo de locomoção apenas pelo pensamento, ela logo se viu no bar de costume, quase vazio àquela hora do dia. Sentou-se a uma mesa para aguardar o primeiro cliente e grudar-se a ele, deixando a mente divagar enquanto esperava.

Subitamente, sentiu como se um choque elétrico reverberasse em seu cérebro, uma luz ofuscante doeu em sua vista. Bem próximo a ela, uma forma-pensamento vaga e errante tentava descarregar-se em seu corpo fluídico. Não demorou muito para ser facilmente assimilada por ele. Na mesma hora, o medo tomou conta de Margarete, que logo se lembrou do passado, e o local exato em que abandonara o bebê se delineou em sua mente, bem como o bar onde, por último, estivera quando encarnada.

A transferência foi imediata. Em frações de segundos, Margarete estava ao lado de Clementina, lendo-lhe os pensamentos confusos. A princípio, tentou imaginar o que estaria fazendo ali e quem seria aquela pessoa desconhecida. A mente dela era um torvelinho de imagens e palavras desconexas, de forma que Margarete teve alguma dificuldade em estabelecer sua identidade.

Os pensamentos de Clementina continuavam ligados na foto de jornal que exibia o rosto sem vida da mãe biológica de Marcos Wellington. Acompanhando a mente de Clementina, várias formas-pensamento foram se delineando diante de seus olhos, facilitando o trabalho de Margarete. A cada recordação do passado, Margarete se sobressaltava, estupefata ante a fantástica coincidência.

*Apesar de tudo...*

Clementina pediu uma bebida, depois outra, e já havia quase esvaziado a garrafa de cachaça quando o dinheiro acabou. O dono do bar ainda era o mesmo português de outrora que, em vista dos acontecimentos que culminaram com o atropelamento de Margarete, mudou de atitude e disse com uma voz mais amistosa:

— Olhe aqui, moça, lamento, mas não posso vender fiado.

— Por favor — implorou ela. — Só mais um. Prometo que, quando meu filho chegar, venho aqui lhe pagar.

O português olhou para ela desanimado e coçou o queixo.

— Está bem. Mas é só mais uma, hein?

Serviu-a de outra dose, que ela sorveu juntamente com Margarete. Satisfeita, Clementina ganhou a rua, o espírito atrás. Margarete estava abismada. Como é que, após anos de busca, viera parar justo ao lado da mulher que lhe roubara o filho? Embora conhecesse o poder do pensamento e das formas que ele produzia, mal podia crer no que estava acontecendo. Não entendia por que aquela mulher, que permanecera tanto tempo muda em seus pensamentos, resolvera justo agora recordar o ocorrido. E fora muita sorte ela estar sem Félix grudado nela, ou não conseguiria se aproximar.

— Cadê o meu filho? — perguntou ela, entre irada e ansiosa.

Para sua surpresa, Clementina respondeu em voz alta:

— Ele deve estar na rua, pedindo dinheiro.

— Na rua? Você o jogou na rua?

— Não fui eu. Foi a vida.

— Que vida, que nada! Você é uma bêbada. Aposto como o põe para arranjar dinheiro para você beber.

Clementina deu um riso malicioso e tornou em tom mordaz:

— Você é a mãe dele, por acaso?

— Sou. Por quê?

Clementina ergueu o dedo e fez sinal de que não, acrescentando com ironia:

— *Tsk*, *tsk*, *tsk*... Engano seu, querida. A mãe dele sou eu.

Os transeuntes que avistavam Clementina não viam Margarete. Julgando-a louca por falar sozinha, afastavam-se apressados, alguns até mudando de calçada.

— Olhe, dona, não estou aqui para brincadeiras — prosseguiu Margarete, cada vez mais aborrecida. — Cadê o meu filho?

— Seu filho, não. Meu filho.

— Tá, tudo bem, seu filho — concordou, impaciente. — Mas onde é que ele está?

Clementina não raciocinava direito, tamanha a carga de bebida misturada em seu sangue. Tinha consciência de que a desconhecida era a verdadeira mãe de Marcos, mas nem se lembrava direito de que ela havia morrido. Sua mente confusa apenas aceitava a presença da outra, sem maiores questionamentos.

— Você o atirou no lixo! — gritou, apontando uma lata de lixo imaginária do outro lado da rua. — Não tem direito... não tem...

Uma mulher segurando duas crianças pela mão parou estarrecida, protegendo-as com o corpo, e atravessou a rua quase aos tropeções.

— O que aquela mulher está fazendo, mamãe? — perguntou a garotinha. — Por que está falando sozinha?

— É maluca, minha filha. Bêbada e louca. Que horror!

Clementina sentiu a energia vibrada com o comentário da mulher e falou aos berros:

— Louca é você, sua filha da...!

Margarete não aguentou e desatou a rir.

— Nossa, em que água você está! — desdenhou.

*Apesar de tudo...*

— Eu não! Você é que está bêbada, sua...

Clementina tombou para trás e se estatelou no chão.

— Ah, não! Não vai desmaiar agora, não. Não antes de me mostrar o meu filho!

Nessa hora, Marcos se aproximou correndo. Alertado por Jéferson, que presenciara a conversa de Clementina com o invisível, largou o ponto de esmolas, enfiou o dinheiro no bolso e correu desabalado pela rua. Encontrou a mãe caída na sarjeta e tentou erguê-la, chamando assustado:

— Mãe! Mãe!

Clementina não respondia. Com o dinheiro que pegara de Marcos, ingerira duas garrafas de cachaça e agora sentia o resultado do excesso. Ninguém se aproximou para ajudar, apenas o português do bar, uma alma atormentada pela culpa que sentia pelo atropelamento de Margarete.

— O que houve, menino?

— Minha mãe desmaiou — falou ele aos prantos. — Ela vai morrer!

Margarete assistia fascinada. Como seu filho era bonito! Estava magrinho e maltrapilho mas, ainda assim, era um belo garoto.

— Fique calmo, que vou chamar uma ambulância.

O amor de Marcos por Clementina impressionou Margarete, que os fitava paralisada, sem conseguir se aproximar. Uma luz rósea se desprendia do coração dele e envolvia todo o corpo de Clementina, fato que muito emocionou Margarete.

— Será que ele teria sentido o mesmo por mim? — perguntou a si mesma, tocada pela sensibilidade que se espargia no ar.

Antes que a ambulância chegasse, Clementina recuperou os sentidos. Estava mais grogue do que nunca, no entanto, desanuviou o medo de Marcos de que ela estivesse em coma.

— Mãe — chamou ele. — Você está bem?

Ela tentou enquadrá-lo em sua visão, mas tudo parecia rodar.

— Levante-se daí, sua tonta — ordenou Margarete. — Você não está em coma. Só bebeu demais.

— Como é que você sabe?

— O que, mãe? — respondeu Marcos, pensando que ela falava com ele.

— Já vi muitos em coma alcoólica e sei que você não está — foi a resposta de Margarete.

Clementina olhou para Marcos e só então percebeu que ele não via a mulher.

— Ela está aqui — cochichou baixinho.

— Quem?

— Ninguém.

Por pouco ela não lhe revelou a verdade. O menino, por sua vez, julgando tratar-se de alguma alucinação causada pelo álcool, não lhe deu importância.

— Consegue se levantar? — prosseguiu ele.

— Se você me ajudar...

Marcos ajudou-a a erguer-se e amparou-a de volta ao morro, sem dar importância aos apelos do português, que pedia que ela aguardasse a ambulância. Margarete não desgrudava deles um minuto. Louca de curiosidade para saber mais sobre a vida do filho, seguiu com eles.

Nesse ínterim, Félix adentrava o consultório de Laureano, a quem fora procurar para pedir conselhos. O psiquiatra o recebeu amigavelmente, mas não fez rodeios antes de colocá-lo a par do ocorrido:

— Lamento informar que as notícias não são boas. Margarete encontrou o filho.

— Como?

— A mãe adotiva do menino, também viciada na bebida, sem querer criou uma forma-pensamento que a desvendou diante de Margarete.

— Meu Deus do céu! Tentamos tanto evitar esse momento... E agora?

— Se Margarete o encontrou, foi porque assim foi permitido. Nada acontece sem que seja do conhecimento e da vontade de Deus.

— Sim, mas o que isso significa?

— Significa que está se aproximando a hora de a verdade se desvendar.

Félix o olhou com espanto.

— Sempre pensei que a verdade jamais devesse ser revelada.

— A verdade sempre é revelada. O que se precisa é esperar o momento certo.

— O momento é agora?

— Parece que sim.

— E é Margarete quem vai fazer isso? — duvidou. — Será que ela está em condições?

— É por isso que você deve ir buscá-la. Ela precisa se preparar para o que está por vir.

— Será que ela vai querer voltar comigo?

— Agora que Margarete encontrou o filho, vai ser mais difícil trazê-la de volta. Ela vai montar guarda no ambiente astral da casa dele.

— O que faço então?

— Vá. Mas não se esqueça de conservar o pensamento ligado à divindade e procure se manter em equilíbrio. Nada de pressa nem pressão. Faça tudo com amor, tente convencê-la com palavras carinhosas, incentivadoras.

— Vou tentar. Mesmo que demore ou dê trabalho, vou trazê-la de volta.

— Muito bem — antes que ele saísse, Laureano acrescentou: — O menino agora se chama Marcos. É bom você saber.

Félix se transportou para a casa de Clementina, onde logo se adaptou ao ambiente. A mulher encarnada estava jogada sobre a cama, e ele não pôde conter a emoção ao constar o devotamento de Marcos a ela. Sentada no chão, de pernas cruzadas, Margarete olhava embevecida para o menino. Viu quando ele se aproximou e franziu o cenho:

— Veio me ajudar ou recriminar?

— Nem uma coisa, nem outra. Vim ver como você está.

— Estou bem, obrigada.

— Aqui não é o seu lugar.

— Muito menos o seu.

— Então, por que não partimos juntos?

— Acho que me expressei mal. Aqui não é o seu lugar. O meu é junto do meu filho.

— Passaram-se onze anos. Ele nem sabe que você existe.

— E daí? Eu sei da existência dele, e isso é o que importa.

— O que pretende fazer? Ficar por aqui, obsidiando-o?

Ela o olhou com mágoa e retrucou de má vontade:

— Não sou um espírito obsessor e não gosto que me chamem assim.

— Mas é o que vai parecer se ficar aqui grudada neles. Marcos e a mãe estão encarnados, você só vai atrapalhar.

— Ela me vê, sabia? — desconversou, apontando para Clementina.

— A mente dela está tomada pela droga que, consequentemente, a coloca em contato com esferas menos densas. Por isso pode ver e falar com você e comigo.

*Apesar de tudo*...

— Ótimo. Podemos fazer uma reuniãozinha e decidir o que fazer.

— Diga-me você, Margarete. O que pretende ficando ao lado deles?

— Quero estar com meu filho.

— Para quê?

— Para nada. Quero apenas acompanhar o crescimento dele.

— Você não está preparada para isso. Mas pode se preparar, se quiser.

— Que história é essa agora?

— Se vier comigo, conto-lhe tudo.

— Não quero. Lá, não posso beber.

Um movimento brando silenciou Margarete, que se levantou de um salto e sumiu pela parede. Espantado, Félix demonstrou a intenção de segui-la, mas se deteve, preso de súbito bem-estar. Olhou ao redor, buscando a fonte daquela sensação tão boa que desgostara Margarete. Foi então que notou uma luminosidade suave e refrescante se espalhando pelo barraco. Marcos estava rezando.

# Capítulo 11

Félix não obteve sucesso em seu intento de afastar Margarete do convívio de Clementina e Marcos. Ela se decidiu a ficar, embora cuidasse para que o filho não lhe seguisse os passos. Marcos não tinha tendência ao alcoolismo, todavia, deixava-se levar pelo sonho de uma vida melhor, e as tentações que Jéferson lhe oferecia, por vezes, eram quase irresistíveis. Ele lhe mostrava as maravilhas que comprava ou ganhava fazendo avião para Mandrake: tênis importados, aparelhos de televisão e de som, jogos eletrônicos e até um skate, para espanto de Marcos, que não sabia como se poderia andar de skate no morro.

— Não se deixe enganar por isso, meu filho — dizia Margarete. — Olhe as lições do pastor!

Margarete nunca fora religiosa, mas os sermões que Marcos guardava impressos na mente serviam a seus propósitos. O menino temia desrespeitar as leis divinas e ser condenado ao inferno. Essa era a arma poderosa que mantinha Marcos longe das drogas e do caminho do  crime. E, quando a tentação parecia muito grande, ou mesmo irresistível, Leontina sempre aparecia, silenciosamente estimulada por Margarete, impedindo que o sobrinho cedesse.

Mas a persistência também tem seus momentos de fraqueza. Marcos voltava para casa desanimado, preocupado com a mãe, que deixara na cama num estado lastimável, pior do que nos outros dias. Vinha com uma sacolinha de plástico quase vazia. Estava ficando difícil conseguir dinheiro nas ruas. Ele estava crescendo, suas feições perdiam o ar infantil, deixando de comover os transeuntes. Ia subindo o morro lentamente, até que Jéferson se juntou a ele:

— E aí, Zé das Ovelhas? Tudo bem?

— Gostaria que parasse de me chamar assim — reclamou Marcos. — Faz tempo que não vou à igreja e também não sou pastor.

Jéferson riu de um jeito cínico e indagou:

— O que tem nessa sacola?

— Nada — Marcos deu de ombros, falando com timidez. — Só consegui comprar uns legumes hoje.

— Que legumes?

— Na verdade, comprei nabo e chuchu.

— Nabo e chuchu? Só isso?

— Foi só o que deu — rebateu Marcos, com raiva.

— Está bem, não precisa se zangar. É que me preocupo com você. Não quero que passe fome.

— Eu dou um jeito.

— Se quiser, posso falar com o Mandrake.

Lá vinha Jéferson com aquela história de Mandrake. Marcos não aguentava mais aquela pressão. Sabia que Jéferson só o procurava a mando do traficante, que se utilizava de crianças para não ser, ele mesmo, flagrado na posse de drogas.

Ao lado deles, o espírito de Margarete ouvia a conversa contrariada, sem poder intervir. Na porta da casa de Marcos, sentou-se no degrau da entrada. Clementina dormia, como sempre fazia quando não estava bebendo.

— Olhe, Jéferson, é outra coisa que quero deixar claro para você — falou Marcos, irritado. — Eu não vou trabalhar para o Mandrake. Então, por favor, pare de insistir.

— Tem certeza? Podia ter uma vida melhor.

— Que vida melhor você tem? Ele lhe dá coisas que, muito provavelmente foram roubadas por ele ou pelos viciados que sobem o morro atrás da coca. O dinheiro com que lhe paga é fruto do crime. Você não estuda, logo, não tem perspectivas para o futuro. Fica por aí, vagabundeando, levando maconha e cocaína para lá e para cá, se arriscando a ser preso ou levar um tiro, e tudo isso para quê? Para se tornar um marginalzinho insignificante que, se morrer, não vai fazer falta para ninguém, a não ser para sua mãe. Essa é a vida melhor que você me oferece? Não, obrigado.

— Você pensa que é melhor do que nós, não é mesmo? — rebateu Jéferson, rilhando os dentes. — Fala difícil, com ares de doutor. Só se for doutor dos mendigos, porque é mais pobre do que eu. E daí que o Mandrake me dá coisas que consegue com o crime? O importante não é viver bem?

— Tudo é questão de ponto de vista. Para mim, viver no crime e do crime não é viver bem.

— E mendigar, é?

— Também não. Mas pelo menos não tenho o que temer. Deus não vai me punir por pedir, ao invés de roubar. E tenho certeza de que, um dia, vou mudar de vida.

— Sem pai e com uma mãe bêbada, acho difícil.

— Deus há de me ajudar, você vai ver.

— Deus, Deus, você só fala em Deus. Deus não liga para gente feito nós.

— Liga sim!

*Apesar de tudo...*

— Liga, é? Então, por que estamos aqui no morro, enquanto os riquinhos vivem em mansões no asfalto, com seus carrões e piscinas, esbanjando dinheiro?

— Não sei responder a essa pergunta, mas Deus tem um motivo para todas as coisas.

— Deus não tem motivos para nada e não quer saber de nós! Se quisermos ter alguma coisa na vida, temos que contar é conosco!

— Contar conosco é trabalhar honestamente e ganhar o próprio dinheiro com o fruto desse trabalho. Não é roubar nem vender drogas. Nem mendigar, que é o que faço só por necessidade do momento. Mas eu vou crescer e, quando for grande, vou arranjar um emprego decente e tirar minha mãe e minha tia daqui.

— Quanta ilusão, Marcos! Você vive de sonhos, ao passo que eu prefiro a realidade. Vamos ver quem é que tem razão.

Sem dizer mais nada, Jéferson deu as costas e continuou subindo o morro a passos apressados. Marcos deu um suspiro e sentou-se no batente da porta, sem saber, ao lado de Margarete, que acompanhara a cena com lágrimas nos olhos. Imperceptíveis, seus dedos afagaram a cabeça do menino, que afundou o rosto entre as mãos e desatou a chorar.

Embora nem sempre conseguisse sondar os pensamentos do filho, Margarete experimentou. Naquele momento, sua mente se enchia de dúvida, medo e revolta. Ela conseguiu acessá-la e, mentalmente, conversava com ele:

— Será que Jéferson tem razão? — Marcos indagava a si mesmo. — Será que não é melhor jogar tudo para o alto e fazer avião como ele faz?

— Não diga isso — Margarete respondeu mentalmente. — Você só vai complicar a sua vida.

— Sei que talvez possa complicar a minha vida, mas só se a polícia me apanhar. Sou esperto, posso fugir.

— Vai fugir a vida inteira? Está certo que vida de bandido é curta, mas você quer gastar a sua fugindo da polícia, com medo de ser preso ou morto?

— Pensando bem, viver fugindo deve ser muito ruim. Mas e se eu fizesse só uns aviões para o Mandrake? Só uns dois ou três? O suficiente para melhorar um pouco de vida e depois sair fora.

— Não se deixe enganar, meu filho. Se você entrar nessa vida, não vai mais conseguir sair. Veja o Jéferson, por exemplo. Entrou e não sai mais. E já está viciado.

— Será que o Jéferson já se viciou? — ele continuou indagando a si mesmo, sem saber que conversava com o espírito da mãe. — Ele é tão novo...

— Tão novo e já com a vida estragada. Ele está viciado, Mandrake o mantém preso ao vício para não perder o empregado. E se há uma coisa que acaba com a vida da gente é o vício. Veja sua mãe, por exemplo.

— Minha mãe é viciada. O vício é uma coisa horrível.

— Causa uma dependência que acompanha você até depois da morte. Eu mesma, ainda mantenho o antigo vício. Mas quero mudar. Laureano está me ajudando a mudar, muito embora tudo dependa de mim.

Nesse ponto, Marcos não acompanhou as divagações de Margarete, pois desconhecia a existência da verdadeira mãe e de seus problemas. Desfeito o elo, Marcos se levantou e apanhou o saquinho quase vazio. Enxugou os olhos, entrou em casa, com Margarete logo atrás. Clementina ressonava pesadamente, o cheiro do álcool impregnando todo o barraco.

Pela segunda vez, ele fora obrigado a recolhê-la da sarjeta, onde ela havia desmaiado na noite anterior, enchendo-o de terror. Ele ficara desesperado. Embora estivesse acostumado aos sumiços da mãe, ela não costumava ficar fora a noite inteira. Nas poucas vezes em que isso acontecia, ele se apavorava, pensando no pior.

*Apesar de tudo...*

Logo de manhã cedo, disparou morro abaixo, procurando-a pelas redondezas. Encontrou-a desmaiada na rua, a cabeça pousada no meio-fio, um odor insuportável de álcool e vômito. Com muito esforço, conseguiu levantá-la e levá-la para casa. Ela o acompanhou aos tropeções, sem saber para onde ia nem com quem, quase entrando em coma alcoólico.

Marcos balançou a cabeça, não queria pensar em coisas ruins. Colocou água para ferver, deitou nela os legumes e sentou-se na cadeira para esperar. Novamente, seus pensamentos se voltaram para Jéferson, e Margarete os foi acompanhando:

— O Jéferson está muito bem. Anda de roupa na moda, tem videogame, aparelho de som e TV novos. Ganhou um tênis de marca. Vai até ao cinema! E não passa fome. O principal é que não passa fome. Aposto como na mesa dele tem sempre uma comida gostosa — olhou para o fogo, aspirou o cheiro sem graça dos legumes, retomando os devaneios: — E tudo isso para quê? De que adianta tanto sacrifício, se não vou receber nada em troca? Podia estar fazendo os aviões e ter as coisas que Jéferson tem. Ninguém ia saber.

— Deus vai ver tudo — ele ouviu uma voz na sua cabeça, sem saber que era Margarete, tentando dissuadi-lo daquele ímpeto e impedir que ele fizesse uma besteira.

Um barulho de palmas desanuviou seus pensamentos. Alguém estava à porta de casa. Marcos a abriu e levou imenso susto quando viu Jéferson parado no degrau, segurando duas sacolas de supermercado.

— O que é isso? — perguntou, entre curioso e indignado.

— Presente.

— De quem? Do Mandrake?

— Meu — Jéferson empurrou Marcos para o canto e colocou a sacola na mesa. — Venha ver o que lhe trouxe.

Ele foi retirando maravilhas do saco: um pedaço de carne, arroz, feijão, batatas, tomates, cenouras, beterrabas, frutas, alguns pacotes de biscoito, caixas de leite, manteiga, uma goiabada, sal, açúcar, salsichas, macarrão e uma garrafa de refrigerante. Marcos estava deslumbrado. Fazia tempo que não via tanta comida.

— Não posso aceitar — protestou ele, embora sem nenhuma convicção.

— Deixe de ser orgulhoso.

— Não é orgulho. É que não é direito...

— Olhe, se não quer aceitar como presente, receba como empréstimo. Quando puder, você me paga tudo.

— Não sei...

— Deixe de ser tonto! Venha, vamos cozinhar um jantar de verdade. Não quer bife com batatas fritas? Ou prefere aquela sopa insossa?

Jéferson apontou para a panela no fogão, Marcos sentiu a boca salivar ao imaginar um prato cheio de batatas fritas. O apelo era muito forte, até Margarete concordava. Pode ser difícil manter total integridade quando a barriga reclama da fome. De nada adiantaria acordar Clementina, porque ela mandaria que Marcos aceitasse os mantimentos. O jeito era sair em busca de Leontina. Mas como, se as duas continuavam brigadas? Resolveu tentar, mesmo assim.

Encontrou Leontina em casa, também cozinhando o jantar. Em cima da mesa, um pedaço de bolo de chocolate embrulhado em papel alumínio que a patroa lhe dera. Enquanto cozinhava, pensava no que fazer com aquele bolo. Não comia chocolate, por causa do açúcar, e não tinha ninguém para quem dar. Não devia nem tê-lo trazido, mas não quis desagradar a patroa. Afinal, era um pedaço que sobrara do bolo de aniversário da filha dela.

— Leve-o para Marcos! — Margarete quase gritou ao seu ouvido. — Pelo amor de Deus, leve para ele!

*Apesar de tudo...*

O desespero de Margarete confundiu a mente de Leontina, que sentiu súbito mal-estar. Percebia a presença do espírito, embora sem identificar o que fosse.

— Acho melhor orar — disse para si mesma.

— Ah! Não, agora não!

Leontina se ajoelhou no quarto e fez uma pequena oração a Jesus. Imediatamente, uma luminosidade tranquilizante penetrou o ambiente, atingindo em cheio o peito de Margarete.

— Eu não vou fugir — falou ela em voz alta. — Dessa vez vou ficar.

E ficou. Inesperadamente, Margarete se acalmou. Sem querer, pegou-se embevecida com o súbito bem-estar, só então percebendo como era bom estar ao alcance dos efeitos da prece. Assim envolvida por fluidos suaves, sentiu-se encorajada a continuar a conversa com Leontina, espantando-se com o fato de que a oração tornara tudo mais fácil.

— Leontina, seu sobrinho corre perigo — alertou ela, com tranquilidade. — Leve o bolo para ele e ajude-o a se livrar da tentação das facilidades que o crime oferece. Você é a única que pode ajudá-lo.

Leontina titubeou mas, ainda assim, não captou integralmente o pensamento de Margarete. Ainda faltava sintonia para igualar as vibrações das duas mulheres.

— Por favor, Leontina, antes que seja tarde — suplicou Margarete. — Marcos está com fome e vai acabar aceitando ajuda de Jéferson, comprometendo-se com o tal de Mandrake.

O amor pelo menino foi o elo que permitiu ligar a mente de ambas. A imagem do sobrinho surgiu no pensamento de Leontina, que olhou para o bolo, pensando em levá-lo para ele.

*Imagine*, pensou. *Clementina me põe para fora de lá a pontapés.*

— Ela está dormindo, bêbada demais para ver você chegar. Por favor, faça isso. Por favor!

— Bem que Marcos ia gostar. Mas agora não vou sair, não. Depois do jantar, dou uma passada por lá e deixo o bolo na porta.

Ela não estava entendendo. Depois do jantar seria tarde demais. Margarete já não sabia mais o que fazer. Sentindo o desespero se avizinhar novamente, tocada pela oração de Leontina, fez o que nunca havia feito em toda a sua vida: rezou.

— Por favor, Deus, me ajude. Ajude-me a salvar o meu filho. Faça um bom espírito aparecer... qualquer um que esteja em condições de me ajudar a convencer Leontina a livrar meu filho desse perigo.

A oração foi feita com sentimento. Na mesma hora, um raio de luz começou a luzir bem diante de Margarete, aumentando gradativamente, até que Laureano se fez visível, em companhia de Félix.

— Meu Deus! — exclamou Margarete, surpresa. — Jamais imaginei que fossem vocês que atenderiam o meu pedido.

— Você é minha paciente — esclareceu Laureano. — É minha responsabilidade cuidar de você e meu dever atender ao seu chamado.

— Obrigada — disse ela emocionada.

— Precisamos ser rápidos. Se o menino aceitar a ajuda do traficante, por menor que seja, vai ficar comprometido com ele, porque logo virá a cobrança. E Marcos não terá forças para resistir.

Enquanto Félix tomava Margarete pela mão, Laureano se aproximou de Leontina, serena em razão das duas orações ali derramadas naquela noite. Com a mão gentilmente pousada na testa da mulher, disse em voz alta:

— Deus pede a sua ajuda, Leontina. Seja instrumento da vontade divina e vá até a casa de Marcos. Ele está com fome, por isso, leve-lhe algo que lhe desperte o prazer e o desejo. Aquele bolo ali — inconscientemente, ela olhou para o bolo, e ele prosseguiu: — Vá agora, porque o menino chamado Jéferson está a um passo de corrompê-lo, e nós corremos o risco de perdê-lo para sempre nesta vida. Aja com rapidez e amorosidade, certa de que estará cumprindo a missão que o Senhor lhe confiou.

Laureano soube usar as palavras da forma como Leontina melhor as compreendia. Ela não as captou exatamente, mas sentiu um temor sem aparente razão pelo destino do sobrinho. Era como se ele, de alguma forma, colocasse em perigo a alma que deveria consagrar a Deus. Mais do que uma saudade, ela sentiu inexplicável necessidade de ver se ele estava bem. Não precisava se encontrar com Clementina, apenas se certificar de que Marcos Wellington não corria nenhum perigo. Seguindo um impulso natural, desligou o fogo, passou a mão no bolo de chocolate e saiu resoluta.

Assim que se aproximou da casa da irmã, ouviu risadas vindo lá de dentro. Apurou os ouvidos, notou que uma era de Marcos, mas a outra não era de Clementina. Foi até a janela lateral, deixada aberta, e espiou para dentro. Marcos e Jéferson estavam na cozinha preparando uma comida, e um sinal de alerta disparou dentro dela.

— Marcos Wellington — chamou, e o menino se voltou assustado. — Abra aqui para mim, meu filho.

O olhar de contrariedade de Jéferson passou quase despercebido, mas a raiva que ele sentiu foi captada por Leontina, embora de forma indefinida. Como, porém, ela estava protegida pelas orações e acompanhada de Laureano, a raiva do garoto serviu de incentivo para que ela insistisse em entrar, agora ciente de que Deus a levara ali para afastar o sobrinho das más companhias.

Um pouco hesitante, Marcos abriu a porta, sabendo que Leontina não ficaria nada satisfeita com a presença de

Jéferson. Por diversas vezes, ela o havia alertado sobre o menino, desaconselhando uma possível amizade entre ambos. Mesmo temendo levar uma bronca, Marcos abriu. Logo ao entrar, Leontina notou os mantimentos sobre a mesa e as batatas descascadas em cima da pia.

— De onde veio tudo isso? — perguntou ela, olhando diretamente para o sobrinho.

— Foi o Jéferson que trouxe — respondeu Marcos timidamente.

— Sei. E sua mãe sabe disso, Jéferson? Ela sabe que você desviou mantimentos para dar ao Marcos Wellington?

Jéferson sentiu o rubor subir-lhe às faces, emprestando à sua pele moreno-jambo um tom acobreado. Ia inventar uma história mirabolante, mas uma força irresistível, vinda da influência de Laureano, não permitiu que mentisse:

— Não, senhora.

Imediatamente se arrependeu, mas já tinha falado.

— Na verdade, você não trouxe isso de casa, trouxe? — dessa vez, ele não respondeu. — Quem foi que lhe deu essas coisas?

— Tia Leontina — interveio Marcos —, o Jéferson viu que eu estava com fome e só quis ajudar.

— Aposto como essa generosidade toda veio daquele sujeito à toa para quem você trabalha. Não veio?

— A senhora não pode falar assim do Mandrake — rebateu ele entredentes, apertando os punhos.

— Não quero falar mal de ninguém, porque não é isso que Nosso Senhor nos ensina. Agradeço a você e ao Mandrake a generosidade, mas meu sobrinho não precisa. Pode pegar toda essa comida e levar de volta para ele.

A própria Leontina foi juntando os mantimentos e recolocando tudo na sacola, inclusive as batatas descascadas. Deu um nó apertado em cada uma e devolveu-as a Jéferson, que as recolheu com o ódio ofuscando seu olhar.

*Apesar de tudo...*

— Obrigado, Jéferson — falou Marcos envergonhado, a voz sumida.

O outro nem respondeu. Saiu carregando as sacolas, engolindo a raiva.

— Deus seja louvado! — exclamou Leontina com beatitude. — Hoje recebi a visita do Espírito Santo, e graças a ele que pude impedir que você se perdesse no caminho do crime.

— Era só comida...

— Comida envenenada pelo pecado. Quer condenar sua alma para sempre?

— Mas tia, estou com fome.

— Trouxe um pedaço de bolo para você. E pode ir jantar lá em casa, se quiser.

— A senhora sabe que minha mãe não deixa.

— Traremos um pouco de comida para ela. Quem sabe ela não muda?

Até aquele momento, Clementina não havia ainda despertado. Mas como o estômago de Marcos doía imensamente, ele apanhou o pedaço de bolo, devorando-o com avidez.

— Está gostoso — comentou.

— Vamos lá em casa jantar. Você comeu a sobremesa antes, mas isso não alimenta. Foi só para tapear.

O medo que sentia de ser repreendido pela mãe, de repente, esvaneceu. Ele já não era mais um bebezinho, quem tomava conta dela era ele. A tia também não tinha muito a oferecer, não queria se tornar um peso para ela, que trabalhava duro para se sustentar.

— Ainda vou ser alguém na vida — afirmou ele, a caminho da casa dela. — E vou tirar a senhora e minha mãe desse morro. Nós vamos viver felizes e em paz novamente.

Leontina sentiu uma lágrima despontar, mas conseguiu contê-la:

— Sua mãe não quer mais falar comigo. Mas agradeço a você, mesmo assim. Como gostaria que você voltasse a estudar e saísse das ruas!

Marcos não disse nada. Grudou os olhos no chão, seguindo-a em silêncio. O pranto forçou passagem pela garganta, ele chorou baixinho, mas Leontina não ouviu. Puxou-o com carinho, abraçou-o com imensa ternura. A dor cedeu lugar à paz que veio com o amor, e Marcos, agarrado à cintura dela, deixou-se conduzir morro acima, sentindo que, em algum lugar naquela vida, haveria de encontrar um espaço onde colocar sua felicidade.

# Capítulo 12

Ajoelhada aos pés de Laureano, Margarete beijou-lhe as mãos. Não tinha palavras para agradecer o que ele fizera pelo seu filho. O médico segurou-a pelos ombros e ergueu-a gentilmente, falando com doçura:

— Agradeça a Deus e a si mesma, porque foi graças à sua intervenção que pude ajudar o seu filho.

— Sabe, Laureano, hoje vivi coisas diferentes. Pela primeira vez, não fugi com medo do efeito da prece.

— O que você sentiu?

— Uma paz indescritível. Senti-me tão bem que resolvi arriscar, eu mesma, a fazer uma oração.

— E com excelentes resultados.

Clementina soltou um ronco e se mexeu na cama, sem despertar.

— Essa daí é que está mal — observou Félix. — Não podemos fazer nada por ela?

— Vai depender, em parte, de Margarete — ponderou Laureano. — Sua presença só faz aumentar a vontade que ela tem de beber. Se você se afastar, talvez consigamos, em um momento de lucidez, incentivá-la a procurar ajuda no campo físico, para controlar o vício.

Margarete fitou Clementina, desanimada:

— Como fazer isso, se eu mesma não consigo controlar o meu?

— Você sabe que depende da força de vontade empregada na sua modificação interior. Você é um espírito desencarnado, o vício está instaurado no seu corpo fluídico, não na matéria orgânica, que você já não possui. É preciso controle das emoções e dos desejos, agora com muito mais esforço do que quando você vivia na matéria. Livre em seu próprio plano, o corpo emocional sente com muito mais intensidade as emoções e os desejos, já que a matéria que os compõe é a mesma.

— Mas será que apenas controlar o desejo resolve? Porque a falta que sinto do álcool me parece bastante real, quase física.

— Não pode ser física, porque você não possui mais um corpo físico. A manifestação dessa impressão na matéria sutil se dá graças ao corpo emocional. Sendo o plano emocional a sede dos desejos humanos, todos os desejos que você venha a possuir ficam aqui mais potencializados. Então, controlar os desejos é o maior passo para se livrar do vício. E tem também a desintoxicação, que você vem evitando desde que chegou à nossa cidade invisível.

— Tenho medo... — sussurrou ela. — Penso que vão sugar algo de dentro de mim.

— Não há do que ter medo. O que vamos sugar de dentro de você são fragmentos etéreos do álcool que se fundiram à sua própria energia. Cada vez que você sorve o álcool volatilizado do corpo dos encarnados, inunda-se de fluidos energeticamente deletérios que precisam ser revertidos. É

*Apesar de tudo...*

necessário volatilizá-los novamente, dessa vez num processo inverso, fazendo-o evaporar de seu corpo sutil, deixando-o limpo e desintoxicado.

— Se eu me submeter ao tratamento, Clementina também vai ficar boa?

— Ela vai melhorar, na medida em que não terá mais que dividir a bebida com você. Mas para ficar boa, precisará buscar tratamento próprio e adequado. Se você observar bem, verá que Clementina está numa fase intermediária da intoxicação. Seu sistema nervoso começa a ser afetado, mas ela ainda não se tornou uma alcoólica crônica e tem chances de se recuperar. Todavia, se passar dessa fase, tudo se tornará muito mais difícil.

— E eu? Levarei sequelas para a outra vida?

— A embriaguez, como todo vício da alma, impregna-se no veículo sutil e acompanha o espírito para além da vida na matéria. Dependendo do tempo em que o vício se fixou, causa nos corpos inferiores[1] do espírito uma distorção do comportamento que pode ser levada para outras vidas. A bebida serve para aquecer e relaxar a pessoa, para o seu prazer, desde que utilizada com moderação. Há, contudo, um limite muito tênue que, se ultrapassado, pode levar à dependência, encarcerando o indivíduo numa prisão invisível, porém, bastante real. O espírito então perde a liberdade de agir e pensar, tornando-se escravo de seu insaciável desejo. Fica entorpecido, menos equilibrado e, consequentemente, mais vulnerável aos ataques dos inimigos.

— Você devia tentar, Margarete — incentivou Félix.

— Não sei... — duvidou ela. — Tenho medo de não conseguir e sofrer com a abstinência do álcool.

— Se você não tentar, não vai conseguir nunca — estimulou Félix. — E eu estarei ao seu lado para ajudá-la.

---

1 Os corpos inferiores estão relacionados ao Eu inferior, formado pelos corpos físico, emocional e mental, renováveis a cada reencarnação.

— Se eu melhorar, poderei ficar ao lado do meu filho?

— Isso e muito mais — afirmou Laureano.

Ela pensou por alguns momentos, sentindo no coração a vontade de ceder ao tratamento. Finalmente, decidiu-se:

— Querem saber de uma coisa? Vou tentar. Preciso mudar de vida para poder ajudar o meu filho. Hoje percebi que, com a oração e pensamentos nobres, fui capaz de ajudá-lo de alguma forma.

— Um filho é excelente estímulo às mudanças — concordou Laureano. — Quer ajudá-lo? Ajude a si mesma em primeiro lugar. Modifique-se.

— Também tenho pena de Clementina — admitiu. — No começo, fiquei com um pouco de raiva porque ela pegou o meu filho, mas depois até lhe agradeci. Não fosse por ela, sabe-se lá o que seria de Marcos hoje. Não lhe quero mal.

— E se ela estiver bem, vai estar em condições de ajudá-lo muito mais do que você — acrescentou Félix. — Lembre-se de que ambos estão no mesmo plano de existência e, para todos os efeitos, ela é a mãe dele.

— Sei disso. E é uma boa mãe, apesar de tudo. Ela o ama muito.

— Muito bem — concluiu Laureano. — Se todos estão de acordo, então, vamos retirá-la do corpo físico para uma conversa.

Diante do olhar de ansiedade de Félix e Margarete, Laureano despertou o corpo fluídico de Clementina, que jazia adormecido alguns centímetros acima do físico. Assim que ela se viu desperta, levou um susto. Ainda embriagada, julgou ter alucinações. Depois, admitiu que podia estar vendo espíritos e quis retornar ao corpo físico, mas Laureano a impediu com um gesto afetuoso.

— Quem são vocês? — indagou assustada e, olhando para Margarete, continuou: — Eu conheço você. Onde foi mesmo que a vi?

*Apesar de tudo...*

— Sou a mãe de Marcos Wellington — esclareceu Margarete.

— Devo estar sonhando — deduziu Clementina, olhando de soslaio para seu corpo estirado na cama. — Só posso estar sonhando.

— É mais ou menos isso — explicou Laureano. — Aproveitamos o adormecimento de seu corpo físico para trazer sua consciência até nosso plano.

— Eu, hein! Que doideira é essa?

— Pense em tudo como um sonho, se isso lhe traz calma. O importante é que você ouça o que temos a dizer.

— Hum...?

— Você está enveredando por um caminho que, mais à frente, não terá volta. Não apenas seu corpo, mas sua mente está sendo afetada pelo álcool. Se você continuar assim, pode desencarnar e romper com os projetos que fez para essa existência.

Clementina arregalou os olhos, tentando entender o que ele dizia, até que Margarete completou:

— Pode acreditar nele. É a mais pura verdade, e eu sou testemunha disso, pois carrego nesse corpo as marcas de que ele fala. Eu a estimulo a beber, fazendo coincidir com o meu o seu desejo pelo álcool. Satisfazendo-se, você satisfaz a nós duas.

— Seu filho corre o risco de se perder no mundo, e você se sentirá responsável por isso — prosseguiu Laureano. — Embora somente a ele caiba a responsabilidade pelos seus atos, você, como mãe, inevitavelmente se acusará pela omissão. Não quer isso para você, quer? Ou para ele?

— O que espera que eu faça? — respondeu Clementina, saindo do torpor em que se encontrava. — Meu marido me abandonou, nem emprego tenho. Marcos Wellington sabe se virar melhor do que eu. Ou você acha que devo me prostituir para sustentar meu filho?

— Uma causa nobre justifica muitos atos socialmente reprováveis.

As palavras de Laureano causaram tremendo impacto em Clementina, que deu um salto e levou a mão ao coração:

— Prostituir-me? E isso lá é direito?

— Quem somos nós para julgar o que é direito? A necessidade de cada um há de ser o seu julgador. Há muitas prostitutas que trocam o sexo por dinheiro para colocar o pão na boca de seus filhos. Não é um sacrifício louvável?

— Bem, pensando por esse lado, até que é.

— A vida não pede sacrifícios de ninguém. Eles acontecem por escolha do espírito. E qual é a sua?

Ela olhou de soslaio para Margarete e respondeu em tom mordaz:

— Eu criei o menino, quando a mãe verdadeira o jogou no lixo.

— Foi uma escolha bonita, digna e de muita coragem. Não quer levá-la adiante?

— Como assim?

— Por que não completa a criação do menino? Você tem tudo para orientá-lo no caminho da virtude e do bem.

— Não posso. Não sou capaz.

— Se não pudesse, não teria tido a oportunidade de encontrá-lo e ficar com ele — ela o olhou em dúvida, e ele acrescentou: — É isso que Deus espera de você. Por que não volta para a igreja?

— Igreja... — desdenhou ela. — Nunca mais pretendo pisar naquela casa de enganação. Só o que o pastor quer é tirar dinheiro de nós.

Vendo que a tática não surtiu efeito, Laureano não insistiu naquela abordagem.

— Essa é mais uma escolha sua e é de seu direito. Peço apenas que não julgue o pastor, assim como não quer ser

*Apesar de tudo...*

julgada. Ele é um homem bom que trabalha pelo seu semelhante. Mas não foi para falar dele ou de religião que viemos aqui. Foi para alertá-la da necessidade de abandonar a bebida.

— Não consigo, gosto de beber. *Me* ajuda a esquecer.

— O álcool não apaga o passado, mas aniquila o presente e reescreve o futuro com a tinta do sofrimento. É isso que você quer?

— Não — balbuciou ela indecisa.

— Você está iniciando um processo de dependência química da bebida, além da emocional, que há muito já se instalou. Se você se esforçar, conseguirá reverter esse quadro. Se persistir bebendo, a doença irá se agravar, tornando muito mais difícil abandonar o vício. Por que não aproveita agora, que ainda tem chance, para deixar de lado a bebida e se dedicar a seu filho e a si mesma?

Clementina desatou a chorar, e Laureano aproximou-se dela, dando-lhe fraternal abraço.

— Eu não queria fazer isso, não queria! Mas Romualdo me deixou. *Me* trocou por uma vagabunda mais jovem e mais bonita. E agora, moço, o que é que eu faço?

— Você ainda é jovem. Pode arranjar outro companheiro, pode trabalhar para sustentar-se e ao seu filho. Ele é um menino tão especial. Não gostaria de vê-lo com uma profissão e uma família?

— Ah! Como gostaria! Mas nós somos pobres, não tivemos chances na vida.

— As chances, somos nós quem as criamos. Elas existem por aí. São muitas oportunidades, para o bem e para o mal, com que cruzamos durante a vida. Cabe a cada um escolher quais pretende agarrar. Veja Marcos, por exemplo. Ele está tendo a oportunidade de se entregar ao crime e, por enquanto, a está recusando. Mais tarde, pode vir a aceitá-la. Por outro lado, a vida lhe está reservando a chance de realizar o seu sonho, que é se tornar advogado. Aqui também, ele só vai aproveitá-la se quiser. Não gostaria de estar ao lado dele em momentos tão importantes?

— É claro que sim! Quero o melhor para o meu filho.

— Pois então, reflita bem no que estou lhe dizendo. Se você continuar a se embebedar, vai estragar a sua vida e fazer ruir sua capacidade de orientá-lo. Cabe a ele suas próprias escolhas, você não tem como impedi-lo de se tornar um marginal, se ele quiser. Mas a orientação correta é de grande valia. Se não fosse, não haveria o pendor natural dos pais para a criação e educação de seus filhos.

— Não quero que Marcos Wellington se torne um marginal. Ele é tão inteligente!

— As oportunidades e as tentações são muitas. Marcos não tem dinheiro, mas tem quem lhe ofereça facilidades que a honestidade, por enquanto, não pode comprar. Não seria muito melhor se ele conseguisse, através do esforço próprio, realizar todos os desejos materiais que possui? Ou você acha bom que ele consiga agora tudo o que quer, para amanhã acordar com a boca cheia de formiga?

Clementina o fitou com espanto e pavor. Até Félix e Margarete ficaram horrorizados com as palavras de Laureano. Onde é que ele havia aprendido a falar daquele jeito? De qualquer forma, o resultado foi o esperado, porque Clementina pareceu levar um choque e despertar.

— Deus me livre, moço! Não quero isso para o meu filho, não.

— Sei que não quer. No fundo, você é uma boa pessoa. Só está um pouco desnorteada e confusa. E depois que seu marido a deixou, sente-se mais só do que nunca, não é verdade? — ela assentiu, enxugando uma lágrima. — Contudo, não precisa ser assim.

— Como não? O senhor acha que vou sair por aí e arranjar outro homem, quando meu coração ainda pertence a Romualdo?

— Romualdo não é o único que pode ajudá-la a diminuir a solidão e criar o seu filho.

— Se está se referindo a Leontina, nem pensar! Foi por causa dela que Romualdo me deixou. Não fosse a carolice dela, eu teria ficado em casa, cuidando dele, ao invés de ir para a igreja rezar com um bando de fanáticos.

— Por que acusa sua irmã pelos atos de seu marido? Foi ele quem a deixou, não Leontina, que só fez tentar ajudá-la.

— Sermão não é ajuda.

— Depende. Se você ouve e compreende a essência das palavras, pode ser de grande ajuda. Mas, para aqueles que se fazem surdos aos alertas da vida, elas não passam de baboseiras sem sentido. Você é quem decide.

Clementina não sabia o que dizer. Laureano era inteligente demais e tinha uma resposta pronta para tudo.

— Olhe, agradeço o empenho de vocês, mas já estou ficando cansada — rebateu ela com frieza. — Não quero mais conversar.

— Muito bem, Clementina. Já disse tudo o que você deveria ouvir.

— Bom, então é isso. Adeusinho...

Ela virou as costas para os três e se deitou sobre o corpo físico adormecido. Depois que Laureano enviou-lhe fluidos de serenidade, o corpo fluídico também pegou no sono. Com gestos delicados, o espírito espargiu um arco-íris sobre Clementina, fazendo com que chuviscos de luz das mais variadas cores iluminassem cada parte do seu corpo. Em seguida, voltou-se para Félix e Margarete:

— Vamos?

Os três se voltaram para sair, e foi Félix quem perguntou:

— O que foi aquilo que você fez?

— Uma limpeza nos chakras que servem de filtro às experiências vividas no plano astral, para que Clementina possa evocá-las quando acordar.

— E por que falou com ela daquele jeito? — acrescentou Margarete, ainda espantada.

— Eu nunca o ouvi falar daquela maneira.

— É a linguagem que Clementina mais facilmente entende. Não adianta falar com ela com doçura, porque ela não está em condições de ouvir palavras doces. No estado em que está, são necessários termos vulgares e que apelem para o temor, para que ela se convença.

Foram-se rumo à cidade astral que habitavam, certos de que, dali para a frente, muita coisa iria mudar na vida de todos os envolvidos no drama de Marcos e Clementina. Mesmo Leontina, que se ausentara antes do desenrolar desse episódio, sentiu uma estranha e repentina comoção, uma vontade irresistível de voltar à casa da irmã.

Depois que Marcos terminou de jantar, ela foi até as panelas e preparou um prato para Clementina. Nem sabia por que fazia aquilo, mas sentia que devia fazer. Se ela não quisesse comer, não fazia mal. Deixaria o prato na mesa e iria embora.

Com o coração leve de uma súbita paz, de mãos dadas com o sobrinho, Leontina abriu a porta da casa de Clementina e entrou.

*Apesar de tudo...*

# Capítulo 13

A sala estava mais iluminada do que de costume, não apenas porque todas as luzes se encontravam acesas, mas porque havia uma aura de limpeza no ambiente que há muito não se via. O chão dava mostras de que fora varrido, os móveis, espanados. A cama fora forrada com uma colcha simples, limpa e perfumada. Algumas roupas empilhadas a um canto eram sinal de que haviam sido separadas para o tanque, a pia da cozinha encontrava-se vazia de louça. De Clementina, contudo, nem sinal.

— O que foi que houve por aqui? — indagou Marcos espantado.

— Será que Branca de Neve esteve na casa dos anõezinhos? — respondeu Leontina, tão surpresa quanto o menino.

— E onde está minha mãe?

Leontina deu de ombros. Não fazia a menor ideia do que havia acontecido. Quando saíra, cerca de duas horas antes, deixara a irmã profundamente adormecida sobre a cama, ressonando alto e recendendo a cachaça.

— Você quer esperar? — perguntou ela ao menino, que assentiu. — Então vou deixar o prato de comida em cima da mesa e vou embora. Sua mãe não vai gostar de me ver aqui.

Assim que ela se virou para sair, a porta se abriu, e Clementina entrou abraçada a um ramalhete de flores silvestres que havia colhido ao longo da subida do morro. Estava de banho tomado, dentes e cabelos penteados. As duas pararam, estudando-se, enquanto Marcos, adiantando-se, corria para ela.

— Mãe! Você está bem?

— Estou ótima, meu filho, obrigada.

— O que aconteceu aqui?

— Eu limpei tudo. Não ficou uma beleza?

— Ficou — respondeu ele, retirando as flores dos braços da mãe. — Para que isso?

— Para enfeitar e perfumar a casa. Precisamos de um pouco de alegria.

— Você foi colher flores no escuro? — indagou ele espantado.

— Qual o problema?

Sem saber o que fazer, Leontina passou por ela e apontou para a mesa:

— Trouxe comida para você. Depois passo para pegar o prato.

Os sentimentos de Clementina eram contraditórios, mas o sonho ainda estava bem vívido em sua mente. Sonhara com um desconhecido, que lhe dissera coisas estranhas. A verdadeira mãe de Marcos Wellington também estava no sonho, embora nunca a houvesse visto. Mas tinha certeza de que era ela. Falaram sobre os perigos da bebida e da necessidade de orientar o filho. O sonho fora tão nítido, tão real que

*Apesar de tudo...*

ela, ao acordar, mantivera na memória todas as palavras que ouvira.

Era estranho que ela sonhasse com aquele alerta justo no dia em que desmaiara na rua. Talvez fosse mesmo um aviso para que ela se modificasse e parasse de beber. Tudo tinha a ver com o filho. O que seria dele se ela viesse a morrer por causa da bebida? E se lhe acontecesse a mesma coisa que acontecera à sua verdadeira mãe? Bebendo do jeito que ela bebia, podia muito bem ser atropelada ou amanhecer com a boca cheia de formigas.

O pensamento lhe causou um arrepio. Era no que dava criar um filho sem pai. Pensou em Romualdo, no desgosto que ele lhe causara, e sentiu a garganta seca. Imediatamente, veio a vontade de beber, mas o efeito do sonho lhe deu forças para resistir, e ela disse não à própria vontade.

Com tudo isso ainda vívido na mente, Clementina segurou o braço de Leontina, que passava por ela sem a encarar.

— Espere um pouco — disse em tom amistoso. — Não se vá ainda. Sente-se e vamos conversar.

Meio sem jeito, Leontina olhou para Marcos, que lhe deu um sorriso de incentivo. Sentou-se à mesa da cozinha, agora livre do pó e de migalhas de pão. Marcos colocou as flores dentro de uma garrafa que servia de jarro, sentou-se ao lado da tia. Clementina juntou-se a eles, desembrulhou o prato, cheirando a comida.

— Espero que você goste — falou Leontina timidamente.

— Está uma delícia, mãe — acrescentou Marcos. — Eu já comi.

Clementina apanhou um garfo e pôs-se a comer o ensopadinho de carne com legumes. À primeira garfada, o estômago, saturado de álcool, quase recusou o alimento, mas a fome se sobrepôs ao enjoo, e ela comeu com gosto.

— Engraçado, não estava com fome — anunciou Clementina, colocando o garfo na boca. — Mas está muito bom mesmo.

Leontina teve vontade de lhe dizer que a ausência de apetite se devia ao excesso de bebida, mas achou melhor se calar. Cobranças, naquela hora, só serviriam para afastá-las de novo, e o que ela mais queria era se reaproximar da irmã.

— Fico feliz que tenha gostado — retrucou Leontina satisfeita.

— Você sempre cozinhou bem. Melhor do que eu.

— Ah, mãe, não exagere — objetou Marcos com ternura. — Você também cozinha que é uma beleza!

— Diz isso só para me agradar. Mas não faz mal. Gosto de ouvir mesmo assim.

Fez-se um silêncio embaraçoso, até que Leontina, à falta de ter o que dizer, elogiou:

— Sua casa está linda.

— Fiz uma faxina geral. A casa é pequena e não deu trabalho. Apanhei umas flores para dar um toque de alegria. Não ficou bom, meu filho?

— Muito bom — concordou Marcos. — Parece até que o ar ficou mais leve.

— É verdade.

Novo silêncio constrangedor. Tanto Leontina quanto Clementina não sabiam o que dizer para se reaproximar, e Marcos teve que intervir:

— Tia Leontina vem sempre aqui nos visitar e, às vezes, me leva para comer em sua casa.

— Fico agradecida por isso — declarou Clementina.

— Ora, faço porque gosto de Marcos Wellington. É meu sobrinho, e você, minha irmã. Gosto de você também.

Ela disse aquilo sem pensar, embora traduzisse bem os seus sentimentos.

— Sei disso e mais uma vez agradeço — tornou Clementina, emocionada.

— Preocupa-me o bem-estar de vocês — acrescentou Leontina.

*Apesar de tudo...*

— Posso imaginar. Eu não tenho sido uma mãe muito cuidadosa ultimamente. Sei que andei bebendo um pouco, mas isso já passou.

— Você não vai beber mais? — era Marcos, que mal acreditava no que ouvia.

— Não. Prometo que vou parar. Beber só tem me feito mal. Preciso estar bem para cuidar de meu filho.

— Louvado seja nosso Senhor, Jesus Cristo! — exclamou Leontina, erguendo aos mãos ao céu.

Embora o apelo não lhe agradasse muito, Clementina não disse nada. Também ela queria evitar desentendimentos com a irmã.

— Preciso arranjar um emprego — continuou Clementina. — Você não sabe de nada?

— Posso ver. Tem sempre alguém precisando de uma faxineira, e talvez dona Odete saiba de alguma coisa lá no prédio onde trabalho.

— Tomara que você consiga. Não é justo deixar Marcos Wellington pedindo esmolas pela rua.

Ela acariciou o rosto do filho, que retrucou ternamente:

— Não me incomodo, mãe. Até que consigo um bom dinheiro, às vezes.

— E às vezes não consegue — completou Leontina. — E aquele marginalzinho vive de olho em você, querendo levá-lo para trabalhar para aquele bandido.

— Que marginalzinho? — questionou Clementina, preocupada. — Que bandido é esse?

— É o Jéferson — respondeu Marcos. — Ele quer que eu trabalhe para o Mandrake.

— Deus me livre de uma coisa dessas! — horrorizou-se Clementina. — Aquela gente não é boa companhia. Não quero você metido com eles.

— Não gostaria de lhe trazer problemas — acrescentou Leontina —, mas aquele garoto esteve aqui hoje, com duas sacolas de comida. E você sabe como é essa gente. Dá com uma mão e tira com a outra. Se Marcos Wellington tivesse aceitado a comida dele, ia ficar de rabo preso com o tal de Mandrake para o resto da vida.

— Sua tia tem razão, meu filho. Não quero que você aceite nada deles. Absolutamente nada.

— Eu estava com fome, mãe — defendeu-se ele.

— Meu pobre filhinho — retrucou ela, a voz carregada de remorso. — Sei que a culpa foi minha por tê-lo abandonado à própria sorte. Mas isso agora vai mudar, você vai ver.

— E Marcos Wellington também deixou a escola.

Leontina arriscou ir mais longe, esperando uma reação violenta de Clementina, mas a reação não veio. Ao invés disso, ela abaixou a cabeça e suspirou, para depois comentar num cicio:

— Preciso providenciar seu retorno à escola o mais rápido possível.

— As matrículas já terminaram — esclareceu Marcos.

— Há quanto tempo você saiu da escola?

— Ele largou a escola na metade do ano passado — anunciou Leontina. — Mas esse ano também já está perdido, pois as aulas começaram faz tempo. Então, ele vai se atrasar dois anos.

— Não faz mal, mãe — disse Marcos. — Quero voltar a estudar mesmo assim. E, nas horas vagas, posso continuar pedindo dinheiro na rua.

— Nada disso! Filho meu não vai ser mendigo. Quero que você se forme e seja alguém na vida. Um advogado, como você deseja.

Marcos sorriu intimamente, na esperança de poder retomar o antigo sonho de estudar direito. Iria se atrasar um pouco, mas não tinha importância.

— Eu quero estudar, mãe. Você sabe que meu maior sonho sempre foi me formar e dar uma vida melhor a você e a minha tia.

*Apesar de tudo...*

— Não se preocupe comigo — objetou Leontina. — Eu estou bem. Não ganho nenhuma fortuna, mas dá para sobreviver honestamente.

— Nada disso, titia. A senhora tem sido muito boa comigo e com minha mãe.

— É verdade, Leontina — concordou Clementina. — Pena que eu fui uma idiota e não soube reconhecer isso antes.

— Você não imagina como fico feliz por voltarmos a nos falar. Você e Marcos Wellington são a única família que possuo.

— E nós também, agora que Romualdo nos deixou — ela segurou a mão de Leontina por cima da mesa e murmurou: — Será que você pode me perdoar, minha irmã? Pode perdoar as palavras insensatas de uma mulher ingrata, cega de paixão?

— Você estava doente — justificou Leontina, sem jeito.

— É verdade, mas agora me curei. Juro que nunca mais vou pôr uma gota de álcool na boca.

— Jura mesmo, mãe?

— Você vai ver. Não digo que vai ser fácil, mas vou me esforçar ao máximo. E depois, tenho um incentivo muito grande. Sabe qual é? — Marcos meneou a cabeça. — Você, meu filho. Faço isso por você.

O menino se atirou nos braços dela em lágrimas, Leontina se juntou a eles.

— Vai ser bom nos tornarmos uma família outra vez — comentou Leontina. — E o pastor vai ficar muito satisfeito de tê-la de volta aos cultos. Finalmente, a ovelhinha desgarrada retorna ao rebanho.

— Ninguém falou em retornar à igreja — contrapôs Clementina, com uma certa irritação. — Já disse que não quero mais saber de pastores nem de igreja.

— Mas por quê? — surpreendeu-se Leontina. — Certamente, você ainda não culpa a igreja...

— Olhe, minha irmã, gosto muito de você, e Deus sabe o quanto me arrependo das coisas que lhe disse. Também não culpo mais o pastor, pois sei que Romualdo se foi porque se enrabichou por outra. Mas não quero mais saber de igreja, não. Deixei-me envolver a tal ponto nos cultos que negligenciei meus deveres de esposa, e isso contribuiu para que Romualdo arranjasse outra. Tudo era pecado, rezas e castigos. Não acredito mais nisso.

— Você está transferindo para a igreja o fracasso do seu casamento, para não ter que assumir que foram vocês que falharam. Deus quis apenas ajudá-los.

— Pois prefiro que Ele me ajude à distância.

— Isso não está certo... — ela ia censurando mas, a um olhar de Marcos, mudou o rumo da conversa — Mas enfim, você é quem sabe. A vida é sua, não quero me intrometer.

— Ótimo. Assim não nos desentenderemos mais.

— Só espero que você permita que Marcos Wellington me acompanhe.

Ela encarou o filho, que deu um sorriso em sinal afirmativo.

— Se ele quiser...

— Eu quero — confirmou o menino. — Gosto de orar e fiquei muito triste quando você me proibiu de frequentar os cultos.

— Foi o temor a Deus que manteve Marcos Wellington longe do crime e do vício — afirmou Leontina.

— É verdade — concordou ele.

— E isso só se adquire na igreja.

— Já disse que ele pode ir, se quiser — repetiu Clementina, demonstrando a impaciência. — Só não quero saber de beatos aqui em casa. Se quiser se transformar em um, Marcos Wellington, sugiro que troque de religião e se torne um padre.

— Isso é que não! — protestou Leontina com veemência.

— Marcos Wellington está no caminho da salvação e não precisa de falsos ídolos nem de falsos profetas. Não é?

*Apesar de tudo...*

— É sim, titia. Com todo respeito que devo aos padres, não quero trocar de religião.

— Muito bem, faça como quiser — ponderou Clementina. — Você é um rapazinho e pode decidir o que é melhor para você. Já disse que não vou me opor. Apenas gostaria que me respeitassem e não insistissem para me levar à igreja.

— Pode deixar, mãe. Vamos respeitá-la direitinho. Não é, tia Leontina?

— É — assentiu ela, embora a contragosto.

O resultado do encontro foi dos mais proveitosos. A família voltou a se unir, a harmonia retornou ao lar das duas irmãs. Custou um pouco, mas Leontina conseguiu arrumar algumas faxinas para Clementina fazer. Ela começou a ganhar algum dinheiro, com o qual iam vivendo.

De vez em quando, Marcos auxiliava no estacionamento de um supermercado próximo, carregando bolsas para os fregueses, que lhe davam uma gorjeta ou outra. Com isso, ia reforçando a renda doméstica, de forma que o dinheiro sempre chegava para pagar as contas e as compras no fim do mês.

Conforme o prometido, Clementina nunca mais voltou a beber. Às vezes, tinha recaídas violentas, suava frio, tremia, mas, pensando no filho, conseguia se controlar. Nessas horas, Marcos orava com fervor, atraindo a presença de Laureano, que aplicava passes restauradores e fortificantes em Clementina, fortalecendo sua vontade de resistir.

Marcos voltou a estudar na escola municipal. Embora com dois anos de atraso em relação aos colegas, era inteligente e estudioso, o que lhe valia muitos elogios dos professores. Sua vontade de se tornar advogado era tanta que ele se aplicava aos estudos dia e noite, tentando compensar a deficiência do ensino público com o esforço próprio. Não foi fácil, mas ele conseguiu.

# Capítulo 14

Alguns anos à frente, Margarete ainda se encontrava na mesma cidade astral a que fora levada por Félix. Embora, na maioria das vezes, conseguisse evitar a bebida, suas recaídas, ao contrário das de Clementina, eram muito mais difíceis de resistir. Margarete se locomovia facilmente no tempo e no espaço. Quando a vontade apertava, tornando-se quase insuportável, ela logo se via ao lado de algum ébrio encarnado, livre para sugar-lhe a essência do álcool volatilizado.

Algumas vezes, Félix conseguia acompanhá-la e trazê-la de volta antes que ela sugasse o encarnado, outras não. Com isso, seu tratamento tinha altos e baixos, perdendo-se o trabalho de desintoxicação, que Laureano tinha que começar outra vez.

Certa tarde, ao voltar de mais uma consulta com Laureano, Félix encontrou Margarete triste e acabrunhada, sentada na varanda, abraçada aos joelhos, cantarolando uma canção melancólica. Ele se aproximou e deu-lhe um beijo na testa, indagando com uma certa preocupação, procurando detectar sinais de que ela havia bebido:

— Está tudo bem com você?

Ela o olhou com olhos úmidos e respondeu tristemente:

— Sabe quem eu fui visitar hoje? — ele meneou a cabeça. — O Anderson.

— O Anderson? Mas por quê?

— Senti que ele me chamava. Quando dei por mim, estava ao lado dele.

— Por que foi que ele a chamou?

— Ele está doente. Muito doente, para falar a verdade. Ouvi a mãe dizer, aos prantos, que sua morte é esperada para qualquer momento.

— Não me diga! O que é que ele tem?

— Câncer.

— Coitado!

— Ele é jovem ainda, sabia? Quando Marcos nasceu, Anderson tinha apenas dezessete anos. Agora, deve estar com trinta e quatro.

— Sei que é triste, mas cada um faz suas escolhas na vida. Anderson também fez a dele. Eu podia estar alegre, pois essa seria uma excelente maneira de me vingar de seu Graciliano e dona Bernadete. Mas não estou.

— Que bom, não é, Margarete? Ainda bem que você não se compraz com o sofrimento alheio.

— Fico imaginando a dor que ela deve estar sentindo pela perda do único filho. Eu também sofri quando perdi o meu.

— Ele não se casou?

— Não. Fiquei lá um tempão, sem ninguém me notar, e não vi mulher alguma. Nem dona Bernadete pensou em nora, nem vi formas mentais de crianças. Apenas uma dor profunda.

— Você disse que foi lá atraída pelo pensamento dele, que estava ligado em você. Por quê?

— Remorso. Anderson era apenas uma criança quando se envolveu comigo. Fui eu que o seduzi, ele não tinha forças para contrariar os pais. Acho, porém, que jamais se perdoou por ter-me abandonado.

— Ele nada podia fazer. Como você mesma disse, era apenas uma criança.

— Estou realmente triste, Félix. Não queria que ele acabasse assim. Ainda tinha a vida toda pela frente.

Nesse momento, Laureano também se aproximou. Captou o sentimento de tristeza de Margarete e foi tentar ajudar.

— Olá, Margarete — saudou ele. — Vejo que está muito triste.

— O Anderson, pai do filho dela, está doente de câncer — esclareceu Félix. — Parece que vai morrer.

Laureano se sentou ao lado dela e perguntou gentilmente:

— Não gostaria de visitá-lo?

— Já estive lá. Ele está realmente mal. Será que você, com toda essa sabedoria e luz, não pode ajudá-lo a sair dessa?

— Não creio. Não posso desrespeitar a programação do indivíduo. Só posso ajudar a quem me pede ajuda, assim mesmo, dentro do limite que a lei divina me impõe. E, pelo que posso perceber, esse rapaz não quer mais viver.

— Mas por que, se ele é tão jovem?

— Anderson deixou-se penetrar pelo vírus da tristeza. Como não se perdoa por não ter assumido você e a criança, permitiu que o abatimento o levasse à solidão, ao desânimo, à falta de fé.

— Que coisa triste! — exclamou Margarete em lágrimas.

— Vamos orar para que ele se recupere dos sentimentos que danificaram seu corpo físico. Se ele escolheu morrer, ninguém poderá fazer nada.

*Apesar de tudo...*

No mesmo instante em que se puseram a rezar, Margarete sentiu uma pontada no peito e olhou para Félix, que também havia sentido uma movimentação estranha no ar. Ambos interrogaram Laureano com o olhar, mas foi a própria Margarete quem falou:

— Acho que chegou a hora. Sinto que Anderson está desencarnando.

Imediatamente, transportaram-se para o hospital em Belford Roxo, onde Anderson dava seu último suspiro na vida corpórea. Seu corpo fluídico acabara de se desprender do físico, logo recolhido pelo espírito de uma senhora de olhar bondoso. Ela viu Laureano, Margarete e Félix, e sorriu para eles, esvanecendo no ar com o rapaz adormecido.

— Chegamos tarde — constatou Félix. — Ele já desencarnou.

— Para onde foi levado? — quis saber Margarete.

— Não sei — afirmou Laureano. — Mais tarde vou tentar descobrir. Não vai ser difícil.

Subitamente, a atenção dos três foi atraída pelos gritos de desespero de Bernadete, que, ajoelhada ao lado da cama, chorava agarrada à mão do filho.

— Oh! Deus, por que levou meu filho? Meu único filho!

— Senhora, por favor, se acalme — dizia uma enfermeira, que tentava fazer com que ela soltasse a mão de Anderson.

— Não posso deixá-lo! Não posso! Isso não é justo! Que vida mais injusta é essa que ceifa a vida de seres tão jovens?

Nesse momento, Graciliano entrou no quarto. Procurando conter o pranto e a dor, ajoelhou-se ao lado da mulher.

— Vamos, querida, não podemos fazer mais nada. Ele se foi.

— Por que, Graciliano, por quê? Por que tivemos que perdê-lo?

— Não sei...

Graciliano engoliu a própria voz, sufocada no pranto e na dor. Comovido, Laureano se aproximou, derramando sobre eles partículas de luz refrescantes e suaves. Com a mão translúcida pousada sobre suas cabeças, fez uma breve oração, que aos poucos foi serenando-os. Gentilmente, Graciliano conseguiu soltar a mão da mulher da do filho e ergueu-a, enlaçando-a com imensurável ternura. Ao lado deles, Margarete chorava e comentou emocionada:

— Jamais pensei que um homem tão embrutecido como seu Graciliano fosse capaz de tanto sofrimento e emoção. Veja o amor com que trata a esposa!

Ao redor dos dois formou-se uma luminosidade rósea que envolveu os corpos de ambos, unindo-os pelo chakra cardíaco.

— Você o está julgando ao chamá-lo de embrutecido — observou Laureano. — Graciliano é apenas um ser em crescimento, ainda apegado a falsos valores do mundo. Como todo ser humano, possui um corpo emocional que vibra ao sabor das emoções. É preciso compreender que todas as pessoas possuem em si sementes de bondade e de crueldade, se quiser chamar assim. Eu, por mim, prefiro chamar de sabedoria e ignorância a umas e outras.

Sustentada pelo marido, Bernadete saiu. Laureano deixou Margarete e Félix a sós, voltando aos seus afazeres.

— Venha, minha querida — chamou Félix. — Você teve muitas emoções por hoje.

— Preciso de uma bebida — anunciou ela. — Desesperadamente.

— Não, Margarete, tente se controlar.

— Quero beber! Minha garganta arde. Por favor, Félix, deixe-me ir.

Ela se debateu nos braços dele, que implorou:

*Apesar de tudo...*

— Por Deus, Margarete, não faça isso. Vai estragar tudo. Você já está há vários dias sem se colar a ninguém.

— Mas agora é diferente. É só hoje. Estou tão comovida, tão triste! Só para acalmar a minha dor.

— Você não tem motivos para se sentir assim. Já está no mundo invisível há tempo suficiente para compreender a verdade. O que é a vida senão uma ilusão da matéria? A verdadeira vida está aqui, por isso, nosso retorno é recebido com alegria. Apenas os que ficam se deixam levar pela tristeza, porque não se lembram dessa verdade e pensam que a vida na matéria é a realidade. Mas você não precisa mais da matéria. Não se prenda ao que é ilusão.

Ela começou a chorar, agarrada a ele, enquanto Félix tentava se acalmar, centrando os pensamentos em prece.

— É só um pouquinho... — implorou ela.

— Vai estragar o processo de desintoxicação e teremos que começar tudo de novo. Por Deus, Margarete, quando é que isso vai acabar?

— Deixe-me ir! — gritou ela com raiva.

— Será que você não percebe o quanto eu a amo? Lembra-se do amor de Graciliano por Bernadete? Você viu a luz cor-de-rosa que os envolveu? Tente perceber que o mesmo acontece conosco agora.

Não era a mesma coisa, porque os sentimentos de Félix estavam por demais misturados ao desespero para criar o tom diáfano de rosa que haviam visto antes. Contudo, as palavras dele surtiram efeito, e Margarete se acalmou, refletindo no que ele dissera. Ficaram alguns minutos abraçados, o corpo fluídico dela todo trêmulo. À medida que Félix rezava, tudo ia serenando, até que ela voltou ao seu estado normal.

— Pode me soltar — afirmou ela. — Estou mais calma agora.

— Tem certeza?

— Tenho. A crise passou.

— Não vai tentar fugir?

— Não. O desejo está sob controle. Eu juro.

— E se você estiver tentando me enganar? E se eu a soltar e você fugir?

— Se eu quisesse fugir, já o teria feito, porque você não tem preparo emocional para me conter. Se não fugi, foi por causa do que você disse.

— Como assim?

— Suas palavras me comoveram e confundiram. Estou há tanto tempo com você que nunca me perguntei por quê.

— Por que o quê?

— Por que você me ajuda tanto? Por que pareço tão especial para você?

— Porque a amo, já disse.

— Mas por quê? Onde foi que nos conhecemos?

— Você não se lembra, não é?

— Não... — fez uma pausa, como se puxasse pela memória, e prosseguiu: — Espere aí... É isso! Na época da abolição... um pouco antes, talvez... Você e eu... fomos casados!

— E Marcos era nosso filho.

— Uma criança roubada... Nós a roubamos de Clementina! Agora me lembro...

Félix colocou os dedos sobre os lábios dela e arrematou:

— Estamos todos envolvidos nas experiências de outras vidas. Mas isso ficou para trás, não pode nos aprisionar. Está na hora de levantarmos o pé do passado e seguir adiante. *Nos culparmos por escolhas imaturas não vai ajudar em nada no momento.* Ninguém tem que ser perfeito.

— Eu não acho que tenho que ser perfeita.

— No fundo acha, como praticamente todo mundo. Pode ser que essa não seja uma ideia consciente ou bem delineada. É mais um sentimento inato, inerente, profundamente arraigado.

— Às vezes você me surpreende com a sua sabedoria. Não entendo por que insiste em permanecer aqui. Por que não vai embora?

— Só se você for comigo.

— Eu?! Imagine...

— Imagine o quê? Nós dois num mundo muito mais bonito e sereno?

— Não é isso. Não sei se mereço lugar melhor do que esse.

— Todo mundo merece.

Ela sorriu com serenidade. Não sentia vontade de reviver na mente todos os acontecimentos infelizes que provocara no passado. Só o que queria era pensar no seu futuro, na forma como agiria para que tudo fosse diferente. Abraçou Félix com ternura e gratidão. Pela primeira vez em muitos anos, não sentia vontade de beber.

# Capítulo 15

O primeiro dia de aula na faculdade representou o primeiro passo da vitória sobre a miséria. Marcos estava exultante, feliz como jamais pensou que estaria em toda a sua vida. Não fora fácil chegar até ali. Só ele sabia o quanto havia se esforçado para alcançar uma boa nota no vestibular e ingressar na UERJ[1].

Primeiro aluno a entrar em sala de aula, sentou-se logo na primeira fila, bem de frente à mesa do professor. Aos poucos, os demais alunos foram chegando e se acomodando nas carteiras, apresentando-se com animação. Vencendo a timidez, Marcos fez amizade com alguns garotos mais interessados feito ele.

As aulas o encantaram, ele se sentiu muito à vontade naquele mundo intelectual. Apesar de estar numa universidade pública, a maioria dos alunos vinha de uma classe social mais alta, mas nem isso o incomodou. Ali, ele era um

---

1 UERJ – Universidade do Estado do Rio de Janeiro.

estudante como todos os outros, embora um pouco mais velho do que a maioria.

Marcos logo chamou a atenção dos professores pela inteligência e o interesse. Estava sempre com a lição na ponta da língua, sabia todas as respostas, estudava com afinco. Embora não fosse esnobe nem tentasse se sobressair, era o que acontecia naturalmente. Isso fez com que fosse admirado por uns e invejado por outros, mas sempre respeitado pelos colegas.

Das quatro da tarde às dez da noite, trabalhava como garçom no restaurante de um grande shopping center. Após as aulas, sentava-se com sua marmita para almoçar e depois corria para a biblioteca, onde estudava até as três e meia da tarde. Dali, partia para o trabalho, que ficava em Vila Isabel, pertinho da universidade. Como o restaurante era bastante movimentado, as gorjetas, geralmente boas, davam para cobrir os gastos com livros e ajudar a mãe com as despesas domésticas.

Aos domingos, Marcos ia ao culto na igreja pela manhã e estudava até a hora de ir para o trabalho. Somente em seus dias de folga se permitia dar um passeio com a tia ou ir ao cinema com a mãe, apesar dos protestos de Leontina, para quem cinema era uma coisa maligna, inventada pelo diabo para seduzir os homens e levá-los à comunhão com as trevas.

Marcos gostava dos cultos e das orações, mas não era dos mais fervorosos praticantes evangélicos. De um lado influenciado pela tia, que em tudo via pecado, e de outro, pela mãe, que não podia nem ouvir falar em igreja, permanecia no meio termo. Gostava da bíblia, mas tinha dúvidas sobre certas proibições.

Era uma vida corrida, mas Marcos não se queixava. Sentia-se feliz por estudar e ter um emprego com carteira assinada que lhe garantia um salário razoável. A mãe não bebia mais. Marcos presenciara muitas crises provocadas pela abstinência do álcool, fora testemunha do esforço que ela fizera para largar a bebida. Demorou, mas ela conseguiu trocar o vício pela realização de seu ideal de criar o filho como pessoa de bem. Embora preferisse não passar pela porta de bares ou botequins, Clementina nunca mais colocou uma gota de álcool na boca.

Na segunda-feira, pela primeira vez em sua vida acadêmica, Marcos não conseguiu chegar na hora à faculdade. A mãe passara mal de manhã, ele teve que descer até a farmácia para comprar-lhe remédio e esperar até que ela melhorasse. Só quando se certificou de que ela estava bem foi que saiu.

Entrou pela porta de trás e sentou-se numa carteira ao fundo, para não atrapalhar a aula. Para seu desagrado, alguns colegas conversavam baixinho, ignorando o professor. Ele apanhou o caderno e o livro, tentando se concentrar na aula, apesar do murmurinho dos menos interessados em aprender.

— Ei, gente! — sussurrou um rapaz com ironia. — O *nerd* da turma veio hoje para a cozinha.

Marcos olhou espantado, certificando-se de que era com ele. Nunca antes havia escutado um comentário a seu respeito. Os rapazes abafaram as risadas, continuaram cochichando coisas que lhe pareceram pejorativos. O sangue subiu-lhe às faces, ele sentiu vontade de responder, mas o respeito ao professor o deteve.

— Não ligue — ele ouviu uma voz feminina a seu lado e se virou para ela. — Eles têm é inveja de você.

O rosto da moça era doce, sua voz, suave. Marcos reparou na menina. Chamava-se Raquel, cabelos negros e olhos cor de mel. Ele riu do verso improvisado que criou na cabeça, mas que descrevia bem a encantadora garota que nunca antes lhe dirigira a palavra. Limitou-se a assentir e endireitou-se na carteira, lutando para prestar atenção na aula perdida. Não conseguiu mais. As palavras do professor de repente lhe pareceram sem importância, irrelevantes ante a descoberta da moça.

Durante o resto da manhã, foi um custo se concentrar nas aulas. Quando o primeiro tempo terminou, ele foi para a frente, ocupando seu lugar de sempre, a imagem de Raquel seguindo com ele. Na hora do intervalo, viu-a com o namorado, um grandalhão cheio de músculos moldados no levantamento de peso. Tentava não olhar para eles, mas não conseguia. Parecia que, aonde quer que fosse, Raquel e o namorado o seguiam.

— Você não quer arrumar encrenca, quer?

A voz, dessa vez grossa e inquisitiva, retirou-o de seu devaneio. Ele fixou o olhar no interlocutor e retrucou com espanto:

— O que foi que você disse?

— Perguntei se você está tentando arrumar alguma encrenca. Não sabe que Nélson é ciumento?

Quem falava era Arnaldo, melhor amigo de Marcos.

— Está falando de quê? — tornou Marcos, fingindo-se de desentendido.

— Você sabe muito bem. Sentou-se lá atrás na primeira aula e já está apaixonado pela garota do gostosão da turma.

— Ficou louco, é? Eu mal conheço a menina.

— Mas não tira os olhos dela. Pensa que eu não percebi? E se eu percebi, Nélson também percebeu.

— Você está maluco. Não estou apaixonado por ninguém.

— Se não está, tome cuidado para não ficar. Não vai dar certo.

— Pare com isso, Arnaldo. Você está imaginando coisas.

— Raquel não é para você. Ouça o que estou dizendo.

— Ah, é? — explodiu ele, sentindo a raiva consumi-lo. — E por que não, posso saber? Só porque ela é branca e eu sou negro? Ou porque ela é rica e eu sou pobre?

— As duas coisas.

Marcos abriu a boca, estarrecido. Não acreditava que estava ouvindo aquilo de seu melhor amigo.

— Você agora deu para ser preconceituoso?

— De jeito nenhum! Não se trata disso. Estou apenas tentando ser realista. Se fosse outra moça, não diria nada. Mas Raquel é namorada de Nélson...

— Ah! O problema então não é ela, mas ele.

— Dá no mesmo.

— Não dá, não.

— Você não está entendendo. Gente assim não se mistura com pessoas feito você.

— Você se mistura.

— Não me confunda com eles. Tenho princípios. E depois, não sou rico. Minha família é de classe média, como a maioria por aqui. Mas eles dois, não. O pai de Nélson é desembargador, e Raquel é filha de um cirurgião cheio da grana. Sabe lá o que é isso? Você acha mesmo que pode se envolver com gente assim?

— Você está julgando as pessoas. Não os conhece, mas se acha no direito de pensar que elas são preconceituosas só porque são importantes e ricas.

— Não seja bobo. A família de Nélson é de gente importante, metida e arrogante.

— Mesmo que eles sejam assim, não tenho nada com isso. Não estou interessado em Raquel.

*Apesar de tudo...*

— Percebe-se.

— Não precisa ficar de ironia. Eu só troquei duas palavras com ela. Aliás, não troquei palavra nenhuma. Foi ela que falou comigo.

— Estou alertando-o porque sou seu amigo e quero o seu bem. Se você tivesse a mínima chance com ela, eu daria a maior força. Mas sei que não tem. Ela vive em um mundo completamente diferente do seu.

— Bem se vê o quanto você é meu amigo.

— Não posso incentivar um romance que sei que só lhe trará sofrimentos.

— Pare com isso, está bem? — esbravejou Marcos, levantando-se da cadeira. — Não estou interessado em ninguém e ponto final. Chega de besteira!

O sinal anunciando o término do intervalo soou, e todos retornaram à sala. Marcos entrou pela porta da frente, e Raquel, pela de trás. Era por isso que raramente se viam. Ele pertencia ao mundo dos pobretões que contavam com o esforço próprio para ser alguém na vida, enquanto ela, provavelmente, só estudava para ter um diploma universitário e alcançar um status a mais na sociedade.

Durante o resto da manhã, Marcos procurou não pensar em Raquel mas, quanto mais tentava, mais pensava nela. As palavras de Arnaldo ainda ecoavam em sua cabeça. Provavelmente, ele tinha razão em tudo o que dissera. A verdade era que ele se interessara mesmo por Raquel. Era uma loucura, e ele sabia. Raquel jamais olharia para alguém feito ele.

Os pensamentos de Raquel tomavam um rumo oposto ao imaginado por Marcos e Arnaldo. Assim que ela entrou na faculdade, conheceu o bonitão do Nélson e logo começaram a namorar. Ele vinha de uma tradicional família de juristas no Rio de Janeiro, ela era filha de um conceituado cirurgião plástico. A atração foi recíproca e o namoro, bem aceito pelas duas famílias.

O pai de Nélson tinha uma vida muito atribulada. Viúvo, dividia-se entre julgamentos no Tribunal de Justiça e as obras doutrinárias que editava. Era um homem correto, embora muito ocupado e desligado das coisas do espírito, principalmente após a morte da esposa, vítima de câncer no útero. Sem tempo para se ocupar de assuntos familiares, não participou ativamente de criação de Nélson, que cresceu sem limites, acostumado a ter tudo o que desejava.

Os pais de Raquel eram ambos médicos. Ivone, a mãe, era pediatra, e Ricardo, o pai, cirurgião plástico. Eram pessoas pacatas, simpáticos às novas ideias de Raquel sobre espiritualidade. A moça não seguia nenhuma religião específica, mas acreditava no mundo invisível e estava sempre lendo algum livro espírita ou esotérico. Nas horas vagas, envolvia-se em cursos os mais variados: cromoterapia, reiki, astrologia, teosofia, tarô e outros assuntos ligados ao ocultismo, sem, contudo, filiar-se a nenhum deles.

O irmão mais velho, Elói, considerava tudo isso uma grande bobagem. Não acreditava em espíritos nem em reencarnação, nem em energias invisíveis, ideias muito bem assimiladas por Raquel. Preferia o estudo frio da ciência, sem levar em conta as necessidades da alma, como se tudo não fosse criação de um único deus. Cursava o último ano de medicina, pretendia seguir os passos do pai. Afinal, para que se esforçar em uma profissão diferente se podia aproveitar tudo o que o pai já conquistara?

Mesmo com todas essas peculiaridades, o julgamento de Arnaldo estava um pouco distante da realidade. Nélson era um rapaz arrogante, mas Raquel era uma moça doce, preocupada com o futuro espiritual da humanidade. Quando o namoro começou, tudo pareceu uma maravilha. Nélson era um rapaz bonito, inteligente, agradável, simpático e educado. Tudo o que uma garota deseja.

*Apesar de tudo...*

Só tinha um porém: sua simpatia e educação estavam restritas às pessoas de seu meio social. Qualquer um que não fizesse parte do clã da riqueza só conhecia seu lado mais sóbrio. À medida que Raquel percebeu isso, começou a se decepcionar, questionando-se sobre seus reais sentimentos para com ele.

A crescente desilusão com Nélson facilitou a avaliação de Marcos. Ela já o havia notado antes, embora nunca se atrevesse a puxar assunto com ele. Marcos fazia parte da ala intelectual da turma, ao passo que ela fora se envolver justo com os malandros que não queriam nada com estudo. A faculdade nada representava para eles além de uma satisfação às exigências familiares e uma possibilidade de se exibir para as garotas.

Com Marcos era diferente. Ele era inteligente, bonito, um pouco tímido, porém, educado e charmoso. A tez morena, quase negra, os cabelos encaracolados e os olhos vivos só não a atraíram mais do que o sorriso cativante, que deixava à mostra, na medida certa, dentes alvos e perfeitamente enfileirados.

Quando Marcos sentou-se nos fundos da sala, Raquel viu naquele primeiro contato a chance que há tanto esperava. Nélson e os amigos faziam comentários infames sobre ele, deixando-a revoltada. Ele devia desconfiar que era o assunto dos rapazes, porque, em dado momento, seu rosto pareceu se avermelhar, transformando o tom moreno de sua pele em um rubro quase grená.

A beleza exótica da fisionomia de Marcos fez disparar sua respiração. Raquel se pegou olhando fixamente para ele, encantada com seu perfil másculo e bem delineado. Como ele era bonito! Tentou disfarçar o mais que pôde, para não despertar ciúmes em Nélson. Olhava-o de soslaio, à espera de que seus olhares se cruzassem, mas nada aconteceu. Mesmo assim, ela era suficientemente sensível para perceber que o havia impressionado.

Na hora do intervalo, ele a seguia com os olhos por todo lado, e ela procurava estar sempre ao alcance de sua vista, porque também olhava para ele de forma quase imperceptível. Nélson faria um escândalo se descobrisse, o que não era de seu interesse. Contudo, precisava admitir que já não gostava tanto de Nélson como antes. Será que já não era hora de terminarem aquele namoro?

*Apesar de tudo...*

# Capítulo 16

Ao final do culto de domingo, Marcos voltou para casa de braços dados com a tia, ouvindo-a comentar o sermão daquela manhã. Realmente, foram muito bonitas as palavras do pastor sobre o casamento e a família. Ele falou sobre o compromisso de amor, fidelidade e respeito que o casamento impõe, além de sua indissolubilidade.

— Não se esqueça, Marcos Wellington, de que Deus não aprova o sexo antes do casamento — ia dizendo a tia. — Não é só porque você é jovem que tem que se envolver com os pecados do mundo. Sei que hoje tudo é muito fácil, as moças estão se perdendo por aí. E os rapazes, então! Acham que fazer sexo é sinônimo de virilidade, quando não é. Pense bem nas palavras do pastor. Se você se perder pela fornicação será culpado aos olhos de Deus, e um pecador miserável que se distancia dos conselhos bíblicos não é digno de perdão...

Enquanto ela falava, Marcos pensava em Raquel. Será que ela era virgem? Nélson, na certa, não devia ser. Nenhum rapaz de sua idade era virgem naqueles dias. Só os que abrigavam no coração as palavras da bíblia, como ele. E Nélson não fazia o tipo de quem era religioso ou temente a Deus.

A tia continuava sua preleção sobre casamento e virgindade, repetindo as palavras do pastor. Às vezes, ele gostaria de não ser tão religioso e consciente das verdades bíblicas. Se fosse igual às pessoas comuns não precisaria esconder o desejo debaixo da água do chuveiro. O pastor lhe dissera que a masturbação também era pecado, mas o que fazer com a explosão dos hormônios?

No portão de casa, Marcos se despediu da tia. Pelo resto da noite, seus pensamentos se ocuparam com a lembrança de Raquel. Custou a dormir, pensando nos movimentos dela, que acompanhara durante toda a semana, sem coragem de lhe falar. Tinha que dar um jeito de se aproximar dela. Mesmo contra as advertências de Arnaldo, precisava desesperadamente lhe falar.

No dia seguinte, Marcos chegou atrasado novamente. Como da vez anterior, sentou-se numa das últimas fileiras, procurando Raquel pelo canto do olho. Para sua surpresa e decepção, ela não se encontrava na sala, embora Nélson estivesse de cochichos com seu grupinho de sempre. Eles o cumprimentaram com fria educação e continuaram a conversa paralela.

Marcos tentou se concentrar na aula, sem sucesso, porém. Pousou a mochila na carteira ao lado da parede e pôs-se a mastigar a caneta, pensando no que teria acontecido a ela. Quase no final da aula, ouviu a voz familiar soando a seu lado:

— Tem alguém sentado aqui?

Era ela. O coração de Marcos deu um salto do peito e fez sua garganta engasgar:

— O quê...? Não... Pode sentar...

Ele puxou a mochila rapidamente. Ela se sentou, virou para trás e atirou um beijo para Nélson, que lhe jogou outro.

*Apesar de tudo...*

Como não havia cadeiras vagas perto dele, optou por sentar-se ao lado de Marcos. Com a mochila no colo, ela olhava para a frente, imóvel.

— Chegou atrasado hoje também? — indagou ela, sem se virar para ele. Não queria que Nélson visse que puxava conversa com Marcos.

— Hã...? Eu... Está falando comigo?

— E com quem mais poderia ser? Tem mais alguém aqui, além de você, de um lado, e a parede do outro?

— Desculpe-me — murmurou, abaixando a cabeça envergonhado.

— Você não é de falar, é?

— Não muito.

— Que pena.

Quando o sinal anunciou o término da aula, ela se levantou apressada, indo ao encontro de Nélson, que a puxou e lhe deu um beijo rápido. Marcos maldisse a si mesmo, julgando-se um idiota por ter perdido a oportunidade de conversar com ela. Apanhou suas coisas e partiu furioso para sua carteira na frente. Jogou a mochila com raiva, sentou-se de braços cruzados.

— Nossa! — espantou-se Arnaldo. — O que foi que aconteceu?

— Nada — respondeu de má vontade. — Sou um idiota, só isso.

A segunda aula começou, depois a outra, e Marcos só saiu da sala na hora do intervalo por insistência de Arnaldo. Da cantina, Raquel olhava insistentemente para o corredor, a fim de ver se Marcos vinha chegando. Não devia ter falado com ele daquela maneira. Ele era tímido, não iria logo se abrindo com ela. Como fora estúpida! Perdera a oportunidade de travar uma conversa amistosa e iniciar uma amizade com ele.

— O que você tem? — indagou Nélson de repente, enlaçando-a pela cintura.

— Nada. Estou com sono. Fui dormir tarde ontem.

De repente, quando Marcos despontou no saguão, ela não conseguiu ocultar a euforia, que o namorado logo percebeu.

— O que você tem? — repetiu ele, fitando não Marcos, mas Arnaldo, para quem julgava que Raquel estivesse olhando.

— Já disse que estou com sono. Esqueceu-se de que voltamos tarde para casa ontem?

Quando Arnaldo e Marcos passaram próximo a eles, Nélson puxou-a mais para junto de si e anunciou em voz mais alta do que deveria:

— Foi uma noite e tanto, não foi? Transamos feito loucos...

Raquel empurrou-o surpresa, enquanto Marcos e Arnaldo se sentavam a outra mesa.

— Que grosseria, Nélson! — repreendeu ela. — Por que não põe no jornal para todo mundo saber?

Ela deu-lhe as costas e partiu apressada para a sala, sentindo que as lágrimas afloravam em seus olhos. E se Marcos tivesse escutado aquilo?

Por sorte, Marcos não escutara. Estava longe demais quando Nélson falou. Se tivesse ouvido aquela revelação, teria ficado tão decepcionado que talvez desistisse de Raquel. Por mais que se questionasse sobre a virgindade dela, tinha esperanças de que ela fosse diferente das outras e se mantivesse pura para o marido.

A saída súbita de Raquel atraiu sua atenção, e ele a seguiu com os olhos. Observou a reação de Nélson, que passava a mão na cabeça, aparentemente hesitando entre ir atrás dela e permanecer com seu grupinho de amigos.

— O que será que houve ali? — perguntou Marcos, apontando com o queixo na direção de Nélson.

*Apesar de tudo...*

Arnaldo seguiu a direção que ele apontava, depois voltou-se para Raquel, que entrava no corredor a passos apressados.

— Está tomando conta da vida dos outros? — replicou Arnaldo. — Depois diz que não está interessado nela.

— Não é nada disso. Eu só percebi porque ela saiu correndo.

— Está pensando que eu sou idiota, Marcos? Por que quer se enganar desse jeito?

Marcos abaixou a cabeça, pensando numa desculpa para dar, mas desistiu. Afinal de contas, como seu amigo, Arnaldo devia lhe dar apoio, não o recriminar.

— Quer saber mesmo? Estou interessado na Raquel, sim. E acho que ela também está interessada em mim. Qual o problema?

— Problema nenhum.

— Se você vai dizer que ela não serve para mim, não precisa. Não preciso que os amigos venham me recriminar.

— Puxa, Marcos, desculpe-me! Não era minha intenção recriminar você. Queria apenas evitar que você sofresse.

— Quem foi que disse que vou sofrer? Você não sabe! Por que Raquel e eu não podemos nos dar bem?

— Está bem, não precisa ficar aborrecido. Eu não sabia que as coisas haviam chegado a esse ponto.

Marcos o fitou desanimado. Na verdade, as coisas não chegaram a ponto algum.

— Deixe para lá, Arnaldo. Sou eu quem lhe deve desculpas. Raquel e eu não temos nada, nem amigos somos. Só estou com raiva porque perdi a oportunidade de me aproximar dela.

— Você chegou atrasado de propósito, só para sentar perto dela, não foi?

— Foi. Ela sentou-se ao meu lado, puxou conversa comigo, e sabe o que eu fiz? Nada. Fui um idiota, fiquei lá, sem saber o que fazer. O sinal tocou, e ela voltou para o Zé Grandão.

Arnaldo riu da comparação. Já ia retrucar quando sentiu um esbarrão na cadeira, e Nélson passou com o punho rente ao ouvido dele.

— O último que mexeu com a minha namorada passou três meses no hospital — falou ele entredentes para Antônio, um amigo que vinha com ele.

Arnaldo levou um susto, Marcos ficou lívido. Nélson nem se deteve. Seguiu adiante em direção ao corredor, bem na hora em que o sinal anunciava o fim do intervalo.

— O que foi aquilo? — indagou Arnaldo, levantando-se surpreso.

— Eu é que sei?

— Será que ele ouviu a nossa conversa?

— Não sei. Talvez.

— Pior é que sobrou para mim, que não tenho nada com a história.

— Acho que ele me mandou um recado. Deve ter ouvido o que dissemos.

— Ou então percebeu. Também, você não para de olhar para ela.

Marcos silenciou. Raquel e Nélson não eram casados, mas estavam comprometidos. Não tinha certeza se era direito flertar com uma moça comprometida. Talvez fosse melhor esquecê-la e partir para outra. Mas como conseguiria isso se seu coração já estava irremediavelmente preso ao de Raquel?

— Você acredita em amor à primeira vista? — indagou, sonhador.

— Não. Acredito em desejo e atração.

— É isso que você acha que eu sinto por ela? Desejo, atração?

*Apesar de tudo...*

— Não sei. Diga-me você.

— Existem coisas a meu respeito que você desconhece, Arnaldo.

— O que, por exemplo?

— Minha religião não permite que eu faça sexo antes do casamento.

— Não me diga! — o outro mostrava uma surpresa genuína.

— Sei que isso parece antiquado, mas é assim que eu acredito que seja o certo. Por isso é que lhe digo que o que sinto por Raquel vai muito além de um simples desejo.

— Tudo bem — concordou Arnaldo, meio sem graça. — Se é no que você acredita...

— Você acha isso uma besteira, não acha? Vamos, pode dizer.

— Não acho nada, Marcos. Nem tenho o direito de me intrometer na sua vida e falar o que é certo ou errado. Posso apenas dizer que penso diferente.

— Você já teve relações sexuais com alguma garota?

— Bem... é o normal, não é?

— Eu nunca tive. E não me arrependo por isso.

— Quer dizer que você é virgem?

— Até o dia do meu casamento. Você acha que Raquel também é? Arnaldo tentou desconversar, abafando a vontade de dizer, com todas as letras, que não tinha a menor dúvida de que não Raquel era virgem.

— Como é que eu vou saber? — retrucou sem jeito.

— Pois eu acho que ela é. Raquel não se entregaria àquele brutamontes.

— E se não for?

Ele hesitou por uns instantes, até que respondeu indeciso:

— Pensarei nisso depois.

Raquel se aborreceu profundamente com o comentário de Nélson e não teve dúvidas em demonstrar. Ela estava sentada ao lado dele, de braços cruzados, olhar carrancudo. Quando Marcos entrou, ela lhe enviou um olhar rápido, que Nélson percebeu, mas que julgou endereçado a Arnaldo.

— O que é que está acontecendo, hein? — questionou ele, segurando-lhe o braço.

— Nada. Quer me soltar?

Ele a soltou e tornou com uma fúria contida:

— Você está de olho naquele magricela do Arnaldo, está?

— O quê? — tornou ela, com desdém. — Você só pode estar brincando.

— Você não para de olhar para ele.

— Deixe de inventar coisas. Eu nunca olhei para ele.

— Acho bom, ou a coisa pode esquentar.

— Você está me ameaçando?

— A você, não. A ele. Não vou permitir que nenhum otário paquere a minha namorada. Ele que não se faça de besta comigo.

— Deixe de ser idiota, Nélson! — esbravejou ela. — Não vá se meter com o rapaz, que nunca me fez nada.

— Eu o vi olhando para você.

— Está vendo demais.

— E você corresponde.

— Essa é muito boa!

— Já disse que não vou tolerar isso.

— Quer saber de uma coisa, Nélson? — replicou ela entredentes. — Vá se danar!

Rapidamente, ela passou a mão no material e saiu, sem que Marcos percebesse. Era só o que faltava, Nélson cismar com o garoto errado. Coitado do Arnaldo! Não tinha nada a ver com a história e ainda podia acabar apanhando.

*Apesar de tudo...*

153

Nélson saiu atrás dela, e Marcos percebeu a movimentação, porque ele fez um estardalhaço quando se levantou. Pensou em segui-lo, mas Arnaldo o deteve.

— Nem se atreva! — protestou baixinho. — Você não tem nada a ver com isso.

Do lado de fora, Nélson corria pelo corredor atrás de Raquel.

— Por favor, meu bem, perdoe-me. Você sabe o quanto sou ciumento. — Ela não respondeu. — Fale comigo, Raquel, por favor.

Ela estacou e se virou para ele.

— Isso é uma paranoia. Onde já se viu ameaçar um rapaz que nunca me fez nada? E se ele estivesse me olhando? O que é que tem de mais?

— Não gosto que olhem para você.

— E eu não gosto que tomem conta da minha vida. Você não é meu marido e, assim desse jeito, nunca vai ser.

Nélson não deixou que ela continuasse a falar, tapando sua boca com um beijo ardente. Raquel achou melhor não resistir. Foi um momento engraçado, diferente. Não havia mais desejo nos lábios dela ao tocar os dele. O que sentiu foi um misto de repulsa e medo, uma certeza de que a paixão se acabara ali. Como faria para dizer isso a ele sem provocar sua ira?

— Nunca mais vou fazer isso — prometeu Nélson. — Juro que não vou.

Ela encostou a cabeça no ombro dele e deixou-se ficar, momentaneamente inerte diante da inevitabilidade do fim. Um abismo se abriu entre eles, ela teve vontade de chorar. Subitamente, todo seu corpo estremeceu, um calor gostoso desceu-lhe pela garganta. Agora sabia de tudo: seu coração começou a bater, eufórico, não porque ela estivesse nos braços de Nélson, mas porque acabara de ver Marcos passar.

# Capítulo 17

A sala escura e abafada da mansão dos Silva e Souza causava um certo mal-estar em Afrânio, acostumado a serviços ao ar livre. Desde menino sentia-se emparedado entre quatro paredes e cedo decidira trabalhar em algo que, além de não exigir muitas horas de escritório, lhe facultasse uma mobilidade maior do que o normal. Não fora por outro motivo que, após longo período de reflexão, optara pela profissão de detetive, para desgosto do pai, que sonhava vê-lo formado em medicina. Mas Afrânio gostava de estar o tempo todo se movimentando pelas ruas, olhos e ouvidos atentos, atrás de pessoas desaparecidas ou que tinham algo a esconder, como nos filmes de mistério que via na televisão.

A realidade, porém, era um pouco mais obscura. Faltava na profissão o glamour de Hollywood. A carreira, muitas vezes, era bem mais perigosa e sórdida, sem o romantismo das fitas de cinema. Mesmo assim, era o de que gostava e o que fazia melhor. Sua dedicação ao trabalho lhe valera reconhecimento nacional, muitos eram os figurões que o contratavam para investigar a vida conjugal das mulheres ou amantes. Pessoas desaparecidas também eram a sua especialidade, e Afrânio ficou pensando em qual dos dois grupos se encaixaria o senhor Graciliano Silva e Souza.

Não suportando mais o abafamento do ambiente, abriu a janela e aspirou profundamente o ar límpido da manhã. No mesmo instante, um ruído na porta anunciou a chegada de Graciliano, que entrou seguido da mulher. Se ele vinha acompanhado da esposa, então, o caso devia ser de desaparecimento. Afrânio afastou-se da janela e apertou a mão que o outro lhe estendia.

— Senhor Afrânio, muito prazer — cumprimentou ele cordialmente. — Esta é minha esposa, Bernadete, e eu sou Graciliano Silva e Souza.

— O prazer é todo meu — respondeu ele, beijando levemente a mão de Bernadete.

— Por favor, sente-se — pediu ela, apontando para uma poltrona, enquanto os dois se sentavam no grande sofá em frente.

— Obrigado.

Os três se acomodaram. Bernadete cruzou as mãos sobre o colo e abaixou os olhos. Parecia profundamente abalada, o que indicava o desaparecimento de um filho ou uma filha. Afrânio tinha experiência suficiente para detectar o sofrimento da mãe nesses casos.

— Muito bem, seu Afrânio — Graciliano começou a dizer —, chamei o senhor aqui porque o seu nome foi muito bem recomendado por amigos meus que já se utilizaram de seus serviços e ficaram impressionados com a sua eficiência e discrição.

— Obrigado, senhor. Esse tem sido sempre o meu lema.

— O senhor não imagina como é embaraçoso para nós termos que nos utilizar dos serviços de um detetive, mas enfim... acreditamos que essa é a única maneira de conseguirmos o que queremos — Afrânio assentiu e continuou à espera, enquanto Graciliano prosseguia: — O senhor deve saber que sou um homem de posses.

— Sei que é dono de uma empresa de ônibus.

— Exatamente. Como pessoa influente, rica, não posso me descuidar e expor a mim e a minha família ao perigo de aventureiros sem escrúpulos. Por isso, é de suma importância que o senhor vá fundo na investigação sobre o assunto de que vou lhe falar, para que não sejamos vítimas de nenhum golpista.

— Perfeitamente.

Graciliano parou, engoliu em seco e olhou para a mulher, que chorava de mansinho, enxugando as lágrimas no seu lencinho de cambraia. Passou a mão pela testa, como se tentasse organizar as palavras, reuniu coragem e retomou a narrativa:

— Nosso filho faleceu recentemente. Era nosso único filho e... — parou, a voz embargada, tomou novo fôlego e continuou: — Estava com trinta e quatro anos, solteiro. Era um rapaz triste, solitário. Mas era tudo o que nós tínhamos.

Afrânio percebia como era doloroso para ele falar a respeito e permaneceu quieto, em silencioso respeito. Teve que aguardar alguns minutos até Graciliano controlar as lágrimas e conseguir imprimir à voz um tom mais claro:

— Acho que nem é preciso falar como estamos sofrendo, minha esposa e eu — ele olhou de soslaio para Bernadete, que permanecia imóvel. — Não nos restou mais ninguém na vida. Anderson era nosso único filho e, como não era casado, não nos deixou netos legítimos, a não ser...

Novamente a pausa dolorosa, mas dessa vez, os soluços de Bernadete se tornaram mais audíveis.

— Se o senhor quiser, posso voltar outra hora — sugeriu Afrânio, acostumado a situações de extrema comoção como aquela, em que as pessoas mal conseguiam falar.

*Apesar de tudo...*

— Não — objetou Bernadete, a voz surpreendentemente grave e firme. — Chamamos o senhor aqui com um propósito e não vamos deixar que se vá sem que o conheça. Diga-lhe logo, Graciliano, não aguento mais.

Graciliano encarou-a com desgosto. Era nítido o esforço que fazia para conseguir manter o controle e narrar sua história sem crises de desespero. Ele desviou os olhos da mulher e, sem levantá-los, prosseguiu:

— Como disse, seu Afrânio, Anderson não se casou. Contudo, deixou um filho... — nova pausa comovida — um filho cujo paradeiro desconhecemos.

Achando que já era hora de agir, Afrânio sacou um minúsculo gravador do bolso e perguntou em tom o mais profissional possível:

— Importa-se se eu gravar nossa conversa?

— Isso é mesmo necessário? — contrapôs Graciliano.

— Vai me facilitar muito. Assim terei certeza de não ter perdido um só detalhe do que me disserem. Às vezes, coisas aparentemente sem importância são as que possibilitam grandes descobertas.

— Muito bem. Se é essencial, vá em frente.

Afrânio acionou o botão do gravador e o posicionou na mesinha do centro, voltado para o casal.

— Podem prosseguir, por favor — pediu ele.

— Como eu ia dizendo — Graciliano voltou a falar —, temos um neto, filho de Anderson, que não sabemos onde está. Não fazemos a menor ideia do seu paradeiro.

— E a mãe dele? — Afrânio indagou.

— A mãe dele foi empregada em nossa casa — Graciliano respondeu baixinho, como se sentisse vergonha do que estava dizendo.

— Ela foi nossa empregada quando Anderson era ainda um menino inexperiente — completou Bernadete, aparentemente mais desprendida do pudor que parecia tolher o marido. — Suspeitamos até que foi ela quem o iniciou como homem, mas isso não vem ao caso. O fato foi que ela engravidou, e nós a expulsamos de casa. Depois disso, nunca mais ouvimos falar dela.

— Veja bem, seu Afrânio, não quero que pense que não somos pessoas de bem — justificou Graciliano. — Nós apenas ficamos surpresos, essa foi nossa primeira reação. Depois nos arrependemos, mas já era tarde demais.

— Você nunca se arrependeu — tornou Bernadete com raiva. — Só agora, que Anderson morreu, é que você voltou a pensar no menino e em Margarete. Só porque não temos uma descendência, e você não quer morrer sem herdeiros!

— Não é justo me acusar. Você foi a primeira a rejeitar a criança, porque era negra.

— Anderson sempre foi um menino frágil. Contraiu várias pneumonias e queria conhecer o filho, com medo de morrer, mas você não permitiu. Até que um câncer o levou...

Ela se calou, sufocada pelos soluços. Como a conversa tomava um rumo constrangedor, Afrânio interveio:

— Peço que não briguem nem se incomodem com a minha opinião a respeito do que fizeram ou deixaram de fazer. Minha função é ouvi-los sem emitir qualquer juízo de valor. Estou aqui para ajudá-los no que me pedirem, não para julgá-los.

— Perdoe minha mulher, seu Afrânio — retorquiu Graciliano. — Ela não se conforma por ter perdido o único filho. Retomando o assunto, Margarete, a empregada, teve o filho e, como nós não o aceitamos, sumiu no mundo. Não fazemos ideia de para onde foi nem onde está morando, nem se está viva. Nem sabemos se o menino sobreviveu.

— Sei. Entendo que a situação é difícil e dolorosa, mas preciso saber, em detalhes, tudo o que aconteceu, desde o dia em que descobriram que a criança era sua neta.

*Apesar de tudo...*

— Margarete ainda trabalhava para nós — foi Bernadete quem contou. — Um dia, apareceu grávida. Como não desconfiávamos de nada, prometi ajudá-la. Depois, Anderson nos disse a verdade...

Com riqueza de detalhes, Bernadete contou tudo a Afrânio, que ouviu em silêncio, impassível, sem fazer comentários ou críticas. Não era sua função julgar, não se importava com os motivos que levavam as pessoas a agir de formas estranhas. Era pago para resolver o caso, essa era a única coisa que realmente lhe interessava.

Quando ela finalmente terminou, Afrânio pensava por onde poderia começar, já que eles não sabiam nem em que direção Margarete havia partido.

— A senhora disse que o nome dela é Margarete. Margarete de quê?

— Margarete Cândida da Fonseca, nascida aqui mesmo em Belford Roxo, no dia 13 de janeiro de 1960. É só o que sabemos dela.

— Não têm o endereço?

— Ela não forneceu nenhum.

— Como foi que a senhora a descobriu?

— Ela veio recomendada por uma conhecida, que estava de mudança para a Austrália e ficou com pena de deixá-la desempregada.

— E essa conhecida? Será que é possível falar com ela?

— Após tantos anos, perdemos o contato.

— Podemos tentar localizá-la pela internet. Talvez ela se lembre de alguma coisa.

— Se o senhor acha que é possível, lhe darei o nome dela.

Bernadete apanhou um bloquinho, onde anotou o nome da mulher e entregou-o a Afrânio.

— Obrigado — ele leu e guardou o papelzinho na carteira. — Margarete não deixou nenhum documento?

— Não.

— Nem uma carteira de trabalho?

— Bernadete lhe pediu a carteira de trabalho, mas ela disse que não tinha, porque não sabia ler — esclareceu Graciliano. — Mal sabia escrever o seu nome.

— Imagino que não possuam nenhuma foto dela, não é mesmo?

— Só uma, que Anderson escondeu muito bem — informou Bernadete. — Mas também não está muito boa.

A foto, amassada nas mãos de Bernadete, estava com ela desde o início. Ela passou o retrato às mãos de Afrânio, que a pegou e falou desanimado:

— Está muito escura, quase não dá para ver nada.

A fotografia mostrava Margarete com o espanador na mão, tirando pó da estante de livros de Anderson, aparentemente surpreendida pela máquina fotográfica. Não era muito, mas era o que tinha para começar.

— Só mais uma pergunta — falou Afrânio. — Sabem a data em que o menino nasceu?

— Não — respondeu Graciliano. — Mas deve ter sido por volta do começo de agosto de 1987.

— Muito bem. O que me deram vai ter que bastar por enquanto. Farei relatórios semanais aos senhores, quando então acertaremos os pagamentos. Até lá, qualquer novidade, qualquer coisa de que se lembrem, por favor, entrem em contato. Acredito que têm o meu cartão, não?

— Sim, temos.

— Está bem, então. Obrigado por terem me escolhido e não se preocupem com nada. O caso de vocês está em boas mãos. Asseguro-lhes que encontrarei essa moça e o filho dela, tudo dentro da mais alta discrição.

— Obrigado, detetive — finalizou Graciliano, estendendo-lhe a mão. — É importante que ninguém saiba que estou

*Apesar de tudo...*

procurando um neto desaparecido, ou muitos virão bater à minha porta dizendo-se filhos de Margarete.

— Hoje em dia as coisas não são tão fáceis assim. O teste de DNA está aí para desmascarar os aproveitadores mentirosos.

— Mas o desgaste emocional e financeiro vai ser muito grande. Minha esposa e eu não queremos passar por mais do que já passamos.

— É compreensível. Bem, como disse, não há com o que se preocuparem. Como profissional competente, o sigilo faz parte da minha profissão.

— Obrigado, seu Afrânio. Tenha um bom dia.

— Bom dia — repetiu ele.

— Confiamos no senhor — afirmou Bernadete, apertando-lhe as mãos. — Eu quero muito encontrar esse neto. É o único pedaço do meu filho que nos restou.

Afrânio deu-lhe um sorriso encorajador e saiu com a foto no bolso, pensando por onde iria iniciar aquela investigação. Os dados de que eles dispunham não eram muitos mas, ainda assim, esperava que não fosse difícil encontrar a moça. Se ela estivesse viva. Tudo acontecera havia muito tempo, lugares e pessoas mudavam no decorrer dos anos. Seria muita sorte encontrar alguém que ainda se lembrasse de Margarete.

A primeira coisa que fez quando voltou a seu escritório foi procurar no computador o nome da mulher que indicara Margarete. Procurou em tudo, desde blogs pessoais até sites de relacionamento, tanto no Brasil quanto na Austrália. Nada. Se a mulher vivia, não acessava a internet.

Foi adiante nas buscas e dentro de alguns dias recebeu a certidão de nascimento de Margarete, localizada por um site especializado em certidões do Registro Civil. Descobriu que os pais dela haviam morrido muitos anos atrás, e ela não tinha mais nenhum parente vivo. Onde é que uma pessoa sem dinheiro nem família, sozinha e abandonada, com um filho pequeno no colo, ia se refugiar?

O jeito era ir perguntando aos vizinhos, principalmente aos comerciantes. Com um pouco de sorte, alguém daquela época ainda estaria por ali e poderia se lembrar. Tinha uma foto precária, pouco nítida, escura. Escaneou-a e abriu-a no photoshop, onde conseguiu clareá-la e torná-la um pouco mais nítida. Tinha que servir.

# Capítulo 18

Seria uma noite longa e difícil, mas Raquel já havia tomado uma decisão. Não adiantava mais levar avante o namoro com Nélson se seus pensamentos estavam ligados em Marcos. Aguentara o máximo que pudera, não dava mais para enganar a si mesma. Nélson começava a pertencer ao passado, enquanto Marcos ia dominando todos os seus momentos presentes e preenchendo os sonhos do seu futuro.

Encontraram-se num barzinho na Barra da Tijuca. Quando ela chegou, ele já estava sentado, bebendo um copo de chope, e se levantou para beijá-la. Raquel aceitou o beijo sem maior entusiasmo e sentou-se defronte a ele, pedindo um guaraná.

— É só isso que vai beber? — perguntou Nélson, espantado.

— Nada de álcool. Estou dirigindo. E você também não devia beber.

— E daí? Estou acostumado. — Ele deu um gole e indagou: — Não quer sair para dançar?

— Não. Daqui, vou direto para casa.

— Por quê? O que aconteceu?

Ela alisou a borda do copo com o dedo, até que tomou coragem e olhou-o de frente:

— Tenho algo importante a lhe dizer.

Sentindo a tensão nas palavras dela, Nélson intimamente adivinhou o assunto, mas não disse nada. Não queria acreditar. Ela abaixou momentaneamente os olhos, sentindo a tensão no ar. Quase desistiu, mas pensando em Marcos, a coragem retornou. Encarou-o novamente e, sem muito pensar, disparou:

— Nós dois não estamos mais dando certo, Nélson. Acho que chegou a hora de a gente terminar.

Nélson deu um gole grande no chope, enxugou os lábios com a mão e retrucou, sem conseguir ocultar o tom de revolta na voz:

— Por quê?

— Porque eu... bem... não dá mais...

— Isso você já disse. Quero saber por quê. Eu fiz alguma coisa de que você não gostou?

— Você não fez nada.

— Então o que é? Não gosta mais de mim?

— Gosto... como amigo.

— Como amigo... — repetiu ele com desdém. — Que papo furado, Raquel! Você está terminando comigo porque se apaixonou por outro. Não foi?

Ela sentiu um certo constrangimento, sem, contudo, se deixar intimidar. Não era culpa sua se não gostava mais dele nem lhe devia explicações sobre seus sentimentos. Eles não eram casados nem ela lhe pertencia. Podia fazer o que quisesse.

— Escute aqui, Nélson — tornou ela em tom mais confiante —, estou sendo honesta com você. Acho-o um cara legal, que não merece ser enganado. Mas não gosto mais de você, não quero mais namorar você. Se me apaixonei por outro, não interessa. O que interessa é que o nosso namoro acabou. Podemos ser amigos, mas nada além disso.

— Não quero a sua amizade.

— É o que posso lhe oferecer, de coração. Se você não quer, sinto muito.

— Quero você.

— Não dá mais, já disse.

— Você não pode me deixar assim. E todos os nossos momentos?

— Foram muito bons, vou me lembrar com carinho de cada um deles. Mas já passou.

— Você está é doida para dar para aquele cara, não é? — revidou ele, com tanta raiva que ela chegou a sentir um leve mal-estar.

— Vou ignorar o seu comentário vulgar. Aliás, é só o que você vem fazendo ultimamente. Virou um grosseirão.

— Para ver a que ponto você me levou.

— Ah! A culpa agora é minha.

— Você é que está me deixando por aquele magricela.

— Não o estou deixando por ninguém! Será que você não pode aceitar que uma mulher não goste mais de você? Ou o seu orgulho é tão grande que não admite perder?

— Perder? Para um *nerd* magricela? Era só o que me faltava. Aquele Arnaldo não é ninguém, nem se compara comigo. Só uma louca feito você para me trocar por ele.

— O seu ego é tão grande que nem cabe dentro do peito. Você pensa que é o melhor homem do mundo, não pensa?

— Posso não ser o melhor do mundo, mas melhor do que ele eu sou, com certeza.

— Quanta bestice! Pois fique sabendo que Arnaldo é um sujeito bem melhor do que você. Pelo menos não é esnobe nem vulgar. É inteligente, simpático e agradável. Jamais diria a uma mulher as barbaridades que você diz.

Raquel nem sabia por que estava elogiando Arnaldo. Nunca trocara sequer duas palavras com ele nem tinha reparado na sua existência até Nélson cismar com ele. Na verdade, usava o nome dele para referir-se a Marcos, porque era nele que pensava ao dizer aquelas coisas.

— Você não sabe a encrenca em que está se metendo — revidou Nélson entredentes.

— Vai querer me vencer na base da ameaça? É isso que está tentando fazer?

— Não a estou ameaçando. Já disse que jamais lhe faria qualquer mal. Não sou covarde, não agrido mulheres. Mas aquele Arnaldo vai se ver comigo!

— Quanta ignorância! Está culpando alguém que não tem nada a ver com isso. Nem Arnaldo, nem ninguém é responsável pelo término do nosso namoro. Sou eu que não gosto mais de você.

— Até ontem, não foi isso que pareceu. Tive a impressão de que a deixei bastante satisfeita na cama.

— Lá vem você de novo com suas vulgaridades. Sexo não tem nada a ver com amor.

— Tem sim.

— No nosso caso, não.

— O que você quer dizer com isso? — enfureceu-se.

Ela se arrependeu no momento mesmo em que falou, mas já era tarde demais.

— Olhe, Nélson, vamos deixar isso para lá — objetou em tom mais ameno. — Nós dois estamos nos exaltando e acabaremos dizendo coisas das quais nos arrependeremos depois. Gosto de você, mas não como namorado. Pronto, é só isso. Não precisamos ficar discutindo, isso não vai levar a nada. Só vamos nos aborrecer e nada resolveremos. Eu estou decidida a terminar, nada vai me fazer voltar atrás.

*Apesar de tudo...*

— Tudo por causa do Arnaldo, não é? Vamos, confesse. Você me deve ao menos isso. É por causa dele ou não que você está terminando tudo?

— Não. Posso lhe garantir que não.

— Mas então, por quê?

— Já disse por quê. Não vou ficar me repetindo.

Por um momento, os olhos cheios d'água de Nélson a sensibilizaram, quase fazendo-a voltar atrás, mas a lembrança de Marcos novamente a fortaleceu, mantendo-a impassível.

— Tem certeza? — perguntou ele, alternando a raiva e a dor na sua voz.

— Tenho.

— Não vai se arrepender depois? Porque se você se arrepender, vai ser tarde demais. Não vou aceitá-la...

— Não vou me arrepender — cortou ela. — Estou segura do que quero.

— Está bem. Você é quem sabe. Mas depois não venha me pedir para voltar.

— Não vou pedir, não se preocupe. — Ela deu um último gole no guaraná e se preparou para sair. — Acho que já vou indo.

Nélson balançou a cabeça, mal contendo o ódio. Ela abriu a bolsa para retirar a carteira, mas ele a impediu:

— Você nunca teve que pagar nada comigo. Não vai ser agora que vai precisar.

— Está bem — disse ela, guardando a carteira de volta e apanhando a chave do carro.

— Obrigada. Espero que não haja ressentimentos entre nós.

— Não haverá — mentiu ele, pois o ressentimento já estava instaurado.

— Bom, é isso. Então tchau.

— Tchau... — ela se afastou, e ele completou a frase: — Cachorra.

Raquel chegou ao carro trêmula. Não fora tão fácil quanto esperava, mas deu tudo certo. Por mais que Nélson tivesse ficado revoltado, a raiva aos poucos ia passar, ele logo a esqueceria. Era um rapaz bonito, muito cobiçado pelas garotas. Não teria dificuldade em encontrar uma nova namorada.

Ela não sabia o quanto estava enganada e desconhecia o quanto ele podia se sentir magoado.

Enquanto isso, Marcos era atendido no hospital do Andaraí, onde fora diagnosticada a dengue. Tratado e medicado, foi mandado para casa, orientado a manter repouso absoluto e ingerir bastante líquido. Durante uma semana, não poderia ir à faculdade nem ao trabalho.

Acompanhado da mãe e da tia, Marcos retornou para casa ainda com fortes dores no abdome, embora a febre começasse a ceder. Clementina o acomodou no sofá e colocou as cobertas sobre ele.

— Quer que ligue a televisão? — indagou ela gentilmente, alisando-lhe os cabelos.

— Não. Só quero dormir.

— Muito bem, durma então.

Ele se ajeitou e ainda teve tempo de perguntar, antes de ferrar no sono:

— Mãe, você liga para o meu trabalho?

— Pode deixar, ligo sim.

— E avisa o Arnaldo também?

— Aviso. Agora descanse.

Nem precisou repetir. Na mesma hora, Marcos adormeceu.

Na segunda-feira, quando Raquel chegou à faculdade, procurou um lugar na frente, para ficar mais perto de Marcos, só que a carteira dele permaneceu vazia durante toda a manhã. A todo instante, ela olhava para a porta, na esperança de vê-lo entrar, frustrando-se sempre que um outro aluno surgia.

Mais atrás, Nélson se roía de ciúmes e despeito. Não tirava os olhos de Raquel, julgando que ela olhava insistentemente na direção de Arnaldo. Quando alguém fez uma pergunta ao professor, Arnaldo se juntou à discussão acadêmica, virando-se para trás para melhor argumentar com o outro aluno. Naquele momento, os olhos dele se cruzaram com os de Raquel, e Arnaldo deu-lhe um sorriso amistoso, que ela correspondeu com ansiedade.

Em seu lugar, sem nada perder, Nélson partiu a caneta ao meio, derramando tinta azul sobre o caderno e manchando a mão. Nem se incomodou. Queria que aquela caneta fosse a cabeça de Arnaldo, e aquela tinta, o seu sangue derramado.

Decepcionada, ansiosa, Raquel não sabia o que havia acontecido a Marcos. Queria perguntar a Arnaldo, mas tinha vergonha. Afinal, nunca conversara com ele. Quando ele se virara para trás para falar com o colega, ela quase o interpelou, mas achou que seria inadequado fazer-lhe perguntas pessoais em meio a uma aula tão importante.

Tentou acercar-se dele na hora do intervalo, mas não conseguiu. Arnaldo saiu junto com o professor, expondo suas ideias entusiasticamente, e ela perdeu a coragem de se aproximar. Mas quando Marcos não apareceu no dia seguinte, Raquel finalmente decidiu que iria falar com Arnaldo. Esperou o intervalo e postou-se atrás dele na fila da cantina.

— Oi — cumprimentou ela, tocando-lhe o ombro.

— Ah! — fez ele, surpreso. — Oi.

— Você por acaso sabe o que houve com o Marcos? Ele não tem vindo à aula...

— Ele está com dengue.

Uma gritaria de calouros abafou a voz do rapaz, obrigando-a a aproximar os lábios do ouvido dele e quase gritar:

— O quê?

— Ele está com dengue — repetiu Arnaldo, também ao ouvido dela.

— Com dengue? — repetiu. — Coitado!

— É. Vai ficar a semana toda de repouso.

— Que pena.

Chegou a vez de Arnaldo, que se desligou dela e fez o pedido. De tão decepcionada, Raquel perdeu a fome e voltou para a sala, passando por Nélson, que precisou ser contido pelos amigos para não agredir Arnaldo.

— Cachorra! — rugiu ele. — Mentiu para mim. Disse que não tinha interesse no magricela e estava lá, de papo com ele.

— Calma, Nélson — aconselhou Paulo, um dos rapazes. — Eles não estavam fazendo nada de mais.

— Eles estavam juntos! — insistiu Nélson, que só via o que queria ver. — Eu os vi sussurrando no ouvido um do outro.

— Também acho — incentivou Antônio, outro amigo. — E ela bem estava com a mão no ombro dele.

— Os dois estão disfarçando — prosseguiu Nélson, cego pelo ciúme. — Aposto como se encontram longe daqui, para eu não ver.

— Que motivos ela tem para enganar você? — ponderou Paulo. — Vocês já não terminaram?

— Ela me garantiu que não foi por causa do magricela. Mentirosa! Agora vejo que foi.

Paulo ia protestar, mas o sinal chamou-os de volta à sala. Durante o resto da manhã, Raquel permaneceu calada,

*Apesar de tudo...*

171

e Arnaldo, concentrado nas aulas. Foi assim pelo restante da semana. Com Marcos doente, ela não via muita graça na faculdade. Queria não pensar nele mas, volta e meia, pegava-se com a imagem dele flutuando em seus pensamentos. Nem ela mesma entendia por que se interessara tanto por ele. Marcos era um rapaz bonito, não tanto quanto Nélson, mas tinha o olhar inteligente e bondoso. Ela estava realmente muito interessada nele.

# Capítulo 19

A dengue foi embora, e Marcos retomou sua vida. Chegou cedo à faculdade, sem saber que Raquel esperava por ele no hall de entrada dos corredores. Ela estava com umas amigas, ele passou sem notar sua presença. Entrou na sala ainda vazia, ocupou a carteira de sempre. Logo depois, Raquel entrou e tomou o lugar ao lado dele.

— Será que posso me sentar aqui? — indagou, e Marcos levou um susto ao constatar que era ela.

— Fique à vontade — respondeu ele, completamente desconcertado.

— O dono do lugar não vai reclamar?

— Acho que os lugares não têm dono. São de quem chegar primeiro.

— Ótimo! — alegrou-se ela, sentando-se com a mochila no colo.

Marcos estava confuso e feliz ao mesmo tempo, embora não compreendesse por que Raquel resolvera se sentar ao lado dele, longe do namorado. Arnaldo lhe dissera, ao telefone, que ela perguntara por ele, mas ele interpretara o fato como um gesto de mera polidez.

— Você não costumava se sentar lá atrás? — sondou ele.

— Eu o incomodo sentando-me aqui? — revidou ela, fazendo menção de se levantar.

— Não, de jeito nenhum! — protestou ele, apressadamente. — Eu só estranhei. O seu namorado pode não gostar.

— Ele não é mais meu namorado.

O coração de Marcos deu um pulo. Ele quase engasgou, mas conseguiu manter o tom da conversa:

— Jura?

— Preciso jurar?

— Desculpe-me, é só maneira de falar.

— Eu sei, estou brincando. E você está melhor? Soube que teve dengue.

— Estou bem agora.

— Se tivesse seu telefone, eu mesma teria ligado para saber como você estava.

— Meu telefone? — tornou ele atônito, desacostumado de abordagens tão diretas.

— É, telefone. Você não tem um na sua casa?

— Na verdade, não — confessou ele, já que não sabia e não queria mentir.

— Por quê? O que seus pais têm contra o telefone?

Ele ia responder, mas o professor entrou, com Arnaldo logo atrás. O amigo sentou-se na carteira do outro lado, cumprimentou Raquel com um sorriso, olhando para Marcos de soslaio. Ficaram praticamente sem se falar até o intervalo. Saíram juntos para a cantina, onde Raquel se sentou a uma mesa com Marcos.

— A cachorra continua disfarçando — constatou Nélson, que a vigiava à distância. — Fica de papo com o amiguinho dele para eu não desconfiar.

— Acho que você está ficando paranoico — observou Paulo. — Só o que vejo é uma garota conversando com um colega de turma.

Nélson tentou se desligar de Raquel, interessando-se na conversa sobre futebol dos amigos. De vez em quando, fitava-a pelo canto do olho, sentindo imenso alívio por não ver Arnaldo por perto.

Sentados à mesma mesa, Marcos e Raquel continuavam a conversar.

— Você ainda não me disse por que não tem telefone na sua casa — lembrou ela.

Marcos ficou confuso. Durante todo o tempo em que pensara em Raquel, não se preparara para aquele momento. O que mais queria era conversar com ela, contudo, não sabia como lhe falar sobre si mesmo. Apesar da enorme diferença social que existia entre ambos, não pretendia iniciar um relacionamento, mesmo que de amizade, sustentado em mentiras. Tinha que lhe contar que era pobre e morava no morro, mas não tinha coragem, com medo de que ela se decepcionasse e desistisse dele.

Marcos não estava acostumado a mentir. O pastor ensinava que o melhor caminho para o coração era o da verdade. Com essa certeza, engoliu a vergonha e, de olhos baixos, admitiu:

— Minha família é muito pobre. Não temos telefone.

Ela se surpreendeu, mas não deixou transparecer.

— E você não tem celular?

— Tenho.

Com um sorriso encantador, Raquel tirou seu celular da bolsa e gravou o número dele na memória do aparelho. Ainda aturdido, ele sacou o seu do bolso e fez o mesmo. Estava espantadíssimo com o fato de ela não ter encerrado a conversa ao saber de sua pobreza e que ainda estava interessada em ter o seu celular.

*Apesar de tudo...*

— Você mora aqui por perto? — prosseguiu ela.

Outra pergunta difícil de responder. Dizer a ela que morava no morro não devia ser motivo de vergonha, mas era. Por isso, optou por uma meia-verdade:

— Moro na Tijuca.

— Sério? Eu também. Que coincidência, não?

— Verdade.

— E os seus pais, o que fazem?

— Minha mãe é faxineira — falou ele humildemente, sentindo o rosto arder de vergonha. — E meu pai nos abandonou há alguns anos.

Percebendo o seu embaraço, Raquel tocou de leve a sua mão e falou com simpatia:

— Não precisa ficar constrangido. Não vejo nada de mais em sua mãe ser faxineira.

— Não?

— Não. Nem me incomoda o fato de você ser pobre. Afinal, ninguém precisa de dinheiro para ter um amigo.

— Só você pensa assim. A maioria das pessoas me discriminaria se soubesse que minha mãe é faxineira.

— Arnaldo sabe?

— Ele não é como os outros. É meu amigo.

— Posso ser sua amiga também.

O sorriso dela era verdadeiro, deixando Marcos mais à vontade para falar sobre sua vida.

— Você é diferente. Segue alguma religião?

— Não. E você?

— É importante ter uma religião. É o que nos dá sustento para enfrentar os dissabores da vida.

— Talvez eu não tenha tantos dissabores assim e, por isso, não me interesse muito por religião. Mas gosto de ler e compreender os mistérios da vida.

— Como alguém pode compreender os mistérios da vida, além de Deus, é claro?

— Deus não é alguém, por isso, não conta. E podemos não compreender tudo, mas temos que buscar um caminho. Você não acha?

— Acho que importante é o caminho da religião.

— Muito bem. E qual é a sua?

— Sou evangélico.

Estava ficando difícil, mas Raquel sorriu. A razão dizia que ela e Marcos jamais dariam certo como namorados. Ainda assim, não queria desistir dele. Mesmo com tantas diferenças, sentia-se cada vez mais atraída por ele.

— Acho legal você ter uma religião — falou ela com cuidado. — E acho também que, com respeito, é possível conviver com todas.

— Você é ecumênica, então?

— Não necessariamente. Digamos que eu apenas respeito tudo e todos.

— Mas não segue religião nenhuma.

— Isso é tão importante assim para você?

Era muito importante mas, naquele momento, Raquel tinha mais importância do que tudo. As diferenças que ela reconhecia, ele também detectara. Contudo, assim como Raquel, Marcos não queria desistir de se conhecerem.

— É importante, mas não é obstáculo à nossa amizade — concluiu ele.

Quando o sinal tocou, os dois voltaram para a sala de aula rindo e encontraram Arnaldo lendo um livro.

— Por que não foi se juntar a nós na cantina? — perguntou Marcos, sentando-se ao lado dele.

— Preferi ficar aqui lendo — respondeu ele, piscando um olho para Marcos, no exato instante em que Nélson entrava na sala pela porta da frente.

É claro que ele pensou que a piscadela havia sido endereçada a Raquel. O ciúme e o preconceito embotavam seu

*Apesar de tudo...*

raciocínio, impedindo-o de perceber o romance nascente entre Raquel e Marcos. Uma amizade se formou entre os três. Raquel e Marcos sentiam-se cada vez mais atraídos um pelo outro, mas ela também gostara de Arnaldo, vendo nele um bom amigo.

A paixão aumentava a cada dia, contudo, Marcos ainda resistia em entregar-se completamente. A falta de religião de Raquel era um problema. Ele precisava convertê-la, com calma e sabedoria, embora não soubesse como fazê-lo.

Talvez fosse melhor pedir conselhos à tia. Essa ideia o animou um pouco mais, embora ele não estivesse bem certo sobre a conveniência de lhe falar sobre Raquel. Talvez fosse melhor contar primeiro à mãe. Foi o que fez. Ao voltar para casa depois do trabalho, abriu-se com ela.

— Eu, no seu lugar, não comentaria nada com a sua tia — discordou Clementina. — Ela não vai aceitar essa moça.

— Por quê? — indignou-se Marcos.

— Porque ela não é evangélica, e você sabe como a sua tia é carola.

— Raquel é uma boa pessoa. Tenho certeza de que vocês vão gostar dela.

— Eu vou gostar, não tenho dúvida. Mas Leontina é cheia de esquisitices. Vai dizer que a menina não serve para você, que é uma perdida, uma herege e sabe-se lá o que mais.

— Raquel não é nada disso! É uma moça de família, es- tudante como eu. E depois, não vou pedir a aprovação de tia Leontina. Quero apenas que ela me ajude a convencer Raquel a se tornar evangélica também.

— Você acha que isso vai dar certo, meu filho? Você mesmo disse que ela se interessa por assuntos esotéricos. Será que ela vai aceitar a sua religião?

— Por que não? É uma religião muito boa. E ela diz que procura verdades. Onde mais poderia encontrá-las, a não ser na bíblia?

Clementina suspirou e coçou a cabeça, pensando que errara em deixar que a irmã influenciasse tanto o filho com aquela coisa de religião. No fundo, só permitira para se ver livre da insistência de Leontina, que, com as atenções voltadas para o sobrinho, não lhe cobraria mais que frequentasse os cultos. E fora exatamente isso que acontecera.

— Não estou dizendo que a religião não é boa — disse cautelosamente. — Não é isso. Mas será que é aconselhável tentar forçar a moça a seguir um credo que não é o seu?

— Mas ela não tem credo algum! Ela mesma disse.

— Ela deixou bem claro que não gosta de religião. Sendo assim, acho que você pode deixá-la aborrecida se insistir com essa ideia. Ninguém gosta de ser pressionado.

— Mas mãe, como vou poder namorá-la, se ela não for da minha religião?

— Quem foi que disse que ela tem que ser da sua religião?

— O pastor aconselha...

— O pastor aconselha, mas não obriga. É por isso que desisti dessa coisa de igreja — desabafou ela. — Já não aguentava mais o pastor e sua tia me dizendo o que eu podia ou não fazer. Acho que cada um tem que dirigir a própria vida.

— Mas o pastor tem o dever de nos orientar!

— Orientar é uma coisa. Ditar ordens é outra, bem diferente.

Marcos estava confuso. Nunca ouvira a mãe falar daquele jeito, mas agora compreendia por que ela havia se afastado da igreja.

— Você acha melhor então não falar nada com tia Leontina? — questionou ele.

— Acho. E não é só por esse motivo. Você disse que ela é uma moça branca e rica. Você já pensou nas consequências disso?

— Que consequências?

*Apesar de tudo...*

— Eu, particularmente, acho que isso não vai dar certo. Duvido que os pais dela o aceitem, sendo negro e pobre. Acho que eles vão proibir o namoro.

— Você os está julgando, e as Escrituras dizem que não devemos julgar.

— Posso estar julgando, mas o que falo é baseado na experiência. Não quero que você sofra.

— Vou assumir esse risco.

— Pense bem antes de tomar qualquer atitude. Vocês ainda não iniciaram nenhum romance. Será que não é melhor deixar as coisas assim? Não podem ser somente amigos?

— Eu... estou apaixonado... E acho que ela também.

— Valha-me Deus! O que será de você, meu filho?

— Deus há de me ajudar, mãe.

— Confie somente em Deus nesse momento, então — sugeriu ela. — Ao menos Ele não vai recriminar você.

Marcos ficou desanimado. Queria muito a ajuda da tia, mas a mãe tinha razão. Se Leontina desaprovasse Raquel, ele perderia o sossego e talvez nem conseguisse iniciar o namoro. Talvez o melhor fosse desistir de Raquel e procurar uma moça entre as muitas de sua igreja, mas o que fazer com a paixão?

Clementina também estava preocupada. Desde que Romualdo se fora, perdera sua fé. Não. A verdade é que nunca a tivera. Acomodara-se na igreja por influência de Leontina. Em determinados momentos, tinha mesmo raiva do pastor, de suas proibições, da filosofia de que tudo era feio, errado, pecado. Se não dizia nada era para não desagradar o filho e manter a paz na família.

Os conselhos que dera a Marcos Wellington não tinham nada a ver com religião, mas com a realidade da vida. As pessoas, em geral, têm preconceito de tudo: ou porque fulano é pobre, ou gordo, ou gay, ou macumbeiro, ou negro, ou mora no subúrbio, ou é mulher, ou não sabe ler, ou é feio, ou tem aids, ou tem um emprego humilde, ou tantas outras coisas. Tudo para justificar a dificuldade de aceitação delas próprias no mundo.

Com tantas diferenças impostas pela sociedade, que futuro teria Marcos Wellington ao lado de uma menina feito aquela que ele acabara de descrever? Como se ouvisse seus pensamentos, Marcos retrucou:

— Isso vai mudar, mãe. Estou estudando para ser um bom advogado e tirar você e minha tia desse morro. Aí, vou poder namorar Raquel sem maiores problemas.

— Você está se iludindo.

— Eu vou ter dinheiro. Isso vai calar a boca e o preconceito das pessoas.

Clementina não disse mais nada. Queria evitar discussões desnecessárias com o filho. Se fosse religiosa, rezaria para que ele não sofresse. Como não era, podia apenas emprestar-lhe o seu coração de mãe e pedir a qualquer força que governasse o mundo para olhar por ele. Isso não era orar para Deus?

*Apesar de tudo...*

# Capítulo 20

Com a foto de Margarete na mão, Afrânio deu início à investigação. Perguntou nos bares próximos, mas ninguém se lembrava de uma moça pobre, desaparecida vinte anos antes. Encontrá-la parecia uma tarefa difícil, senão impossível. Afrânio desconhecia que as engrenagens do destino encaixam-se paulatinamente, acionando a roda que faz girar o mundo a favor da construção da vida.

Trabalhando para que tudo acontecesse exatamente da forma como deveria, Margarete e Félix o acompanhavam. Ela, ainda em recuperação, limitava-se a seguir os passos de Félix que, orientado por Laureano, tinha já condições de sugestionar o encarnado sem lhe imprimir qualquer tipo de desconforto. Como era importante que Marcos encontrasse os avós paternos, os dois haviam sido escalados para auxiliar o detetive, agindo do lado invisível.

— Onde foi que você entrou naquele dia? — perguntou Félix a Margarete.

— Não me lembro. Faz vinte anos!

— Se você foi capaz de lembrar o que aconteceu em outra vida, como é que não vai lembrar o que se passou há duas décadas?

Ele tinha razão. Ela fez um esforço e tentou centrar o pensamento na tarde em que fugira, bêbada, de Belford Roxo.

— Lembro-me de que fui andando pela rua — começou ela, caminhando de olhos fechados. — E dobrei a esquina. Foi quando avistei o bar... aquele ali.

Ela apontou para um bar que, por sorte, ainda existia. Félix se encaminhou para lá e entrou sozinho, para evitar que Margarete tivesse uma recaída. Sondou os pensamentos dos encarnados, mas o fato ocorrido anos antes não estava na cabeça de ninguém. Exceto... do mendigo!

Félix voltou para a calçada. Um mendigo dormia ali, dominado pela cachaça, envolto em sombras escuras. Ele se aproximou, invisível aos espíritos que lhe sugavam o álcool. Sondou o cérebro do mendigo, impondo-lhe a imagem de Margarete. De repente, a lembrança aflorou. Como num filme, Félix viu o dia em que Margarete quase o atropelou ao entrar no bar, com a criança no colo.

— Ele sabe! — gritou Félix, eufórico. — Agora só temos que trazer o detetive aqui.

Não foi difícil influenciar Afrânio, pois a sintonia se estabeleceu no desejo de descobrir a verdade. Intuitivamente, ele dobrou a esquina e foi dar no bar certo. Entrou com a foto na mão, perguntando a um e a outro, mas ninguém se lembrava de Margarete. Quando ia saindo, seus olhos foram atraídos para o mendigo. Afrânio aproximou-se.

— Olá, amigo — cumprimentou ele. — Você anda por aqui há muito tempo?

O mendigo o olhou desconfiado. Poucas pessoas falavam com ele, principalmente alguém com aparência tão distinta.

*Apesar de tudo...*

— Por que quer saber? — retrucou de má vontade.

— Talvez você possa me ajudar — sem resposta, continuou: — Será que você não andava por aqui há vinte anos?

— Moço, ando por aqui a minha vida toda — tornou ele, um pouco mais amistoso.

— Onde você mora?

Demonstrando interesse pela sua vida, Afrânio esperava que ele se abrisse.

— Tem um viaduto aqui perto... — respondeu ele, mas calou-se em seguida, perdendo-se nas reminiscências do passado.

— Será que pode me prestar um favor? — insistiu Afrânio. — Pode dar uma olhadinha nessa foto para mim?

O mendigo se empertigou todo, agora sentindo-se importante. Apanhou a foto, lançando-lhe breve olhada, sacudiu a cabeça e devolveu-a a Afrânio.

— Nunca a vi antes.

O detetive não se deixou desanimar. Saiu e voltou em seguida, com um copo de cachaça na mão. Os espíritos que acompanhavam o mendigo logo se animaram e deram-lhe uma cutucada, induzindo-o a olhar a foto mais atentamente.

A oferta do álcool deixou Félix chocado. Aquilo não estava em seus planos, mas ele não podia impedir a ação dos encarnados. O que conseguiu fazer vibrar sobre o mendigo e seus comparsas invisíveis foi uma onda de luz, que o deixou mais calmo e os espíritos, confusos. Aproximando-se novamente dele, Félix tornou a induzir a lembrança de Margarete. Ele ficou parado com a foto na mão, olhando-a em dúvida.

— Isso foi há vinte anos — esclareceu Afrânio.

— Hum... — fez o mendigo, quase certo de sua lembrança. — Hã... Ah!

— E então? Reconhece-a ou não?

— Esse copo aí é para mim? — indagou o mendigo, passando a boca nos lábios.

— Só se você me falar a verdade. E não adianta inventar, pois eu vou saber.

— Tudo bem — resmungou ele e, batendo com o dedo na foto, acrescentou: — Ela tinha um bebê?

— Tinha! — animou-se Afrânio, juntamente com Félix e Margarete.

— Ela quase me atropelou.

— Foi sem querer — justificou Margarete, e o mendigo pareceu escutá-la, porque se virou para o lado dela, procurando alguém invisível.

— O que foi, velho? — perguntou um dos dois espíritos colados a ele.

— Tem alguém aí? — redarguiu ele, tentando ver além de seus acompanhantes desencarnados.

— Só nós, velho.

— Não, tem mais alguém aí com vocês. Não estão vendo?

Sem conhecimento do que se desenrolava no plano astral, Afrânio julgou o mendigo louco e tratou logo de retomar o assunto:

— Você tem certeza? Olhe de novo, foi há muito tempo. Não está enganado?

— Não, não. Lembro-me dela por causa do bebê. Quantas pessoas você conhece que entram num bar para beber carregando uma criança de colo?

Afrânio assentiu, animado. Era loucura acreditar nas palavras de um ébrio, mas algo lhe dizia que o mendigo falava a verdade. Sem saber que a certeza provinha da mente de Félix, prosseguiu:

— Lembra-se da direção que ela tomou?

— Hã?

— A moça da foto. Não se lembra para onde ela foi?

*Apesar de tudo...*

— Ande logo, velho, diga a ele! — esbravejou o espírito, louco para se saciar.

— Ela foi por ali — apontou ele. — Bêbada feito uma porca.

— Por ali, onde?

— Ali, para o ponto de ônibus.

Afrânio olhou e viu o ponto de ônibus mais abaixo na rua.

— E o que mais?

— Mais nada.

— Tem certeza?

— Tenho — o mendigo sentiu a boca salivar e implorou: — Agora posso beber?

Afrânio deu-lhe o copo de pinga, que ele entornou, acompanhado pelos espíritos. Vendo aquela cena, Margarete se encolheu atrás de Félix e perguntou assustada:

— Era assim que eu ficava? Como esses dois sangues-sugas aí?

— Isso é coisa do passado. Você agora não faz mais isso.

— Mas eu era assim?

— Era.

— E Clementina era como esse mendigo?

— Igualzinha.

— Que coisa triste!

— Sim, é triste. Graças a Deus você não faz mais isso.

— Não... Mas senti um pouco de vontade de beber.

— Então vamos sair daqui imediatamente.

— Não podemos ajudar o mendigo?

— Por enquanto, não. Ele ainda não está pronto. Agora venha, vamos seguir Afrânio.

O detetive estava parado no ponto de ônibus, mas não havia a quem perguntar. Era esperar demais da sorte encontrar alguém que estivesse naquele ponto no mesmo dia em que Margarete passara por ali. De toda sorte, ele mostrou a fotografia, porém, ninguém a reconheceu.

*Tenho que averiguar que linhas de ônibus passavam por aqui há vinte anos,* pensou. *Se Margarete tomou um deles, pode ser que eu tenha sorte, assim como tive com o mendigo. Vai ser muito engraçado se ela tiver fugido num dos ônibus da companhia de Graciliano.*

Alguns dias depois, de posse da informação, Afrânio saiu em busca das garagens dos ônibus que trafegaram por aquela rua vinte anos atrás. Consultou motoristas e trocadores, mas ninguém se lembrava de ter levado aquela moça com um bebê. Foi atrás dos aposentados, sem nada descobrir. Alguns já haviam morrido, de forma que Afrânio podia ter passado pela pista sem encontrar o rastro de Margarete. Na terceira empresa que ele visitou, ela sussurrou ao ouvido de Félix:

— Foi essa linha que eu apanhei. Fui até o ponto final.

— Ótimo.

Aproximando-se de Afrânio, Félix lhe transmitiu a certeza de que estava no caminho certo. A empresa não pertencia a Graciliano, o que não deixou de ser um alívio. Ele entrou na garagem, mostrou a foto aos motoristas, trocadores e fiscais que estavam por ali. Todos balançaram a cabeça negativamente.

— Têm certeza? Isso foi há mais ou menos vinte anos.

— Vinte anos? — surpreendeu-se o fiscal. — Não tem mais quase ninguém aqui daquele tempo.

— Quem era o fiscal de então?

— Hum... Acho que era o Chiquinho. Mas ele se aposentou.

— Será que o senhor não pode me dar o endereço dele? Por favor, é muito importante.

— Lamento, mas não posso fornecer o endereço de nossos ex-empregados.

Afrânio enxugou a testa, desanimado. Não estivesse em outro plano, teria ouvido o grito de Margarete, que apontava para um homem de seus cinquenta e poucos anos que vinha se aproximando.

*Apesar de tudo...*

— Olhe ele ali!

— Quem é ele? — retrucou Félix.

— Foi com ele que falei naquele dia. Ele me mandou descer do ônibus porque estava com medo do fiscal.

— Tem certeza?

— Absoluta.

— Vamos tentar levar Afrânio até ele.

Nem foi preciso. O detetive viu o homem se aproximar e foi ao seu encontro.

— Boa tarde — cumprimentou. — O senhor trabalha aqui há muito tempo?

— Há quase trinta anos.

— Será que se incomodaria de dar uma olhada numa fotografia para mim? É de uma moça que estou procurando.

O homem pegou o retrato, examinou-o e devolveu-o a Afrânio.

— Lamento, não a conheço.

— Foi há vinte anos. Ela pode ter tomado um ônibus dessa linha.

— Se ela tomou um dos meus ônibus, não vou lembrar mesmo. O senhor faz ideia de quantas pessoas passaram pela minha roleta em vinte anos?

— Ela segurava um bebê. E devia estar alcoolizada.

— Não, lamento... — com a proximidade de Margarete, a imagem dela surgiu em sua mente, deixando-lhe uma pontinha de dúvida. — Mas, espere. Deixe-me ver a fotografia novamente — com a foto na mão, indagou a si mesmo: — Será?

— O quê? O senhor a reconhece?

— Não tenho certeza. A foto não é lá muito boa. Mas há muitos anos, uma mulher entrou no meu ônibus com uma criança no colo. Um bebê bem pequenininho. Lembro-me bem, porque ela estava com o seio de fora, e isso me chamou a atenção. Desceu na Penha, no ponto final. Chovia muito, eu fiquei com pena, mas não podia deixá-la permanecer no ônibus. Era ela ou o meu emprego.

— Deve ser Margarete — refletiu Afrânio.

— Era eu, sim! — gritou ela, desesperada. — Era eu!

— Tenha calma, Margarete — censurou Félix. — Ou vamos perder a comunicação com Afrânio.

Ela se aquietou, o trocador continuou:

— Eu ainda a aconselhei a tomar o ônibus de volta, mas ela não quis. Desceu e entrou em outro ônibus, não sei qual era.

— O senhor não lembra nem a cor do ônibus?

— Não.

— Será que o senhor pode me dar o endereço do ponto final? Vai me ajudar muito.

— É claro.

— Obrigado.

O trocador anotou o endereço num papelzinho e entregou-o a Afrânio, que o leu e guardou no bolso. Já era tarde, não teria tempo para resolver nada naquele dia. Voltaria no outro e começaria a procurar outra vez.

— Vamos embora, Margarete — chamou Félix, depois que o detetive se foi. — Por hoje já chega.

Margarete e Félix retornaram a sua cidade astral, satisfeitos com o rumo que as investigações estavam tomando. Se continuasse assim, em breve Afrânio encontraria Marcos.

— Não compreendo por que de repente passou a ser tão importante encontrar o meu filho. Quando eu quis, ninguém pôde me ajudar. Tive que achá-lo sozinha. Mas agora, só porque seu Graciliano e dona Bernadete pediram, todos os espíritos vêm ajudar.

— Eles não merecem uma segunda chance?

— E eu também não merecia?

— O desejo deles vai além da satisfação pessoal. Marcos tem um papel relevante no mundo, na realização de obras sociais importantes. Com o dinheiro dos avós, ajudará muita

*Apesar de tudo...*

gente, a começar por si mesmo e pela família. Nesse momento, é o que mais importa.

— A questão então é financeira? É isso? Trata-se pura e simplesmente de dinheiro?

— Trata-se de levar esperança a pessoas que perderam a fé. Levando-as a crer na justiça dos homens, logo compreenderão que ela é um mero reflexo da justiça divina, feita para manter o equilíbrio das relações humanas. Se nada é por acaso, o que se ganha ou se perde dentro do contexto jurídico atende também a uma programação pessoal e divina.

Margarete silenciou, refletindo sobre a tarefa que aguardava o filho. Ela pouco sabia sobre aquelas coisas, mas entendeu bem seu objetivo. O que ele faria, em suma, seria ajudar as pessoas a reconhecer os méritos próprios.

— Compreendi, Félix — afirmou ela. — Ganhando ou perdendo, a vitória é sempre do espírito.

Félix não precisou responder. Simplesmente a abraçou e sorriu.

# Capítulo 21

Marcos e Arnaldo se reuniam diariamente para estudar, até a hora de Marcos ir para o trabalho. Assim que as aulas terminaram, os dois lancharam rapidamente e já estavam se encaminhando para a biblioteca quando Raquel os chamou:

— Aonde é que vocês vão?

— Estudar na biblioteca — respondeu Marcos. — Quer vir com a gente?

— É claro!

Ela os seguiu satisfeita, sob o olhar atento de Nélson. Ele tentava não se importar com os movimentos de Raquel, mas vê-la perto de Arnaldo enchia-o de ciúmes e despeito. Não entendia o que ela via naquele *nerd* magricela e não se conformava. Resolveu ir atrás deles. Entrou na biblioteca e procurou um lugar mais afastado, de onde pudesse observá-los. Os três nem desconfiavam de que estavam sendo vigiados. Estudaram durante um tempo, até que Marcos, a contragosto, foi obrigado a deixá-los.

— Está na hora de ir para o trabalho — anunciou ele. — Não gosto de me atrasar.

— Você trabalha no shopping, não é mesmo? — retrucou ela.

— É, sim.

— Que tal se Arnaldo e eu continuarmos estudando e, mais tarde, formos buscar você para irmos ao cinema? Isto é, se Arnaldo não se incomodar.

— Não me incomodo — declarou ele. — Acho até uma ótima ideia. Serve para esfriar a cabeça.

— Eu adoraria, mas não vai dar — objetou Marcos. — O restaurante só fecha depois da última sessão de cinema.

— Então, podemos sair para dançar — insistiu ela.

O pastor não proibia que fossem a restaurantes, tanto que ele trabalhava em um. Contudo, alertava para os perigos que rondavam certos lugares onde a música e a dança incitavam a presença do demônio. No fundo, Marcos não concordava muito com certas proibições, porém, não tinha forças para contradizê-las. Sem querer desagradar Raquel, respondeu cabisbaixo:

— Eu adoraria, mas não vai dar.

— Tudo bem então. Fica para uma próxima vez.

— Estarei de folga na segunda — ele apressou-se em dizer, com medo de que ela mudasse de ideia. — Podemos ir ao cinema.

— Ótimo! Você pode ir, Arnaldo?

Arnaldo conteve o riso e retrucou bem-humorado:

— Não, vão vocês. Segunda, não posso.

Era de propósito que ele não ia, para não estragar o primeiro encontro dos dois. Depois que Marcos saiu, Arnaldo e Raquel voltaram a atenção para os livros, deixando Nélson ainda mais furioso.

*Os dois despacharam a vela[1] só para poderem ficar so-
zinhos, de cabecinha colada*, pensou com desdém.

Nélson não conseguia conter o despeito. Tinha vontade de se levantar e socar a cara de Arnaldo, dar-lhe uma lição para que ele nunca mais se metesse com a garota dos outros. Não podia, contudo. Se usasse de violência, Raquel nunca o perdoaria. Podia considerá-la perdida para sempre. Tinha que arrumar uma maneira de dar um susto no sujeito sem que Raquel desconfiasse dele.

Depois de estudar por algum tempo, Raquel esticou as costas e esfregou os olhos.

— Cansada? — perguntou Arnaldo.

— Um pouco. Mas precisamos terminar esse ponto.

— Você e Nélson não costumam estudar juntos?

— Não tenho mais nada com Nélson. Falei isso ao Marcos.

— Desculpe-me, não quis me intrometer na sua vida.

— Não precisa se desculpar. Você é amigo de Marcos. Posso considerá-lo meu amigo também?

— É claro que pode.

— Então, gostaria de lhe confessar uma coisa.

— O que é?

— Posso confiar em você, não posso?

— Claro.

— Pois a verdade é que eu estou a fim do Marcos. Gosto muito dele, sabia?

— Já deu para perceber — concordou ele, com um sorriso encorajador.

— Não sei o que é. Tem alguma coisa nele que mexe comigo. Você acha que é recíproco?

— Não posso falar por ele, Raquel.

— Ele nunca comentou nada a meu respeito?

— Você está me pedindo para revelar confidências que Marcos confiou a mim. Não posso fazer isso.

---

1 Segurar vela – referência à pessoa que acompanha casal de namorados.

*Apesar de tudo...*

193

— Tem razão, desculpe-me.

— Já que está tão interessada nele, podemos ir jantar no restaurante em que ele trabalha. Depois, eu vou embora e deixo os dois sozinhos.

— Fazer-lhe uma surpresa? — Arnaldo assentiu. — Adorei a ideia.

Os dois riram e retomaram a leitura, deixando Nélson ainda mais irritado. Ao final da tarde, deram por encerrada a sessão de estudos, para alívio de Nélson, que já não aguentava mais fazer desenhos idiotas no caderno. Quando saíram, rindo alto, cheios de intimidade, Nélson foi atrás, tomando o cuidado de não ser notado. No térreo, despediram-se com dois beijinhos no rosto, e Raquel falou animada:

— Não vá se esquecer de nosso compromisso mais tarde, hein?

— De jeito nenhum! Ainda mais agora, que sei o que você sente.

— Até a noite, então.

— Até.

Nélson quase esmurrou Arnaldo ali mesmo, mas conseguiu se conter. Como não queria chamar a atenção, ocultou-se atrás de um grupinho de moças que saiu do elevador dando risadas. Ninguém o notou. Raquel foi para o estacionamento, enquanto Arnaldo se dirigia para a estação do metrô. Nélson foi atrás dela. Alcançou-a quando ela abria a porta do carro.

— Ai, Nélson, que susto! — exclamou ela, em tom de censura. — Por que ainda está por aqui?

— Estava estudando na biblioteca — respondeu ele maliciosamente.

— Estava? Pois não o vi.

— Mas eu vi você. E o seu novo namoradinho.

— Não tenho namoradinho nenhum.

— Se quer continuar mentindo, tudo bem. Só me responda uma coisa: o que foi que você viu naquele cara?

— Que cara?

Ele resolveu ignorar o fingimento dela e perguntou em tom mordaz:

— Gostaria de sair comigo hoje?

— Não vai dar. Já tenho um compromisso.

— Com o Arnaldo?

Ela riu da burrice dele, achando que estava interessada em Arnaldo. Todavia, Arnaldo também fazia parte de seu compromisso, de forma que poderia lhe dizer a verdade:

— Se quer mesmo saber, tenho um compromisso com ele, sim.

— E a que motel vocês vão, agora que ele sabe o que você sente?

— Você estava me seguindo e ouvindo a minha conversa? — indignou-se ela, e ele a segurou pelo braço: — Você não pode fazer isso comigo.

Raquel puxou o braço com força e respondeu com irritação:

— Quer saber, Nélson? Pare de tomar conta da minha vida e vá cuidar da sua. Não lhe devo satisfação.

Ela entrou no carro e bateu a porta. Deu partida no motor e saiu rapidamente, deixando-o furioso no estacionamento.

— Isso não vai ficar assim — disse ele entredentes.

Mais tarde, Nélson parou em frente ao edifício de Raquel, à espera de que Arnaldo aparecesse. Ao invés disso, Raquel saiu em seu carro, sendo fácil segui-la até o shopping. Nélson deduziu que eles só podiam estar indo ao cinema e riu com sarcasmo. Numa sexta-feira à noite, o último lugar a que ele levaria Raquel seria o cinema. Preferiria uma boate e depois um motel. Contudo, não podia esperar nada mais criativo daquele *nerd* idiota.

Estacionaram e, à distância, Nélson seguiu-a pelas escadas rolantes até a praça de alimentação, onde Arnaldo já

*Apesar de tudo...*

a esperava, bebendo uma cerveja no restaurante em que Marcos trabalhava. Ela sentou-se ao lado dele, e um garçom se aproximou. Nélson reconheceu-o como Marcos, outro *nerd*, amigo de Arnaldo.

Nélson parou do outro lado, onde não podia ser visto, oculto pela escada rolante. De onde estava, tinha uma boa visão do restaurante, embora não conseguisse ouvir nada do que diziam.

A felicidade que Marcos sentiu ao ver Raquel suplantou a vergonha de ter sido surpreendido de avental, servindo mesas num restaurante. Sabia que não devia se envergonhar por exercer um trabalho honesto e esforçou-se para parecer natural.

— Viemos lhe fazer uma surpresa, se você não se incomodar — falou ela, sem parecer incomodada ou decepcionada.

A ansiedade com que ela o encarava fez desanuviar sua preocupação, enchendo o coração de Marcos de uma inusitada euforia. Mais à vontade, sem tirar os olhos dela, respondeu com sinceridade:

— Não me incomodo. A surpresa foi maravilhosa. Só não posso lhes dar muita atenção, porque ainda estou no meu horário de trabalho.

— Não tem importância. Arnaldo e eu vamos jantar e esperar até que você termine.

— Viemos buscá-lo — acrescentou Arnaldo, à falta do que dizer, sentindo que sobrava naquele encontro.

— Muito bem. O que vocês vão querer?

Marcos anotou os pedidos. Em seu esconderijo, interpretando mal o que se passava, Nélson sentiu vontade de saltar sobre Arnaldo e esmurrá-lo até deixá-lo inconsciente. Não suportava ver Raquel em um jantar romântico com outro. Achou melhor ir embora antes de fazer uma besteira. Saiu maldizendo a vida e o desgraçado que, segundo ele, lhe havia roubado a namorada.

— Você me paga — rugiu, voltando para seu carro.

Quando o jantar terminou, o horário de trabalho de Marcos também chegava ao fim. Arnaldo e Raquel esticaram ao máximo a refeição, esperando a hora da saída dele. Quando, por fim, o patrão fechou o restaurante, Arnaldo se despediu, doido para deixá-los sozinhos:

— Bom, gente, foi uma noite ótima e divertida, mas já está na minha hora. Tchau.

— Tchau — responderam Marcos e Raquel ao mesmo tempo.

— E obrigada pela companhia — acrescentou ela.

Marcos acompanhou Raquel até o local onde ela havia deixado o carro. O de Nélson, há muito não estava mais ali.

— Quer uma carona? — ofereceu ela, hesitando em deixá-lo.

— Não precisa, obrigado. Não moro longe.

— Mas eu posso levá-lo. O que é que custa?

O que Marcos não queria era dizer a ela que morava no morro. Pensou em lhe dar um endereço falso e saltar em frente a um edifício qualquer, mas a lição do pastor, exortando-o a sempre dizer a verdade, tolheu-lhe as palavras. E depois, de que adiantaria mentir? Mais cedo ou mais tarde, ela acabaria descobrindo. Sem contar que ele não queria construir uma relação fundada na mentira. Por isso, reunindo coragem, admitiu:

— Moro mais ou menos perto daqui, mas não creio que seja um lugar ao qual você deva ir.

— Por quê? Você, por acaso, mora na favela? — ela falou brincando, mas o silêncio dele foi revelador. — Desculpe-me, Marcos... eu não sabia.

— Tudo bem — tornou ele, sentindo o rosto arder da humilhação que ele mesmo se impingia. — Não precisa se desculpar. Eu é que devia ter lhe contado antes.

*Apesar de tudo...*

— Não. Quero dizer, eu é que não tinha nada que brincar com isso. Que ideia, a minha.

— Não se preocupe, você não fez nada. Bom, acho melhor eu ir andando. A gente se encontra na faculdade.

Ele foi se virando, mas ela o deteve com um grito:

— Espere! Não se vá ainda. Nós não podemos conversar um pouco mais?

— Conversar? — indignou-se ele, surpreso porque ela não saíra correndo ao ouvir falar em favela.

— É, conversar. Podemos ir a um lugar mais calmo. Um barzinho, quem sabe?

Marcos tinha todos os motivos para se sentir confuso. Além de Raquel não se incomodar com o fato de ele morar no morro, o convite dela o balançou. Era a primeira vez que ele considerava a ideia de ir a um lugar como aquele. Principalmente depois das vezes em que tivera que buscar a mãe no bar do Zeca, completamente embriagada.

— Não posso beber — comentou ele baixinho. — Minha religião não permite.

— Podemos tomar um refrigerante ou um suco. O que você acha?

— Eu... — ele queria recusar, porque bares eram lugares de pecado e perdição, mas não queria se separar de Raquel. — Só se for aqui por perto. E bem rapidinho.

Raquel simplesmente sorriu e abriu as portas do carro. Ele se sentou ao lado dela, embevecido com o veículo de luxo no qual jamais sonharia entrar.

— Você sabe dirigir? — perguntou ela, saindo do estacionamento e ganhando a rua.

— Não.

Pararam num barzinho próximo, com música ao vivo, pediram refrigerante e batatas fritas, nas quais Raquel nem tocou. No começo, Marcos se sentiu intimidado com a agitação do bar, mas logo centrou a atenção em Raquel, e nada mais parecia existir além deles dois. Quanto mais ela falava, mais ele sentia desejo de beijá-la, recriminando a si mesmo por isso. Mal sabia ele que, pela cabeça dela, se passava a mesma coisa.

A banda começou a tocar *Só pro meu prazer*, do Leoni, e Marcos fitou Raquel bem fundo nos olhos, enquanto o cantor disparava:

— *Será que você não é nada que eu penso? Também se não for, não me faz mal...*

Nada mais importou naquele momento. Os dedos dos dois se entrelaçaram, suas bocas foram se aproximando, até que seus lábios se uniram no primeiro beijo da vida de Marcos. Quando enfim se separaram, ele estava confuso e envergonhado, sentindo que havia cometido uma falta muito grave, desrespeitando a moça.

— Raquel... — balbuciou ele — me perdoe... não tive a intenção de ofendê-la...

— Você não me ofendeu — protestou ela, surpresa com a reação dele. — Marcos, você fez o que eu queria, o que nós queríamos.

Por mais que ele sentisse vontade de recitar todas as passagens das Escrituras que ele conhecia e que desaprovariam uma relação tão íntima entre pessoas não casadas, não conseguiu. Afinal, ele amava Raquel, queria que ela se tornasse sua esposa. E se os seus sentimentos eram puros, então não havia pecado.

Ela aproximou o rosto novamente do dele e deu-lhe novo beijo, que ele tentou recusar, mas não conseguiu. Parecia-lhe estranho que a iniciativa de um ato tão íntimo partisse de uma mulher, não dele, que era o homem. Mas ele sabia que Raquel não seguia sua religião nem conhecia as verdades divinas contidas na bíblia, o que era motivo mais do que justo para desculpá-la por sua ignorância.

*Apesar de tudo...*

Não era só isso. Marcos não podia mentir para si mesmo. Estava tão envolvido com ela que nada do que Raquel fizesse destruiria aquela paixão.

— Você me ama? — perguntou ele, a voz rouca, embargada pela emoção.

Ela segurou o queixo dele entre as mãos, dando-lhe novo beijo, os olhos marejados de lágrimas comovidas.

— Não sei... — confessou ela, toda trêmula. — Só o que sei é que gosto de estar com você, de tocar em você, de ouvir a sua voz. Se isso é amor, então sim, amo você.

Mal contendo a euforia, ele a abraçou bem apertado e tornou a indagar:

— Por quê?

— Não tem porquê. Não dá para a gente tentar explicar os sentimentos pela razão.

— Somos tão diferentes... em tudo.

— Sei disso e não me importo.

— Seus pais não vão consentir no nosso namoro.

— Meus pais são pessoas legais, não vão interferir. E, mesmo que se oponham, o que me importa?

— Você iria contra eles?

— E você, não?

Ele assentiu e respondeu com firmeza:

— Enfrentaria Deus e o mundo só para ficar com você.

Abraçaram-se novamente, certos de que o sentimento que os unia era real. Ele apanhou a mão dela e a levou aos lábios, concluindo com extrema paixão:

— Quero casar com você.

Raquel fechou os olhos e entregou os lábios novamente aos dele. Não queria pensar na reação das pessoas. Só o que a levava, naquele momento, era o amor que, sinceramente, sentia por Marcos.

# Capítulo 22

Arnaldo caminhava pela rua pensando na felicidade do amigo. No começo, havia desaprovado aquele namoro, com medo de que Marcos sofresse. Agora, porém, mudara de ideia. Raquel era uma garota extraordinária, muito sincera, amiga. E gostava realmente de Marcos. Arnaldo torcia para que o namoro deles desse certo.

De tão distraído com seus pensamentos, não percebeu a aproximação de Nélson e Antônio, pela direção oposta. A violência do encontrão que Nélson lhe deu quase o derrubou ao chão, causando-lhe espanto e receio.

— Se você for esperto — falou Nélson baixinho, fingindo que o ajudava a levantar-se —, nunca mais vai falar com Raquel novamente.

— O quê?

— Você ouviu o que eu disse. Deixe Raquel em paz, ela é demais para você.

— Você está louco! — objetou Arnaldo. — Raquel e eu somos apenas amigos.

— E é bom que continuem assim — ameaçou Nélson, erguendo o punho diante dos olhos dele. — Ou será que quer experimentar a força desse muque?

— Acho melhor a gente dar logo uma lição nele — falou Antônio, passando a língua nos lábios.

— Você acha? — tornou Nélson, ameaçando Arnaldo ostensivamente.

— Acho. Ia ser divertido dar uma surra no magrelo.

— Boa ideia.

Nélson empurrou-o para trás de uma árvore. Ergueu o punho com raiva, mas antes de desferir o golpe, Arnaldo gritou, na tentativa de se salvar:

— Pare! Você está enganado. Não é em mim que Raquel tem interesse.

— Ah, não? — redarguiu Nélson, segurando o soco. — Em quem é então?

— Não sei... não posso dizer... por que vocês não vão tomar conta da vida de vocês?

— Engraçadinho — desdenhou Nélson, desferindo-lhe um murro no queixo.

Arnaldo cambaleou, por pouco não tombando na calçada. Novo golpe se seguiu, dessa vez no estômago. Antônio deu mais outro, imitado por Nélson, que lhe desferiu outro, e outro, até que o rapaz arriou o corpo no chão, arfando e cuspindo sangue.

— Não se meta com a gente, idiota — avisou Antônio. — Ou vai perder todos os dentes.

— Isso é só um aviso — completou Nélson. — Deixe a Raquel em paz, e nada irá lhe acontecer.

— E nem uma palavra sobre isso — arrematou Antônio.
— Ou pior para você.

Viraram as costas e voltaram para a faculdade como se nada tivesse acontecido. Em seu lugar, Arnaldo mal conseguia se mexer. As mandíbulas pareciam ter saído do lugar, o estômago ardia. Tentou forçar-se a ficar em pé, mas as pernas falsearam. Ia caindo novamente quando um carro da polícia parou e um guarda se aproximou:

— Está tudo bem aí, rapaz?

— Eu... fui assaltado — mentiu.

Acercando-se um pouco mais, o policial percebeu seu estado.

— Você está machucado. Precisa ser levado a um hospital.

— Eu estou bem... só um pouco dolorido.

— Devíamos chamar uma ambulância, mas vamos levá-lo nós mesmos. Você parece muito mal.

Com a ajuda de outro policial, Arnaldo foi levado ao hospital, onde recebeu atendimento médico e foi liberado. A vontade dele era contar tudo aos guardas, comprometer Nélson e seu comparsa, mas teve medo das consequências. O pai de Nélson era desembargador, e a história podia acabar voltando-se contra ele. Melhor mesmo era mentir. Assim, Arnaldo insistiu na história do assalto, afirmando que dois pivetes o haviam espancado para roubar apenas alguns poucos reais.

Na faculdade, Marcos estranhou a ausência de Arnaldo, mas sequer desconfiou quando Nélson e Antônio entraram na sala de aula carregando na face um ar de irritante triunfo. Nélson fez questão de entrar pela porta da frente e olhar para Raquel com sarcasmo, indo sentar-se em seu lugar de costume.

No dia seguinte, Arnaldo também não apareceu, e Marcos ficou preocupado:

— Será que ele está doente?

— Por que não ligamos para ele?

*Apesar de tudo...*

Raquel sacou o celular da bolsa e puxou Marcos para fora da sala. Colocou o telefone nas mãos dele, que rapidamente discou o número da casa de Arnaldo. Quando ele atendeu, as feições de Marcos foram gradativamente se alterando. Ao encerrar a ligação, ele fitou Raquel com angústia e anunciou:

— Ele disse que foi assaltado e espancado.

— Meu Deus!

— Preciso ir à casa dele.

— Agora? No meio da aula?

— Sim, agora. Não posso deixar meu amigo nessa situação.

— Vou com você.

— Não, por favor. Ele pode ficar constrangido com a sua presença. Acho que ficou bem machucado.

Com a mochila na mão, Marcos saiu em disparada, deixando Raquel preocupada e aflita. Apanhou o ônibus e, em poucos minutos, estava na casa de Arnaldo. Foi recebido pela mãe do rapaz, que o introduziu no quarto do filho.

— Oi, Marcos — disse ele, quase sem conseguir abrir a boca.

— Como foi isso, meu amigo? Um assalto! Em plena luz do dia?

Depois que a mãe de Arnaldo deixou uns refrescos sobre a mesinha-de-cabeceira, ele abaixou a voz e revelou quase num sussurro:

— Isso foi o que contei à polícia e à minha mãe. Na verdade, quem me bateu foi o Nélson e aquele amigo dele, o Antônio.

Marcos abriu a boca, abismado.

— O que você está dizendo?

— É isso mesmo que você ouviu. Nélson e aquele capanga me surpreenderam na porta da faculdade, me arrastaram para trás de uma árvore e me deram uma surra.

— Mas por que, meu Deus?

— Você não sabe?

— Foi por causa da Raquel? — ele assentiu. — Mas por que, se ela não tem nada a ver com você?

— Nélson não sabe disso. Pensa que é em mim que ela está interessada.

— O quê?

— Não sei de onde ele tirou essa ideia, mas é o que pensa.

— Arnaldo, que notícia terrível! Eu sinto muito, muito mesmo, por ter-lhe causado isso.

— Não seja bobo. Você não me causou nada. Que culpa você tem se Nélson é um brutamontes ignorante e vive cercado de capangas?

— Meu Deus!

— Estou lhe contando só para você se cuidar. Não vai demorar para ele descobrir que vocês dois estão namorando.

— Por que você não contou a ele sobre mim e Raquel?

— Não sou traidor. Jamais entregaria um amigo nas mãos de um bandido.

Marcos emocionou-se até as lágrimas e apertou as mãos de Arnaldo.

— Isso não vai ficar assim. Temos que ir à polícia.

— Não quero. O pai de Nélson é desembargador, e eu é que ainda vou acabar como o culpado nessa história.

— Que estupidez! — Marcos estava com raiva e não escondia isso. — Isso não vai ficar assim, não vai. Você pode não querer ir à polícia, mas eu não vou permitir que meu amigo leve a culpa por algo que fui eu que fiz.

— Que culpa? Desde quando alguém é culpado por se apaixonar?

— Não importa. Raquel está comigo. Se Nélson tem alguma reclamação, que a faça a mim.

— O que você vai fazer?

*Apesar de tudo...*

— Nada demais. Deixe comigo.

— Olhe lá, hein? Não vá fazer nenhuma besteira.

— Não sou violento, mas também não sou covarde. Nélson vai ter que saber a verdade.

— Se Raquel souber o que houve, ele prometeu me dar nova surra.

— Isso não vai acontecer. Ele jamais tornará a encostar a mão em você ou em qualquer outra pessoa. Eu mesmo vou falar com ele.

— Acho que você não devia.

— Mas vou. Como disse, não sou covarde.

Marcos nunca sentiu tanta raiva em sua vida. Nem as palavras do pastor, nem as Escrituras foram capazes de impedir que a revolta se disseminasse no coração dele. No dia seguinte, chegou cedo para esperar Nélson no hall de entrada da faculdade.

— Você não vem para a sala? — chamou Raquel, sem entender por que ele havia estacado ali.

— Agora não. Preciso fazer uma coisa importante.

— É sobre o Arnaldo? Como ele está?

Nélson veio chegando em companhia dos amigos e hesitou quando viu o olhar de fúria de Marcos. Deu uma meia parada, mas não se deteve. Não daria atenção às queixas do insignificante amiguinho de Arnaldo.

— Vá para a sala, Raquel — ordenou Marcos. — Não quero que você tome parte nisso.

É claro que Raquel jamais o obedeceria. Ela se postou perto de Marcos, que se adiantou quando Nélson passou por eles.

— Covarde, miserável — esbravejou ele, saltando na frente de Nélson.

— Saia do caminho, neguinho — desdenhou Nélson. — Não tenho nada contra você.

— E contra o Arnaldo? O que é que você tem?

Ele olhou de soslaio para Raquel e respondeu friamente:

— Nada. Nem sei quem é Arnaldo.

— É o sujeito que você espancou, pensando que era o namorado de Raquel, sem saber que o namorado dela sou eu.

— O quê? — surpreendeu-se ele. — Deixe de ser idiota, neguinho. Não espanquei ninguém.

— Mentiroso! Arnaldo está em casa, todo machucado, por sua causa!

— Isso é verdade? — interrompeu Raquel, abismada.

— Não dê ouvidos a esse neguinho — objetou Nélson. — Está com raiva porque o namoradinho dele levou uma surra. Mas não tenho nada com isso, ouviu?

— Arnaldo não é namoradinho de Marcos — rebateu Raquel com raiva. — A namorada dele sou eu. E se você bateu em Arnaldo por causa disso, fique sabendo que espancou a pessoa errada.

Os olhos de Nélson encheram-se de um rancor absurdo. De repente, deixou de lado a preocupação de que ela não soubesse o que ele havia feito e rosnou entredentes:

— Você está louca? Trocar-me por esse crioulo?

— Racismo é crime, sabia? — revidou ela com azedume. — Você pode ir preso.

— Deixe de besteiras, Raquel! — explodiu ele, partindo para cima dela. — Isso é coisa séria. Onde já se viu me trocar por um negro?

Ele apontou para Marcos com tanto ódio, que os próprios amigos se surpreenderam, até que Paulo se adiantou:

— Deixe isso para lá, Nélson. Vamos embora.

— De jeito nenhum! Não vou permitir uma humilhação dessas!

— É isso mesmo — incentivou Antônio. — Raquel não pode trocar Marcos por um mulatinho ridículo.

*Apesar de tudo...*

— E você, não se meta nisso! — gritou Raquel.

— Devia se envergonhar — grunhiu Nélson. — Você, uma moça branca, de família tradicional, bem conceituada, aliar-se a esse preto sujo e infame!

— Isso, Nélson, continue a xingar — encorajou ela. — Diante de tantas testemunhas, não vai ser difícil acusá-lo de racismo.

— Deixe, Raquel — contrapôs Marcos, postando-se na frente dela. — Não tenho medo nem me sinto ofendido com as tentativas de ultraje de Nélson. Tenho orgulho da minha raça, e essas infâmias não me atingem. Sou uma pessoa honesta e, acima de tudo, não sou covarde. Jamais bateria em outro homem como Nélson fez, dois contra um, sem dar a Arnaldo qualquer chance de se defender.

— Você fez isso? — quem se espantou foi Paulo, que não compactuava com certas atitudes de Nélson.

— Idiota — rosnou Nélson. — Só me arrependo de ter espancado o cara errado. Mas não se preocupe. Sua vez ainda vai chegar.

— Atreva-se — cortou a moça — e serei eu mesma a entregá-lo à polícia.

— Vai se arrepender por isso, Raquel. Ora se vai. Vocês nem podem imaginar o tamanho da minha vingança.

— Não temos medo — afirmou Marcos. — Deus está do nosso lado.

— Vamos embora, Marcos — chamou Raquel, puxando-o pela mão. — Não vale a pena perder tempo com esse covarde.

Enquanto eles se afastavam, Nélson remoía o ódio. Jamais poderia imaginar que Raquel o trocaria por um negro. Segundo sua concepção, aquilo era um absurdo. Iludido com falsos valores étnicos e sociais, Nélson estava ainda muito longe de compreender o verdadeiro valor do caráter humano. Preso a conceitos ultrapassados, não compreendia que nada modifica a natureza do homem além da força do espírito. Ao corpo, resta a função de veículo das experiências no mundo, para um aperfeiçoamento do Ser. Mas ele jamais será o próprio Ser. Brancos ou negros, sadios ou deficientes, magros ou gordos, todos os corpos são instrumentos divinos de uma única essência de luz.

Essas eram verdades inacessíveis à razão primitiva de Nélson. Só o que conseguia enxergar era a traição de Raquel com alguém que ele julgava inferior.

— Cuidado com o que vai fazer — alertou Paulo. — O que Raquel falou é verdade. Racismo é crime e você pode ser preso.

— Meu pai é desembargador. Nada irá me acontecer.

— Vá se fiando nisso. Desembargador também está sujeito às leis. E depois, duvido que seu pai, um homem justo e de notável saber jurídico, concorde com o que você está fazendo.

— Você está do meu lado ou contra mim?

— Não sei mais — confessou Paulo. — Não me agrada ser amigo de um cara que, além de covarde, é também racista.

— Pois então, o que está esperando? — interferiu Antônio. — Desapareça da nossa frente, seu traidor!

— Quer saber? É isso mesmo que pretendo fazer.

Paulo rodou nos calcanhares e saiu desabalado para a sala de aula.

— Idiota — rosnou Nélson. — Como todos os outros, Paulo é um perfeito idiota. Mas isso não vai ficar assim, Antônio, você vai ver. Vou dar um jeito de me vingar de todo mundo.

— Pois faz muito bem feito. E pode contar comigo. Só precisamos nos cuidar para não sermos presos. Tenho arrepios só de pensar que posso ir para a cadeia.

— O que você sugere?

*Apesar de tudo...*

— Ainda não sei. Acho que não devemos enfrentar o inimigo de frente. Devemos ir minando-lhe as forças até conseguirmos vencer.

— Como faremos isso?

— Pensaremos em algo.

As nuvens negras que envolveram Nélson e Antônio não eram visíveis aos encarnados, embora perceptíveis por eles. Atraídos por sentimentos de baixa modulação vibratória, espíritos ignorantes procuravam saciar seus instintos primitivos instigando o ódio.

Marcos, por sua vez, entrou na sala de mãos dadas com Raquel, invocando o auxílio de Jesus e do Espírito Santo. Na mesma hora, um chuvisco fino de luzes translúcidas e suaves envolveu a ambos, transmitindo-lhes confortável sensação de bem-estar. Nesse momento, Paulo entrou na sala de aula e dirigiu-se aos dois, penetrando, sem saber, no raio de alcance da chuva energética, dela imediatamente se beneficiando.

— Marcos, quero que saiba que não concordo com nada do que Nélson disse e fez — declarou ele. — De hoje em diante, não sou mais amigo dele nem de Antônio.

As palavras dele bem podiam não ser sinceras ou representar parte de uma farsa, porém, Marcos sabia que eram verdadeiras. Ninguém que se mantivesse sob aquela fonte energética poderia, mesmo inconscientemente, sustentar uma mentira. Ou gaguejaria, ou cairia em contradição, ou, o que era mais provável, se afastaria, incomodado com o poder da oração.

Mesmo sem saber desses detalhes, Marcos sentia a sinceridade na voz de Paulo.

# Capítulo 23

Contar aos pais sobre seu namoro com Marcos foi mais fácil do que Raquel imaginou. A princípio, eles ficaram em dúvida sobre a possibilidade de sucesso de um romance com um rapaz pobre, de família humilde. Mas Raquel os convenceu de que Marcos era uma ótima pessoa, de caráter e bons princípios. Estudava, trabalhava e ainda arranjava tempo para frequentar a igreja.

Deitada de bruços na cama, Raquel não conseguia estudar, pensando em Marcos, no desejo que sentia cada vez que ele a tocava. Não via a hora de dormirem juntos. Marcos, contudo, ainda não tomara nenhuma iniciativa, e o jeito recatado dele deixava-a inibida para fazer insinuações.

De tão absorta em seus pensamentos, não ouviu as batidas na porta. Somente percebeu que havia alguém ali quando o irmão entrou com ar irritado.

— Não me ouviu bater? — foi logo cobrando.

— Não, Elói, desculpe. Estou ocupada.

— Fazendo o quê?

— Estudando. Não está vendo?

Ele puxou a cadeira de rodinhas que guarnecia a escrivaninha e sentou-se, girando de um lado para outro. Raquel não disse nada e fingiu ler, torcendo para que ele fosse logo embora. Depois de algum tempo, Elói parou de rodopiar e aproximou a cadeira da cama, de modo a poder encará-la de frente.

— Soube que você terminou com Nélson — ela assentiu, sem se virar para ele. — Por quê?

Ela o olhou brevemente e respondeu com frieza:

— Não é da sua conta.

Elói cruzou os braços sobre o peito; bateu os pés no chão, como se estivesse acompanhando um ritmo musical.

— Sei que não tenho nada com a sua vida — acrescentou ele, parando e olhando-a novamente. — Mas não posso ficar calado vendo você meter os pés pelas mãos.

— Olhe aqui, Elói, não sei o que você quer de mim, mas estou ocupada e não estou interessada nos seus conselhos.

— Eu ouvi o pai e a mãe conversando na sala sobre seu novo namorado — rebateu ele, os olhos chispando fogo. — O que você quer? Envergonhar a família?

— Não lhe dou o direito de falar comigo dessa maneira. Você não tem nada com a minha vida. Papai e mamãe não puseram nenhuma objeção à minha escolha. Não vai ser você que vai colocar.

— Papai e mamãe não querem contrariar a filhinha. Mas aposto como, lá no fundo, desaprovam a sua escolha.

— Isso não é verdade. E mesmo que fosse, ninguém tem nada com a minha vida. Amo o Marcos e ponto final.

— Marcos — desdenhou ele. — Um pobretão.

— E daí? Por que a discriminação?

— Não é discriminação. É uma questão de seleção natural. Cada um que fique na sua. Não fica bem minha irmã namorando um... você sabe.

— Não sei, não. Marcos é melhor do que muita gente bacana por aí. Pode não ser rico, mas é uma pessoa decente.

— E negro — acrescentou, finalmente revelando seu preconceito.

— Qual o problema? Eu mesma já vi você com garotas negras.

— Mas pergunte se pretendo me casar com alguma delas.

— Elói! — espantou-se ela. — Você é mais desprezível do que eu pensei. Não tem vergonha de enganar as pessoas?

— Não engano ninguém. Elas saem comigo porque querem — fez uma pausa, fitando-a com um misto de raiva e desdém. — O pior não é nem o fato de ele ser negro. Se ainda fosse rico...! Mas você arranjou um favelado. Mamãe disse que ele mora no morro do Salgueiro.

— E daí? Tem muita gente boa no morro, sabia?

— Só se for boa para apanhar, que é o que bandido merece.

— Marcos não é bandido!

— Marcos, Marcos... Uma moça linda feito você, fina, educada, se metendo com um pé-rapado, um joão-ninguém, um neguinho de morro...

— Chega, Elói! Não quero mais continuar com essa conversa. Só estou lhe avisando para não se intrometer na minha vida. E pare com esse preconceito. Isso está fora de moda. Como é possível que em pleno século XXI ainda existam pessoas que dão importância à cor da pele e ao dinheiro?

Elói guardou no silêncio o desprezo pela conduta de Raquel. Não adiantava discutir com ela. Ele se levantou de um salto e pôs-se a caminho da porta.

*Apesar de tudo...*

— Guarde bem o que eu digo, Raquel — alertou ele. — Essa história ainda vai acabar mal, e a culpa será toda sua. Depois não diga que não avisei.

Saiu batendo a porta, deixando Raquel com os nervos à flor da pele. Por essa ela não esperava. O irmão sempre tivera os valores invertidos, mas ela jamais mensurou o tamanho do seu preconceito. Muitas vezes o vira com moças negras, dando-lhe a impressão de que não era racista. Só agora ela o via como realmente era.

Raquel sentiu raiva do irmão. Teve vontade de contar às garotas o tipo de pessoa que ele era. A beleza escondia a pequenez de sua alma. Era uma vergonha que ele estivesse tão envolvido com preconceito naqueles tempos de abertura da mente e de eliminação das barreiras étnicas e sociais. Com lágrimas nos olhos, para se acalmar, acendeu um incenso e colocou um CD de relaxamento. Fez uma mentalização que aprendera, para invocar iluminação:

— Que a luz que emana do centro da divindade envolva meu corpo e meu espírito. Que os amigos iluminados interessados na vitória do bem se façam presentes em minha vida. Deus é a luz do meu caminho. Por Ele estou em luz, com Ele eu sou a luz.

Aos poucos, a tranquilidade retornou a seu coração.

Ao contrário de Raquel, que buscou o lado espiritual para se reequilibrar, Elói saiu do quarto dela com o coração pesado de ódio e ressentimento. Tentou convencer os pais a proibirem o namoro, mas ambos foram peremptórios: Raquel era adulta, tinha o direito de namorar quem bem quisesse. E depois, como médicos, eles sabiam que não existia diferença entre os seres humanos, considerando reprovável a atitude do filho.

Sozinho em sua revolta, Elói pôs-se a pensar na melhor maneira de afastar a irmã daquele rapaz. A pessoa mais indicada para ajudá-lo era Nélson, o mais prejudicado naquela história toda. Resolveu sair e telefonar para ele.

— Alô? Eu poderia falar com o Nélson, por favor?

— É ele — respondeu a voz na outra ponta.

— Oi, Nélson. Quem está falando é o Elói, irmão da Raquel. Estou ligando porque acho que temos um assunto em comum, cuja solução é do interesse de nós dois.

— Que assunto?

— Marcos — disparou, sem hesitar.

Fez-se um breve silêncio, até que Nélson retrucou desconfiado:

— Não tenho interesse nenhum nessa pessoa.

— Será que não tem mesmo?

— Não.

— Pois eu vou ser muito franco com você, Nélson. Não me agrada nada que minha irmã esteja de caso com um neguinho de morro. E você? Não se incomoda de ter sido trocado por alguém assim?

Do outro lado, Nélson espumava de ódio, sem saber o que fazer. Se, por um lado, a raiva o enlouquecia, por outro, tinha medo de cair numa armadilha e revelar seus pensamentos criminosos.

— Ninguém gosta de ser traído — falou ele cautelosamente.

— Se você não gosta, então, por que não se encontra comigo e escuta o que tenho a dizer? — novo silêncio. — Só vai levar um minuto.

— Onde?

— Vou lhe dar o endereço de um barzinho sossegado na Barra. Pode ser?

*Apesar de tudo...*

Nélson anotou o endereço e desligou o telefone. Aquele telefonema era muito esquisito. Conversara com Elói algumas vezes, mas nada sabia a seu respeito. Só que ele estava concluindo a faculdade de medicina e vivia cheio de garotas.

Ao chegar ao barzinho, Nélson encontrou Elói sentado à sua espera. O rapaz estendeu-lhe a mão e ofereceu-lhe a cadeira em frente.

— Bebe alguma coisa? — perguntou Elói.

— Um chope está bem.

Depois que o garçom serviu a bebida, Nélson encarou Elói, tentando imaginar o motivo daquele encontro. Adivinhando o que se passava pela cabeça do outro, com um sorriso matreiro, Elói foi logo dizendo:

— Você está se perguntando por que o chamei aqui, não está?

— Realmente, não faço a menor ideia.

— Eu disse que era para falar de Marcos.

— Não vejo o que essa pessoa tem que possa me interessar.

— Essa pessoa está namorando minha irmã. Você sabe disso.

— Foi a escolha dela.

— E você se conforma?

— O que posso fazer?

— Tomar alguma providência. Eu não deixaria que mulher minha me trocasse por um neguinho de morro.

— Acho bom falar mais baixo. Não quer ser indiciado por racismo, quer?

Elói deu uma gargalhada e acendeu um cigarro, soltando a fumaça na direção de Nélson, que tossiu baixinho.

— Não é o caso — considerou. — A questão aqui é outra. Não admito que Raquel troque um cara decente feito você por um favelado.

— Por quê?

— Porque não está direito. Não tenho nada contra essa gente, desde que não queiram se misturar conosco. Acho legal ele estudar para melhorar de vida. Mas tem que permanecer no meio dele. E foi se engraçar justo com a tonta da minha irmã.

— Ela está apaixonada por ele.

— Apaixonada, nada! Raquel gosta de novidade e aventura. Pensa que namorar um favelado é vantagem, que vai torná-la importante aos olhos do mundo. Mas aposto que, lá no fundo, ela não gosta dele. Gosta é do que ele representa.

— E o que ele representa?

— Novidade, já disse. Minha irmã quer ser zen, new age e outras bobagens do gênero. Vive sonhando com mundos que não existem e realidades fantasiosas. Marcos representa a oportunidade para ela mostrar que não se importa com bobagens mundanas. Mas eu, que sou o irmão mais velho e conheço bem a realidade das coisas, não posso permitir uma loucura dessas. Cabe a mim trazer Raquel de volta à razão.

— Muito interessante. Posso saber como é que pretende fazer isso?

— Com a sua ajuda.

— Minha ajuda?

— Você foi o maior prejudicado. Quem melhor do que você para se aliar a mim nessa luta?

— Que luta seria essa?

Elói dobrou o corpo sobre a mesa e falou baixinho:

— Precisamos separar aqueles dois.

— Como?

— Vamos por partes. Meus pais disseram que ele estuda na turma de vocês, mora no morro do Salgueiro e trabalha num restaurante do shopping Iguatemi. Nossa primeira atitude talvez deva ser com relação ao seu trabalho. Tirar-lhe

*Apesar de tudo...*

o sustento vai servir de desestabilizador e grande motivo de desavenças. Já imaginou Raquel pagando motel para ele?

Elói riu, mas Nélson quase quebrou o copo de chope, de tanto que o apertou. Não podia sequer imaginar Raquel na cama com outro homem.

— Não sei o que seria capaz de fazer se a pegasse nos braços de outro — rilhou entredentes.

— Nada. Não seja estúpido. Temos que expor Marcos e seus pontos fracos.

— E depois?

— Depois, adeus, idiota. Raquel vai se decepcionar e voltar para você. Então? Está dentro ou não?

— Estou dentro — concordou ele, sem titubear. — Raquel tem que voltar a ser minha.

— Vai voltar. Pode confiar.

O resultado do encontro foi satisfatório para ambos. Mais uma vez, espíritos menos esclarecidos se aliaram a eles, a fim de fortalecê-los em seus projetos de desordem.

# Capítulo 24

Seguindo a pista que obtivera do trocador de ônibus, Afrânio foi à rua onde ficava o ponto final da linha que vinha de Belford Roxo à Penha, o mesmo em que Margarete saltara. O fiscal não sabia de nada porque, à época, não trabalhava ali, mas Afrânio descobriu os números de todas as linhas que tinham aquela rua no itinerário. Sem saber se eram as mesmas de vinte anos atrás, saiu em busca das empresas. Como da outra vez, ninguém se lembrava de Margarete.

— Será que não houve nenhum incidente digno de nota que tivesse chamado a atenção de alguém? — questionou Félix, tentando evocar alguma memória marcante.

— É claro que houve! — respondeu Margarete, sentindo a antiga raiva voltar. — Todo mundo ficou me criticando porque o bebê havia vomitado no meu colo, e eu o sacudi e gritei com ele. Mas ninguém se ofereceu para ajudar.

— Ninguém atrai a crítica à toa — comentou Félix. — Embora isso não justifique quem a faz.

— Lembro-me bem das pessoas que me criticaram. Tinha uma mulher sentada no banco ao lado da roleta e um casal na minha frente.

— Você viu os rostos deles?

— Como é que eu ia ver? Estava de costas!

— Nem da mulher sentada no banco lateral?

— Dessa eu vi, mas não sei se me lembro. Devia ter uns cinquenta anos.

— Precisamos levar Afrânio ao ônibus que você pegou para a Tijuca.

— Como?

— Deixe comigo.

Parado no ponto, Afrânio pensava em que ônibus tomar. Mostrara a fotografia a todos na garagem, sem sucesso. Não sabia mais o que fazer. A pista parecia perdida, ninguém se lembrava de nada. Por ali trafegavam inúmeros ônibus, muitos dos quais não eram os mesmos de vinte anos atrás. Outros haviam mudado, outros não circulavam mais. Como descobrir o veículo e as pessoas certas?

Era provável que ele tivesse que entrar em todos os ônibus que passavam por ali, o que demandaria muito tempo. Seria desgastante, mas precisava tentar. O primeiro coletivo em que entrou não era da mesma linha que Margarete tomara. Junto dele, Félix tentava intuí-lo sobre o lugar aonde deveria ir.

— Tijuca... — imaginou subitamente. — Será? Pode ser, como pode não ser. A Tijuca fica muito longe daqui, é pouco provável que ela tenha ido parar lá, mas nunca se sabe... Bom, para não perder tempo, vou procurar nos lugares próximos primeiro.

Afrânio afastou a intervenção do espírito e entrou no primeiro ônibus que apareceu. Mostrou a foto aos passageiros, fazendo perguntas aqui e ali, sem nenhum sinal de reconhecimento. Fez o trajeto todo, até o ponto final, e voltou no mesmo ônibus, desanimado.

— Ele não nos ouve — comentou Félix, que havia tentado influenciá-lo novamente.

— Por quê? — indignou-se Margarete.

— Está seguindo seu próprio método. A mente racional rejeita a sugestão intuitiva, como acontece com muitos. O que parece não ter lógica é descartado pelo pensamento. Contudo, geralmente, é o que mostra o caminho certo.

— E agora?

— Vamos tentar facilitar um encontro. Venha comigo.

— Aonde?

— Você verá.

Num piscar de olhos, viram-se de volta à cidade astral que habitavam e foram esperar Laureano em seu consultório. Tiveram que aguardar até que o último paciente saísse, para então poderem falar com ele.

— Precisamos de sua ajuda — Félix suplicou.

— Para que seria? — quis saber Laureano.

— Não estamos conseguindo intuir Afrânio para pegar o ônibus da mesma linha que levou Margarete à Praça Saens Pena. Ele está procurando em local diverso e não existem pessoas próximas capazes de estabelecer uma sintonia.

— Mas existem pessoas, não é? — indagou Laureano.

— Existiram — afirmou Margarete. — Lembro-me bem de três pessoas, embora não consiga visualizar-lhes as feições.

— E querem a minha ajuda para tentar localizá-las?

— Exatamente.

— Muito bem, então. Vamos até o local.

Era madrugada quando chegaram ao ponto de ônibus. Com a rua praticamente deserta, poucos veículos circulavam por ali.

— A essa hora, a quantidade de coletivos em circulação cai bastante — esclareceu Félix.

*Apesar de tudo...*

— Sei disso — comentou Laureano. — Mas fica mais fácil, já que as interferências mentais dos encarnados que passam por aqui diminuem sensivelmente. Vamos esperar o ônibus certo para entrar nele.

Quando o ônibus passou, os três entraram sem ser percebidos, mesmo porque o coletivo não parou naquele ponto. O veículo era novo, um pouco diferente do que Margarete havia tomado. Mesmo assim, ela sentou-se no lugar equivalente ao antigo e, orientada por Laureano, pôs-se a pensar naquele dia. Mentalmente, refez a cena, tentando colocar os passageiros nos lugares de outrora. Laureano ajudou com um passe fortificante, a fim de clarear sua tela mental e facilitar a evocação das lembranças.

Rapidamente, as vagas formas-pensamento criadas por Margarete ocuparam seus lugares, permitindo a Laureano e Félix acompanhar o desenrolar da história. Viram e ouviram o que Margarete se lembrava do passado, até o momento em que ela desceu na Praça Saens Pena, quando as lembranças se dissiparam, e as formas-pensamento esvaneceram aos poucos.

— E agora? — perguntou Margarete aturdida, mas Laureano não a ouvia, de tão concentrado estava.

Ao final de poucos segundos, ele abriu os olhos e falou convicto:

— A senhora que se sentava ali — apontou para o banco lateral — já fez a passagem. O casal à sua frente ainda está vivo e bem. A mulher não mora mais no Rio, mas o homem continua no mesmo lugar de antes.

Margarete soltou um gritinho de euforia:

— Como foi que você fez isso?

— Com muitos anos de aprendizado e treinamento da mente. Hoje, através de qualquer elemento, seja do mundo da matéria ou de outros mais sutis, posso seguir-lhe as energias e estabelecer um elo mental com ele.

— Mas isso é maravilhoso!

— Podemos ir ao encontro desse homem? — Félix perguntou.

— Agora mesmo. Ele está dormindo, o que facilitará em muito a nossa comunicação.

O homem, um senhor de seus sessenta anos, dormia tranquilamente, o corpo astral ausente, preso à matéria pelo cordão prateado[1].

— O que faremos? — preocupou-se Margarete.

— Vamos segui-lo — disse Laureano, apontando para o tênue fio.

Seguindo o cordão de prata, os três encontraram o homem assistindo a uma palestra no mundo espiritual. Entraram respeitosamente, sentaram-se mais atrás no auditório e ficaram escutando os interessantes ensinamentos daquela noite. Quando a palestra terminou, aproximaram-se do encarnado.

— Boa noite, meu bom companheiro — saudou Laureano, que já havia se identificado ao mentor do homem.

— Boa noite — respondeu ele.

— Será que poderíamos conversar com você um momento?

— É claro.

— Chamo-me Laureano, e esses são meus amigos Félix e Margarete.

— Muito prazer. Sou o Percival.

— O prazer é nosso Percival. Gostaríamos de uma ajuda sua, se possível.

— Pois não. O que posso fazer por vocês?

— Será que você, por acaso, não se lembra dessa moça que aqui está?

Ele apontou para Margarete. O homem a fitou por alguns instantes, até que balançou a cabeça negativamente:

---

1 Cordão prateado – fio energético que mantém o corpo astral ligado ao físico dos encarnados durante toda a vida na matéria.

*Apesar de tudo...*

— Lamento, mas não a conheço.

— Tomei um ônibus uma vez — adiantou-se ela. — Faz uns vinte anos. Estava com um bebê de colo, que vomitou em mim, e eu briguei com ele. Não se lembra?

Margarete conseguiu conter o ímpeto de falar sobre as críticas de que fora alvo, contudo, o homem pareceu se lembrar, porque abaixou a cabeça e murmurou sem graça:

— Agora me lembro.

Ele ficou esperando que alguém dissesse algo a respeito dos comentários que fizera sobre o comportamento de Margarete, mas ninguém falou nada.

— Preciso que me ajude a reencontrar meu filho — informou ela, de imediato.

— É o bebê que carregava no colo? — surpreendeu-se Percival.

— Esse mesmo. Na verdade, eu sei onde ele está, mas preciso fazer com que um certo detetive chegue até ele.

— Como posso ajudar?

— Você ainda tem contatos na Penha? — indagou Laureano.

— Tenho uma irmã que mora lá e que visito frequentemente.

— Ótimo. Vamos tentar levar Afrânio a pegar o mesmo ônibus em que você estará, voltando da casa de sua irmã. Ele vai entrar, mostrar a fotografia de Margarete, fazer perguntas. E você só tem que dizer que se lembra dela e mostrar onde ela saltou.

— Hum... deixe ver — ele puxou pela memória e acrescentou: — Foi na Tijuca, não foi?

— Foi.

— Muito bem. Direi a ele.

— Excelente! Vou pedir ao seu mentor autorização para que você se lembre, ao menos parcialmente, dessa experiência.

— Será que antes posso lhe falar uma coisa? — pediu ele, dirigindo-se a Margarete.

— Comigo? — surpreendeu-se ela. — É claro.

— Sabendo que o acaso é obra do plano divino, não quero perder a oportunidade de estar aqui hoje reunido com você e pedir que me perdoe.

— Eu?!

— Sei que a critiquei e a tratei mal. Hoje compreendo que não devemos julgar. Depois que entrei para o centro espírita, venho tentando me modificar. Por isso, quero o seu perdão.

Margarete fitou o interlocutor em dúvida. No fundo, sentira muita mágoa pela forma como ele a tratara. Agora, porém, vendo-o ali, tão simples e humilde, transmitindo uma sinceridade sem igual, todo o ressentimento se dissipou. Ela apanhou a mão dele e levou-a de encontro ao peito.

— O senhor está perdoado — afirmou com honestidade.

— Quem de nós nunca cometeu nada de que não se arrependesse depois? Se o senhor acha que não devia ter me julgado, quem sou eu para julgá-lo agora? Vamos encerrar por aqui.

— Obrigado — falou ele, enxugando uma lágrima do olho.

— Muito me emociona a oportunidade de reconciliação entre pessoas que não se conhecem, não têm nenhum compromisso mútuo, mas que poderiam levar ressentimentos desnecessários para o futuro — esclareceu Laureano. — Às vezes, nas pequeninas coisas da vida, vamos gerando elos recíprocos de mágoa e raiva que se instalam dentro de nós e explodem em algum momento mais à frente, causando-nos medo e insegurança. Comentários maldosos, indiferença e mau humor no atendimento, irritação, impaciência, ironia, sarcasmo, grosseria, arrogância, tudo isso pode gerar consequências nada saudáveis tanto em quem recebe quanto

*Apesar de tudo...*

em quem faz. Em ambos os casos, bloqueios importantes podem se estabelecer, dificultando a espontaneidade, a alegria, a segurança. Temos o dever de ser gentis com todos, conhecendo-os ou não. A boa educação é o primeiro passo no caminho da elevação.

Fez-se um breve silêncio, onde cada qual refletiu nas próprias ações. Em seguida, Laureano saiu para falar com o mentor de Percival, que concordou com o plano.

Ao acordar, Percival não guardava propriamente a lembrança do sonho, mas sentiu um desejo irresistível de visitar a irmã. Telefonou para ela e marcou de chegar perto da hora do almoço. Comeu sem preocupação nem ansiedade, até que, ao cair da tarde, resolveu voltar.

Algum tempo depois, Afrânio descia no ponto de ônibus. Não aguentava mais ir de um lado a outro da cidade, sem sucesso. Tanto que, quando outro coletivo se aproximou, não embarcou nele. O que estava fazendo era uma idiotice. Era praticamente impossível entrar num ônibus em que viajasse alguém que se lembrasse de ter visto Margarete duas décadas atrás.

Desanimado, mãos nos bolsos, saiu caminhando pela rua. Naquele momento, não tinha planos nem metas estabelecidas. Só pensava em Margarete. Laureano acompanhava-o de perto, quase direcionando-o pelo caminho desejado. Afrânio viu uma mulher passar correndo com um bebezinho no colo e entrar num ônibus parado no ponto mais próximo. Instintivamente, olhou para o cartaz de propaganda colado no vidro traseiro do veículo, anunciando uma academia de ginástica na Tijuca.

Não pensou duas vezes. Foi impulsivo. Sem nem imaginar que seguia a sugestão do invisível, Afrânio correu e subiu atrás da moça, ajudando-a com a bolsa do bebê. Por coincidência ou não, ela se sentou atrás de Percival, e Margarete postou-se ao lado dele. Afrânio ficou em pé, procurando a foto no bolso. Para apressar as coisas, Félix tornou-se visível à criança que, achando graça nas caretas divertidas que ele fazia, soltava gargalhadas gostosas.

Todo mundo fitou a criança, achando engraçadinhos os seus gorgolejos. Tão diferente da vez em que Margarete subira com seu filho, maldizendo-o e atraindo as críticas dos demais passageiros. A recordação anuviou um pouco o pensamento de Margarete, mas não apenas o dela. A seu lado, Percival evocou a mesma lembrança.

Era muito estranho ativar uma memória insignificante, há tanto tempo perdida. Ele nunca pensara naquilo, jamais se lembrara daquela moça que subira ao ônibus, maltrapilha, aparentemente embriagada, com um bebezinho franzino no colo, ralhando com ele só porque vomitara em seu colo. Lembrou-se de como a criticara e de como se arrependera depois mas, estranhamente, aquela pontada de culpa já não existia mais.

Desconhecendo o significado da lembrança inopinada, Percival sentiu enorme paz interior, permitindo-se pensar em Margarete, imaginando o que teria sido feito dela e de seu bebê. Nesse mesmo tempo, Afrânio sacava do bolso a fotografia, enquanto Félix lhe sussurrava ao ouvido:

— Vamos, mostre a ele.

Apesar do desânimo, Afrânio aproximou a foto de Percival e solicitou com extremada educação:

— Por favor, senhor, se incomodaria de dar uma olhada nesta foto para mim? Há muito procuro essa moça.

Percival apanhou o retrato e quase desmaiou de susto. Como era possível que ele, de repente, do nada, se lembrasse de uma desconhecida e, no momento seguinte, estivesse com o retrato dela nas mãos? Ele olhou para Afrânio, embasbacado, partes do sonho voltando à sua mente. Como

*Apesar de tudo...*

não acreditava em coincidências, percebeu naquele *acaso* toda uma movimentação espiritual.

— Moço — murmurou ele, ainda assim atônito —, é a coisa mais estranha. Pois agora mesmo estava pensando nessa mulher.

— O quê? — surpreendeu-se Afrânio, sentando-se ao lado dele e fazendo Margarete levantar. — O senhor a reconhece?

— Essa foto é antiga, não é? — Afrânio assentiu. — E ela tinha um bebê, não tinha?

— Tinha! — ele quase gritou, mal acreditando no que ouvia. — Lembra-se dela?

— Não sei como, mas me lembro. Foi há muito tempo. Ela entrou nesse mesmo ônibus, com o bebê, e desceu na Praça Saens Pena, pouco antes de eu saltar.

— O senhor pode me mostrar onde é?

— É claro. Vamos passar por lá. Mas diga-me, por que a procura?

— Fui contratado para encontrá-la.

— Por quê?

— Lamento, mas não posso dizer isso.

— É claro, desculpe.

Seguiram o resto do caminho conversando, e Percival aproveitou a oportunidade para falar com Afrânio sobre as coisas do invisível. Mostrou-lhe um exemplar de *A última chance*, de Marcelo Cezar, afirmando com serenidade:

— Esse livro me ajudou a superar a morte do meu filho.

— É mesmo?

— O senhor devia experimentar ler. O mundo espiritual é fantástico.

— Não sei se acredito nisso.

— Não acredita? Pois como acha que me encontrou, de uma hora para outra?

— Sorte. Coincidência.

— Que nada. Aposto como os espíritos ajudaram você.

Afrânio não sabia o que dizer. O que acontecera fora mesmo inusitado. Não acreditava em vida após a morte nem em espíritos, contudo, de qualquer forma, tinha que reconhecer que era estranho. Ele ia perguntar alguma coisa a Percival, quando este falou:

— É aqui.

O detetive assentiu decepcionado. Queria ainda fazer algumas perguntas sobre espiritualidade, mas tinha que trabalhar. Decidiu-se, porém, a estudar o assunto em suas horas vagas.

Ouvindo o sinal da descida, o motorista parou no mesmo ponto em que Margarete havia saltado.

— Obrigado — falou para Afrânio. — Não sabe o quanto me ajudou.

Afrânio pôs de lado a conversa que tivera com Percival para se concentrar em seu trabalho. A praça Saens Pena estava muito diferente agora, mas era o local em que Margarete havia pisado, mais de vinte anos antes. Ao lado dele, Félix e Margarete seguiam de mãos dadas, observando a indecisão do detetive sobre onde deveria ir.

Afrânio ainda mostrou a foto a alguns transeuntes, mas ninguém sabia de nada. Como a hora já ia avançada, achou melhor voltar depois. Depois do encontro com Percival, tinha certeza de que em breve encontraria Margarete.

*Apesar de tudo...*

# Capítulo 25

Apesar do pouco tempo, o namoro de Marcos e Raquel se aprofundava a cada dia. Os dois viviam sempre juntos, intensificando seus encontros com o término do ano letivo. Embora Raquel ansiasse por estar a sós com ele, Marcos se demonstrava evasivo, não tocava em assunto de sexo. Quando saíam, normalmente iam ao cinema ou a algum restaurante pacato, do tipo frequentado por famílias com filhos. Nunca iam dançar, muito menos, ao motel.

Naquela sexta-feira, todavia, Raquel estava decidida a ter uma noite de amor com Marcos. Ouvira dizer que muitos evangélicos não faziam sexo antes do casamento, mas ela se recusava a crer que ele fosse assim. Um universitário não se deixaria envolver por tabus que ela considerava sem sentido.

Assim que entraram no carro dela, Raquel ligou o motor e fez a pergunta:

— O que vamos fazer hoje?

— Estão encenando *A Paixão de Cristo* no teatro da minha igreja. Gostaria de ir?

Raquel soltou um suspiro profundo, alisou o rosto dele com uma das mãos. Ligou o carro e saiu do estacionamento.

— Será que não poderíamos ficar sozinhos? — tornou ela, olhando-o de soslaio.

— Estamos sempre sozinhos. Por isso pensei no teatro. Você não conhece minha igreja...

— Gostaria de ir a um lugar para namorar — cortou ela.

— Onde?

— Vamos dar uma volta na praia?

Ele a estudou por uns momentos antes de responder:

— Está bem. Se é o que você quer.

Raquel tomou a direção da Barra da Tijuca. Não sabia mais o que fazer para deixar transparecer que o que ela mais queria era dormir com ele. Parou o carro em frente à praia, num lugar mais deserto, e Marcos observou:

— Aqui é perigoso. Podemos ser assaltados.

— Não podemos, não.

Ela se aproximou e beijou-o sofregamente, deslizando a mão sobre o peito dele. Na mesma hora, todo o corpo de Marcos se acendeu. Ele a abraçou fortemente, trocando com ela carícias inocentes. Raquel, ao contrário dele, ousou mais nos carinhos, deixando-o aturdido, louco de desejo. No começo, ele cedeu um pouco, mas depois, com a consciência tomada pela culpa e a certeza do pecado, afastou-se atordoado.

— Não, Raquel — sussurrou ele, segurando-lhe a mão trêmula.

— Por que não? — gemeu ela, a boca ainda colada à dele. — Eu o amo.

— Não é certo.

— O que não é certo?

*Apesar de tudo...*

— O que estamos fazendo.

— Não estamos fazendo nada — protestou ela, beijando-o pelas faces e o pescoço, a fim de provocá-lo o suficiente para que ele não resistisse.

— Não faça isso — implorou ele, sem saber como evitar o contato com ela.

Sem lhe dar ouvidos, Raquel continuou beijando-o. Deixou que sua mão percorresse o corpo dele novamente, satisfeita com o grau de excitação a que o estava levando. Ele tentava se soltar, ao mesmo tempo em que se agarrava a ela, contendo a mão que, impiedosamente, buscava descer pelo corpo dela. Aos pouquinhos, foi cedendo ao desejo, entregando-se àquele momento de prazer. Mas quando Raquel tocou-o em suas partes mais íntimas, ele a empurrou e deu um salto para longe, deixando-a estarrecida e frustrada.

— O que foi que houve? — balbuciou ela, tentando aproximar-se novamente.

— Isso não está certo — censurou ele. — Nós não somos casados. Não podemos nos tocar dessa maneira.

Raquel sorveu o ar aos borbotões, para acalmar a respiração ofegante, e recostou-se no banco do motorista.

— Você é virgem, Marcos?

A pergunta foi tão direta que ele quase engasgou. Não fosse o tom escuro de sua pele, ela teria percebido o rubor que lhe subia às faces. Ao invés de responder, ele respirou fundo e devolveu a pergunta:

— E você não é?

— Não.

Novamente a surpresa, não tanto pela revelação, mas pela facilidade com que ela falava de um assunto tão íntimo. Marcos lutava consigo mesmo, contra o lado religioso que lhe dizia que Raquel não servia para ele. Virgindade era uma coisa sagrada, somente deveria ser consagrada ao esposo ou à esposa assumidos perante Deus. Como poderia ele, sendo ainda puro e casto, conviver com uma mulher que já cometera o pecado da carne?

Mas o amor era muito mais forte. Marcos amava Raquel como jamais tornaria a amar outra pessoa. O fato de ela não ser mais virgem era uma decepção para a qual, no fundo, ele já se preparara. Sabia que se iludia ao afirmar que ela era pura, porque moça nenhuma na idade dela ainda o era. E Raquel tinha aquelas manias espiritualistas, sem limites, sem dogmas, sem regras. Que razão teria para pensar na virgindade da mesma forma que ele?

— Acho melhor irmos para casa — sugeriu ele por fim, sem saber como proceder.

Ela o olhou incrédula:

— Você quer ir embora assim, sem nem conversar?

— O que podemos conversar? Você já disse o que queria.

— Mas não ouvi nada de você.

— O que você quer que lhe diga? Que, ao contrário de você, ainda me guardo para o casamento?

Não fosse o momento tão delicado, Raquel teria achado graça. Naqueles dias, ainda existia alguém, e homem, que acreditava em se casar virgem.

— Olhe, Marcos, não quero desrespeitar suas crenças, mas onde é que está escrito que duas pessoas que se amam não podem fazer sexo?

— Podem. Depois do casamento. E a bíblia é cheia de passagens que nos ensinam que nosso corpo é o templo do Espírito Santo, devendo ser reservado para o cônjuge legitimamente assumido perante Deus.

— Não entendo muito de bíblia, mas posso dizer que entendo de pessoas. Para mim, o que tem valor é o que se guarda no coração.

Marcos a olhou com pesar. Lutava entre o impulso de tomá-la nos braços e o de rejeitá-la como mulher pecaminosa, herege.

*Apesar de tudo...*

— Se você se arrepender, Deus vai perdoá-la, com certeza.

— Arrepender-me de quê? De não ser mais virgem? — ele não disse nada, e ela continuou: — Não vejo por que me arrepender se não considero que tenha feito nada de errado. Você fala em bíblia e em Escrituras, mas eu nunca vi, nos livros espiritualistas que li, uma só linha condenando aqueles que não se casam virgens. E quem nunca se casar? Vai ter que morrer virgem também?

— Seus livros não são a bíblia.

— Por certo que não. Mas por que não são tão bons quanto ela? Para você, a bíblia é o compêndio da verdade. Para mim, a verdade não se traduz meramente em palavras. Estão nas leis que regem o universo e não foram escritas por ninguém, mas que podem ser compreendidas por qualquer um que desenvolva suficientemente a inteligência, mas esse não é o nosso caso. Nós, seres humanos, conhecemos ainda muito pouco da verdade.

Ele a fitou aturdido, sem saber o que dizer. Raquel falava coisas que ele não compreendia muito bem, mas que faziam algum sentido dentro dele.

— É isso que você aprende nos livros que lê?

— Eu não aprendo nada. Sou levada a refletir.

Ela estava visivelmente aborrecida. Marcos sentiu imensurável ternura por ela. Queria muito abraçá-la, porém, tinha medo de se deixar envolver pelas heresias dela. Não duvidava que ela havia cometido o pecado da carne, mas sabia que o amor que sentia por ela estava muito além de qualquer pecado. E o que ela sentia por ele era amor também. Seria esse, contudo, um sentimento que ela só nutrira por ele?

— Você amava Nélson? — perguntou ele, tentando compreender o jeito dela.

— Não — foi a resposta sincera e rápida.

— Mas se deitou com ele?

Ela o olhou magoada e respondeu com lágrimas presas nos olhos:

— Sim.

— Por quê?

— Porque quis. Porque senti desejo. Porque gostava dele, embora não o amasse como amo você.

— Foi um impulso da carne?

— Foi.

— Como o de agora?

— O de agora foi um impulso de amor.

Marcos fitou-a novamente, sentindo aquele desejo quase irresistível de abraçá-la, beijá-la, dizer que nada daquilo importava. Mas então, por que não conseguia aproximar-se dela, por que ficava preso aos ensinamentos que ouvira na igreja? Porque as palavras da bíblia estavam impressas em seu coração, e não era assim tão fácil desapegar-se de valores com os quais fora acostumado desde a mais tenra idade.

Ao invés de ceder ao comando do coração, Marcos sentia necessidade de saber mais a respeito de vida pregressa da moça e continuou perguntando, sem dar atenção ao amor contido nas palavras de Raquel:

— Com quantos homens você já dormiu?

— Isso não é da sua conta! — irritou-se ela. — E quer saber do que mais? Para mim chega! Cansei. Se você acha tão importante assim ser virgem, vá procurar uma garota na porta da igreja. Essa garota não sou eu. Aprecio a vida e não estou disposta a abrir mão do prazer só porque você acredita que sentir prazer é pecado.

Ela rodou a chave na ignição e quando colocou a mão sobre o câmbio para engatar a ré, Marcos a segurou com firmeza. Raquel estava furiosa, ele já a conhecia o suficiente para saber o quanto ela era decidida e segura de si. Mas não podia perdê-la. Pensar nisso causou-lhe um arrepio de terror pior do que a decepção por ela não ser mais virgem. Se era doloroso aceitar que ela já havia dormido com outros homens, muito mais doloroso seria pensar que ela jamais seria dele.

— Não, Raquel, por favor — murmurou ele. — Não vá ainda.

— Não vou permitir que você fique aí falando comigo como se eu fosse uma perdida. Se você quer ser virgem, tudo bem, o problema é seu. Embora não compreenda, posso aceitar a sua escolha e conviver com ela. E sabe por que, Marcos? Porque eu conheço uma coisa que, pelo visto, você ainda não aprendeu: respeito. Você não sabe me respeitar do jeito que eu sou, porque não sou como você esperava e queria. Isso não é amor, e se você não me ama, prefiro que fique longe de mim. Acho melhor terminarmos agora...

Ela falava sem parar, mas Marcos não deixou que concluísse a frase. Puxou-a para si, selando os lábios dela com um beijo. Raquel não se debateu mais que um segundo. Presa nos braços dele, permitiu-se beijar, mas ficou quieta, sem ousar mexer as mãos e tocá-lo. Nem foi preciso. Dessa vez, foi Marcos quem tomou a iniciativa.

Em meio aos beijos e carícias, a imagem da tia e do pastor lhe aparecia, mas a respiração ofegante de Raquel dissipava qualquer sombra que nublasse aquele momento. Mesmo sem experiência alguma em sexo, ele ia se deixando envolver pelo momento, excitando-se cada vez mais com a excitação de Raquel.

— Vamos sair daqui — sussurrou ele, beijando-lhe o ouvido.

— Tem certeza?

Ele apenas assentiu, sem parar de beijá-la. A muito custo, Raquel se afastou dele e conseguiu, finalmente, engatar a ré, em direção ao motel mais próximo. Durante o breve trajeto, Marcos lutava com a lembrança da tia e do pastor, o medo de estar comprometendo sua alma e a certeza de que nada compensaria o amor de Raquel. Ela era mais importante do que tudo, por ela valeria a pena correr o risco do pecado.

Chegaram ao motel rapidamente e logo estavam na cama, se amando. Marcos jamais havia experimentado aquela sensação em toda a sua vida. Sequer imaginara que pudesse sentir tanto prazer. Ali, com o corpo de Raquel junto ao seu, pensou se tudo aquilo que aprendera era realmente o certo. Como poderia o amor caminhar de braços dados com o pecado? Fora preciso experienciar para compreender que o sexo não era um erro, mas o complemento de um sentimento que estava muito além de qualquer dogma ou tabu humano.

*Apesar de tudo...*

# Capítulo 26

A partir daquele dia, superando a proibição, Marcos entregou-se a um amor verdadeiro e apaixonado. O pecado da carne cedeu lugar à beleza do amor. Aos poucos, foi se distanciando da igreja. Chegava tarde aos sábados e não conseguia acordar cedo para o culto aos domingos.

— Sua tia tem-se queixado de que você não vai mais à igreja — comentou Clementina.

— Ela esteve aqui hoje?

— Cedo, como sempre. Você estava dormindo, e eu não deixei que o acordasse.

— Podia ter deixado. Faz mesmo tempo que não assisto aos cultos. Estou em falta com tia Leontina e o pastor.

— Posso dizer o que eu acho, meu filho? — ele assentiu. — Acho que você está muito melhor assim, do jeito como está. Não me agrada ver um menino bonito, inteligente e saudável feito você enfurnado em igreja. Acho bom você aproveitar a vida.

— Mas mãe — objetou ele confuso. — Tenho negligenciado meus deveres cristãos.

— Que deveres? Só porque não vai mais às vigílias e falta aos cultos não quer dizer que você não seja um bom cristão.

— Tenho me distanciado dos ensinamentos bíblicos — confessou ele, sem encarar a mãe.

— Como assim? — retrucou ela. — Fez alguma coisa errada?

— Não sei dizer. Gostaria de conversar sobre isso com o pastor, porém, tenho medo. Sei que ele vai me recriminar e mandar eu me arrepender, mas não quero.

— Arrepender-se de quê? Qual foi o pecado que você cometeu? — ele não respondeu, mas Clementina, sim. — Não precisa dizer. Foi o maldito pecado da carne, não foi?

Marcos assentiu mansamente e afundou o rosto entre as mãos, com vergonha de encarar a mãe.

— Não pude resistir... Mas eu a amo tanto! Por que amar tem que ser pecado?

— Não se deixe enganar por essas baboseiras de pastor — aconselhou a mãe. — Eu mesma não acredito em nada disso. O pecado está no coração da gente, não no corpo.

— Será, mãe? Mas as Escrituras dizem...

— Eu não devia ter deixado sua tia influenciar você, não devia. Agora você acha que tudo é pecado.

— Você é que não acredita em nada. Perdeu a fé.

— Como alguém perde o que nunca teve? Eu nunca tive fé em nada. Ia à igreja por influência de Leontina, para me purificar dos meus próprios pecados.

— Você também tinha pecados?

— Quem não os tem? Eu e seu pai poderíamos ser acusados do mesmo pecado, se é que me entende. Na época, fiquei com remorso e fui na onda de Leontina. Seu pai, ao contrário, foi mais esperto e largou a igreja. Mas eu achava mesmo que tinha errado. Sua tia me levou ao pastor, ele me fez jurar que não pecaria outra vez. E, como nós nos casamos, consertamos tudo. Para quê? Veja só no que deu a minha fé.

— Você acabou de dizer que nunca teve fé. Talvez se você tivesse se voltado mais para Deus, não tivesse sofrido tanto.

— Deus não impediu seu pai de nos abandonar.

— Mas poderia tê-la ajudado a não compensar tudo com a bebida.

— Eu já me curei — rebateu em tom de desculpa.

— Não a estou acusando. Quero apenas que você perceba que a religião nos ajuda a manter o equilíbrio.

— Pode ser. Mas tem que vir lá de dentro. A gente tem que sentir a fé, acreditar no Espírito Santo com o coração, não por medo ou imposição. E eu, infelizmente, estava no segundo caso. É por isso que não volto para a igreja nem me interesso por religião alguma. Todas elas têm as suas proibições. Não quero mais ninguém para me dizer o que posso ou não fazer, recriminando-me ou felicitando-me pelos meus erros e acertos.

— Não é bem assim. Tenho que reconhecer o bem que a igreja me fez até hoje. Para começar, manteve-me fora do vício.

— Isso, realmente, foi um bem. Você tem razão, a religião tem coisas boas, mas não para mim.

— Acho que é para qualquer um. Você apenas sofreu uma decepção e não consegue aceitar que não foi por culpa da igreja que papai a deixou. Foi porque ele quis ir embora, estivesse você na igreja ou não.

Ouvir a verdade doeu no coração de Clementina, que arriou no sofá e pôs-se a chorar baixinho.

— Você tem razão — confessou ela. — Hoje estou preparada para aceitar isso.

— Então, por que não volta para a igreja? Estar mais próxima de Deus vai ajudá-la muito.

— Não. Perdi minha fé e não pretendo mais me entregar ao poder dos homens. Prefiro confiar apenas na força de Deus.

— Você ainda acredita em Deus?

— Acredito. Mas não nesse Deus de barba, sentado num trono, que fica vigiando nossas vidas e anotando num caderninho tudo que fazemos de bom ou de ruim.

— Como você pensa que ele é, então?

— Não sei explicar. Talvez ele seja apenas amor...

— Eu acredito em Deus e no que dizem as Escrituras. Por isso, temo pela minha alma e a de Raquel.

Clementina aproximou-se do filho e tomou-o nos braços, encostando a cabeça dele em seu peito. Afagou seus cabelos com carinho extremado, até que falou convicta:

— Não creio que Deus vá puni-los por isso. Acho que, se vocês se amam, ele irá abençoá-los, estejam ou não casados.

— Será mesmo?

— Prefiro acreditar nisso.

— E se você estiver enganada? E se eu me enganar também?

Algumas breves batidas soaram na porta, que se abriu vagarosamente, e Leontina entrou.

— Está tudo bem com você, Marcos Wellington? — perguntou ela, vendo mãe e filho abraçados.

— Estou bem, tia — respondeu ele, enxugando uma lágrima ligeira dos olhos.

— Passei aqui mais cedo, mas sua mãe disse que você estava dormindo.

— Podia ter me acordado. Tenho sentido falta de ir à igreja.

*Apesar de tudo...*

— Nós todos também temos sentido a sua falta. Hoje mesmo o pastor perguntou por você.

— Tenho andado ocupado.

— Sei... E os estudos, como vão?

— Bem.

Marcos se afastou da mãe e foi apanhar uma fruta na geladeira, enquanto Leontina prosseguia:

— Você está namorando alguém?

— Por que pergunta?

— Você tem andado esquisito. Normalmente, quando os jovens ficam com a cabeça no ar, é porque estão apaixonados. — Marcos olhou para a mãe e não respondeu: — Ela pertence à nossa congregação?

— Eu não disse que estava namorando — contestou ele.

— Não precisa me contar, se não quiser. Alerto-o apenas para os perigos de uma relação amorosa distante dos ensinamentos bíblicos. Cuidado para não incorrer em nenhum pecado do qual vá se arrepender depois.

— Não se preocupe, titia. Sei muito bem o que estou fazendo.

— Ainda bem. E o pastor mandou dizer que espera vê-lo na igreja no próximo domingo. Posso dizer a ele que você irá?

— Pode... não. Acho melhor não.

— Por quê?

Marcos não queria dizer que temia ir à igreja e revelar ao pastor o que estava fazendo, porque não sabia mentir e não mentiria diante de uma pergunta direta.

— Marcos Wellington vai sair comigo no próximo domingo — anunciou Clementina, para salvar a situação. — Prometeu que me levaria ao Pão de Açúcar. Não é, meu filho? Eu nunca fui ao Pão de Açúcar.

Leontina não percebeu o ar de espanto de Marcos e retrucou:

— Tem que ser de manhã?

— É mais fresco. E depois, vamos almoçar num restaurante.

— Vocês têm dinheiro para isso tudo?

— Estou economizando há meses para esse dia. Não é, meu filho?

Marcos fez que sim com a cabeça, evitando encarar as duas, e Leontina prosseguiu:

— Acho que vocês podiam ter escolhido um outro dia para passear, mas seria demais esperar que você, Clementina, levasse em consideração os horários do culto.

— Desculpe-me, minha irmã, eu realmente nem me lembrei da igreja.

— E vocês não podem fazer esse passeio outro dia? Num sábado, por exemplo?

— Ah! Não, já combinamos no domingo. Sábado eu tenho uma faxina e não poderei ir.

Leontina suspirou desanimada, não muito convencida da veracidade das palavras de Clementina.

— Tem certeza de que não quer ir, Marcos Wellington?

Ele finalmente encarou a tia. Como não gostava de mentir, logo pensou numa solução para a desculpa que a mãe arranjou para salvá-lo. Levaria a mãe ao Pão de Açúcar e ao restaurante, mas não iria sozinho. Raquel estaria com eles. Como fazia algum tempo que ela pedia para ser apresentada à Clementina, aquela seria uma excelente oportunidade.

— Não vai dar, tia. Já está tudo combinado com mamãe e não quero deixá-la frustrada. Ela nunca vai a lugar algum.

— Nem você, Leontina — acrescentou Clementina. — Não gostaria de nos acompanhar?

Marcos quase soltou um grito, mas conseguiu se conter e olhou para a mãe com ar recriminador. Clementina, contudo, estava tranquila, certa de que a irmã jamais faltaria o culto para se distrair.

*Apesar de tudo...*

— Não posso — contestou Leontina. — Não faltaria à igreja por nada. E, só por curiosidade: o restaurante é de algum evangélico?

— Não — Clementina apressou-se em dizer.

— Pois agora mesmo é que não vou. Não creio que um restaurante onde servem bebidas alcoólicas e tocam música pagã seja o local mais apropriado para um bom cristão.

— Por que você acha que tudo o que não é evangélico é do demônio, Leontina? — perguntou a irmã.

— Quando você seguia o caminho da religião, não tinha o diabo no corpo — disse Leontina com uma certa raiva. — Nem tinha pensamentos pecaminosos.

— E agora tenho?

Notando a iminente discussão religiosa, Marcos resolveu intervir:

— Bom, tia, vou acompanhá-la até sua casa. Já está ficando tarde e sei que a senhora ainda tem que preparar o almoço.

As duas perceberam o porquê da atitude de Marcos, mas silenciaram e aquiesceram. Às vezes, quando ultrapassavam o limite da tolerância mútua, uma discussão se instaurava, e Marcos estava sempre ali para impedir. Depois, ambas agradeciam intimamente porque, apesar das divergências, só tinham uma à outra e não gostariam de se afastar novamente por causa de nenhuma briga.

Logo que Marcos deixou Leontina em casa, voltou para junto da mãe, que havia terminado de cozinhar o almoço. Ele entrou e beijou-a no rosto, ajudando-a a pôr a mesa. Depois que se sentaram, ele fez a breve oração, que Clementina acompanhava de olhos cerrados, em respeito a ele, e puseram-se a comer.

— Gostou da saída que tive para livrá-lo da igreja no domingo que vem? — indagou ela sorrindo.

— Foi ótima. Achei a ideia tão boa que resolvi comprá-la.

— Como assim?

— Vamos mesmo ao Pão de Açúcar, depois a levarei para almoçar num restaurante. E não iremos sozinhos. Quero que você conheça uma pessoa.

— Sua namorada? — ele assentiu. — Vai me apresentar a sua namorada?

Clementina não sabia se estava mais feliz com o passeio inesperado ou com o fato de que iria conhecer a namorada de seu filho. Talvez as duas coisas a alegrassem.

— Raquel quer muito conhecê-la. E o momento é o mais oportuno.

— Que maravilha, Marcos Wellington! Conhecer o Pão de Açúcar e sua namorada ao mesmo tempo vai ser muito bom. Só não tenho roupa para estar à altura de uma moça tão fina. E se ela não gostar de mim?

— Ela vai adorar você. Raquel é uma moça especial, tenho certeza de que você irá gostar dela também.

— Ela sabe que somos pobres, não sabe?

— É claro.

— Mesmo assim, gostaria de ter algo melhor para vestir. Minhas roupas estão todas velhas e puídas.

— Não se preocupe. Vou lhe comprar algo novo, só para você ficar feliz. Quero que Raquel veja o quanto minha mãe ainda é bonita.

— Bonita, eu? — protestou ela encabulada. — Ora, Marcos Wellington, só você mesmo.

Riu de satisfação, e Marcos afagou a mão dela por cima da mesa. Gostava tanto da mãe, queria muito tirá-la daquela vida. E sua tia Leontina também. Ela era fanática pela religião, mas era uma boa pessoa, incapaz de mentir, enganar ou maltratar quem quer que fosse. Se a pessoa não era

*Apesar de tudo...*

evangélica, Leontina procurava não manter contato com ela mas, se estivesse em apuros, deixava de lado a discriminação e procurava ajudar. Marcos gostava dela, quase tanto quanto gostava da mãe.

# Capítulo 27

Com o fone na mão, Raquel antegozava a ideia de, finalmente, conhecer a mãe de Marcos. Há algum tempo pensava em apresentá-lo a seus pais, mas a insegurança dele ia adiando o encontro. Depois que ela fosse apresentada à mãe dele, tinha certeza de que conseguiria marcar um jantar em sua casa.

Mentalmente idealizando o passeio que fariam no domingo, recolocou o fone na base, só então percebendo o irmão parado atrás do sofá, de braços cruzados, encarando-a com ar intimidador.

— Que susto, Elói! — exclamou ela. — Agora deu para ficar escutando a conversa dos outros, é?

— Estava falando com o seu namoradinho?

— Não é da sua conta, mas estava, sim. Por quê?

— Por nada. Só estou curioso. Se ele é pobre, deve trabalhar em algum lugar.

— Trabalha.

— Em algum banco?

— Não.

— Em um escritório? — ela meneou a cabeça. — Em uma loja então? Já sei! Ele é office-boy.

— Não encha a minha paciência, Elói. Vá procurar o que fazer.

— Não precisa tentar me esconder a verdade. Sei que ele é garçom.

— Se sabe, por que perguntou?

— Por nada. Queria ver se você tinha coragem de me contar.

— Até parece que você me mete algum medo. Você não tem nada com a minha vida.

Elói quase a esbofeteou, mas conseguiu se conter. Os pais o recriminariam e lhe cortariam a mesada se fizesse uma coisa daquelas.

— Ele trabalha no shopping? Em algum restaurante famoso?

— Dê um tempo, Elói. Não tenho que ficar aqui escutando isso.

Irritada com a provocação do irmão, Raquel rodou nos calcanhares e foi para o quarto, tentando não entrar na energia dele. Não aguentava o sarcasmo de Elói. Ele se julgava o dono do mundo, superior a todos com o seu preconceito.

Elói esperou até que Raquel saísse e ligou para o celular de Nélson.

— Acho que já está na hora de agir.

Mais tarde, os dois perambulavam pelo shopping, circulando pela praça de alimentação à procura de Marcos. Avistaram Raquel sentada a uma mesa, tomando uma Coca--Cola, e procuraram pelo rapaz. Marcos apareceu em seguida, segurando na mão uma bandeja. Passou por Raquel sem se deter, indo servir uma mesa mais adiante.

— É ele — rugiu Nélson, apontando para Marcos com o queixo.

— Até que é bem apessoado — observou Elói.

— Está de brincadeira comigo? — irritou-se Nélson.

— Calma. Só estou tentando fazer uma avaliação imparcial da situação.

Sentados em uma lanchonete próxima, os dois ficaram muito tempo observando a rotina de Marcos, fato que pretendiam repetir nos dias subsequentes. Ao final da noite, quando o restaurante fechou as portas, ele saiu com Raquel. Deu-lhe um beijo apaixonado, levando Nélson a quase perder o controle e partir para cima dele. Por sorte Elói estava ali para detê-lo.

— Acho bom você se acalmar — censurou ele. — Ou quer estragar tudo?

— O canalha está beijando a minha garota!

— Ele pode até ser um canalha, mas ela não é mais sua garota.

— De que lado você está, afinal?

— Estou do seu lado mas, nem por isso, fiquei burro de repente. Raquel terminou com você porque se apaixonou pelo canalha ali. Não temos como fugir a isso.

Os dois passaram abraçadinhos, sem perceber a presença de Nélson e Elói, dirigindo-se ao estacionamento.

— Aposto como é Raquel que paga tudo — menosprezou Nélson. — É ela que tem o carro e o dinheiro. Deve arcar com todas as contas, inclusive do motel.

— Deixe disso. Ciúme agora não adianta nada.

— Não posso evitar. Trocar-me por aquele...

Elói silenciou-o com um gesto:

— Acho melhor cortarmos as referências raciais. Corremos um grande risco de ser presos por isso, se alguém nos escutar. Já houve casos, e não quero me arriscar. — Nélson

*Apesar de tudo...*

mordeu os lábios, com raiva, e Elói chamou: — Vamos. Eles já foram embora, não temos mais o que fazer aqui.

— Vamos segui-los?

— Para quê? Para vê-los entrar no motel?

— Você acha que eles vão para o motel?

— Corre esse risco. E acho que você não quer ver isso, quer?

O que Nélson queria mesmo era esmurrar a cara de Marcos e tirar Raquel à força do lado dele, obrigando-a a aceitá-lo de volta. Como aquilo era impossível, preferiu não ver mais nada.

— Não — sussurrou ele, engolindo o ódio.

— Então, vamos embora. Temos que observá-lo em silêncio e montar uma estratégia. Já tenho uma ideia mais ou menos delineada, mas não pode haver falhas.

Marcos e Raquel já iam longe, sem desconfiar de nada.

— Adorei a ideia de sairmos com a sua mãe. Queria muito conhecê-la.

— Ela também está louca para conhecer você. Fez o que lhe pedi?

— Fiz, sim. Comprei um conjuntinho bem bonitinho e moderno, de calça capri com bordados nos bolsos e camiseta igual, do mesmo tamanho das peças que você me trouxe. Uma graça.

— Quanto custou?

— Ah! Marcos, deixe isso para lá.

— Não, senhora! Nem pensar! O combinado não foi esse.

— Quero dar um presente a sua mãe. Não posso?

— Não.

— Por quê?

— Porque não é direito. Fui eu que pedi a você para comprar uma roupa para ela.

Raquel não discutiu. Deu o preço e recebeu o dinheiro, mesmo sabendo que ele fazia um sacrifício para comprar aquela roupa bonita. Não fora muito cara nem muito barata. Ela guardou o dinheiro no bolso e esticou-se para apanhar, no banco de trás do carro, uma bolsa com a roupa nova e uma outra, com a usada que servira de modelo. Marcos apanhou tudo e agradeceu.

— Você é muito orgulhoso — declarou ela. — Não tem nada demais eu presentear sua mãe.

— Um dia você poderá lhe dar presentes, mas agora não. E não sou orgulhoso. Só não quero que digam que estou com você por dinheiro.

— Ninguém tem nada com a nossa vida.

— Eu sei, mas é importante para mim que fique bem claro.

— Tudo bem. Não precisamos discutir por isso.

Ela continuou guiando, até que ele voltou a falar:

— Tenho uma novidade para lhe contar.

— O que é?

— Matriculei-me numa autoescola.

— Sério?

— Sério. Quero aprender a dirigir e, quem sabe, comprar um carrinho barato para mim. Pode ser um Fusquinha.

Raquel achou graça, ao mesmo tempo em que sentiu orgulho dele. Marcos podia ser pobre, mas tinha uma ambição saudável que o colocava no caminho da conquista.

— Você vai conseguir — comentou ela. — Sei que vai.

Ficaram em silêncio alguns minutos, até que ele tornou a falar:

— Minha tia está desconfiada de que estou namorando alguém.

— Não pode contar a ela sobre nós?

— Ela iria direto ao pastor, que me pressionaria, até eu falar que já dormimos juntos.

*Apesar de tudo...*

— E daí? Você não tem mais problemas com isso, tem?

— Só um pouquinho. No fundo, ainda não estou bem seguro do que estamos fazendo.

— Deixe disso, Marcos. Você já superou esse tabu.

— Talvez, se você fosse à igreja comigo...

— Está querendo me converter ou é impressão minha?

— Não é nada disso. É que você não tem religião alguma, e pensei se não gostaria de conhecer a minha.

— Não teria problema, a princípio, em conhecer a sua igreja ou qualquer outra. Desde que ninguém queira me converter.

— Não é isso. Seria apenas para acalmar minha tia Leontina.

— Acalmá-la como? Levando-a a crer que sou da sua religião, que acredito nas mesmas coisas que ela e que faço o que ela acha que é certo? Não. Isso não seria honesto nem comigo, nem com ela. Não sigo religião alguma nem pretendo seguir. Tenho a minha fé em Deus, e é o que basta.

— Mas eu sou evangélico!

— E pode continuar sendo. Isso não me incomoda. Aceito e respeito a sua religião numa boa. Só não quero fazer parte dela.

— Você acha que a minha religião é ruim?

— Eu nunca disse isso. Acho que é boa, como todas as outras que pregam o bem e estão tentando ajudar as pessoas a ser melhores. Só que eu não tenho afinidade com ela. Gosto das coisas ocultas, de assuntos esotéricos e ensinamentos espiritualistas.

— O pastor diz que isso são coisas satânicas.

— Você vai me desculpar, Marcos, mas acho que o pastor desconhece os estudos espiritualistas. Tenho lido muita coisa sobre espiritismo, teosofia, astrologia, budismo e outras coisas do gênero. São temas fascinantes que pregam tudo, menos o satanismo, da forma como você emprega essa palavra.

— Não sei, Raquel. É difícil crer que o pastor, um homem estudado e inteligente, esteja enganado.

— E é fácil acreditar que eu, que você ama e conhece, tenho parte com o demônio? — ele não disse nada. — Por acaso as minhas atitudes são malignas ou enganadoras?

— Não — falou ele convicto. — Sei que você é uma pessoa boa e sincera.

— Pois então, como posso pregar o satanismo?

— Eu não disse que você prega. O que temo é que esteja sendo enganada por essas heresias. O diabo encontra meios de iludir os incautos.

— Você também fala do que não conhece. Qualquer um que se prende a uma só verdade não conhece verdade alguma.

— E quem conhece a verdade? Só Deus.

— Isso mesmo. Nós estamos buscando a verdade que mais nos aproxime dele. Isso não quer dizer que a verdade seja privilégio de apenas um segmento religioso ou filosófico. Só descobrimos aquilo que nos é permitido conhecer, e cada um aprende da sua forma. Se você analisar bem, verá que todas as Escrituras Sagradas dizem as mesmas coisas, embora adotando interpretações e simbologias diferentes. Quem as distingue entre boas e ruins, hereges ou divinas é o homem, que afunda no orgulho e se julga mais poderoso do que Deus.

Raquel falava de coisas que o deixavam confuso e, ao mesmo tempo, curioso. Por diversas vezes, ele fora alertado dos perigos das seitas e falsos cultos, mas as palavras de Raquel não pareciam condizer com tudo o que ele ouvira sobre assuntos ligados ao espiritismo. Não havia nada de mau no que ela dizia.

— Minha mãe fala coisas parecidas com você, só que não usa palavras tão bonitas. Ela também ficou descrente da igreja.

*Apesar de tudo...*

— Por quê?

— Por causa do meu pai.

Num breve relato, Marcos contou a Raquel tudo por que haviam passado desde que o pai os abandonara.

— Você é um homem de coragem e dignidade — impressionou-se ela. — Depois de tudo por que passou, podia ter-se tornado um criminoso, um traficante ou um mendigo.

— Foi o temor a Deus que me manteve no caminho da retidão.

— A religião o ajudou muito, concordo.

— Então não é bom ser religioso?

— É claro que é bom! Desde que não haja fanatismo. Há pessoas que precisam de alguém que lhes imponha limites, para que não busquem os mesmos caminhos de dor que trilharam em outras vidas. Talvez esse seja o seu caso. E como ninguém nasce onde não deve, nem experiencia o que não precisa, tudo que lhe aconteceu foi exatamente o necessário para dar um empurrãozinho na sua ascensão espiritual.

— Você falou em outras vidas. Como assim?

— Vidas passadas.

— Você acredita nisso?

— Integralmente. Acho que a reencarnação é uma oportunidade sagrada de iluminação do Ser. É através dela que ganhamos novas oportunidades para refazer o que ficou malfeito.

— Não sei... — Marcos retrucou pensativo. — A ideia da reencarnação invalida toda a crucificação de Jesus. Por que teria ele morrido para nos redimir de nossos pecados se tivéssemos uma nova chance de reencarnar para corrigir nossos erros?

— Não acredito que Jesus veio nos redimir de nossos pecados. Através do seu sacrifício, a semente de amor foi plantada no coração do homem. Jesus se sacrificou por nós não para nos livrar dos pecados, mas para nos mostrar que o caminho para a libertação é o amor.

— Você diz coisas estranhas, Raquel, que o pastor taxaria de heresias. Tenho medo do que possa vir a lhe acontecer se continuar com essas ideias.

— Falar de amor não pode ser heresia. Cada um é livre para pensar e crer no que quiser. Deus não está preocupado com a forma como você reflete sobre a vida e sobre Ele. Deus é puro amor; essa é a única verdade sobre Ele que podemos afirmar.

— Deus perdoa tudo, desde que venha de um arrependimento sincero — afirmou ele, em tom de preocupação.

— Não tenho do que me arrepender, nem você. Não quanto a questões religiosas. O mais importante é não matar, não roubar, não mentir nem trapacear. É ser bom, digno, verdadeiro, caridoso e amigo. São esses sentimentos que contam para Deus na hora do "julgamento", como vocês costumam dizer. E o julgamento, para mim, é o momento em que a nossa consciência nos faz refletir sobre tudo que fizemos. Vamos então separando nossas obras em boas e não tão boas. Depois, nas encarnações seguintes, aproveitamos nosso tempo para aprimorar o que ficou pendente e desfrutar com alegria do que já foi aprendido. Assim vai, até o dia em que não houver mais nenhuma pendência, e tudo na vida for causa de felicidade. Aí então, não voltaremos mais.

— Chega — sussurrou ele, selando os lábios dela com a ponta dos dedos. — Você me deixa confuso e assustado. Nunca pensei que uma pessoa só pudesse ter pensamentos tão fantásticos e heréticos. Ah! Se o pastor a ouvisse...

Dessa vez, Marcos falou sorrindo, pensando que Raquel fantasiava sobre coisas das quais nada sabia. Era melhor não ouvir mais suas bobagens, pois elas vinham envoltas no manto da heresia. Eles eram tão diferentes! Mas ele não podia

*Apesar de tudo...*

abrir mão de Raquel. Levá-la para sua igreja, pelo visto, estava fora de cogitação. O jeito era acostumar-se às barbaridades que ela dizia sem se deixar impressionar.

De repente, lembrou-se de algo que a tia sempre dizia: "Se você não puder modificar alguma coisa ou alguém, reze para que Deus faça isso no seu lugar". Foi o que ele fez. Ao chegar à casa, entregou-se a suas orações, pedindo a Deus que abrisse o coração e a mente de Raquel para o que ele considerava as verdades divinas, sem saber de duas coisas: a primeira é que ninguém tem o poder de modificar ninguém, e Deus não interfere diretamente na transformação das pessoas, apenas sugerindo conselhos úteis ao despertar da consciência. E a segunda, que a verdade de que ele tanto falava não diferia, em substância, daquela em que Raquel acreditava, porque ambas tinham, por natureza, o mesmo significado pleno, que era a essência do amor.

# Capítulo 28

Assim que Clementina abriu os olhos no domingo, viu uma sacola de papel pousada na poltrona puída que ficava ao lado de sua mesinha de cabeceira. A curiosidade a fez despertar, ela ergueu o corpo, esfregando os olhos, sonolenta.

*O que será isso?*, pensou.

Apanhou a bolsa e abriu-a, virando o conteúdo sobre a cama. Imediatamente, seus olhos brilharam com o bonito conjunto que ela desdobrou avidamente. Apanhou a calça e a blusa, revirou-as nas mãos, maravilhada com o bordado e as pedrinhas dos bolsos. Nunca tinha visto roupa mais bonita. Ela se levantou e foi experimentá-la. Quando Marcos entrou, ela estava diante do espelho, virando-se de um lado a outro, satisfeita com o caimento de seu novo traje.

— Marcos Wellington! — exclamou ela, correndo para ele, vibrante de satisfação. — Foi você quem comprou isso?

— Na verdade, foi Raquel quem escolheu. Não entendo muito dessas coisas de mulheres.

— Nossa! Ela teve muito bom gosto. E caiu direitinho em mim! Como vocês conseguiram adivinhar o meu tamanho?

— Apanhei uma calça e uma blusa, escondido, do seu armário.

— Seu danadinho! E eu nem desconfiei.

— A roupa ficou ótima em você. Agora é só terminar de se aprontar para irmos ao Pão-de-Açúcar.

— Nós vamos mesmo?

— É claro que vamos. Fiquei de me encontrar com Raquel na Praça Saens Pena às dez horas.

— Então, deixe eu correr para não atrasar.

Correu para o banheiro, e Marcos ligou a televisão, para esperá-la. Pouco depois, suaves batidas na porta davam sinal de que a tia havia chegado.

— Bom dia, Marcos Wellington — cumprimentou ela, metendo a cara para dentro.

— Bom dia, titia.

— É hoje que você vai ao Pão-de-Açúcar com a sua mãe?

— É, sim. Gostaria de ir?

— Já disse que não posso. O culto acabou há pouco, mas tem vigília mais tarde.

A porta do banheiro se abriu, dando passagem a Clementina, toda arrumada e cheirosa.

— Você está linda — elogio Marcos, beijando-a no rosto.

— Clementina! — espantou-se a irmã. — Nunca a vi vestida desse jeito.

— Ela não está bonita? — perguntou Marcos.

— Isso não são roupas de uma mulher temente a Deus — contestou Leontina. — Essa calça está muito justa e marcando suas vergonhas. E os seios... estão praticamente à mostra!

— Que vergonhas, que nada! — protestou Clementina. — Só tenho o que Deus me deu. E até que não ficou mal, ficou?

Pela primeira vez em muitos anos, Clementina percebeu que ainda era uma mulher bonita, apesar dos maus tratos que a vida lhe impôs. Os cabelos negros, alisados à base de henê, caíam com jeito sobre os ombros. O corpo era ainda esguio, e os seios pequenos se ajustaram perfeitamente ao decote que os cingia.

— Não tem nada de indecente, tia — objetou Marcos, só agora notando que ele também se desligara das recriminações do pastor quanto ao traje feminino.

— É, Leontina, não tem nada de indecente, não. Adorei a roupa, embora pense que Marcos Wellington não devia gastar seu dinheiro comigo. Mas enfim, ele também não quer que eu faça feio na frente de Raquel.

— Quem é Raquel? — surpreendeu-se Leontina.

Marcos e Clementina se entreolharam, e foi ele quem falou, convicto de que não havia por que mentir:

— É minha namorada. Mamãe vai conhecê-la hoje.

— Eu sabia! — exclamou Leontina. — Esse seu sumiço só podia ser coisa de mulher. E aposto que ela não é da nossa religião.

— Raquel não segue religião nenhuma — esclareceu Marcos, embora soubesse a tempestade que estava levantando.

— Não segue? Pois então, ela é bem pior do que eu pensava. Uma moça sem Deus no coração não pode dar boa coisa.

— Eu não disse que ela não tem Deus no coração. Apenas que não segue nenhuma religião.

— Somente a fé em Jesus pode nos redimir, pois ele é nosso único salvador. E fora da igreja não há salvação. Você sabe disso tão bem quanto eu, Marcos Wellington.

Ele abaixou a cabeça, sem ter como contestar aquelas verdades que aprendera desde pequenino, nas quais agora já não via mais sentido.

*Apesar de tudo...*

— Pare de atormentar o menino — censurou Clementina.
— O que importa não é a religião, mas o caráter da moça.

— Aposto como vocês já fornicaram — rebateu ela entredentes.

— Pare com isso, Leontina! — berrou a irmã. — Você está na minha casa, e aqui dentro não admito comentários desse tipo. Marcos Wellington é maior e pode fazer o que quiser da sua vida.

— Então é verdade, não é? — tornou ela. — Sua mãe sabe e está lhe dando cobertura. Como pode, Clementina? Não tem medo de condenar a alma dele, assim como condenou a sua?

Por pouco, Clementina e Leontina não tiveram outra briga feia. Percebendo o rumo que a conversa ia tomando, Marcos apanhou a tia pelo braço, levando-a para fora.

— Não faça mais isso, tia — repreendeu ele, pela primeira vez na vida. — Há muito minha mãe não tem uma alegria. Por que a felicidade a incomoda tanto?

Embora simples, as palavras de Marcos tocaram fundo o coração de Leontina, que olhou para ele sem saber o que dizer. Nunca havia pensado naquilo, mas o pior era que ele tinha razão. Ela era uma mulher infeliz. Toda sombra de felicidade a incomodava, porque era algo que ela nunca fora capaz de conquistar.

— Sinto muito... — foi só o que conseguiu dizer, envergonhada.

De seus olhos, duas lágrimas escorreram. Ela as enxugou com as costas das mãos, não conseguindo evitar que Marcos as notasse.

— Não quero que chore — falou ele. — Gosto muito da senhora e peço que me perdoe se a magoei. Mas por que a senhora tem sempre que aparecer e estragar a nossa alegria? O que foi que aconteceu na sua vida que a tornou tão amarga?

— Não aconteceu nada. Eu só procuro seguir os ensinamentos da nossa igreja. Só isso.

— Quer saber, tia? Eu adoro a igreja. Deus sabe o que teria sido de mim sem a nossa religião. Mas começo a pensar se não há nisso tudo um pouco de exagero. Que mal há em uma mulher usar roupas da moda e em frequentarmos um restaurante de pessoas não evangélicas? É nisso que está a verdadeira moral?

— A castidade é uma das maiores virtudes evangélicas — objetou ela. — Mas o que vejo é que vocês dois não estão agindo mais de acordo com o que recomendam as Escrituras.

Não adiantava tentar argumentar com a tia, para quem as únicas verdades eram as descritas na bíblia. Mas aquelas verdades escritas pelos homens traduziriam fielmente a vontade de Deus? Ele já não sabia mais e tinha medo de pensar naquelas coisas.

— Vou levá-la para casa. Está na hora de sairmos, não quero deixá-la aqui sozinha.

Caminharam em silêncio, até que chegaram à casa dela. Leontina se despediu com um beijo, não disse mais nada. Marcos também permaneceu em silêncio, refletindo sobre o que acontecera.

Em sua casa, a mãe já estava pronta, à sua espera.

— Vamos? — chamou ele.

— Vamos — respondeu ela, suspirando aliviada porque ele não havia desistido.

De braços dados, desceram o morro, a mente dele ocupada com a pequena discussão que há pouco tiveram. Sentia-se cada vez mais confuso. A religião o estava sufocando, com suas proibições e recriminações constantes. Tudo era feio e pecado, mesmo o amor, que só podia se manifestar de acordo com os padrões determinados pela igreja. Mas como impor limites ao amor, que era um sentimento livre?

*Apesar de tudo...*

Enquanto pensava nessas coisas, passava por grupinhos de pequenos traficantes e viciados que vagabundeavam por ali. De longe, avistou Jéferson e acenou para ele. Agora, mal se falavam. Contudo, não fosse a sua religião, seria como Jéferson, um bom rapaz, mas iludido pelas facilidades do tráfico, enganado pela euforia do vício.

Desceram o morro e tomaram a rua, até que alcançaram a praça. Raquel estava com o carro parado numa ruazinha de pequeno movimento e saltou quando ele chegou. Beijou-o de leve nos lábios, causando um certo constrangimento em Clementina, que abaixou os olhos para não ver a cena. A moça era tão linda e tinha um carro tão chique, que ela pensou que não fosse real.

— Raquel, quero que conheça a minha mãe — falou ele, puxando Clementina pela mão e colocando-a de frente para a namorada.

— Muito prazer, dona Clementina — disse ela, abraçando-a e dando-lhe dois beijinhos na face. — Marcos fala muito da senhora.

Ante a imediata simpatia, as faces de Clementina se distenderam num largo sorriso.

— Ele fala muito em você também — respondeu ela, segurando a mão da menina. — E vejo que tinha razão em falar. Você é mesmo muito linda.

— Obrigada. E a senhora também é uma gatona — acrescentou ela, ao que Clementina riu de satisfação. — Está muito bonita nesse conjunto.

— Bom, meninas, podemos ir? — chamou Marcos.

Ele abriu a porta de trás para a mãe entrar e entrou ao lado de Raquel, que ligou o motor e saiu devagar, rumo ao bairro da Urca, onde fica o Pão de Açúcar. Estavam os três tão envolvidos na alegria do momento que nem perceberam, do outro lado, alguém que os espionava. Logo, um automóvel partiu atrás deles.

Com extrema cautela, Elói seguia Raquel à distância. Ouvira o comentário de que ela iria conhecer a mãe de Marcos naquele dia, numa passeio ao Pão de Açúcar, e não resistiu à tentação de segui-la. Ela conseguiu uma vaga perto da estação dos bondinhos, mas Elói parou um pouco distante. Depois que eles saltaram, ele apanhou o celular e ligou para Nélson.

— Eles estão no Pão de Açúcar — anunciou ele, que já os havia perdido de vista. — Não os vejo mais, mas o carro de Raquel está aqui. — Fez-se um silêncio, até que ele acrescentou: — Não se preocupe. Já sei o que fazer.

Desligou o telefone e foi para a fila do bondinho. Na segunda estação[1], avistou os três a caminho da loja de souvenires. Marcos e Raquel permaneceram do lado de fora, distraindo-se com um gatinho que fazia travessuras em suas pernas. Elói encontrou Clementina parada em frente a uma prateleira cheia de pequeninos objetos vendidos como recordação. Ela apanhou uma miniatura do Pão de Açúcar e o examinou, colocando-o de volta no lugar. Em seguida, pegou uma réplica do bondinho, virou-o de todos os lados e depositou-o na prateleira novamente.

Elói analisou-a. Para sua surpresa, ela até que estava muito bem vestida para alguém de sua condição social, mas levava uma bolsa de plástico bem velha e gasta, fechada apenas por um fechinho dourado, sem fecho-ecler, de forma que não ficava vedada. Aquilo lhe deu a ideia. Aproximou-se, fingindo olhar os pequenos enfeites que ela ia admirando. Apanhou um abridor de cartas com punho de pedra sabão e, fingindo que esbarrava nela, deixou escorregar para dentro de sua bolsa o pequeno objeto.

— Desculpe — murmurou ele, afastando-se dela rapidamente.

---

1 O bondinho do Pão de Açúcar percorre três estações: 1ª, Praia Vermelha, 2ª, Morro da Urca e 3ª, Pão de Açúcar.

*Apesar de tudo...*

263

Com cautela, procurou Marcos e Raquel, que agora se entretinham em alisar o rosto um do outro, como se nada mais houvesse no mundo além deles dois. A cena encheu-o de raiva. Seguiu direto até o balcão, onde um homem que parecia o gerente distribuía atenção e sorrisos aos turistas.

— Perdão, senhor, não quero ser dedo-duro, mas aquela senhora ali acabou de jogar um abridor de cartas na bolsa — disse baixinho, apontando para Clementina discretamente. — Pode confiar, eu mesmo vi.

Ao terminar de dizer isso, Elói se colou a duas moças que iam saindo e passou pela porta sem ser percebido pelo casal de enamorados. O aturdido gerente, sem saber o que fazer para não chamar a atenção, primeiro estudou Clementina com o olhar, acompanhando-a aonde ia. Vendo que ela mexia e remexia nos enfeites, sem nada comprar, olhando para os lados a todo instante, concluiu que a atitude dela era muito suspeita. Não teve dúvidas. Acercou-se dela e segurou-a pelo braço, ao mesmo tempo em que dizia baixinho, porém, em tom autoritário:

— Por favor, senhora, poderia me acompanhar?

Clementina levou um susto. Olhou para ele sem entender e retrucou abismada:

— Para onde? Estou aqui com o meu filho.

Ela apontou para Marcos, que se divertia desalinhando os cabelos de Raquel.

— Podemos resolver isso com discrição — continuou ele, ignorando o que ela dissera —, ou posso chamar a polícia, e aí vai ser muito pior para a senhora.

— Polícia! — assustou-se ela. — Por quê? Eu não fiz nada.

O homem, agora bastante irritado, tentou puxar Clementina para o fundo da loja, mas ela se pôs a gritar, chamando pelo filho:

— Marcos Wellington! Meu filho!

Ouvindo seu chamado desesperado, Marcos correu para ela, de mãos dadas com Raquel. Do lado de fora, Elói acompanhava tudo atentamente, rindo da confusão armada.

— O que foi que houve? — indignou-se Marcos. — O que o senhor está fazendo? Quer, por favor, soltar a minha mãe?

— Largue-me, moço! — esbravejou Clementina, tentando desgrudar os dedos dele de seu braço.

Como uma pequena multidão juntou-se ao redor, o homem olhou furioso de Clementina para Marcos.

— Sua mãe acabou de furtar uma peça de nosso mostruário — esclareceu ele, falando o mais baixo que podia. — É melhor devolvê-la sem fazer escândalo, e eu não chamarei a polícia. Do contrário, serei obrigado a pedir ajuda aos seguranças.

— O quê!? — ofendeu-se Marcos. — Deve haver algum engano, moço. Minha mãe não é ladra.

— É isso mesmo — concordou Clementina, tomada de profunda indignação. — Nunca roubei nada na minha vida, e não vai ser agora que vou começar. Onde já se viu tamanha calúnia?

O gerente, já arrependido de haver abordado a mulher, tentou localizar o delator, mas Elói havia se postado em um lugar fora de suas vistas, onde poderia observar tudo sem ser notado.

— De onde foi que o senhor tirou essa ideia? — redarguiu Marcos. — Ou é só porque minha mãe é negra que o senhor pensa que ela é ladra?

— Isso dá cadeia, sabia? — acrescentou Raquel. — Racismo é crime, e acusar alguém de roubo indevidamente também é.

O homem começou a se apavorar. Devia ter pensado duas vezes antes de tomar uma atitude daquelas, ainda

*Apesar de tudo...*

mais porque os fregueses começavam a tomar o partido de Clementina.

— Eu... jamais cometeria uma indignidade dessas — defendeu-se o gerente. — Logo se vê que sua mãe é uma senhora muito distinta. Mas o caso é que alguém viu quando ela colocou o objeto na bolsa...

— Eu?! — tornou Clementina estarrecida. — Que absurdo! Ou essa pessoa se enganou, ou então é louca.

— Não devia dar ouvidos a delinquentes — zangou-se Marcos. — Minha mãe não roubou nada.

— Lamento, mas foi o que o jovem disse. Tem razão, perdoe-me, não devia ter acreditado nele. Mas é que os furtos na loja são muitos, sabe como é...

— Não sei, não.

— Deixe estar, Marcos Wellington — tornou Clementina, aproximando-se do balcão mais próximo. — Vou provar a esse homem e a todos que não roubei nada.

Mais que depressa, Clementina despejou o conteúdo da bolsa sobre o balcão, e o abridor de facas retiniu no vidro que o encobria. Ela o apanhou com a mão, mais surpresa do que o gerente da loja, que apontou para o objeto, exclamando com incontida euforia:

— O que me diz agora, rapaz? Continua afirmando que sua mãe não é ladra?

Marcos olhou para Clementina com genuína surpresa, mas a dúvida não durou mais do que um segundo. Erguendo os olhos para o gerente, com voz segura e clara, rebateu convicto:

— Continuo. Afirmo quantas vezes forem necessárias. Minha mãe não roubou isso.

— E não roubei mesmo — acrescentou Clementina, tentando imaginar como aquela faquinha havia ido parar na sua bolsa.

— A senhora pegou emprestado? — ironizou o gerente.

— Alguém colocou isso aí na minha bolsa — afirmou ela, com raiva. — Não fui eu.

— A senhora deve ter muitos inimigos, não é? Do contrário, por que alguém haveria de querer incriminá-la?

— Olhe, moço, o senhor já tem o seu precioso objeto de volta — intercedeu Raquel. — Agora chega. Vamos embora.

— Tenho o direito de chamar a polícia — prosseguiu ele, dando vazão ao orgulho.

— Mas eu não roubei nada! — objetou Clementina.

— Além de ladra, é mentirosa — desdenhou o homem.

— Não sou mentirosa!

No auge da humilhação, Clementina começou a chorar, transformando em raiva a indignação de Marcos. Ele ia segurar o homem pela gola da camisa quando Raquel apertou sua mão e falou com firmeza:

— O senhor não tem como provar que dona Clementina furtou esse objeto. Será a sua palavra contra a dela, e duvido que alguém aqui possa jurar que a viu colocar o abridor na bolsa — alguns dos presentes balançaram a cabeça, em apoio, enquanto ela arrumava os objetos de Clementina de volta dentro da bolsa: — Por isso, moço, fique com o seu treco e deixe-nos partir. Ou seremos nós que o processaremos por calúnia.

O gerente estava satisfeito por ter provado que tinha razão e, de quebra, humilhado Clementina. Com ar de superioridade, falou:

— Muito bem. Dessa vez vou fingir que acredito. Mas não quero vê-los em minha loja novamente ou chamarei a polícia.

Marcos fuzilou-o com o olhar, e Raquel saiu puxando-o para fora, amparando Clementina com o outro braço.

— Canalha! — esbravejou ele. — Sei que Deus vai me punir por minha ira, mas essa foi demais!

*Apesar de tudo...*

— Eu não roubei nada, Marcos Wellington, eu juro — choramingou Clementina. — Não sei como aquilo foi parar na minha bolsa, não sei.

— Deve ter caído sem querer — presumiu Raquel. — E ninguém viu.

— É, mas como é que ele soube? — questionou Marcos. — Ele disse que alguém o avisou. Quem?

— Sei lá — respondeu Raquel. — Algum idiota. Sabe-se lá se não foi mesmo algum marginalzinho que fez isso só para se divertir.

— Não acredito — opôs Marcos.

— Deixe isso para lá, Marcos Wellington — pediu Clementina. — Vamos embora.

— Para casa?

— É.

— Mas mãe, ainda nem subimos ao Pão de Açúcar mesmo.

— Não faz mal. Perdi a vontade.

— E ainda não almoçamos.

— Não estou com fome. Quero voltar para a casa, que é de onde não devia ter saído. É isso que dá nos metermos no meio de gente rica.

— O Pão de Açúcar não é lugar de gente rica — objetou Raquel. — Qualquer pessoa pode visitá-lo. E não devemos deixar que um idiota qualquer estrague o nosso passeio. Por favor, vamos ficar. O restaurante daqui é tão bonito!

— Sinto muito se estraguei a diversão de vocês. Podem ficar. Eu tomo um ônibus e vou para casa.

— De jeito nenhum, dona Clementina. Se a senhora quer mesmo ir embora, vamos levá-la. Não é, Marcos?

Marcos assentiu e abraçou a mãe. Não compreendia o porquê daquele acidente, justo com a mãe, que era uma pessoa honesta e trabalhadeira. Ou será que ela andara se envolvendo com a bebida outra vez? Ele ficou observando-a para ver se notava algum sinal de álcool, mas ela estava só-bria. Então, aquele episódio não devia ter sido mais do que um incidente, fruto da ignorância e do preconceito de um gerente esnobe.

A frustração que sentia era imensa, mas o que poderia fazer? Não tinha como obrigar a mãe a ficar ali contra a sua vontade, ainda mais depois de tudo o que acontecera. Assim, não teve outra alternativa, senão apanhar o bondinho e descer.

*Apesar de tudo...*

# Capítulo 29

Oculto atrás de uma árvore, Elói dava gargalhadas, satisfeito com o rumo que as coisas haviam tomado. O resultado fora melhor do que o esperado. Por um momento, ele chegou a pensar que o gerente ia voltar atrás, mas a idiota da mulher acabou confirmando tudo.

Depois que os três sumiram, Elói esperou alguns minutos e voltou para o estacionamento, onde o carro de Raquel já não se encontrava mais. Esperava que, com aquela confusão, ela percebesse que Marcos não servia para ela.

Ele chegou à casa certo de que encontraria a irmã toda chorosa no quarto, mas não foi isso que aconteceu. Elói entrou vitorioso e foi procurá-la, contudo, ela ainda não havia voltado. O celular tocou de forma estridente, e Elói atendeu à chamada de Nélson.

— Cara, você não vai nem imaginar o que eu fiz — gabou-se ele, narrando em detalhes sua proeza na loja de souvenires.

Do outro lado da linha, Nélson ria de satisfação.

— Ela está em casa? — indagou.

— Ainda não voltou, mas não deve demorar.

— Será que ela vai terminar com ele?

— Não sei, mas é um começo. Somando-se vários episódios comprometedores, ela vai acabar se tocando.

— Ótimo.

Elói desligou, imaginando onde Raquel estaria. Já passara da hora do almoço, ela não retornava. Será que ainda insistia e fora ao restaurante em que Marcos trabalhava?

Aquele domingo era folga de Marcos, e ele havia programado passar o resto do dia com Raquel, depois de deixar a mãe em casa. Todavia, tudo dera errado.

Sentada no banco de trás, Clementina chorava de mansinho, enquanto Marcos remoía a decepção e a raiva. Raquel imaginava o que fazer para mostrar aos dois que não se deixara impressionar por aquele episódio inusitado. Foi quando a ideia lhe ocorreu.

— Estou morrendo de fome — anunciou, sorrindo para Clementina pelo espelho.

— Também estou — concordou Marcos.

— E a senhora, dona Clementina? Não está com fome?

— Não — respondeu ela, esforçando-se ao máximo para não parecer mal-educada.

— Por que não vamos a um restaurante lá pela Tijuca mesmo? Conheço um ótimo...

— Agradeço, minha filha, mas quero ir para casa — falou Clementina.

— O que você vai almoçar, mãe? Não tem nada pronto.

— Eu me viro. Sempre tem Miojo.

— Por que não almoçamos todos lá então? — sugeriu Raquel. — Faço uma macarronada deliciosa.

— Não — objetou Marcos veementemente.

*Apesar de tudo...*

— Por que não?

— Você não conhece o lugar onde moro nem gostaria de conhecer.

— Já passei por lá muitas vezes.

— Não é lugar para você, Raquel! — zangou-se ele. — E ponto final.

— Posso saber por que o preconceito com o lugar em que você mora? — rebateu ela, não se dando por vencida.

Atrás, Clementina acompanhava a conversa sem emitir nenhum comentário. Conhecia a opinião de Marcos a respeito de levar Raquel ao morro e preferia não intervir.

— Não tenho preconceito — contrapôs ele confuso. — É só que não é lugar para uma moça fina feito você. Começando por esse carrão. Já pensou no rebuliço que esse carro vai causar no pessoal lá do morro?

— Bom, não havia pensado nisso. Mas eu posso parar o carro mais abaixo, e podemos seguir a pé. O que me diz?

— Não, Raquel.

— Não entendo você. Se quer ser meu namorado, por que não podemos conhecer tudo um do outro? E não adianta vir com essa desculpa de bandido. Sei que se eu subir com vocês, que são moradores, ninguém vai me fazer mal. Além disso, até parece que todo mundo na favela é bandido.

Clementina não aguentou mais. Pigarreou e, quando os dois voltaram a atenção para ela, interveio com cuidado:

— Raquel tem razão. Não é justo você chamar todo mundo que mora no morro de bandido. A maioria das pessoas é trabalhadora feito nós.

— Não foi isso que eu quis dizer, mãe. Estou apenas tentando preservar Raquel de um ambiente desagradável e pouco amistoso.

— Isso também não é verdade. As pessoas que conhecemos são muito amistosas, e o ambiente em nossa casa pode não ser de luxo, mas é limpo e arrumado.

— Viu só, Marcos? — exultou Raquel. — Até a sua mãe concorda comigo. Não concorda, dona Clementina?

Clementina assentiu sem graça, e Marcos ponderou:

— Você está toda arrumada. Não acha que pode estragar os sapatos subindo o morro? E se você cair?

— Você me ajuda. E sapatos, tenho muitos. Vamos, Marcos, deixe-me conhecer a sua casa e preparar um almoço para nós. Gostei tanto da sua mãe!

— Deixe-a, Marcos — incentivou Clementina, que, a essa altura, havia abandonado a ideia de não intervir. — Tirando a sua tia, ninguém nunca vai a nossa casa.

— Vamos, Marcos, não seja estraga-prazeres. Eu quero ir, e você não pode decidir por mim.

— Está bem então, se é isso o que quer. Como discutir com duas mulheres? Vou perder sempre.

O clima de alegria voltou a se instalar entre os três. Raquel deixou o carro bem abaixo, e seguiram o resto do caminho a pé. Quando a rua ficou para trás, ela sentiu um frio no estômago, mas foi em frente, iniciando a subida. Os moradores olharam-na, com curiosidade alguns e cobiça, outros, mas ninguém se atreveu a mexer com ela. E, como a casa de Marcos não ficava muito lá no alto, logo chegaram.

Clementina abriu a porta e as janelas, convidando Raquel a entrar. Intimidou-se um pouco com a simplicidade do barraco de dois cômodos, com a cozinha conjugada e só um banheirinho, mas a reação descontraída de Raquel deixou-a mais à vontade. Numa breve olhada, Raquel avaliou todo o ambiente, sem demonstrar qualquer tipo de reação adversa.

— A senhora tem macarrão em casa? — Clementina abriu o pequeno armário acima da pia da cozinha e retirou o macarrão. — E molho de tomate, e queijo?

— Não tem queijo — anunciou Marcos, com a geladeira aberta. — Vou descer e comprar. E refrigerante também.

*Apesar de tudo...*

273

Depois que Marcos saiu, Clementina apanhou as panelas e colocou-as sobre o fogão.

— Vou ajudá-la — anunciou.

Fizeram molho e puseram água para ferver. Em poucos minutos, haviam preparado um almoço saboroso, e os três se sentaram para comer. Clementina adorou a companhia de Raquel, que parecia muito à vontade em sua casa. Realmente, até a moça estranhara sua reação. No princípio, hesitara um pouco na subida, com medo de cair, mas agora estava tudo bem. A preocupação de Marcos não se justificava. Desde que ela não se metesse com ninguém, não havia por que implicarem com ela.

Passaram uma tarde agradável, e só no início da noite Raquel se decidiu a partir. Despediu-se de Clementina, prometendo retornar em breve, seguindo em companhia de Marcos até onde havia deixado o carro.

— Está tudo em ordem — constatou ele, abrindo a porta para ela entrar.

Ela se sentou ao volante e olhou para ele com a felicidade estampada no olhar.

— Obrigada pelo dia maravilhoso que vocês me proporcionaram — disse emocionada. — Há muito tempo não me sentia tão bem.

— Teria sido o dia perfeito, não fosse o ocorrido no Pão de Açúcar.

— Não ligue para isso.

— Você sabe que minha mãe não seria capaz de roubar, não sabe?

— É claro que sei. Alguém deve ter deixado cair aquele abridor de cartas de propósito, ou então, foi um acidente.

— É... Pena que isso estragou nosso passeio. Nem chegamos a subir ao segundo morro, ao do Pão de Açúcar mesmo.

— Podemos voltar uma outra vez.

— Duvido que minha mãe queira ir lá de novo. Não depois de tudo o que aconteceu. Por mais que ela fosse inocente, a vergonha foi muito grande.

— Isso passa. Com o tempo ela esquece.

Após o beijo de despedida, Raquel colocou o automóvel em movimento e foi para casa. Assim que embicou o carro no portão da garagem, teve um pressentimento desagradável. O carro de Nélson estava estacionado do outro lado da rua. Contendo a vontade de dar meia-volta, entrou, pensando em ir para o quarto sem ter que falar com ele. Assim que abriu a porta, foi recebida pelo irmão, que fazia uma cara de exagerada preocupação.

— Onde você esteve?

— Desde quando isso é da sua conta? — retrucou ela secamente.

— Desde que papai e mamãe foram viajar e deixaram você aos meus cuidados.

Ela cumprimentou Nélson com um breve aceno de cabeça, dirigindo ao irmão a resposta irritada:

— Não seja ridículo. Mamãe e papai nunca o encarregaram de cuidar de mim.

— Não quero me intrometer — disse Nélson —, mas seu irmão tem razão. Estávamos preocupados com você.

— Desde quando você e Elói se tornaram amigos?

— Desde que eu telefonei para Nélson, preocupado com você — tornou Elói.

— Por que não ligou para mim, ao invés de para ele?

— Eu liguei, mas deu fora de área.

— Engraçado — ironizou ela. — Não vi o seu nome no identificador de chamadas.

— Isso não importa, Raquel. Eu estava super preocupado com você.

— Sei. E resolveu ligar para o Nélson, mesmo sabendo que não estamos mais namorando.

*Apesar de tudo...*

— Não estão?

— Você sabe muito bem que não.

— Mas ainda somos amigos — intercedeu Nélson. — Não somos, Raquel?

Raquel fuzilava o irmão com os olhos. Estava mais indignada com ele do que com Nélson, que ainda gostava dela e aceitaria qualquer pretexto para procurá-la.

— Nossa amizade não lhe dá o direito de se aliar a meu irmão para se intrometerem na minha vida — disparou ela.

— Ninguém quer se meter na sua vida — objetou Elói com indignação. — É errado um irmão se preocupar com o bem-estar da irmã?

— Cínico. Você nunca se preocupou comigo nem com ninguém. Conheço bem as suas intenções.

— Preocupam-me as suas companhias — desdenhou ele. — Desde que você deu para se misturar com gentinha, morro só de pensar no que lhe pode acontecer.

— Pois pode morrer pensando, se quiser. Pouco me importam as suas preocupações. Ou as de Nélson.

Raquel passou por eles feito uma bala. Bateu a porta do quarto, girando a chave na fechadura duas vezes. Que absurdo! Estava na cara que Elói só chamara Nélson ali para forçar um reencontro. Mas ela não permitiria aquele abuso. Estava apaixonada por Marcos e, ainda que o mundo inteiro fosse contra, não abriria mão de seu amor por nenhum preconceito ou convenção social.

Elói e Nélson ficaram parados na sala, o primeiro rindo intimamente, o segundo, louco para ir atrás de Raquel.

— Não seja precipitado — ponderou Elói. — Raquel é voluntariosa e não gosta de ser contrariada. Mas as coisas estão tomando o rumo que deveriam.

— Que rumo? Ela não me pareceu nem um pouco abalada com o episódio desta manhã.

— É porque ela não quer nos dar o gostinho da vitória. Mas que ficou balançada com o que aconteceu, ficou. Qualquer um ficaria.

— Será que você não está subestimando sua irmã? Ela não é nenhuma tola, e talvez nós é que estejamos fazendo esse papel.

— Você tem que confiar em mim. Sei o que estou fazendo.

— Pois eu acho que Antônio e eu podíamos juntar o cara e dar-lhe uma surra que ele jamais iria esquecer. Como fizemos com o magrelo do Arnaldo.

— Quanta ignorância! Você tem que parar de tentar resolver as coisas na pancadaria. Tudo bem que pode não dar em nada, mas é um aborrecimento danado. Sem contar que Raquel jamais iria perdoá-lo.

Nélson aproximou-se da porta fechada do quarto de Raquel, pensando se deveria ou não bater. Desistiu, com medo da reação da moça, que, provavelmente, o mandaria embora com palavras rudes.

— Está bem — ele se virou para Elói, tomando o rumo da saída. — Mas não vou esperar eternamente. Se os seus métodos não funcionarem, não hesitarei em aplicar os meus. E ninguém vai ficar sabendo, até porque não pretendo matar o idiota, apenas dar-lhe um susto e uma lição.

Foi embora, deixando Elói pensativo. Não tinha pena do destino de Marcos. Na verdade, nem se importava se ele estivesse vivo ou morto. Não tinha nada contra negros ou pobres, desde que não se metessem com sua família. Agora precisava encontrar um meio de fazer com que Marcos se colocasse em seu devido lugar. Tudo sem que a irmã ou os pais descobrissem.

*Apesar de tudo...*

# Capítulo 30

Depois de entrar em algumas vias, sem sucesso, Afrânio subiu a Rua General Roca, a mesma em que Margarete havia deixado o filho no latão de lixo e onde havia encontrado a morte sob as rodas de um carro. O espírito dela o seguia, acompanhado de Félix, intuindo-o a tomar a direção certa.

— Foi aqui que deixei meu bebê — disse ela ao ouvido dele, quando passaram em frente ao local exato. — A lata de lixo não está mais aqui, e o muro também não é mais o mesmo, mas tenho certeza de que foi aqui. O boteco fica mais para baixo, do outro lado.

Instintivamente, Afrânio olhou na direção em que ela apontava e avistou o bar. Passados alguns segundos, impulsionado por Félix, dirigiu-se para lá.

*Se Margarete gostava tanto de uma bebidinha*, pensou ele, *o melhor lugar para saber dela ainda é o botequim.*

Ele entrou e cumprimentou o rapaz atrás do balcão, que indagou gentilmente:

— O que vai querer?

— Uma Coca-Cola — pediu ele, para ganhar a simpatia do balconista, já que não bebia em serviço.

O moço serviu-lhe o refrigerante, que Afrânio bebeu aos pouquinhos. Estalou a língua e esperou até que ele voltasse de outro atendimento, quando então o chamou:

— Será que você podia me ajudar?

O rapaz voltou e respondeu solícito:

— Pois não?

— Acho que você não está aqui há tempo suficiente para saber, mas não custa tentar — ele sacou a fotografia do bolso e apresentou-a ao balconista. — Conhece esta moça?

O homem apanhou a foto, olhou-a e balançou a cabeça:

— Nunca a vi em toda a minha vida. Mas também a foto é muito ruim.

— Foi tirada há mais de vinte anos.

— Ih! Moço, então, não posso saber mesmo. Tenho vinte e três!

— Foi o que imaginei. Quem é o dono deste lugar?

— Meu pai. Mas ele não está.

— Era ele o dono à época?

— Era sim. Se quiser falar com ele, volte mais tarde. Papai só chega depois do almoço.

— Tudo bem. Vou dar uma volta por aí e mais tarde volto para falar com ele.

Afrânio pagou o refrigerante e saiu para a rua, caminhando a esmo, em direção à subida do Salgueiro, mas não entrou. Ficou parado, imaginando se Margarete teria se refugiado ali. Depois, rodou nos calcanhares e tornou a descer a rua. Como ainda era cedo, resolveu prosseguir com suas pesquisas nos outros bares das redondezas, onde obteve as mesmas respostas negativas. Desanimado, pensou em procurá-la em outro lugar, e Margarete teria perfurado seus ouvidos se ele fosse dotado de mediunidade auditiva.

*Apesar de tudo...*

— De jeito nenhum! Você está no caminho certo! Tem que voltar ao primeiro bar. Foi ali em frente que tudo aconteceu, que eu morri! Volte lá, seu estúpido, volte lá!

A energia de desespero de Margarete não se casava com a serenidade de Afrânio, que nunca se irritava. Foi preciso que Félix a acalmasse e se aproximasse do detetive, que não chegara a se aperceber da aflição dela. Félix passou a mão rapidamente pela testa dele e soprou ao seu ouvido:

— Volte ao primeiro bar para falar com o dono. É ali que encontrará a resposta.

— Eu podia voltar ao bar onde estive primeiro — pensou Afrânio, sem saber que respondia à sugestão do invisível. — Mas será que vale a pena?

— É claro que vale! A verdade está prestes a se revelar; quem a conhece está lá neste momento. E você, como bom detetive que é, não deve perder nenhuma pista.

— Na verdade, todas as pistas podem ser importantes, e eu não deveria deixar passar nenhuma. É, vou até lá. É só o que me falta investigar.

Félix e Margarete se entreolharam exultantes. Afrânio voltou ao bar na General Roca, onde encontrou o pai do rapaz, um português de seus sessenta anos, que o cumprimentou com um aceno de cabeça.

— É ele! — exclamou Margarete, toda animada, mas Félix a conteve.

— Quieta. Não precisamos fazer mais nada. Vamos ouvir.

— Deseja alguma coisa? — indagou o português, passando o pano sobre o balcão, onde Afrânio encostava o cotovelo.

Estava com fome e não custava nada comer enquanto investigava.

— Servem almoço aqui?

— É claro. O melhor PF[1] da região. Completo? — Afrânio assentiu, e o português apontou uma mesa. — Pois pode se sentar, que logo, logo sai.

---

1 PF – prato feito.

Afrânio sentou-se e ficou olhando o movimento dos fregueses, a maioria trabalhadores que vinha ali em busca de um almoço barato. A refeição chegou rapidamente; Afrânio inspirou o seu aroma, satisfeito com a aparência da comida caseira.

— O senhor não é daqui, é? — perguntou o português, que nunca o havia visto por ali antes.

— Não. Estou aqui de passagem. Na verdade, estou à procura de uma certa pessoa.

— Ah! Foi o senhor que esteve aqui mais cedo e falou com o meu filho? — ele assentiu. — Onde está a fotografia da moça? Se ela frequenta ou frequentou o meu bar, vou saber. Tenho memória de elefante.

Afrânio sorriu esperançoso e ofereceu a foto ao português, que a olhou com atenção. Durante alguns segundos, não esboçou qualquer reação. Aos poucos, porém, apertou as sobrancelhas, como se a memória evocasse a dúvida de alguma lembrança. Logo seu semblante empalideceu. Sem ser convidado, sentou-se à mesa, ao lado do detetive.

— O senhor a conhece? — indagou Afrânio, que havia notado o embaraço do português.

— Ela se parece muito com uma rapariga que esteve aqui faz alguns anos. Não tenho certeza se é a mesma, mas que se parece, parece.

— É a mesma — soprou Félix mansamente, trazendo à memória do português os acontecimentos daquele dia.

— Pode me contar algo sobre ela? Sabe onde está?

O homem encarou Afrânio com um olhar de sofrimento. De olhos baixos, falou em tom quase inaudível:

— Ela está morta. Morreu na noite em que entrou aqui.

— Morta?

— Veja bem, não sei se é a mesma mulher.

— Sou eu — afirmou Margarete, lutando para não se descontrolar. — Por favor, apenas conte a ele o que se lembra.

*Apesar de tudo...*

Seguindo a sugestão do invisível, o português iniciou a narrativa:

— Sabe, moço, nunca me arrependi tanto de algo como naquele dia. Por isso o episódio ficou marcado.

— O que foi que houve? — interessou-se Afrânio.

— Ela entrou aqui bêbada. Servi-lhe mais bebida, até que o dinheiro dela acabou, e ela tentou me seduzir para que eu a servisse de graça. Como sou um homem casado e de respeito, dei-lhe o devido tratamento, ou pelo menos, o que achei que era certo na época. A rapariga se assustou e saiu desabalada para a rua. Estava bêbada e não prestou atenção no automóvel. O chão estava molhado de chuva, não sei se ela escorregou, mas o fato é que o carro a pegou em cheio. Não deu nem tempo de ser socorrida. Quando a ambulância chegou, ela já estava morta.

— Sabe o nome dela?

— Nem imagino. Ninguém sabia.

— E a criança?

— Que criança? Não havia criança nenhuma.

— Ela não trazia um bebê?

— Não, senhor. Disso tenho certeza. Ela entrou sozinha.

Talvez não fosse a mesma mulher, afinal. A fotografia não era nítida, o homem podia ter confundido Margarete com qualquer outra. Quem poderia se lembrar com exatidão de rostos desaparecidos havia mais de vinte anos?

— Olhe, Afrânio, a mulher de quem ele fala sou eu — esclareceu Margarete, com o máximo de calma que conseguiu. — Você tem que acreditar nisso. E o menino que você procura está naquele morro ali.

Afrânio não percebeu a sugestão e não captou a alusão ao morro. Pensava na mulher atropelada, tentando imaginar se havia alguma chance de ser a mesma Margarete.

— O senhor se lembra do dia em que isso aconteceu?

— Ah! Isso não lembro, não. Foi há muito tempo. Só sei que estava chovendo e fazia frio. Era inverno, e talvez fosse domingo.

As informações batiam com as que Graciliano havia lhe dado. Margarete desaparecera num domingo nebuloso do mês de agosto. Havia ainda uma chance de ser ela, mas o que havia sido feito da criança? Não era impossível que ela se houvesse desfeito dela, de alguma forma, entregando-a a alguém, ou abandonando-a, ou mesmo matando-a.

— Eu o abandonei na lata de lixo — falou Margarete, quase em lágrimas. — Bem ali.

Afrânio não olhou. Terminou de comer, pagou a conta e foi embora. No dia seguinte, iniciou uma peregrinação pelos periódicos cariocas e a Biblioteca Nacional. Conseguiu o que queria num jornal de pequena circulação. A notícia, datada de 15 de agosto de 1987, exibia a fotografia de um carro amassado e, mais adiante, o corpo encoberto de uma mulher, atropelada na Tijuca quando atravessara a rua correndo, completamente alcoolizada. E agora? De que adiantava aquilo? Mal dava para ver o rosto da defunta, como conferir se era mesmo Margarete?

— Sou eu — Margarete quase suplicou. — Por que ele não consegue me ouvir?

Félix, a quem havia sido endereçada a pergunta, tomou-a pela mão e procurou elucidar:

— Ele precisa ser médium e ter a mediunidade adequada, ou seja, ser médium auditivo, que é a capacidade de ouvir os espíritos. Médiuns, todas as pessoas são, em maior ou menor escala. É por isso que Afrânio consegue captar a maioria de nossas sugestões, porque é muito intuitivo. Não fosse por nós, ele hoje não estaria aqui.

— Mas ele não as capta sempre. Como agora. Por quê?

— É preciso que estejamos todos na mesma vibração. Afrânio é uma pessoa tranquila, não se irrita, desempenha a

*Apesar de tudo...*

sua função com imparcialidade, sem euforias ou entusiasmos excessivos. É equilibrado, qualidade que alcançou ao longo dos muitos anos de experiência como investigador particular. Como sua função é localizar pessoas, não costuma se envolver com os motivos que levam os clientes a procurá-lo, ou seja, não julga ninguém. Pelo que já aprendeu com a vida, sabe que cada um tem os seus motivos, e todos são justos. Por isso, não estabelece nenhuma escala de valor e procura apenas fazer o seu trabalho com honestidade e eficiência. Daí a falta de sintonia com você, nos momentos em que fica muito agitada. A mediunidade dele, puramente intuitiva, é bloqueada pela sua vibração de desespero.

Margarete olhou de um para outro, terminando em Félix.

— O que posso fazer?

— Por que não experimenta orar?

Ela assentiu e deu a mão a Félix. Juntos se ajoelharam ao redor de Afrânio e buscaram se conectar com a energia divina, fazendo, cada qual, a sua prece íntima. Logo um chuvisco de luz inundou o ambiente, energizando os corpos sutis e o físico de Afrânio. Ele sentiu uma sonolência gostosa e se espreguiçou. Suspirou algumas vezes, sorvendo aquele ar de luminosidade, e teve novas ideias.

*Não vou desistir*, disse mentalmente. *Algo me diz que essa moça aí, morta debaixo do lençol, é Margarete.*

— Isso mesmo — incentivou o espírito da mulher, agora equilibrada pela oração.

O próximo passo da investigação foi o IML[2]. Lá, Afrânio conseguiu consultar os registros de todas as mulheres enterradas como indigente. Não foi difícil. Pela data do óbito, descobriu as possibilidades e, comparando fotografias, chegou até Margarete. Colocou a foto que possuía lado a lado com aquelas tiradas pelo legista, mostrando-as ao

---

2 IML – Instituto Médico Legal.

funcionário do IML, que concordou enfaticamente. Era ela, sem dúvida. Pelo tempo, os restos mortais já deviam estar no ossuário comum, tornando quase impossível sua recuperação.

Embora não fosse essa exatamente a conclusão que esperava de sua busca, era o primeiro resultado positivo que Afrânio alcançava. Margarete estava morta, mas ainda lhe restavam esperanças de encontrar a criança, já que nenhum bebê fora enterrado como indigente naquele mesmo dia.

O coração de Afrânio insistia na hipótese de que Margarete havia abandonado o filho em algum lugar, e descobrir onde seria uma tarefa deveras difícil. Entre a hora em que ela descera do ônibus e entrara no bar não devia ter decorrido muito tempo, de forma que ela não poderia ter levado a criança a nenhum orfanato da região. Se era assim, só podia tê-lo abandonado em algum lugar, talvez na porta de uma casa ou mesmo no banco da praça.

— Na lata de lixo — disse Félix.

*Quem sabe numa lata de lixo?*, pensou Afrânio, para surpresa e euforia de Margarete. *Não seria a primeira vez.*

Afrânio retomou suas pesquisas, mas não havia nenhuma notícia de que um bebê fora encontrado em qualquer lugar naquela região. Mesmo que houvesse sido levado ao Juizado de Menores, o jornal teria comunicado o fato. E se estivesse morto? Também seria notícia. Não, decididamente, aquele bebê ainda se encontrava pelas redondezas da Praça Saens Pena, onde concentraria suas investigações.

— O menino está no Salgueiro — sussurrou Félix.

— Agora vejamos — Afrânio continuou nas suas reflexões. — Quem recolheria um bebê negro, provavelmente, magro e até doente? Uma família de posses, talvez, e, nesse caso, deve haver algum pedido de adoção no Juizado de Menores. É, vou ter que ir até lá.

*Apesar de tudo...*

— Não! — gritou Margarete de repente. — Você vai se distanciar da solução. Não vá, Afrânio, não vá! Vai perder o seu tempo.

— Não adianta gritar, que ele não vai ouvi-la — alertou Félix. — Não temos como impedir que ele vá ao Juizado de Menores. Resta-nos apenas acompanhá-lo e soprar as respostas certas. Uma hora, ele acaba captando nossas ideias.

Seguir o rastro de uma criança desaparecida não é nada fácil. Os dados são sigilosos, inacessíveis ao público. Afrânio encontrou muita dificuldade no Juizado de Menores, pois ninguém estava autorizado a revelar nenhum detalhe sobre abandono e adoção, ainda mais numa época em que nada era informatizado. O que ele conseguiu, após muito esforço de Félix junto a uma senhora mais complacente, foi a informação de que nenhuma criança com a descrição da que ele procurava fora recolhida naquela época.

# Capítulo 31

Clementina voltou do trabalho um pouco mais tarde do que o habitual naquela noite. Exausta, as costas doíam, as pernas inchadas. Já não tinha mais idade para o serviço pesado da faxina.

Ao abrir o portãozinho de casa, surpreendeu-se com a presença da irmã, que a aguardava sentada no batente.

— Aconteceu alguma coisa, Leontina? — indagou, entre a desconfiança e a preocupação.

— Aconteceu — foi a resposta grave. — Você tem que vir comigo.

— Foi alguma coisa com o Marcos Wellington? — desesperou-se.

— Não. Ele está bem.

— Mas então, o que foi? Por que não me conta logo, ao invés de me deixar nessa agonia?

— Só vendo para crer, Clementina. Por favor, venha comigo até minha casa.

Apesar da fadiga, a curiosidade foi maior. Clementina deu de ombros e seguiu a irmã até sua casa.

— Só você mesma, Leontina, para me aprontar uma dessas — reclamou. — Fica fazendo mistério. Só espero que seja por um bom motivo.

— Não sei qual vai ser a sua reação — alertou ela, a mão parada na maçaneta da porta. — Mas prepare-se. Pode ser que a surpresa não seja agradável.

Sem dar importância à cara de espanto da irmã, Leontina abriu a porta. O choque da visão quase fez Clementina desmaiar. Não podia crer no que estava vendo. Devia ser um sonho, ou melhor, um pesadelo ou um filme de terror. Adormecido no sofá da minúscula sala, havia um homem envelhecido, magro, de aparência enferma. Estava irreconhecível mas, mesmo assim, ela sabia quem era.

— Romualdo... — ciciou — Não pode ser.

Ele abriu os olhos lentamente e pigarreou, fixando-os nela com imprecisão. Não enxergava muito bem.

— Como vai, Clementina? — falou sem jeito. — Faz muito tempo...

— Tempo demais para acreditar que tornaria a vê-lo — retrucou ela, sentindo uma pontada de raiva no lugar do amor que antes lhe dedicara. — O que o traz de volta assim, de uma hora para outra, sem avisar?

— Romualdo está doente — justificou Leontina. — Está perdendo a visão e precisa de alguém que cuide dele.

— Ah! Claro. E onde está a vagabunda com quem você fugiu? Fugiu também, para não ter que cuidar de um cego inválido?

— Calma, Clementina — objetou Leontina. — Onde está o seu espírito cristão?

— E onde está o dele, que abandonou mulher e filho para seguir uma rameira? Isso lá é ser cristão?

— Isso foi há muito tempo, Tina — desculpou-se ele. — Agora sou outro homem, estou velho.

— Então é assim, não é? Na juventude, a esposa não tem valia. O que vale são as vagabundas de vinte anos. Mas quando fica velho, a mulher é que presta, porque deve ser idiota suficiente para aceitar o marido de volta e cuidar das mazelas dele, dando graças a Deus porque deixou de ser a abandonada. Pois vou lhe dizer uma coisa, seu Romualdo: Eu não sou desse tipo. Por mim, pode voltar no mesmo pé em que veio. Não o quero de volta.

— Eu não disse, Leontina? Não falei que ela devia estar com o coração carregado de mágoas e que não iria me perdoar?

— Você não pode abandonar seu marido assim — contrapôs Leontina com veemência. — E o seu compromisso de amor e fidelidade mútuos?

— Que fidelidade o quê? Desde quando Romualdo foi fiel?

— Você tem que perdoá-lo. Todo mundo erra, você também errou. Perdoe-o e aceite-o de volta.

— Mas nem que o próprio Espírito Santo aparecesse aqui na minha frente e me mandasse!

— Não blasfeme! — repreendeu a irmã. — Ou vai se arrepender amargamente no dia do juízo, quando for julgada perante o Tribunal de Cristo e condenada à danação eterna.

— Você não me impressiona com essa sua baboseira de juízo final nem de pecado. São histórias da Carochinha para assustar os fanáticos que nem você e justificar o medo que têm de viver.

— É o que você pensa, não é? É mais cômodo para você se convencer de que Deus não está à espera do nosso julgamento em lugar de assumir os seus deveres evangélicos.

— A única coisa que tenho que assumir é o meu desprezo por Romualdo. Não o quero de volta em minha casa nem pintado de ouro.

*Apesar de tudo...*

— Você não pode decidir isso sozinha — contestou Romualdo. — Ainda temos um filho.

— Que você também abandonou quando criança. Sabe o que aconteceu conosco, Romualdo, sabe? — ele não respondeu. — Seu filho virou menino de rua, eu me transformei numa alcoólatra. Só Deus sabe o quanto sofremos, como foi difícil acertarmos o passo.

— Agora você disse bem — exultou Leontina. — Foi Deus quem ajudou vocês a se reerguerem na vida. Não fosse a nossa fé cristã, vocês ainda seriam dois perdidos.

— Isso é diferente! — exasperou-se Clementina. — Eu me transformei por amor ao meu filho, e ele, por amor a Deus. Mas eu não sou como ele, odeio a sua igreja ou qualquer outra. Só o que quero é terminar os meus dias em paz com o meu filho que, graças a mim, não a você, Romualdo, é um rapaz decente, estudioso e trabalhador.

— Onde ele está? — insistiu Romualdo. — Tenho o direito de vê-lo.

— Ele está trabalhando agora — disse Leontina. — Quando voltar, tenho certeza de que o aceitará de volta em seu coração e em sua vida. Marcos Wellington não é uma pessoa sem fé como a mãe dele.

— Querem saber de uma coisa? — replicou Clementina, no auge da ira. — Não sou obrigada a ficar aqui escutando vocês dois. Quer ficar, Romualdo? Fique com Leontina. Se ela é tão boa, que cuide de você.

Saiu batendo a porta e desceu o morro derrapando. Entrou em casa feito um furacão, trancando tudo para não correr o risco de que Romualdo entrasse sem ser convidado. Não conseguiu nem preparar o jantar, tamanha a sua fúria. Jamais imaginou que veria Romualdo novamente, ainda mais sob a proteção da irmã. Pensando nele, todo o seu corpo estremeceu de ódio. Há muito deixara de amá-lo e assistira, no decorrer dos anos, o amor se transformar em mágoa, a mágoa dar lugar à raiva. Agora, só o que sentia por Romualdo era uma raiva fria, sem possibilidade de perdão.

Marcos demorou a voltar para casa, pois fora se encontrar com Raquel depois do trabalho, como Clementina imaginava. Não havia outra alternativa, senão esperar. Não dormiria aquela noite sem antes falar com o filho. Quando ele finalmente chegou, encontrou-a parada no meio da sala, braços cruzados e ar aborrecido.

— Mãe! — assustou-se ele. — O que foi que houve? Por que está parada aí com cara de poucos amigos?

— Sente-se, Marcos Wellington. Tenho algo muito importante a lhe dizer — ele se sentou rapidamente, e ela foi o mais objetiva possível: — Seu pai voltou, velho e doente. Está lá na casa de Leontina, mas vou logo avisando: não o quero aqui.

— Espere um pouco — pediu ele, atônito. — O que está me dizendo? Meu pai está de volta? Não é possível.

— Tanto é possível que ele está lá, doente, quase cego. A vagabunda com quem fugiu, na certa, o abandonou. Mas não sou eu que vou cuidar dele agora. Perdi a mocidade chorando por ele, não quero aturá-lo na velhice.

— Calma, mãe, por favor. Não estou entendendo direito.

— Não há o que entender. Você pode estar achando difícil acreditar, mas é verdade: seu pai voltou e está na casa de sua tia.

— Na casa de titia... — repetiu ele, sem esconder a surpresa, tentando decifrar seus sentimentos.

— Não o quero de volta em minha vida, não quero mesmo! — a mãe dizia com raiva. — Tenho esse direito.

— Por favor, mãe, acalme-se. Tanto ódio não pode lhe fazer bem.

— Ódio?! Você sabe o que ele nos fez, Marcos Wellington! Toda a nossa desgraça, devemos a ele.

*Apesar de tudo...*

— Isso não é motivo para lhe devolvermos na mesma moeda. Pagar o mal com o bem é agradável aos olhos de Deus.

— Você tem um coração nobre, meu filho, muito mais do que eu, ele ou sua tia. Contudo, não estou à altura da sua nobreza. Sou apenas uma mulher comum, traída e humilhada. Não é justo que eu seja obrigada a passar por tudo novamente. Logo agora, que encontrei um pouco de paz na vida, não quero perdê-la cuidando de um homem que só voltou para casa porque precisa de uma enfermeira.

— Não digo que você deva aceitá-lo de volta. Se você não quer, todos temos que respeitar sua vontade. Só acho que você deveria refletir no que está sentindo. Perdoar é um ato divino.

— Não posso perdoá-lo — ela enxugou uma lágrima. — Eu quase perdi você por causa do que ele me fez. Não me peça para perdoar o homem que desgraçou a minha vida.

— Está bem, mãe, não precisa chorar — Marcos a abraçou e procurou tranquilizá-la. — Preocupo-me com você, não quero que sofra. Se não quer que meu pai volte para cá, ninguém vai lhe exigir isso.

— Mas sua tia fica insistindo! E ele... tem que ver a cara de coitado que ele fez.

— Vou cuidar disso. Irei até lá e me entenderei com eles.

— Você vai procurá-lo? — indignou-se.

— Mãe, entenda... Meu pai pode ter errado, mas ainda assim é meu pai. Devo a ele a minha vida, e se o seu arrependimento é sincero, sei que Deus irá perdoá-lo.

— Vejo nas suas palavras uma recriminação velada. Você também pensa que eu deveria aceitá-lo e, no fundo, acha que estou errada — ela fungou e prosseguiu: — Veja só, ele fez o que fez e agora todo mundo está contra mim.

— Eu não estou contra você. Não quero desculpar o meu pai, quero apenas que você compreenda que somos diferentes em nossas relações com ele. Você o vê como esposa. Eu o vejo como pai.

— E daí?

— E daí que é diferente.

— Ele nos abandonou a ambos. O abandono não foi o mesmo? Acho até que abandonar o filho é pior. A mulher ainda tem condições de trabalhar e se sustentar. Mas e a criança? É um ser indefeso, precisa da proteção justamente daquele que o deixa desprotegido.

A argumentação era poderosa, no entanto, o perdão fazia parte da natureza de Marcos. É claro que ele ficara magoado quando o pai fora embora, mas não conseguia guardar ressentimentos.

— Acho que todo mundo merece uma segunda chance — falou cauteloso.

— E eu sou a megera que não quer dar, não é mesmo?

— Não, mãe, você não está entendendo. Acho que, em primeiro lugar, tem que dar uma chance a si mesma, para se libertar desse rancor. Isso não pode lhe fazer bem. E dar a ele uma segunda chance não significa viverem juntos novamente. Significa apenas dar a ele a oportunidade de se modificar.

— Quanta nobreza! — elogiou ela, passando a mão no rosto dele. — Pena que não estou ainda à sua altura.

— Por que não oramos um pouco?

— Eu não acredito mais em orações. Não quero que a minha palavra caia no vazio.

— Então vou orar por nós dois, está bem?

Clementina assentiu e silenciou, limitando-se a observar o filho que, contrito, invocava a proteção de Deus. Enquanto ele rezava, ela refletia em tudo o que ele dissera. O que o filho lhe pedia era algo muito além de sua capacidade. Não conseguia perdoar Romualdo, por mais que o filho lhe pedisse.

*Apesar de tudo...*

# Capítulo 32

Clementina não conseguiu mais tirar Romualdo da cabeça. Era como um fantasma a assombrar-lhe as lembranças, reavivando as tristezas do passado. Ela não queria mais ter contato com ele, era o seu direito. Amara-o e sofrera por ele. Agora que tudo havia passado, o amor cedera lugar a uma raiva contida, porém, verdadeira.

O pior era ter que conviver com as acusações de Leontina. Desde que Romualdo se fora, a irmã nunca lhe dera apoio. Ficara contra ela, acusando-a silenciosamente, julgando-a responsável pela sem-vergonhice do marido. E agora, depois de tudo por que ela passara, Leontina pensava que ela era obrigada a receber de volta o traste que se travestia de Romualdo.

Clementina fez a faxina do dia com um apuro exagerado, empregando mais força do que o habitual, transferindo para as mãos a raiva que lhe ia no coração, como se, ao limpar a casa da patroa, limpasse também a sua alma. Encerrado o trabalho, voltou para casa, imaginando o que iria encontrar. Marcos Wellington não estava, já havia saído para o trabalho, e ela se jogou na cama, exausta da força extra que despendera ao longo do dia.

Estava quase pegando no sono quando ouviu batidas na porta. Ela deu um pulo, levantou-se e encostou o ouvido à porta, indagando desconfiada:

— Quem está aí?

— Sou eu, Clementina, abra.

Reconhecendo a voz da irmã, abriu a contragosto.

— O que você quer?

— Precisamos conversar. Deixe-me entrar, por favor.

— Se veio aqui tentar me convencer a ficar com Romualdo, pode pegar o caminho de volta.

— Não é nada disso. Quero apenas conversar.

Mesmo desconfiada, Clementina permitiu que ela entrasse, sentando-se junto a ela no pequeno sofá da sala. Não disse nada. Nem saberia o que dizer além de extravasar a revolta de sempre. Achou melhor ficar quieta, engolindo a raiva para aguardar a iniciativa da irmã.

Leontina estava confusa, sem saber por onde começar. Ensaiou aquela conversa várias vezes na véspera, mas agora não conseguia encontrar as palavras que tantas vezes repetira na sua cabeça.

— Você sabe o quanto gosto de você, não sabe? — começou ela, alisando a barra da saia.

— Sei. E daí?

— E que não faria nada para magoá-la.

Quanto a essa afirmativa, Clementina não estava bem certa, mas não quis puxar uma briga e repetiu com frieza:

— Sei.

— Olhe, Clementina, você não sabe como é difícil o que tenho a lhe dizer.

*Apesar de tudo...*

— Se veio pedir por Romualdo, então nem precisa dizer nada.

— Não é isso. Na verdade, vim lhe pedir perdão.

— Perdão? — surpreendeu-se ela. — Por quê? Por ter acolhido o traste em sua casa e por querer me convencer a aceitá-lo de volta?

— Não — a resposta foi quase um sussurro. — Por amá-lo em silêncio todos esses anos e por tê-lo desejado tanto que cheguei a odiá-la cada vez que os imaginava juntos, na cama.

O espanto foi tão genuíno e de tal intensidade que Clementina deu um salto do sofá, levando a mão ao coração, como se quisesse evitar que ele, por sua vez, lhe saltasse também do peito.

— O que está dizendo?

— É isso mesmo que você ouviu. Amo Romualdo, sempre amei.

Clementina pôs-se a andar de um lado a outro da sala, tentando colocar sentido nas palavras aparentemente insanas da irmã.

— Não pode ser — objetou incrédula.

— Por quê? Você pensa que eu sempre fui a mulher seca que sou hoje e que nunca fui capaz de amar um homem?

— Não se trata disso — rebateu confusa. — Você nunca disse nada...

— O que poderia dizer? Que estava apaixonada pelo homem com quem você ia se casar? E depois, ele escolheu você, não a mim.

— Como assim, escolheu? Quando conheci Romualdo, ele não tinha ninguém. Teve uma mulher antes de mim, mas... — calou-se, percebendo a verdade. — Era você aquela mulher?

A angústia que os olhos de Leontina refletiam era tão visível que Clementina, num átimo, compreendeu tudo.

— Fui apenas mais uma na vida dele — desabafou Leontina. — Ele não sentia por mim o mesmo que eu sentia por ele.

— Foi você quem nos apresentou — indignou-se a outra. — Por que não me disse que o amava?

— De que adiantaria dizer-lhe, se foi por você que ele se apaixonou?

— Eu teria feito alguma coisa. Teria rompido com ele.

— Não teria, não. Vocês dois já haviam dormido juntos.

— Como é que você sabe? Ele lhe disse?

— Não foi preciso — sussurrou ela, envergonhada. — Ele fez o mesmo comigo antes...

Clementina estacou abismada e levou a mão à boca, sufocando um grito de horror:

— Não... — murmurou, cada vez mais aturdida. — Como isso pôde acontecer?

— Conheci Romualdo na igreja. Ele chegou pedindo ajuda, no dia em que eu estava fazendo a limpeza dos bancos. Entrou cabisbaixo e pediu para falar com o pastor, mas ele havia saído. Romualdo estava tão desesperado que se abriu comigo. Havia perdido o emprego, os cobradores batiam à sua porta. Condoí-me de sua situação e prometi ajudar. Pedi a intervenção do pastor, que lhe arranjou um emprego, como já fizera com tantos outros. Talvez por isso Romualdo tenha se envolvido comigo. Eu me apaixonei por ele, mas percebia que ele não me amava. Sentia-se grato ou obrigado, não sei, mas não me amava. Aí você apareceu, e ele se modificou...

Ela parou de falar, a voz sufocada pelas lágrimas. Clementina também chorava e apertou a mão dela, falando com pesar:

— Você devia ter me contado. Eu não teria nem saído com ele a primeira vez.

— Eu não sabia. Quando descobri, já era tarde demais. Fiquei desesperada. Eu havia me entregado a ele na certeza de que nos casaríamos. Acreditava nisso, porque ele, frequentando os cultos, sabia do pecado da carne. Por isso fui tão crédula e me deixei levar por essa ilusão. Sempre temi o pecado da luxúria, mas achei que, com o casamento, Jesus me perdoaria. Só que não foi comigo que ele se casou, foi com você.

— Eu não teria me casado se soubesse que você já havia se entregado a ele.

— Então, seria você a pecadora. Por isso fiquei quieta. Eu jamais me perdoaria se a sua alma queimasse no inferno.

— E preferiu se sacrificar? — ela assentiu. — Por quê?

— Porque amo você mais do que poderia amá-lo ou a qualquer outra pessoa.

Clementina desabou no pranto e se agarrou à irmã, falando ao mesmo tempo em que chorava:

— Ah! Leontina, por quê...!

A voz estrangulou-se na garganta, e Leontina prosseguiu:

— Tudo isso foi há muito tempo. Fiquei com raiva dele na época, só Deus sabe o quanto precisei me penitenciar para limpar meu coração e minha alma dos pecados que cometera. Arrependi-me de ter ultrajado Jesus com a minha iniquidade. Seguindo as palavras de Paulo[1], deixei que a tristeza me levasse ao arrependimento sincero, convertendo-me a uma vida de castidade e virtude.

— Minha pobre irmã — lamentou Clementina. — Iludida com a ameaça do inferno só por ter dormido com um homem que não era seu marido.

— Você não compreende. O pastor me ajudou a libertar-me do pecado. Arrependi-me, desejei sinceramente a reparação. Por isso optei pela castidade.

— Pense assim, se quiser. Mas lembre-se do quanto sofreu. Será que valeu a pena?

---

1 Referência a 2 Coríntios, 7:10, que diz: "A tristeza segundo Deus produz uma conversão que salva e da qual ninguém se lamenta. Mas a tristeza própria do mundo produz a morte".

— Fui punida pelo meu pecado, e a dor que senti foi pequena, se comparada ao tamanho do meu erro.

Clementina suspirou profundamente e retrucou com amargura:

— Deixe de lado essa bobagem de pecado. Deus não pune ninguem. Você se impediu de ser feliz, de ter um marido e levar uma vida normal.

— Eu teria perdoado Romualdo desde o início. Não a estou acusando por não o fazer, mas eu não teria deixado que ele partisse.

— Talvez o seu amor por ele seja maior do que o meu.

— Não sei... Mas agora ele voltou...

O silêncio de Leontina era mais do que esclarecedor. Não era preciso muita perspicácia para adivinhar o que ela pretendia.

— Eu não o quero de volta — adiantou-se Clementina rispidamente. — E não sei se seria boa ideia você ficar com ele. Veja bem, não é porque ele é meu marido. Eu apenas acho que você merece coisa melhor.

— Não posso abandoná-lo, Clementina, não posso! Só agora percebo o tamanho da minha fraqueza. Pensei que, com o meu arrependimento e minha devoção a Cristo, teria reunido forças para enfrentar as armadilhas de Satanás. Foi assim até tornar a vê-lo, tão frágil, carente... dependente de mim.

— Romualdo não presta, Leontina. Será que você não percebe que o que ele quer é uma enfermeira? E tem que ser você a trouxa?

— Eu não me importo. Acho até que prefiro que ele tenha voltado assim. Ao menos não terá mais ânimo para correr atrás das mulheres.

— E você poderá cuidar dele como sempre desejou. É isso o que realmente quer? Cuidar de um inválido? Dar-lhe banho, trocar-lhe as fraldas?

*Apesar de tudo...*

— Romualdo não está inválido. Vai fazer a cirurgia de catarata. E sim... Não me importo se tiver que cuidar dele.

— Você deve estar louca. É isso. Acho melhor interná-la no hospício. Evitará que você cometa essa loucura.

— Não fale assim, Clementina. Não precisa ser sarcástica. Só porque você não está disposta a sacrificar-se em nome do amor, não quer dizer que eu não esteja.

— Você está? — Leontina assentiu. — Pois muito bem. O problema é seu. Só posso dizer que lamento essa escolha estúpida.

— Não é estupidez. É amor.

Clementina mal acreditava no que ouvia. Já nem tinha mais raiva de Romualdo. Seus sentimentos eram contraditórios, embaralhados. Sentia um misto de amor, medo e compaixão pela irmã. Não queria que Leontina sofresse tanto quanto ela sofrera. Mas ela já havia sofrido. Durante todos aqueles anos em que ela estivera casada com Romualdo, Leontina sofrera em silêncio.

— Não quero mais Romualdo na minha vida — afirmou, com toda convicção. — Sofri por causa dele e só tenho a lamentar o seu futuro. Você, que teme tanto o capeta, está se entregando de boa vontade nas mãos de Satanás.

— Não diga isso! — recriminou Leontina, horrorizada. — Romualdo não é Satanás. É só mais um pecador que o diabo gosta de tentar.

— Não existe essa coisa de diabo, Leontina. Ele está aqui, dentro da gente. Cada vez que matamos a nossa alegria, vamos dando asas ao diabo, que vai dominando a nossa alma com a punição da tristeza.

— Você não acredita mesmo em Deus e no diabo?

— Acredito em Deus, mas não sei bem como. Quanto ao diabo, só acredito nas nossas escolhas. Acho que, ao escolhermos um caminho de dor, alimentamos o diabo que existe em cada um de nós.

— Seria bom crer como você. Ficaria na ignorância e não teria que temer a prestação de contas no Tribunal de Deus, quando chegar o dia do juízo final.

— Também não acredito nisso. Quem tem consciência que se entenda com ela, para seu próprio julgamento, condenação ou absolvição.

— Gostaria de pensar como você, mas sei que isso são desculpas para continuar pecando. Conheço a verdade e sei que, contra as Escrituras Sagradas, ninguém poderá ver o reino de Deus.

— Se pensar assim vai ajudar a mantê-la longe de Romualdo, tudo bem. Você tem o meu apoio.

— Ele precisa de mim... — Leontina quase suplicou.

— E você precisa dele também, não é? — ela abaixou os olhos, e Clementina suspirou dolorosamente: — Eu ainda acho que você vai sofrer, mas enfim... é a sua escolha.

— Quero muito estar com ele.

— Se é o que realmente quer, por que não fica com ele? Você não precisa da minha aprovação.

— Preciso saber que nada mudará entre nós.

— Não mudará. Ele não tem o poder de me colocar contra minha única irmã.

— Ele ainda é casado com você.

— Isso é o de menos. Podemos nos divorciar.

— O pastor não aceitará meu casamento com um adúltero — divagou ela. — Mas estou disposta a tentar.

— Vocês não precisam se casar para estar juntos. Casados ou não, é pecado de qualquer maneira, segundo você diz. Então, que diferença faz? Se você não se casar, ninguém precisa ficar sabendo que estão vivendo como marido e mulher. Ninguém.

— Deus tudo sabe e tudo vê. Jamais poderia enganá-lo.

— Então, minha irmã, sinto muito. Não tem jeito.

*Apesar de tudo...*

— O jeito é assumir a minha escolha, como você diz. Se você não se importa, nada mais importará para mim.

Clementina não disse mais nada. No fundo, não se importava mesmo que a irmã ficasse com Romualdo. Era até melhor, porque assim ela não a pressionaria para aceitá-lo de volta. Ouvir Leontina falar de seu marido era algo deveras estranho, inusitado. Nunca, em toda a sua vida, Clementina julgara a irmã capaz de amar um homem. Muito menos de guardar aquele segredo por tantos anos.

Não. Decididamente, Clementina não se importava que Leontina se casasse ou vivesse com ele.

# Capítulo 33

Foi com recobrada surpresa que Marcos recebeu a notícia de que o pai não só passaria a viver com a tia dali em diante, mas que se casaria com ela assim que a mãe lhe concedesse o divórcio.

— Não acredito, mãe — surpreendeu-se ele. — Tia Leontina, fazer uma coisa dessas?

— Deixe sua tia. Ela sofreu muito em segredo todos esses anos.

— Mas é pecado! Meu pai não tem essa opção de se casar de novo. Para o adúltero, as únicas opções são reatar com o cônjuge abandonado ou viver em solidão. E minha tia está contrariando a palavra de Jesus, que condena ao pecado aquele que se casa com o pecador. Está lá em Lucas...

— Chega, Marcos Wellington! Não aguento mais ouvir falar em pecados nesta casa.

— Ele é o seu marido legítimo.

— Não o quero mais, você sabe disso. E se estava faltando um bom motivo para me divorciar dele, já apareceu.

— Você sabe que é inocente na questão do adultério e do abandono. Mas papai e titia, não.

— Não se perturbe com isso. Nenhum de nós vai para o inferno por viver a vida.

Marcos estava em dúvida. No dia seguinte, ao partilhá-la com Raquel, ouviu dela opinião semelhante:

— Também acho, Marcos. Não acredito que Deus esteja preocupado com os casamentos na Terra. O que importa é o sentimento. Seu pai e sua tia não estão fazendo mal a ninguém, ainda mais porque sua mãe foi bem clara ao afirmar que não quer mais voltar para ele.

— Eu sabia que você ia concordar com essa situação de pecado.

— Segundo o seu ponto de vista, nós também estamos pecando.

— Eu a amo. Pretendo me casar com você e, quando isso acontecer, nosso pecado terá terminado.

— E se nós não nos casarmos? — ele não disse nada. — Você se esquece de que eu já não era mais virgem quando nos conhecemos? Ou você ainda me considera uma pecadora?

— Você não conhecia as Escrituras, por isso, Jesus há de perdoá-la.

— Ah, não. Não vamos recomeçar com essa história de pecado. Já está ficando monótona. Quer saber? Se a sua tia quer se casar com o seu pai e a sua mãe não fica chateada, não vejo problema algum.

— Por que você faz picadinho da bíblia, Raquel? Por que não acredita em nada do que dizem as Escrituras?

— A bíblia foi escrita por homens, e cada um lhe dá a interpretação que pode ou que mais lhe convém. Acredito em Deus e na energia que movimenta o universo, mas não na personificação dessa energia. Deus está acima de tudo, não pode ser mensurado nem quantificado, nem descrito. Deus, simplesmente, é.

— Que coisa, Raquel. Não entendo nada do que você diz. Só sei que suas palavras soam como heresia. Mesmo assim, eu amo tanto você...

— Bobinho — retrucou ela, dando-lhe um beijo carinhoso. — Você tem que aprender a aceitar pontos de vista diferentes. Ninguém disse que a sua visão do mundo é a correta.

— Nem a sua.

— Exatamente. A diferença é que eu sei disso e você, não. Por isso, respeito todas as crenças e religiões, enquanto você, lá no fundo, acha que só a sua é que está correta. Por acaso, o próprio Deus apareceu para você e falou isso?

— É claro que não — respondeu ele rindo.

— Então, por que você tem que dar tanto valor à palavra dos homens?

— Não é a palavra dos homens. As Escrituras contêm os ensinamentos de Deus e de Jesus.

— Que foram escritos por homens. Quem garante que quem escreveu ou traduziu foi fiel às mensagens que recebeu? E depois, tem a questão cultural e histórica. O homem hoje sabe de coisas que antigamente não sabia. Por que tudo tem que ser como era mais de dois mil anos atrás?

— Porque a lei divina é imutável.

— A lei divina é a do amor, e essa não muda nunca. Mas a lei dos costumes vai se adaptando aos tempos. Além disso, as pessoas compreendem na medida da inteligência e da maturidade. Não é por isso que Jesus falava por parábolas?

— Você é terrível, Raquel. Tem resposta para tudo. Mas por que não pode aceitar a minha religião como boa e verdadeira?

— Eu não disse que não é. Ao contrário, acho que é tão boa como todas as outras. Você é que tem dificuldade em

*Apesar de tudo...*

aceitar doutrinas diferentes das da sua igreja. Todas as Escrituras, de qualquer povo ou religião, estão sujeitas à interpretação do homem. Respeito-as, mas vou tirando as minhas conclusões de acordo com o que fala mais alto à minha alma. Agora, a verdade ninguém conhece, só Deus. Não há muitas verdades. A verdade é uma só. O que há são formas de se compreender essa verdade mas, para isso, é preciso haver respeito, porque os homens são diferentes, assim como o são as suas crenças. Se nós nos respeitarmos, sempre nos daremos bem. Embora eu não siga a sua religião, respeito-o por acreditar nela e acho muito bom você ser uma pessoa espiritualizada. Mas eu tenho mais afinidade com outros tipos de ensinamentos espiritualistas. E daí? No fundo, é tudo a mesma coisa.

Marcos a olhava admirado. Puxou-a com gentileza e pousou-lhe um beijo prolongado, acrescentando em seguida:

— Minha doce Raquel. Como pode dizer tantas coisas que não consigo refutar e que, em seus lábios, parecem sábias verdades?

— No fundo, no fundo, a sua alma sabe do que estou falando.

Ele achou graça no que ela dizia. Já estava se acostumando ao jeito despojado e livre de Raquel. Ela aceitava as divergências de opiniões religiosas com tranquilidade, acreditava na liberdade que cada um deveria ter para seguir sua própria religião, sem desrespeitar ou menosprezar a do outro.

— Você acha que eu deveria procurar o meu pai? — continuou ele, tentando não pensar mais nas ideias esquisitas de Raquel.

— Acho, sim. Você mesmo não disse que iria falar com ele?

— Foi, mas não tive coragem. O que poderia lhe dizer?

— Diga o que está sentindo. Você tem raiva dele?

— Raiva, não. Uma certa mágoa, não posso negar.

— Mas não gostaria de se dar bem com ele?

— Gostaria, sim. Não sou rancoroso como minha mãe, muito embora tenhamos sido as vítimas. Ele nos abandonou e quero perdoá-lo por isso. Sei que consigo.

— Você consegue, Marcos, mas ninguém é vítima nessa vida. Todos experimentamos a ação da natureza, que só faz devolver o que recebe. Ação e reação.

— Não sei aonde você quer chegar com essa maluquice.

— Somos os beneficiários de nossas ações. Tudo o que fazemos ou deixamos de fazer retorna para nossas vidas. O universo é o receptáculo de nossas atitudes e é ele quem atira as consequências de volta para nós. É como um bumerangue. Vai e volta. Quando o bumerangue sai da gente com energias que provocam bons resultados, ele retorna com vibrações redobradas de alegria. Mas ao contrário, se a força com que o atiramos é perniciosa, o que ele nos devolve são energias igualmente ruins que serão experimentadas por nós nessa vida ou na próxima. É uma reação em cadeia, que vai se repetindo até que alguém a interrompa.

— Como?

— Modificando a natureza das ações que recebemos. Ao invés de reagir ao mal com atitudes ruins, temos que adotar uma atitude contrária àquela que recebemos. Por exemplo: se alguém é grosso conosco, podemos sorrir. A ação amorosa anula a ação daninha. Com isso, ao invés de entrarmos no bate e volta da ação e reação, geramos novas e boas causas, tornando-nos agentes, não reagentes. E a atitude perversa que seria a fonte de uma reação nociva se encerra com a nova ação de amor. Origem e fim.

— Ou seja, a ação chega até nós, não encontra reação e para. E o que seria a nossa reação, por sua vez, vira uma nova atitude, na medida em que somos nós que estamos

*Apesar de tudo...*

dando início a um novo movimento, só que de amor, ao invés do mal que nos foi enviado.

— Exatamente.

— Interessante a sua colocação, Raquel, e traz uma verdade muito parecida com a crença da minha igreja de que a redenção do pecador requer que ele adote atitude contrária à que resultou em pecado.

— Viu só? — animou-se ela. — Não falei que, no fundo, tudo é a mesma coisa?

— Sim, mas no que é que isso se aplica ao meu pai, que era de quem estávamos falando?

— Simples. Se o seu pai abandonou você, não reaja da mesma forma, abandonando-o também.

A singela verdade nas palavras de Raquel provocou-lhe um choque. Marcos fora o primeiro a dizer que perdoava o pai, mas no fundo ressentia-se de ter sido abandonado e hesitava em procurá-lo. Perdoava-o, mas não queria contato com ele. Seria isso perdão?

Como se lesse seus pensamentos, Raquel acrescentou:

— Perdoar significa esquecer. Se você não esqueceu, não perdoou integralmente.

Marcos estava abismado. Raquel, no fundo, tinha razão. Ele incentivara a mãe a perdoar o pai, mas teria sido o seu perdão verdadeiro ou consequência de um dever filial? Não sabia o que dizer.

Depois que Raquel se foi, os pensamentos de Marcos davam voltas e mais voltas pela sua cabeça. Ela era muito diferente dele. Suas ideias, apesar de beirarem a heresia, não deixavam de ser verdadeiras e sábias. Pensou em consultar-se com o pastor, mas como poderia lhe dizer que estava namorando uma moça espiritualista, com quem até já mantivera relação carnal?

Era melhor deixar o pastor fora daquilo. Ele, sozinho, precisava decidir o que fazer.

# Capítulo 34

Faltando pouco para o início do semestre letivo, Marcos pretendia aproveitar bem os dias que lhe restavam em companhia de Raquel. A chegada do pai mudara um pouco seus planos. Ainda não conseguira conversar realmente com ele. Não se sentia à vontade em sua presença e olhava para ele como um estranho. Romualdo também não se esforçava. Remoído pela culpa, tinha medo de se aproximar do filho e ser rejeitado.

Com esses pensamentos, Marcos chegou ao trabalho e notou que o patrão, seu Valdir, o cumprimentou com ar acabrunhado, coisa que não era muito comum. Não sabia ele que, algumas horas antes, duas moças haviam saído após fazerem uma séria queixa quanto ao seu comportamento.

— O senhor é o gerente? — perguntara uma delas.

— Sou o dono — respondeu Valdir. — Em que posso ajudá-las?

— Gostaríamos de registrar uma reclamação.

— Pois não? — surpreendeu-se ele.

— É sobre aquele garçom... Um que trabalha à noite, bem moreno, de cabelo encaracolado.

— Deve ser o Marcos. O que tem ele?

— O assunto não é agradável — a outra tomou a palavra, ante o olhar de hesitação da amiga. — Mas nos achamos na obrigação de vir aqui e contar ao senhor o que aconteceu.

— O que foi?

Valdir estava cada vez mais espantado. As moças se entreolharam novamente, até que uma delas continuou:

— O senhor tem um garçom muito abusado, sabia?

— Como assim?

— Estivemos aqui ontem, e ele nos deu uma cantada. Aliás, uma cantada seria o de menos. Ele foi grosseiro, abusado e inconveniente.

— O que ele fez? — continuou Valdir, mal crendo no que ouvia.

— Ele é esperto. Sempre dava um jeito de nos passar a mão, de forma que parecia sem querer.

— O quê?! — Valdir estava no auge da indignação.

— E as coisas que disse, então? Não dá nem para repetir, o senhor entende.

— Estou chocado. Marcos nunca foi dessas coisas. É um rapaz evangélico, muito sossegado e discreto.

— Será que estamos falando do mesmo garçom? — arriscou a moça.

— Ele é carioca? — quis saber Valdir.

— Pelo sotaque, parece.

— Então é o Marcos mesmo. Os outros dois que trabalham aqui à noite são nordestinos e não têm cabelos encaracolados. São morenos, mas nem tanto. Estou admirado com essa revelação.

As duas o olharam com um certo embaraço e começaram a falar quase ao mesmo tempo:

— Lamento se lhe trouxemos um problema, mas achamos que tínhamos o dever de lhe contar.

— Ontem, quando saímos daqui, ficamos meio sem graça, mas depois de refletirmos concluímos que era nossa obrigação. Do contrário, ele vai continuar fazendo isso com outras garotas.

— E sabe-se lá com quantas já fez que não falaram nada, por vergonha.

— O Marcos, quem diria! — lamentou Valdir. — Jamais poderia imaginar uma coisa dessas. Tão quieto, tão religioso...

— Esses são os piores.

— Bem... Só posso pedir que me perdoem. Eu não sabia. Vou falar com ele hoje mesmo.

— O senhor acha que vai adiantar alguma coisa? É claro que ele vai negar.

— Melhor mesmo seria ficar de olho nele e dar o flagrante. Essa gente, o senhor sabe como é.

Valdir estava arrasado. Tinha Marcos na mais alta conta. Ele era muito responsável e sempre fora respeitador. Mas o que conhecia da vida dele? Sabia que era evangélico porque ele próprio lhe dissera. E era também universitário, segundo suas informações. No entanto, morava no morro do Salgueiro. Não seria isso um indício de que poderia ser um bandidinho dissimulado?

Como Valdir não queria ser injusto nem preconceituoso, aceitou a sugestão das moças e não fez nenhum comentário, mas resolveu prestar mais atenção a ele. A queixa o deixara alerta, e não foi por outro motivo que, quando Marcos chegou naquele dia, ele o recebeu com uma certa frieza.

Marcos percebeu a diferença de tratamento, porém, nada disse. Talvez o patrão estivesse com algum problema que não era da sua conta. Lembrando-se da conversa que tivera com Raquel, deu um sorriso a Valdir, que abaixou a

*Apesar de tudo...*

cabeça envergonhado. Foi trocar de roupa para atender as mesas. Como era uma pessoa educada, muito amistosa, redobrava-se em gentilezas, tratando homens e mulheres com igual cortesia. Tudo aparentemente normal, a não ser para Valdir, cuja desconfiança havia sido acionada.

Ele servia uma mesa onde estavam uma senhora e duas adolescentes. Entregou-lhes o cardápio, tomou nota das bebidas no seu bloquinho. Uma das meninas lhe perguntou algo, ele se abaixou perto dela, apontando alguma coisa no menu. Esclarecia-lhe sobre a diferença dos pratos, sem qualquer pensamento ou gesto maldoso. Mas o sorriso que ele deu à garota, ante sua observação ingênua sobre carnes e frangos, desencadeou uma onda de suspeitas, levando Valdir a ver malícia em tudo o que ele fazia.

Finalmente quando as três se decidiram, tomou nota dos pedidos. Depois foi atender outra mesa, onde dois homens de terno discutiam os termos de um contrato. Como os fregueses pareciam ocupados, entretidos com os negócios, Marcos tratou-os com maior distância, para não atrapalhar as negociações. Para Valdir, contudo, Marcos os tratava com desinteresse simplesmente porque eram homens.

Foi assim pelo resto da noite, até que o restaurante fechou. Valdir olhava para Marcos ressabiado, sem dizer nada, mas sobressaltado, como se à espera de que outras moças viessem lhe fazer alguma queixa. Nada aconteceu naquele dia nem no dia seguinte, embora as desconfianças de Valdir persistissem, levando-o a enxergar maldade onde só existia gentileza.

Sentado em seu carro, Elói aguardava o telefonema das moças que havia contratado para desempenhar o papel de molestadas. Eram conhecidas de Paloma, uma garota de programa que, vez por outra, lhe prestava serviços profissionais. Por algum dinheiro, conseguiu que elas representassem aquele teatrinho para o dono do restaurante em que Marcos trabalhava. Depois delas, viriam outras contando a mesma história, até que ele daria o golpe final.

O telefone tocou, ele atendeu com um sorriso maldoso. Eram as moças, contando-lhe do sucesso da empreitada. Elói riu com elas e desligou, satisfeito com o resultado da encenação que ele mesmo inventara. Em seguida, ligou para Nélson e colocou-o a par de tudo.

— Não se preocupe com nada — falou ele, animado. — Em breve, Raquel será sua novamente, e aquele idiotinha vai voltar ao lugar dele.

Na outra ponta, Nélson também ria satisfeito. Tudo se encaminhava conforme o esperado. Era bom poder contar com alguém tão esperto e inteligente quanto Elói. Ele tinha razão: destruir a reputação de Marcos era bem melhor do que lhe dar uma surra, que acabaria aproximando Raquel ainda mais dele. Ela o achava o máximo, o homem mais digno da face da Terra. Desmistificar esse caráter aparentemente irrepreensível lhe causaria indescritível decepção e a levaria a romper o namoro.

Marcos saiu do restaurante cismado com o comportamento do patrão. Quando se despediu, Valdir respondeu-lhe com um distanciamento que não era normal. Tentou sondar com os colegas de trabalho, mas ninguém sabia de nada. Tomou o ônibus, imaginando o que poderia ser. Com os outros garçons, Valdir permanecia o mesmo. Apenas com ele operou-se a modificação de tratamento.

Saltou do ônibus e seguiu em direção ao morro. Já ia iniciar a subida da ladeira quando ouviu uma voz conhecida chamando-o insistentemente:

— Marcos Wellington! Marcos Wellington!

Apenas duas pessoas o chamavam assim, e se não era a mãe, só podia ser a tia. Ele se virou prontamente, dando de cara com ela. Leontina vinha amparando um senhor de cabelos brancos, que arrastava os pés pelo calçamento. Imediatamente, Marcos reconheceu o pai, apesar das mudanças implacáveis que os anos lhe haviam imprimido. Ele parou e esperou até que ambos se aproximassem, para só então responder:

— O que foi, tia?

— Marcos Wellington, pelo amor de Deus! — exclamou ela, arfante. — Ajude-me a levar seu pai para cima.

Romualdo não dizia nada. Com o olho mais são, tentava enquadrar Marcos em seu campo de visão. O rapaz olhou-os em dúvida. Aquele podia ser o momento que tanto esperava. Mais que depressa, ele se postou ao lado do pai, que conseguiu olhá-lo, embora com uma certa dificuldade.

— Tudo bem, meu filho? — perguntou ele, lutando consigo mesmo contra o remorso, o medo e a alegria.

Marcos assentiu e tomou-lhe o braço, ajudando-o a caminhar.

— Aonde vocês foram? — indagou ele, olhos grudados no chão.

— Fui levar seu pai à farmácia para medir a pressão — esclareceu Leontina. — Está alta.

— Já tomou remédio?

— Já sim — respondeu ele.

Caminharam em silêncio, os três lutando contra o constrangimento, sem saber o que dizer. Havia muito o que falar, mas ninguém sabia por onde começar. Passaram pela casa de Marcos, que olhou de soslaio para a janela fechada, onde apenas alguns pontinhos de luz ultrapassavam as frestas, dando mostras de que a mãe ainda estava acordada. Quando chegaram à casa de Leontina, ele parou na porta.

— Não quer entrar, meu filho? — convidou ela.

— Hoje não, tia — respondeu ele. — Estou cansado.

— Não quer acompanhar seu pai até o quarto? — era Romualdo, doido para que Marcos aceitasse o convite e assim pudessem conversar.

— Não vai dar — insistiu ele. — Minha mãe está me esperando e pode ficar preocupada.

Ele fez menção de sair, mas ouviu a voz de Romualdo novamente:

— Será que o que eu fiz foi tão horrível que você não pode me perdoar?

Ele estacou e se virou com lágrimas nos olhos. Lutava com sentimentos contraditórios, tentando equilibrar a mágoa com o perdão a que ele mesmo incentivara a mãe. Via agora que não era assim tão fácil sentir da mesma forma que falava.

— Quem sou eu para julgá-lo, pai? — falou ele por fim, lembrando-se das palavras de Raquel. — O julgamento de seus atos está nas mãos de Deus.

Romualdo deu uma risada sem graça e tornou com cautela:

— Sinto um tom de ressentimento em suas palavras. Estou enganado?

Marcos não respondeu. Como dizer ao pai as coisas que fora obrigado a silenciar por tanto tempo? Como lhe contar dos anos em que a mãe quase morrera afogada na bebida, e ele se desviara do caminho de Deus, solto na mendicância, junto com outros meninos de rua? Conseguiria falar da fome, da miséria, do frio sem nenhum toque de revolta? O pai compreenderia que eles haviam sobrevivido graças à sua fé e à intervenção da tia, que o livrara do vício em que, por muito pouco, não buscara refúgio? E as tristezas, e decepções? E o que dizer da desilusão da mãe, que nunca mais encontrara alegria na vida e só não morrera graças à imensurável misericórdia de Deus?

*Apesar de tudo...*

Pensando nessas coisas, Marcos não teve como fugir de si mesmo e assumiu o ressentimento, mascarado de compreensão pelos seus deveres evangélicos. Fora ele quem dissera à mãe que perdoasse Romualdo, quando ele mesmo não sabia o que era perdão. Por outro lado, tinha que ser sincero consigo mesmo. Não podia simplesmente dizer que estava tudo bem quando, na verdade, não estava. Raquel mesma lhe dissera que devia falar o que sentia. Mas o que realmente sentia?

— Não sei o que dizer... — começou ele, usando do máximo de sinceridade que podia. — Você sumiu há tanto tempo! Não sei mais o que sinto com relação a você.

Romualdo engoliu em seco, impressionado com a franqueza dele.

— Fiz muito mal a você e a sua mãe, não fiz?

— Pelo visto, fez mais mal a si próprio. Minha mãe e eu estamos vivendo.

— Tem razão...

Romualdo calou-se envergonhado, e Leontina interveio:

— Acho que esse não é o melhor momento para vocês conversarem sobre isso. Seu pai está doente, Marcos Wellington, e essa conversa talvez não lhe faça bem.

— Não... — objetou Romualdo, mas Marcos concordou:

— Tia Leontina tem razão. Você acabou de tomar um remédio para pressão, e não vai lhe fazer bem emocionar-se.

— Estou preparado.

— Ninguém está totalmente preparado para se defrontar com seus próprios erros — respondeu Marcos e, notando o ar de susto dos dois, acrescentou: — Falo isso para você e para mim... e para minha tia, e minha mãe também.

— Não precisa tentar se justificar, meu filho. No fundo você tem razão. Sei o quanto errei e vim aqui em busca não apenas de ajuda, mas também de perdão. Não sei se mereço.

— É claro que merece — falou Leontina. — Todo mundo merece perdão, não é, Marcos Wellington?

— É — respondeu Marcos, mais para si mesmo do que para a tia. — No fundo, estamos todos em busca de perdão, não estamos?

Nem mesmo Marcos sabia por que havia falado aquilo, mas o fato é que sua alma também buscava reconciliar-se com o passado. Ele olhou penalizado para o pai, o branco da catarata se alastrando por seus olhos. Sentiu no coração a verdade do que acabara de dizer. Se todos precisavam de perdão, por que todos não podiam perdoar? Se ele mandasse sentimento de perdão, seria o mesmo que receberia da vida. Pagar o abandono com amor. Origem e fim.

— Venha, pai, vamos entrar — chamou ele, passando os braços ao redor dos ombros de Romualdo.

Os três entraram em casa, e Marcos levou o pai até o sofá, ajudando-o a deitar-se. Em seguida, puxou uma cadeira, sentando-se defronte a ele. Esperou até que a tia os servisse de uma xícara de chá, e então Romualdo falou:

— Tenho muito que lhe contar, meu filho. Sobre os anos em que estive ausente e o tanto que aprendi...

Com paciência e amor, Marcos ouviu o relato do pai sobre seu passado, emocionando-se com ele em vários momentos. Ficou ali por muito tempo, até depois que ele adormeceu. E vendo a tia sentada na poltrona em frente a ele foi que finalmente compreendeu o que significava o amor.

*Apesar de tudo...*

# Capítulo 35

Muito próximo da verdade, Afrânio pressentia a iminência da descoberta. Pelas adjacências do morro do Salgueiro, deu início a uma busca nas igrejas e templos religiosos. Não eram muitos, de forma que conseguiria visitar a todos em pouco tempo. Como era inevitável, bateu à porta da igreja frequentada por Leontina. Recebido por uma fiel, pediu para falar com o pastor responsável. Euzébio apareceu sorridente. Homem simpático e gentil, sempre recebia bem a todos que o procuravam em sua congregação.

— O que posso fazer por você, meu filho? — indagou ele, convidando Afrânio a sentar-se defronte a sua escrivaninha.

Afrânio sentou-se e apanhou a foto de Margarete, exibindo-a a Euzébio.

— Muito provavelmente, o senhor não a conhece — esclareceu ele. — Seu nome era Margarete Cândida da Fonseca e morreu atropelada aqui perto, faz alguns anos.

— Que pena — disse ele com sinceridade.

— Margarete, contudo, não estava sozinha. Tinha um filho que desapareceu. Desconfio que ela o abandonou em algum lugar pelas redondezas, na porta da casa de alguém ou numa lata de lixo.

Para qualquer um, a lividez momentânea do pastor teria passado despercebida, mas para Afrânio, não. Euzébio jamais havia visto Margarete, mas conhecia bem toda a história, contada por Leontina.

Há vinte e três anos exercendo o ministério pastoral naquela igreja, Euzébio não tinha como esquecer. Certo dia Leontina o procurara em busca de um aconselhamento espiritual. Aos trancos e barrancos, contara-lhe como a irmã e ela haviam encontrado um bebê recém-nascido na lata de lixo e o levaram para casa, adotando-o como filho de Clementina e Romualdo. Aconselhada por ele a devolver a criança, Leontina lhe contara que a suposta mãe havia morrido atropelada, no mesmo dia em que a abandonara. Com a morte da mãe verdadeira, sua irmã e o cunhado conseguiram registrá-la em seu nome, criando-a como se sua fosse. Marcos Wellington fora criado dentro dos padrões evangélicos, e ninguém saíra prejudicado, porque ninguém nunca aparecera para reclamar a criança. Até agora.

Essas lembranças passaram num átimo pela cabeça de Euzébio, cuja palidez foi-se acentuando à medida que pensava nelas. Não queria deixar transparecer a familiaridade com a história.

— Desculpe-me a intromissão, mas qual o seu interesse em tudo isso? — indagou, ocultando uma certa ansiedade.

— Fui contratado para localizar a mulher e a criança. A moça está morta, mas do menino, nem sinal.

— Que mal lhe pergunte, quem o contratou?

— Lamento, mas essa informação é confidencial. Será que o senhor pode me ajudar?

*Apesar de tudo...*

319

— Não, sinto muito — respondeu o pastor, devolvendo a fotografia a Afrânio e intimamente pedindo perdão a Deus pela mentira.

Afrânio tinha certeza de que Euzébio estava lhe ocultando algo. Por demais experiente, reconhecia de longe os sinais da mentira. Poucos eram aqueles que, surpreendidos, conseguiam manter no rosto uma expressão inalterada diante de alguém que sabia algo de seus segredos.

— Está bem — respondeu Afrânio, guardando a foto na carteira. — De qualquer forma, agradeço a sua colaboração. Peço-lhe apenas que, se souber de algo, me procure. Aqui está meu cartão.

Afrânio passou o cartão às mãos de Euzébio, que o apanhou hesitante, esforçando-se para não revelar o que realmente sentia.

— Acho que não poderei ajudá-lo, mas ficarei com o cartão mesmo assim — atalhou o pastor.

— Obrigado e boa tarde.

— Boa tarde.

Que Euzébio sabia de algo, disso Afrânio não tinha dúvidas, bem como compreendia por que ele mentira. Era óbvio que tentava proteger alguém e, se era assim, essa pessoa devia frequentar sua igreja, quem sabe até o próprio menino que, a essa altura, já seria um homem. Vigiaria a igreja, pois, cedo ou tarde, as pessoas certas iriam surgir.

Ao redor de Afrânio, o espírito de Margarete dava saltos de alegria. Fora alertada por Félix de que aquela era a igreja frequentada por Marcos.

— Ele encontrou! — gritava ela entusiasmada.

— Eu não lhe disse? Falta muito pouco, mas você precisa ter calma. Não vá distanciá-lo novamente.

— Não. Vou ficar quietinha, à espera de que Leontina apareça e ele a siga.

Só que Leontina não apareceu. Sentindo-se culpada por estar abrigando em casa o marido adúltero da irmã, deixou de comparecer à igreja, causando até uma certa preocupação em Euzébio, acostumado à sua presença constante.

Pensando nela, Euzébio ficou em sua sala, tamborilando na mesa, imaginando o que fazer. A situação era deveras grave, ele não podia simplesmente ficar sentado vendo tudo acontecer. Mentir ao detetive fora constrangedor, mas não lhe cabia revelar a verdade. Era preciso procurar Leontina e Clementina para que elas mesmas contassem tudo a Marcos e o alertassem das investigações de Afrânio que, sem sombra de dúvida, estava a serviço do verdadeiro pai do rapaz.

Tomou uma decisão: se Leontina não aparecia, teria ele mesmo que ir até ela, ou melhor, mandaria um recado para que ela fosse procurá-lo. Chamou um de seus ajudantes e deu-lhe o endereço de Leontina, pedindo que a chamasse com urgência. Como muitos fiéis moravam no morro do Salgueiro, não foi difícil encontrar a casa, mas não Leontina, que havia saído para o trabalho e ainda não retornara.

Atrás do mensageiro, seguiu Afrânio, imperceptível, mas não subiu o morro. Como todo mundo ali era conhecido, sua presença chamaria a atenção, e algum bandido acabaria interceptando um estranho sozinho, que bem podia ser da polícia. Por isso, ficou à espera na rua abaixo. O rapaz voltou em poucos minutos, e Afrânio tornou a segui-lo.

— Ele foi procurar Leontina — informou Margarete. — A irmã da mulher que criou meu filho.

Quando o mensageiro retornou à igreja, Afrânio estava certo de que ele fora alertar os possíveis pais adotivos do filho de Margarete. Ao entrar, Euzébio logo o interpelou:

— E então?

— Ela não estava. Falei com o marido dela e deixei recado para ela vir procurar o senhor assim que chegasse.

*Apesar de tudo...*

— Marido? — estranhou o pastor. — Desde quando Leontina é casada?

O jovem deu de ombros e foi retomar seus afazeres, deixando Euzébio muito desconfiado. Seria possível que Leontina estivesse vivendo em pecado com alguém, depois de todos aqueles anos de abstinência e repúdio ao demônio? Euzébio anotou mentalmente esse fato, para esclarecer com ela depois. Primeiro, precisava cuidar de Marcos Wellington.

Mais tarde, naquele dia, ao receber o recado de Romualdo, Leontina sentiu o corpo todo gelar.

— O pastor já sabe de nós — anunciou ela, horrorizada. — O que vou fazer?

— Sabe o quê? — contrapôs Romualdo. — Que você, por caridade, recebeu o marido doente de sua irmã em casa para cuidar dele, obrigação que competia à esposa?

— Você é adúltero, Romualdo! Clementina não tem obrigação de aceitar o seu pecado. E eu também devia repudiá-lo, tentação de Satanás!

— Não sou nenhuma tentação de Satanás — aborreceu-se. — E não vejo nenhum mal em você cuidar de um homem doente, ainda que pecador, como você diz. Onde está seu espírito cristão?

— O pastor não vai acreditar que é pelo meu espírito cristão que estou vivendo na mesma casa do homem com quem forniquei no passado — sussurrou ela, como se as paredes pudessem ouvi-la.

— Não vá me dizer que você contou ao pastor sobre nós — indignou-se Romualdo, e ela assentiu. — Ora essa, Leontina, em que estava pensando?

— Tive que contar. Mas a minha conduta me salvou, até agora. Eu havia renunciado ao pecado e tentava me purificar me devotando à castidade. Mas agora... ele descobriu. Será que foi Clementina quem contou?

— Não acredito. Ela não seria tão falsa.

— O que é que eu faço, Romualdo? Como encarar o pastor e confessar que tornei a pecar? E o mesmo pecado!

— Pare com isso, Leontina. Estou separado de Clementina, e você é solteira.

— Você ainda é casado e é adúltero, assim como adúltero será qualquer uma que se consorciar a você.

— Quer dizer que eu vou ter esse estigma para o resto da vida?

— A menos que renuncie ao pecado e mude de vida.

— O que isso significa? Viver sem sexo, feito você?

— Sim.

— Você já dormiu comigo.

— Por isso estamos ambos condenados! — ela se atirou no sofá e começou a chorar.

Penalizado, Romualdo se aproximou dela e ergueu-a pelos braços, colocando-a de frente para ele.

— Para com isso, Leontina — falou com ternura. — Não acredito que estejamos cometendo nenhum crime ou pecado. Clementina não me quer mais, posso me divorciar e me casar com você.

— O casamento não vai apagar o adultério.

— Você precisa se libertar desses conceitos ultrapassados. Hoje em dia ninguém liga mais para isso.

— Conceitos ultrapassados? Como se atreve a chamar a palavra de Deus de ultrapassada?

— Não foi isso que eu quis dizer, perdoe-me. Você sabe que eu nunca fui um homem religioso, nem quando frequentava a igreja.

Balançando a cabeça, ela pôs-se a andar de um lado para outro, apertando as mãos nervosamente.

— E agora, o que vai ser de mim? — lamentou-se. — O pastor mandou me chamar em casa. Só pode ser para me acusar de meu pecado.

*Apesar de tudo...*

— Como é que você sabe? Talvez ele esteja apenas preocupado com o seu sumiço. Você vivia na igreja e, de uma hora para outra, não aparece mais. Ele deve estar pensando que lhe aconteceu alguma coisa.

— Sempre que eu fico doente ou tenho algum problema, mando Marcos Wellington avisar. Ele sabe que estou bem.

— Então vá você mesma ver o que ele quer.

— Tenho medo.

— Não devia. Afinal, ele é só um pastor. O máximo que pode fazer é orientar seus fiéis a agir conforme as Escrituras, mas não pode obrigar ninguém a fazer o que ele quer.

— Ele não, mas Deus há de me condenar pelos meus pecados.

— Olhe, Leontina, não adianta nada você ficar se torturando. Seja o que for, vai ter que enfrentar.

— E se ele me mandar deixar você?

— É isso que você quer? — ela meneou a cabeça. — Pois então, ele não pode obrigá-la.

— Pode me expulsar da congregação.

— Se fizer isso, então não é um pastor tão bom assim. Onde está a caridade, afinal? Vamos, coragem. Vá logo lá e termine com esse suspense de uma vez por todas.

Romualdo tinha razão. Ela não podia passar o resto da vida se escondendo do pastor, como se fosse uma criminosa. Tinha que resolver logo aquilo. O pecado era real, todavia, estava disposta a comprometer sua alma só para viver o que lhe restava de vida ao lado de Romualdo, que fora o único homem que amara em toda a sua vida. Se depois de morta sua alma queimasse para sempre no inferno, paciência. A escolha estava feita; mais valiam alguns anos de pecado com Romualdo do que a eternidade inteira no paraíso longe dele.

Enchendo-se de coragem, Leontina partiu ao encontro do pastor. Afrânio postara-se em frente à igreja, do outro lado da rua, por onde ela passou sem notar sua presença. Ele, porém, viu quando ela entrou.

— É ela! — exclamou Margarete, aguçando a intuição do detetive.

Leontina entrou na igreja, e foi pena que Afrânio não pôde acompanhá-la. Do lado de fora, atento aos movimentos no interior, procurava ouvir alguma coisa.

— Vamos — chamou Félix. — Aqui fora não poderemos fazer nada. Vamos ouvir a conversa dos dois.

Margarete foi de bom grado. Quando entraram na sala, Leontina já estava lá, sentada na mesma cadeira antes ocupada por Afrânio. O pastor pousou a bíblia sobre a mesa e sorriu para Leontina, ao mesmo tempo em que dizia:

— Está sumida. Algum problema? — ela não disse nada, e ele prosseguiu: — Ouvi dizer que há um homem em sua casa. Alguém conhecido?

Ela gelou. Queria mentir ou fugir, mas os princípios de retidão que aprendera paralisaram seu corpo.

— É o marido de minha irmã — respondeu de olhos baixos. — Está doente, com catarata, e estou cuidando dele até sair a operação pelo SUS[1].

A revelação era surpreendente, mas Euzébio não tinha tempo para comentá-la agora. Cruzou as mãos sobre a mesa e, com olhar grave, declarou:

— Bem, Leontina, não a chamei aqui por causa disso, mas porque hoje recebi a visita de um detetive particular que me fez perguntas sobre uma mulher atropelada há muitos anos e o filho dela, provavelmente abandonado.

Leontina não sabia se ria de satisfação, porque o assunto não era seu pecado com Romualdo, ou se desmaiava de susto e preocupação.

— O senhor quer dizer que vieram procurar Marcos Wellington? — ele assentiu. — Mas quem? Por quê?

---

1 SUS – Sistema Único de Saúde.

*Apesar de tudo...*

— Um detetive, já disse, provavelmente a mando da verdadeira família de Marcos Wellington. Mostrou-me até uma foto da falecida mãe, que não pude identificar por nunca tê-la visto.

— Meu Deus! E agora? Clementina precisa saber disso.

— Com certeza precisa. E vocês vão ter que contar a verdade ao moço.

— A verdade? Não podemos!

— Posso citar várias passagens das Escrituras Sagradas que condenam a mentira. Lembre-se: "A língua franca fica sempre firme, mas a mentirosa, somente por um instante"[2]. A verdade há de prevalecer, minha filha, pois a mentira jamais se sustentará eternamente. E Deus não mente, portanto, não devemos mentir uns aos outros.

— Ah! Pastor, não posso fazer uma coisa dessas. O senhor disse que não lhe contou a verdade para nos dar a oportunidade de o fazermos. Só que o filho não é meu, é de minha irmã. E ela, como o senhor sabe, voltou-se contra a igreja e as Escrituras.

— Resta-nos o pai, que você acabou de revelar que está vivendo em sua casa.

Ela sentiu o nervosismo percorrer suas veias. Lutou contra o tremor interno que ameaçava saltar para sua voz, fazendo fraquejar-lhe as pernas e as mãos.

— Romualdo mesmo é que não vai contar. Não tem nenhum temor a Deus.

— E é esse homem que você abriga em sua casa? — censurou ele. — Já esqueceu o que lhe aconteceu no passado?

— Não... — balbuciou ela, sem saber o que dizer.

— Esse assunto, deixaremos para depois. Por ora, temos que tomar providências quanto ao detetive. Dou-lhes dois dias para pensarem bem e lhe contarem tudo. Tenho o

---

2 Provérbios, 12:19.

cartão dele aqui comigo. Depois disso, se vocês não fizeram nada, eu o farei. Não quero envolvimento com a mentira.

Diante do ultimato, Leontina sentiu o desespero se apoderar dela. Precisava contar tudo urgentemente a Clementina e Romualdo. Saiu alquebrada, passando novamente por Afrânio, que logo percebeu seus olhos inchados, o ar abatido. Atrás dela, vinham Margarete e Félix, que soprou ao ouvido do investigador:

— Talvez seja essa uma boa hora para interpelá-la.

Na verdade, a intervenção do espírito nem seria necessária, porque Afrânio já havia se decidido a abordar Leontina. Ele se aproximou pelo lado do meio-fio e chamou-a com o máximo de cuidado possível, para não assustá-la.

— Por favor, senhora, gostaria de uma informação.

Ela mal olhou para ele, mas todos os seus instintos se aguçaram, um alerta mudo pressionou os seus pés, apertando-lhe os passos para a fuga. Mesmo sem olhar para ele, sabia de quem se tratava. Ela caminhava com rapidez, quase correndo, com Afrânio em seu encalço.

— Por favor, senhora — repetiu ele —, não tenha medo. Não vou lhe fazer nenhum mal. Quero apenas lhe fazer algumas perguntas.

— Não o conheço e não costumo falar com estranhos — respondeu ela apressadamente.

— Nem sobre a mulher atropelada e o filho que ela abandonou? — disparou ele, contando com o impacto da surpresa.

A tática surtiu o efeito desejado, porque Leontina estacou de boca aberta, mas logo se recuperou:

— Não sei do que o senhor está falando. E por favor, não me aborreça ou vou gritar.

Ela nem precisava dizer nada, porque o seu olhar de espanto revelou tudo. Aquela mulher conhecia a história e o

*Apesar de tudo...*

paradeiro do menino. Leontina apertou ainda mais o passo, até que alcançou a ladeira e deu início à subida do morro, olhando a todo instante para ver se Afrânio a seguia. Ele permaneceu embaixo, acompanhando sua fuga desabalada. Aos tropeções, Leontina seguiu direto para a casa da irmã. Era o mais justo falar com ela primeiro. Entrou sem bater e encontrou-a preparando o jantar, agradecendo a Deus por Marcos estar ainda no trabalho.

— Nossa, Leontina, que cara é essa? — assustou-se Clementina, ante o estado de desespero da outra. — Viu algum fantasma, foi?

— Pior! — gritou Leontina, batendo a porta e se colando a ela, como que tentando impedir que alguém entrasse.

— O que foi? Romualdo lhe fez alguma coisa? Ele bateu em você?

— É o Marcos Wellington, minha irmã! Um homem descobriu tudo! E agora, o que faremos?

— Espere um instante. Que homem...? Descobriu tudo o quê?

— Ele sabe sobre a mãe atropelada. Eu o vi... Ele me abordou na rua... Procurou o pastor, fez perguntas. E o pastor nos mandou falar a verdade. Agora, depois de mais de vinte anos, temos que entregar Marcos Wellington a seus verdadeiros pais!

Leontina ouviu um baque surdo e correu para amparar Clementina, que havia desmaiado no chão. Apesar da conversa truncada, a irmã compreendera tudo rapidamente. Seu pior temor batia-lhe à porta, inevitável, ameaçando destruir sua felicidade. Marcos Wellington iria embora e a desprezaria pelo que fez. Perder o marido fora difícil. Ganhar o desprezo do filho seria insuportável.

# Capítulo 36

Não suportando a imensa carga emocional, Margarete teve que ser amparada por Félix e levada de volta à sua cidade astral. Os dois apareceram instantaneamente na varanda da habitação, surpreendendo-se com Laureano, que os aguardava na porta.

— Vejo que nossa irmã está em desequilíbrio — comentou ele, dando-lhe um passe rápido.

— Estou bem — afirmou ela, sentindo-se realmente melhor com a transfusão de energias benéficas. — É que foram muitas emoções hoje.

— Afrânio está a um passo de descobrir a verdade — esclareceu Félix. — E Leontina também já contou tudo a Clementina.

— A verdade não poderá mais estar oculta — disse Laureano. — É o caminho da natureza, cujo curso, por mais que se desvie, acaba sempre retornando em direção da verdade.

Mas não é por isso que estou aqui. Vocês dois têm se saído bem em sua missão até agora. Vim trazer um visitante.

— Que visitante?

— Ele está lá dentro e pediu-me para alertá-la sobre sua presença. Não quer que você se sinta ofendida nem embaraçada.

— Quem é? Quem está aí?

— É o Anderson.

— O quê? — indignou-se ela. — Quer dizer, o pai de Marcos?

— Ele mesmo.

— Mas por quê? O que ele quer?

— Falar com você. Não quer falar com ele?

Margarete não respondeu. Abriu a porta da sala e encontrou Anderson sentado no pequeno catre em que ela, de vez em quando, descansava. Ele parecia adormecido, mas quando ela se aproximou percebeu que ele rezava em silêncio. Anderson percebeu sua presença, abrindo os olhos ao senti-la chegar mais perto.

— Olá, Margarete — cumprimentou ele, com uma certa serenidade. — Faz muito tempo que não a vejo.

— É verdade. Mais de vinte anos, embora eu o tenha visto antes disso.

— Sei que você foi me visitar no hospital e lhe sou grato. Pensei que me guardasse rancor ou mágoa.

— No começo, pode ser. Mas depois, com a ajuda de Félix e Laureano, compreendi que o ressentimento só fazia mal a mim mesma.

— Você pode me perdoar?

— Pelo quê? Por ter me dado um filho maravilhoso?

— Pela minha covardia. Por não ter tido coragem de enfrentar meus pais e assumir que a amava.

— Você era só um menino.

— Isso não é desculpa. Tornei-me pai.

— Tornar-se pai não faz de ninguém um sábio da vida — esclareceu Laureano. — Se assim fosse, toda educação seria perfeita.

— Eu sei — falou ele. — Mas é que me arrependo tanto!

— Arrependimento é bom, porque evita a reincidência na dor. Mas não se deixe torturar por ele. Aprenda com o que viveu para viver melhor em outra oportunidade.

— Seus pais também se arrependeram e estão tentando recuperar o tempo perdido, lutando para reencontrar o neto — acrescentou Félix. — Não é uma boa maneira de tornar a vida melhor?

— Não deixa de ser.

— Marcos será um grande homem, maior ainda do que já é — declarou Laureano. — Precisa de recursos financeiros para realizar a obra grandiosa a que se propôs. Juntos, ele e Raquel prestarão auxílio a muita gente não apenas nas questões jurídicas, mas principalmente, nas obras sociais que realizarão.

— E esses recursos financeiros chegarão a ele através de seus pais, Anderson — afirmou Félix. — Não é uma coisa maravilhosa?

— Realmente — respondeu Anderson, em dúvida.

— Se você não tivesse dado a vida a Marcos, nada disso seria possível — comentou Margarete.

Fez-se um momento de silêncio, que Laureano e Félix aproveitaram para se retirar. Anderson segurou a mão de Margarete, provocando seu olhar.

— Você ainda não respondeu se me perdoa.

Ela respirou profundamente e apertou a mão dele.

— Sabe, Anderson, se tem uma coisa que aprendi aqui é que somos iguais em nossa busca. Estamos todos tentando crescer. Para isso, vamos amadurecendo em espírito, ganhando confiança à medida que nos despimos do orgulho e

*Apesar de tudo...*

aceitamos a nossa pequenez diante da vida. Se somos tão pequeninos, temos o direito de errar. Isso não é um pecado, não é motivo de vergonha, não é uma falta imperdoável, não tem o peso da condenação nem da culpa. É só uma forma de crescer. Só isso.

— Sim, mas e o perdão?

— Bom, se todo mundo faz igual, então, não tenho por que lhe cobrar nada. Se não tenho o que cobrar, você não me deve nada e, é lógico, não precisa me pedir perdão.

— Mas você me perdoa mesmo assim?

— Não escutou nada do que eu falei, não?

— Escutei, mas ouvir o seu perdão também é importante. Você falou em peso... Pois eu acho que a palavra perdão traz uma leveza que faz bem à alma. Custa você dizer, se estiver sentindo de verdade?

— Não, não custa — falou ela sorrindo. — Ainda mais porque é verdade. Perdoo você por qualquer mal que pensa que me fez e o libero do sentimento de culpa. Agora liberte-se você também dessa prisão.

Foi como se um novo alento de vida houvesse revigorado todo o corpo fluídico de Anderson. A sinceridade que revestia as palavras de Margarete luziu no coração do rapaz, que imediatamente sentiu o efeito libertador do perdão. Ele tornou a apertar a mão dela e falou emocionado:

— Obrigado. Sei que foi sincero.

Anderson pousou-lhe um beijo suave nos lábios, não de paixão ou luxúria, mas de uma fraternidade indescritível que a emocionou. Margarete deixou escorrer as lágrimas e alisou o rosto dele, sentindo-se igualmente livre.

— Preciso voltar — declarou ele.

— Mas vem me visitar?

— Sempre que puder.

— E o nosso filho? Você já o viu?

— Já, sim. É um rapaz muito bonito, inteligente e, o que é mais importante, honesto, digno e bondoso.

Margarete assentiu satisfeita, e os dois saíram de casa, onde Félix os aguardava em companhia de Laureano. Anderson deu um abraço neste último e estendeu a mão para Félix, que a tomou com satisfação.

— Muito obrigado por cuidar de Margarete — falou ele.

— Ora, não tem que me agradecer — objetou Félix, sem jeito. — Cuido dela porque a amo.

— Sei disso.

Em segundos, o espírito iluminado de uma senhora surgiu diante deles. Sorriu amistosamente para todos, apanhou o rapaz pela mão e esvaneceu com ele no ar. Os três ficaram olhando o espaço vazio deixado pelos dois espíritos, cada qual refletindo em sua própria existência, até que Laureano questionou:

— Vocês não gostariam de deixar esse lugar também?

— Não me sinto ainda preparada — contrapôs Margarete. — Tenho medo de voltar a assediar os vivos em troca de bebida.

— Não se sente livre do vício?

— Ainda não. Às vezes, tenho a sensação de que meu corpo clama pelo álcool.

— Você sabe que é apenas uma impressão do corpo astral, não sabe?

— Sei, mas é uma impressão forte demais para me assustar. Aqui, ao lado de vocês, por mais difícil que às vezes seja, sei que terei forças para resistir.

— Para onde você irá, a força será ainda maior. Aqui há espíritos enfermos em recuperação. Lá, o tratamento é mais voltado para as dores da alma.

— Eu gostaria de ir — comentou Félix. — Adoro você, Laureano, mas já estou cansado desse lugar.

*Apesar de tudo...*

— O que é natural, já que você está aqui há muito mais tempo do que Margarete.

— Contudo, temos ainda uma missão por concluir.

— Por enquanto. O sucesso das investigações de Afrânio ficou por conta de vocês, mas logo esse processo estará concluído. E depois?

— Não sei — confessou Margarete.

— Pois eu acho que deviam considerar a ideia de partir. Você não pode ficar aqui para sempre, Margarete.

— Vou pensar, Laureano. Depois que vir meu filho no lugar onde ele deve estar, talvez siga o seu conselho.

— Excelente! E agora, por que não me acompanham numa breve oração?

Assim fizeram. Os três juntos tinham muito a agradecer.

# Capítulo 37

Nada sabendo da conversa entre a tia e o pastor, Marcos retomou a faculdade no dia seguinte. Gostava dos estudos, das aulas, da companhia dos colegas inteligentes, com suas perguntas interessantes, bem colocadas. O namoro com Raquel ia bem, e agora que se entendera com o pai, tudo ficara ainda melhor. Só no trabalho as coisas continuavam estranhas. De uma hora para outra, o patrão dera para cismar com ele e olhá-lo de cara feia, tratando-o com uma cortesia gélida e distante. Valdir parecia vigiá-lo a cada instante, tomando conta de seus passos, analisando seus gestos, escutando suas conversas.

O desagradável no recomeço das aulas foi o reencontro com Nélson. Logo que entrou, Marcos deu de cara com o rapaz, que o encarou com ar desafiador, mas não disse nada. Cochichou alguma coisa com seu amigo Antônio, e ambos riram debochadamente.

Marcos sentou-se no lugar de costume, entre Raquel e Arnaldo, que o recebeu com o sorriso amistoso de sempre.

— Que saudades, cara! — cumprimentou Arnaldo, abraçando-o efusivamente. — Como estão as coisas?

— Bem. E você, como foi nos Estados Unidos?

— Tirando o frio, tudo bem.

A irmã de Arnaldo morava na Califórnia, para onde ele fora com a família, visitar a sobrinha recém-nascida.

— E a sobrinha?

— Linda. Uma boneca.

Raquel logo se juntou a eles na conversa, até que o professor entrou, dando início à aula. Nélson e Antônio, como sempre lá atrás, cochichavam besteiras, soltavam risadinhas abafadas, atrapalhando a aula.

— Esses dois não se emendam — comentou Arnaldo, com um certo rancor.

— Psiu! — fez Raquel, virando-se para trás rapidamente.

Notando que Paulo, o outro amigo de Nélson, agora se sentava sozinho, ela sorriu para ele. No intervalo, convidou-o a unir-se ao grupo dela, convite que ele aceitou de bom grado. Desde o episódio racista de Nélson que Paulo não se sentava mais perto dele. Paulo foi bem recebido por Marcos e Arnaldo, formando com eles um pequeno grupo de estudos.

Nos primeiros dias, Nélson e Antônio se mantiveram quietos, entregues apenas aos cochichos de sempre. Mas na segunda semana de aula, as provocações recomeçaram. Marcos e Raquel estavam com os amigos sentados a uma mesa na cantina quando ouviram gargalhadas altas partindo da mesa ao lado. Olharam ao mesmo tempo. Aproveitando-se de que conseguira chamar a atenção, Nélson gritou para Marcos em tom sarcástico:

— É verdade o que ouvi? Que sua mãe é uma ladra?

— O quê?! — indignou-se Marcos. — Repita o que disse!

Arnaldo segurou-o pelo braço, e Raquel, contendo a indignação, tornou incisiva:

— Não ligue para isso, Marcos. É provocação.

Provocar era justamente o intuito de Nélson, que continuou com deboche:

— Perguntei se é verdade que sua mãe é uma ladra. Pelo menos foi o que um amigo me disse: que viu sua mãe quase ser presa no Pão de Açúcar, roubando souvenires de uma loja.

Marcos sentiu o sangue ferver. Como Nélson gritava, todos os que passavam ouviam seu comentário e se viravam para olhar, alguns com incredulidade, outros com indiferença, outros com ar de reprovação.

— Mentiroso! — rugiu Marcos, colérico. — Aquilo foi um mal-entendido, uma atitude racista do dono da loja!

Logo surgiram alguns comentários abafados. Nélson continuava olhando para ele, com um risinho sarcástico pendurado no canto da boca.

— Agora veja se pode — prosseguiu Nélson. — O cara quer ser advogado, e a mãe dele vai ser a primeira cliente.

Marcos tentou ao máximo se conter, mas nem a intervenção da namorada e dos amigos conseguiu impedi-lo de saltar diante de Nélson e segurá-lo pelo colarinho.

— Vai me bater? — desafiou Nélson, deliberadamente suprimindo qualquer referência racista. — Por falar a verdade?

Marcos levantou o punho bem acima dos olhos do outro e hesitou. Todos ao redor permaneciam mudos, seguindo as determinações do próprio Nélson, alguns comandados por Antônio.

— Marcos, não! — gritou Raquel. — Não vale a pena.

— Deixe disso, Marcos — acrescentou Arnaldo. — Não vá se igualar a ele.

*Apesar de tudo...*

— Deixe disso, Marcos — imitou Nélson, afinando a voz, e acrescentou para Marcos, como se fosse Arnaldo quem dizia. — Nélson não é uma bichinha feito você.

Por pouco o murro não veio. Na hora em que Marcos descia o punho, as palavras do Evangelho saltaram em sua mente, e ele recuou: "Bem-aventurados os mansos, porque eles herdarão a terra"[1]. Num relance, tudo o que aprendera sobre não violência assomou à sua mente. Lembrou-se das palavras do pastor, dizendo-lhe que a violência, no reino de Deus, é algo inaceitável. Na mesma hora arrependeu-se. Recolheu o pulso e soltou Nélson mansamente. Rodando nos calcanhares, apressou o passo, sumindo sob uma saraivada de risadas irônicas e provocadoras:

— Há, há, há! Olhem só o covarde!

— Ele não fez nada porque sabe que não é mentira. A mãe é mesmo uma ladra!

— E ele, uma bichinha...

Raquel havia saído atrás de Marcos, tentando alcançá-lo em meio à multidão de alunos que transitava por ali àquela hora. Em seus lugares, Paulo e Arnaldo permaneceram sem saber o que fazer, até que o primeiro se levantou e disse simplesmente:

— Seus idiotas.

Saiu, e Arnaldo foi atrás dele.

— Isso, traidor — desdenhou Nélson. — Corra atrás dele com sua outra *bichona*.

Não foi possível encontrar Marcos. Apenas Raquel conseguira alcançá-lo no hall dos elevadores e desceu com ele.

— Vamos, Marcos — chamou ela. — Deixe isso para lá. Eles são uns idiotas. Não vá perder a aula por causa deles.

— Você não entende — objetou ele, olhando-a com olhos úmidos. — Não é deles que estou com raiva. É de mim mesmo.

---

1 Mateus, 5:5.

— De você? Por quê? Você não fez nada. Sofreu uma provocação e reagiu.

— Reagi feito ele. Esqueceu-se de tudo o que me falou antes sobre ação e reação? Pois bem, agora compreendo o que você quis dizer. Não devemos reagir com violência, e sim com amorosidade. Era isso o que eu devia ter feito, mas não consegui. Igualei-me a ele no desrespeito e na brutalidade.

— Não se culpe, Marcos. Você é um ser humano.

— Reconheci o meu orgulho. Por isso não pude deixar passar a agressão.

— Acho que você está se cobrando demais. Está tentando ser perfeito, e ninguém é.

— Jesus foi manso e pacífico. Eu devia ser também.

— Mas você foi. Teve um momento de raiva, mas refletiu e se impediu a tempo de cometer uma besteira. Não é isso que importa?

Marcos caminhou de um lado a outro e passou a mão nos cabelos.

— Ele falou da minha mãe... chamou-a de ladra.

— Ela não é. Sabemos disso.

— Mas eu queria que todo mundo soubesse.

— Todo mundo sabe.

— Não. Todo mundo agora vai acreditar na versão dele e achar que minha mãe realmente tentou roubar aquela loja.

— Deixe isso para lá, Marcos. As pessoas esquecem.

— Será que eu poderei esquecer? Oh! Raquel, sinto minha alma tão suja!

— Não diga uma coisa dessas.

— Suja do pecado da ira, da vergonha e do orgulho. Eu jamais deveria ter aceitado aquela provocação.

— Meu amor, você está se cobrando demais. Não tente agir como se fosse Deus. Há pouco você mencionou Jesus. Você não é Jesus.

— Ele é o nosso exemplo.

— Mas não o nosso carrasco. Jesus era compreensivo, não acusava ninguém. Por que é que você mesmo se acusa?

— Ah! Raquel... — balbuciou ele, estreitando-a com amor.

Beijaram-se delicadamente, e ela sugeriu num sussurro:

— Vamos sair daqui — e, antes que ele retrucasse, acrescentou: — Só hoje, faça algo que normalmente não faria. Deixe de lado a razão e siga o coração. Você não me ama?

— Você sabe que sim.

Disse isso já se encaminhando de volta para o elevador. Subiu ao sétimo andar e esperou até que o sinal anunciasse o término daquela aula para entrar na sala, ignorando Nélson e seus comparsas.

— Está tudo bem, cara? — indagou Paulo.

— Muito bem — respondeu Marcos, guardando suas coisas de volta na mochila.

— Vocês vão embora? — era Arnaldo, e Raquel assentiu.

Marcos, contudo, sabendo que os olhos e ouvidos de Nélson estavam grudados neles, cedeu à tentação. Em tom de confidência, mas perfeitamente audível, respondeu com malícia:

— Vamos namorar.

Nélson quase quebrou a lapiseira, tamanho o seu ódio. Na mesma hora em que falou, Marcos se arrependeu, mas já era tarde demais. Havia devolvido a provocação. Tomou Raquel pela mão e saiu com ela, cabisbaixo. Ela percebeu a resposta maliciosa, mas preferiu ficar quieta. Marcos vivia conflitos internos intensos, não seria prudente provocá-lo ainda mais. Contudo, ele mesmo comentou:

— Estou me modificando, Raquel, e para pior. Nunca fui sarcástico na vida.

— Não se culpe. Você está com raiva, vai passar. Nélson é que tem que aprender a respeitar os outros.

— Conheço o caráter de Nélson, mas isso não é justificativa para eu me entregar à tentação de Satanás. Ele se utilizou da minha fraqueza para provocar-me sentimentos impuros.

— Você acredita que o diabo fez você reagir dessa forma?

— Não — respondeu ele com seriedade. — Acredito que ele está dentro de mim, atirando pela minha boca as impurezas de minha alma.

Raquel não rebateu. Não sabia mais o que dizer. Marcos também não queria acrescentar que estava sendo punido pelos seus atos de iniquidade, principalmente porque cedera ao pecado da carne. Ao chegarem ao carro, Marcos abriu a porta para ela. Deu-lhe um beijo suave, esperou que ela se sentasse ao volante. Já ia batendo a porta quando ela colocou o pé para fora e o interpelou:

— Você não vem comigo?

— Não.

— Por quê? Nós não saímos para namorar, como você mesmo disse?

— Foi errado. Devíamos estar assistindo aula, e eu não deveria ter anunciado o que íamos fazer. Expus você à maledicência alheia e não posso me perdoar por isso.

— Não ligue, Marcos. Eu não ligo. Todo mundo sabe que a gente transa mesmo. E quem não transa, hoje em dia?

Talvez fosse esse o problema que ele não queria revelar. Jamais deveria ter acedido à tentação da luxúria. Ele amava Raquel com toda intensidade, mas podiam ter esperado o casamento para legitimar sua união perante Deus. Agora viviam em pecado, e ele estava sendo punido.

— Hoje, não, Raquel, lamento.

— Posso saber aonde você vai?

*Apesar de tudo...*

— Vou à igreja orar e depois vou para o trabalho. Amanhã a gente se vê.

De nada adiantaria a insistência de Raquel. Ela recolheu a perna e ligou o carro, sentindo as lágrimas esfregando seus olhos. Susteve-as por um momento, até que o carro se afastou o suficiente para ela perder Marcos de vista. Só então deixou-as cair, uma enorme sensação de perda se insinuando em seu coração. Momentaneamente deixou-se dominar pela raiva. O episódio com Nélson não fora suficiente para provocar aquela reação em Marcos. E ela não havia feito nada. Por que então ele se afastava dela quando mais deveriam se unir?

Marcos se fazia perguntas diferentes. Só Jesus conhecia o conflito que vivia para aceitar uma moça feito Raquel, livre de todo tipo de tabus e proibições. Não tinha dúvidas de que a amava, mas era preciso fazer alguma coisa para conciliar seus mundos tão distintos. Por mais que ele se entregasse a uma vida livre com ela, não era essa a liberdade de que sua alma gozava. Estava preso, e muito bem preso, aos dogmas evangélicos. Liberar-se deles não era uma tarefa fácil, principalmente porque Raquel intimamente lhe cobrava uma mudança não de religião, mas de comportamento.

Diante de seus conflitos, o acontecimento daquela manhã surgira como um alerta, envolvendo justo a mãe, uma mulher sem fé. Era o motivo pelo qual ela fora escolhida como alvo daquela infâmia; porque se afastara, deliberadamente, dos caminhos de Deus. Raquel trilhava a estrada de um Deus diferente do seu, por isso, não dava valor a nada do que a bíblia dizia, preferindo envenenar-se com teorias mirabolantes e fantásticas.

Reconhecia, no entanto, que muito do que ela dizia não era diferente do que ele aprendera na igreja. Raquel, com seu jeito espontâneo, sempre falava de amor e de respeito, sentimentos que ele, desde pequeno, fora estimulado a praticar. Pensando nela, quase ouviu a sua voz suave dizendo coisas aparentemente absurdas e, ao mesmo tempo, tão sábias. Seu coração se enterneceu. Sentiu imenso arrependimento por não ter seguido com ela. Podiam, àquela hora, estar se amando em algum motel, longe do mundo e de seus problemas.

Chegou a pegar o celular para ligar para ela, mas desistiu. Tomou o ônibus, sentindo uma necessidade fremente de orar. Quando saltou, foi direto para a igreja, onde poderia se entregar à oração sem ser interrompido. Sentou-se num banco, fechou os olhos para rezar com fervor. Estava rezando havia um bom tempo quando sentiu uma mão em seu ombro. Seus olhos se abriram, desfocados, custando um pouco a identificar, com nitidez, a figura do pastor.

— Como vai, Marcos Wellington? — indagou ele, certo de que Marcos já sabia de tudo sobre seus pais.

Como o motivo era outro, Marcos respondeu com simplicidade e um certo distanciamento, pois não desejava se abrir com ele.

— Bem, senhor, obrigado.

— Não o tenho visto ultimamente, mas soube que está trabalhando e estudando. Continua naquele restaurante? — Marcos assentiu timidamente, porque ninguém aprovara sua decisão de trabalhar em local tão profano. — Entendo. E o que o traz aqui?

— Vim apenas orar.

— Orar? Só isso?

— Sim.

Para Marcos, a pergunta de Euzébio tinha por motivo o fato de ele estar namorando uma moça espiritualista. O pastor, por sua vez, desconfiando de que ele nada sabia, não fez mais perguntas.

*Apesar de tudo...*

— Muito bem, meu filho — falou com voz carinhosa. — Ore o quanto quiser. E depois, se desejar, venha falar comigo.

— Sim, senhor. Obrigado.

Marcos ficou observando Euzébio se afastar, tentando imaginar o que ele diria sobre Raquel. Tinha certeza de que a tia já devia ter-lhe contado tudo a respeito dela, mas não pretendia abrir-se com ele nem lhe fazer confidências. O pastor iria recriminá-lo e orientá-lo a romper o namoro ou a empreender a conversão de Raquel. Além disso, tentaria fazer com que eles parassem de manter relações sexuais, o que, àquela altura, seria impossível. No fundo, sabia que era seu dever contar tudo ao sacerdote, mas o temor de ser forçado a deixá-la era maior.

Com o alívio que a oração lhe trouxe, levantou-se para ir embora. Do outro lado, Euzébio o observava com discrição, ambos sentindo o coração em sobressalto por motivos diversos. Marcos consultou o relógio e resolveu não passar em casa para almoçar. Abriria um jejum de vinte e quatro horas, iniciando-se naquele momento. Tornou a sentar-se para fazer breve oração, predispondo-se a desligar-se das coisas físicas e colocar-se em profunda comunhão com Deus. Marcos sabia que não devia usar o jejum com o propósito de sacrifício e pediu a Deus que lhe desse discernimento para saber como proceder naquela situação.

Quando terminou, seguiu direto para o trabalho, sentindo-se mais leve e reconfortado.

# Capítulo 38

Como sempre, Valdir estava carrancudo, sem que Marcos pudesse imaginar o motivo. Mal sabia ele que, de vez em quando, vinham reclamações sobre seu comportamento. Era uma mulher que reclamava dos olhares dele para o seu decote, uma outra que se queixava de um aparentemente casual alisamento de seios, outra que relatava piadinhas de mau gosto. Não era possível. Marcos sempre fora muito sossegado mas, de uma hora para outra, vinha alguém reclamando de seus abusos.

— Está tudo bem, seu Valdir? — indagou Marcos, incomodado com o mau-humor do patrão.

— Mais ou menos — respondeu ele, carrancudo. — Depois do expediente, conversaremos.

— É algo comigo?

— Você sabe.

Valdir deu-lhe as costas, deixando-o sem saber do que se tratava. Marcos servia as mesas, longe de imaginar os pensamentos maldosos que passavam pela cabeça de Valdir, que via segundas intenções em tudo o que ele fazia. Quando o último cliente saiu, Valdir o chamou a um canto.

— Escute aqui, Marcos — foi logo dizendo —, gosto muito de você, mas o que vem fazendo não está certo.

— O quê, seu Valdir? — retrucou ele, do alto de sua ignorância.

— As moças estão vindo fazer queixa de você.

— É? — surpreendeu-se. — Por quê?

— Você sabe.

— Não sei, não.

— Andam dizendo que você vive fazendo gracinhas, fica de olho nos decotes e passa a mão nelas.

— Eu?! — indignou-se. — Era só o que me faltava, seu Valdir. Pois eu nem reparo nelas.

— Não é o que me disseram. E não foi uma nem duas que vieram se queixar de você. Foram várias.

— Estou abismado. Só pode ser um mal-entendido. Eu nunca mexi com ninguém.

— Pois elas dizem que mexeu.

— Quem foi que disse isso? — falou ele, mal contendo a raiva. — Quero saber.

— Não sei, não conheço as moças. São freguesas que vêm aqui e reclamam do seu comportamento.

— Assim é muito fácil, não é, seu Valdir? Acusam-me de algo que não fiz, e eu nem posso saber quem foi? Como poderei me defender? E por que motivo elas fariam isso?

— É, por que motivo?

— Sei lá! Vai ver elas são racistas.

— Inclusive as negras? — Marcos levantou as sobrancelhas, e Valdir prosseguiu: — Pois já vieram brancas e negras se queixar de você. É coincidência?

— É uma infâmia, isso sim! O senhor sabe que a minha religião não me permite essas liberdades. E eu jamais desrespeitaria uma mulher ou qualquer outra pessoa.

— Você está namorando uma menina que não tem nada de crente.

— E daí?

— E daí que está mudado.

— Não, seu Valdir, nisso não. Minha namorada não é evangélica, mas eu não perdi a vergonha nem a moral. *Me admira* o senhor, que me conhece faz tempo, acreditar nessas mentiras.

— Também achei estranho, mas já vieram umas cinco ou seis moças reclamar de você. Por que elas fariam isso se não fosse verdade?

— E por que fariam se fosse? Tudo bem que uma ou duas se sentissem incomodadas. Mas de repente, todo mundo resolveu dar tanta importância ao fato e me acusar? O senhor não acha estranho?

— Estranho, é. Mas estou de olho em você e venho reparando o seu comportamento. Você é bem animadinho com as mulheres, não é?

— Sou educado com homens e mulheres. Nada além disso.

— Vai negar então que tenha feito gracinhas e passado a mão nas moças?

— É lógico! E gostaria que o senhor me apresentasse ao menos uma dessas moças para que eu possa me defender e provar que sou inocente.

— Infelizmente, elas reclamam de você e não voltam mais, na certa com medo de represálias.

— Represálias? Essa é muito boa, seu Valdir. Por acaso está me confundindo com algum bandido?

— Coloque-se no meu lugar, rapaz. O que você faria se alguém viesse procurá-lo e fizesse acusações desse tipo a um empregado seu?

— Eu o chamaria na frente da pessoa que falou e lhe daria a chance de se defender.

*Apesar de tudo...*

— É... Bem, farei isso da próxima vez. Por ora, quero apenas que você preste atenção e não se meta com as freguesas. É melhor deixar as mesas de mulheres para os outros garçons.

— Isso é um absurdo, seu Valdir! Está me tratando como se eu fosse um tarado.

— Já disse, Marcos. Se quer manter o emprego, faça como lhe falei.

Marcos ficou furioso, mas conseguiu se conter. Seria possível que sua vida começara a andar para trás? Saiu do trabalho remoendo a raiva e tentou rezar. Com muita dificuldade, elevou os pensamentos a Deus. Depois de muito se concentrar na oração, sentiu-se mais fortalecido para voltar em paz.

Entrou em casa sentindo o estômago arder. Lembrando-se do jejum, foi tomar um banho para depois dormir. Como a mãe já estava na cama, não o ouviu entrar, de forma que ele não fez barulho e se deitou no sofá, adormecendo em seguida.

De seu leito, Clementina logo percebeu quando ele chegou, mas fingiu que dormia para que ele não visse o seu estado de quase desespero. Não sabia o que fazer, apavorada com o ultimato do pastor. Sem conseguir dormir, levantou-se de mansinho e trocou de roupa no escuro, sem emitir qualquer ruído. Marcos dormia a sono solto, ela saiu devagar, fechando a porta com todo cuidado. Rodou a chave na fechadura, em silêncio, partindo, célere, para a casa da irmã.

De longe avistou luz na sua sala, deduzindo que ela e Romualdo ainda estavam acordados. Não era sua a escolha de defrontar-se com o marido novamente, contudo, não tinha jeito. Precisavam, os três, tomar uma decisão conjunta. Apesar do adiantado da hora, Clementina bateu à porta. Quando Leontina abriu, ela entrou e logo viu Romualdo no sofá, de frente para a televisão, mais ouvindo do que vendo o programa noturno.

— Não preciso perguntar o que a trouxe aqui, não é mesmo? — questionou ele.

— Você não está preocupado? — tornou ela, contendo a irritação.

— Não. Já sei o que devemos fazer.

— E o que é?

— Contar-lhe a verdade, é claro.

— Ah, sim, é claro. Tão fácil, não é? Já pensou na reação dele? Já lhe passou pela cabeça que Marcos Wellington pode se voltar contra nós e ir embora? Nada disso lhe importa, não é mesmo? E por que importaria? Você nunca ligou a mínima para ele.

— Pense bem, Clementina. Se alguém está à procura dele, só pode ser o pai verdadeiro, que deve ser uma pessoa rica. Do contrário, não teria dinheiro para colocar um detetive no rastro dele.

— E daí?

— E daí que isso pode nos ajudar. Estamos precisando de dinheiro.

— Não acredito! Não acredito que você esteja pensando em dinheiro numa hora dessas.

— Eu estou doente, você não percebeu? Preciso operar a catarata, se quiser voltar a enxergar. E a fila no SUS é gigante. Agora, com grana, eu poderia fazer logo a cirurgia, e com um médico particular.

— Isso é um disparate! Eu aqui, com medo que meu filho se volte contra mim, e você preocupado com dinheiro.

— Foi o que disse a Romualdo — interrompeu Leontina. — Também não acho certo entregar o menino por dinheiro.

— Não é por dinheiro — rebateu Romualdo. — É pela minha saúde.

*Apesar de tudo...*

349

— E se Marcos Wellington não aceitar?

— Como não vai aceitar? Ele foi encontrado na lata de lixo, e fomos nós que cuidamos dele. Quem não ficaria grato numa situação dessas?

— A mãe dele morreu atropelada e não lhe dissemos nada — objetou Clementina. — Mentimos a ele por mais de vinte anos.

— Marcos é um rapaz religioso — lembrou ele. — Vai saber entender e perdoar.

Clementina fitou Romualdo com incredulidade. Depois, virou-se para a irmã e indagou:

— E você, Leontina, o que acha?

— Concordo que devemos contar a ele — anunciou com cautela. — Não por causa do dinheiro, mas porque o pastor foi muito claro em seu ultimato: se nós não contarmos, ele mesmo o fará.

— Não sei o que fazer — confessou Clementina, andando de um lado a outro da sala.

— Nosso tempo é curto — esclareceu Leontina. — O pastor nos deu dois dias, e um já se foi. Só temos até amanhã para resolver.

— Não. Peça-lhe um tempo maior. Diga-lhe que estamos tomando coragem, buscando a melhor maneira de contar isso a Marcos Wellington.

— As duas estão se esquecendo do tal detetive — anunciou Romualdo. — Ou vocês acham que ele vai ficar esperando a decisão do pastor? Não demora muito e vai bater à sua porta, Clementina.

— E agora? — apavorou-se ela. — O que é que eu faço, o quê...?

Diante do choro descontrolado da irmã, Leontina abraçou-a com ternura. Alisou os seus cabelos e retrucou com esperança na voz:

— A solução há de surgir. Vamos rezar.

— Não é Deus que vai resolver isso para mim — contestou Clementina com raiva, mirando Romualdo pelo canto do olho. — Eu mesma terei que salvar o meu filho.

— Vocês estão fazendo tempestade num copo d'água — censurou Romualdo. — A questão é simples: chamamos o menino aqui e contamos tudo. Daí ele encontra o detetive e pronto, vai conhecer a família dele.

— Nós nem sabemos se é isso mesmo — protestou Clementina. — E se for algum bandido atrás dele?

— Marcos Wellington nunca fez nada de errado! — discordou Leontina. — Sempre demonstrou temor a Deus.

— Não aguento mais ver vocês duas discutindo por uma coisa tão simples — objetou Romualdo.

— Simples para você, que não liga a mínima para ele — acusou Clementina.

— Está enganada. Não sou o monstro que você pensa. Mas um pouco de dinheiro, nesse momento, não faria mal algum. E tem o pastor. Quem é que vai impedi-lo de contar a verdade ao Marcos?

Os olhos de Clementina estavam secos novamente. Raciocinando com mais clareza, retrucou:

— Muito bem, Leontina, o pastor venceu essa batalha. Não posso impedi-lo de contar. Peça-lhe apenas mais um ou dois dias.

— Não creio que ele nos vá conceder esse tempo. E depois, como Romualdo disse, tem a questão do detetive. Ele deve estar bem perto de nós.

— Vou falar com ele primeiro. É isso. Vou procurar esse detetive e conversar com ele.

— Mas nós nem sabemos quem ele é! — replicou Leontina.

— O pastor deve saber. Vamos as duas falar com ele, pedir-lhe o telefone desse sujeito.

*Apesar de tudo...*

— Posso saber o que você pretende falar com o detetive? — questionou Romualdo.

— Não é da sua conta.

Ficou acertado que as duas iriam procurar o pastor no dia seguinte para saber se ele tinha meios de se comunicar com o tal detetive. Terminada a conversa, Clementina voltou para casa. Abriu a porta bem devagar, entrando na sala escura e silenciosa. No sofá, Marcos Wellington ressonava baixinho. Ela se aproximou do filho, ajoelhou-se ao lado dele, fitando seu rosto jovem e bonito. Uma lágrima escorreu pelo canto do olho, o pânico quase a dominou novamente.

Se perdesse Marcos Wellington, tinha certeza de que morreria. Fora difícil quando Romualdo a deixara, mas tinha o filho para ajudá-la a enfrentar a tristeza. Perdê-lo seria a única coisa que não poderia suportar.

— Ah! Marcos Wellington, como amo você...

Ainda com os olhos úmidos, Clementina pousou na face do filho um beijo suave e amoroso. Sentindo o contato de seus lábios, ele esfregou o lugar em que recebera o beijo. Virou-se para o lado com um resmungo e continuou a dormir. Sentada no chão, a mãe alisava de leve os cabelos encaracolados dele, até que as pálpebras pesaram, a mão tombou lentamente sobre a cabeça de Marcos, e ela caiu de lado sobre o sofá, adormecendo ao lado dele.

# Capítulo 39

Uma pressão nas costelas fez Marcos se remexer no sofá, tentando desvencilhar-se do fardo que lhe pesava nas costas. O peso, contudo, continuava comprimindo-lhe o corpo, até que ele despertou e, voltando o pescoço, viu a mãe adormecida sobre ele. Esfregou os olhos, bocejou, virou-se cuidadosamente, para não jogar Clementina no chão.

— Mãe — chamou baixinho. — Mãe, acorde, vamos.

Ela abriu os olhos e deu um salto, assustada, pondo-se de pé com rapidez.

— Acho que peguei no sono — desculpou-se.

— Você pegou no sono, sim. Mas o que estava fazendo aí no chão? Quando cheguei, você estava em sua cama.

— Eu... é que... eu acordei, perdi o sono... Vi-o aqui e quis ficar junto de você.

Ele sorriu e atirou-lhe um beijo, enquanto acrescentava:

— Ah, mãe, só você mesma...

Bocejou novamente, seguindo para o banheiro com Clementina atrás. Ele fechou a porta; ela parou, pensando no que deveria fazer. Banho tomado, ele saiu, ela entrou, ainda pensando no diálogo da noite anterior. Marcos colocou a chaleira no fogo e foi terminar de se arrumar, deixando o café por conta de Clementina. Clementina preparou tudo, esquentou o pão na frigideira, ferveu o leite. Quando ele se sentou para comer, já esquecido do jejum que iniciara na véspera, ela olhou para ele com ar de tanta ternura, que Marcos estranhou.

— Está tudo bem? — indagou. — Você está estranha.

— Sabe, Marcos, às vezes fazemos coisas que achamos ser as corretas, mas depois ficamos em dúvida — ele a encarou com estranheza, e ela prosseguiu: — Nem sempre o certo é como pensamos.

— Como assim, mãe? O que você fez?

— Nada. Bobagem.

Ele ficou em silêncio tomando o café, já desligado das palavras dela. Provavelmente, nostalgia de uma mente solitária feito a de Clementina. Marcos pensava na conversa que tivera com Valdir na véspera, nas acusações que lhe fizera. De onde surgira aquela infâmia? Ou será que o seu jeito simpático estava sendo mal-interpretado pelas moças? Não, não podia ser. Ele nunca olhara para o decote de ninguém nem fizera gracejos. Muito menos passara a mão em mulher alguma, a não ser na namorada.

Terminou o café, deu um beijo na mãe e saiu para a faculdade. Assim que ele se foi, Clementina tirou a mesa, lavou a louça e foi se aprontar. Naquele dia, não iria trabalhar. Telefonou para a patroa do dia, avisando que tinha que resolver um problema. Quando Leontina chegou, desceram juntas o morro, em silêncio.

De braços dados, seguiram para a igreja, cuja movimentação já se iniciara àquela hora. Euzébio recebeu-as prontamente, fazendo-as sentar-se diante dele.

— Conversei com Clementina a respeito daquele assunto, pastor — anunciou Leontina.

Euzébio fitou Clementina, que parecia pouco à vontade no ambiente religioso.

— A senhora nunca mais apareceu na igreja — falou ele, olhando diretamente para ela. — Perdeu a fé?

— Não foi para isso que viemos — retrucou Clementina, em tom de desculpa. — Não podemos deixar essa assunto para outro dia?

— Sei por que vieram, só que me preocupo também com a sua alma. Mas então? O que foi que decidiram?

— Queremos falar com esse detetive — adiantou-se Clementina. — Se ele está procurando Marcos Wellington, quero saber por quê.

— A senhora conhece a minha opinião a respeito, não conhece?

— Sim, senhor.

— Não se preocupe, pastor — acrescentou Leontina. — Queremos esclarecer a verdade, mas de uma forma que não seja chocante para Marcos Wellington. Não devemos nos esquecer de que a mãe verdadeira o colocou numa lata de lixo, e o amor materno que ele conheceu foi o de Clementina. Conosco, ele ganhou uma família.

— Porque a família de sangue nunca se interessou por ele — considerou Clementina. — E só agora, vinte anos depois, resolveu procurá-lo. Gostaria de saber por quê.

— Talvez não seja a família — arriscou Euzébio. — Pode ser que o motivo seja outro.

— Não vejo que outro motivo poderia ser. Marcos Wellington é um menino honesto e trabalhador. Nunca se envolveu com drogas nem bandidos. Não tem caso com nenhuma mulher casada. Então, por que é que alguém estaria atrás dele?

*Apesar de tudo...*

— É o que queremos descobrir — prosseguiu Leontina. — E ficamos imaginando se esse detetive não teria deixado o telefone com o senhor.

— Na verdade, deixou, sim — ele abriu a gaveta e retirou o cartão. Copiou as informações num cartãozinho em branco e passou-o às mãos de Leontina. — Tem o número do celular.

Clementina puxou o cartãozinho das mãos de Leontina e fitou o pastor, que manteve o cartão original consigo, para uma eventual necessidade. Sentiu uma certa frustração. Talvez, se ele lhe entregasse o cartão, ela poderia rasgá-lo e fingir que aquele detetive nunca existira. Mas não, era bobagem. O homem era um investigador. Não desistiria até descobrir a verdade.

— Lamento se não ficamos para conversar um pouco mais — disse ela, a voz denotando raiva e medo. — Mas o assunto é realmente importante.

— Compreendo perfeitamente — concordou Euzébio. — Vão e conversem com o detetive. Depois, não se esqueçam de me relatar o ocorrido.

Clementina sentiu vontade de gritar com ele, de mandá-lo se meter com a própria vida, mas não teve coragem. No fundo, sabia que o pastor, durante todos aqueles anos, soubera manter segredo, mesmo quando ela se voltara contra a igreja.

— Ore por nós, pastor — suplicou Leontina. — Vamos precisar.

— Vocês sabem que farei isso. Vão em paz.

Por pouco Afrânio não cruzou com Clementina e Leontina. Quando chegou ao pé do morro do Salgueiro, elas haviam acabado de passar. Descobriu um boteco bem na subida, de onde poderia espreitar os moradores. Mas como àquela hora o bar ainda estava fechado, permaneceu observando os transeuntes que passavam a caminho do trabalho. Marcos passou por ele sem nem lhe notar a presença, mas o detetive permanecia atento a todos os jovens mais ou menos da idade com que hoje estaria o filho de Margarete.

A seu lado, o espírito dela exultava. Quando Marcos passou, ela soprou ao ouvido de Afrânio:

— É esse. Meu filho é esse aí.

Afrânio apenas olhou para o rapaz, sem conseguir registrar a mensagem de Margarete. Viu-o como vira tantos outros, avaliando as possibilidades. Eram muitos os jovens naquela idade, o que tornava quase impossível uma suposição. Se arriscasse um palpite, estaria usando a adivinhação.

Estava assim ocupado quando o celular tocou. Ele atendeu, ainda de olho na ladeira de acesso ao morro, dando-se um tempo apenas para verificar o número, que não conhecia.

— Alô?

— É o senhor Afrânio?

— É, sim.

— É o senhor que está procurando o rapaz desaparecido?

— Isso mesmo — empertigou-se. — Quem fala?

Seguiu-se um breve silêncio de hesitação, ao qual Afrânio já estava acostumado, até que a voz prosseguiu com cautela:

— Tenho algo a lhe dizer.

— Onde podemos nos encontrar?

— O senhor conhece a Praça Saens Pena?

— Conheço.

— Estaremos esperando o senhor lá, minha irmã e eu.

— Como poderei reconhecê-las?

— Estaremos sentadas num banco, perto do chafariz, com um cartão na mão.

*Apesar de tudo...*

— Ótimo. Já estou a caminho.

Clementina desligou o telefone e olhou para Leontina, que a fitava assustada. Com o cartão bem visível nas mãos, puseram-se a esperar. Não demorou muito tempo para Afrânio descer a rua e alcançar a praça. Caminhando devagar, logo viu duas senhoras sentadas num banco, sendo que uma delas rodava um cartão lentamente entre os dedos. Aproximou-se.

— Sou Afrânio Cerqueira, detetive particular — apresentou-se, parado de frente a elas. — Posso me sentar?

Elas se encolheram a um canto do banco, deixando o outro livre para Afrânio, que se sentou e cruzou as pernas. Durante uns poucos segundos nervosos, o silêncio se estabeleceu, até que Clementina, com voz que denotava aflição e medo, disparou:

— Por que o senhor está atrás de Marcos Wellington?

— É esse o nome dele? Marcos Wellington?

— É o nome do meu filho, sim. O que o senhor quer com ele?

— Não sei se é ele quem busco. Procuro um rapaz que hoje deve estar com vinte e dois anos, cuja mãe se chamava Margarete Cândida da Fonseca e que morreu atropelada naquela rua ali, logo após ter dado sumiço na criança — as duas abriram a boca, espantadas, enquanto ele lhes exibia uma cópia que fizera de uma das fotografias registradas no IML. — Esta aqui.

A palidez cadavérica de Margarete as assustou, inclusive ao próprio espírito, que escondeu o rosto no peito de Félix, mas logo se recuperou. Quem pegou a cópia foi Leontina, única a ver o rosto de Margarete antes de ela ter sido atropelada.

— A senhora a reconhece?

Como Clementina nunca havia visto a moça, não disse nada, limitando-se a olhar para Leontina com uma expectativa muda. Esta permaneceu alguns minutos olhando o retrato sem vida de Margarete, puxando pela memória para ver se a reconhecia.

— Não sei... — disse ao final de alguns minutos. — Foi há tanto tempo...

Leontina podia não ter reconhecido Margarete, mas lembrava-se do acontecido, com certeza. Afrânio sentiu a proximidade da verdade.

— Tudo bem que a senhora não a reconheça — ponderou ele. — Mas se lembra do que aconteceu, não se lembra?

Ela olhou para Clementina com lágrimas nos olhos. Antes que pudesse dizer alguma coisa, a irmã se adiantou:

— Muito bem, seu Afrânio, sabemos que o senhor procura o filho dessa moça. Talvez minha irmã se lembre de algo, mas não lhe diremos nada até sabermos o que o senhor deseja com ele.

Não era hora de omitir informações, porque Afrânio tinha certeza de que aquelas duas conheciam o paradeiro do menino. Fixando Clementina nos olhos, ele disse com calma e clareza:

— Os avós paternos dele me contrataram para encontrá-lo.

— Avós paternos? — indignou-se Clementina. — Por que, depois de tanto tempo? Por que não o procuraram quando ele sumiu?

— Não tenho essas respostas, dona... As senhoras ainda não me disseram seus nomes.

— Sou Clementina, e esta é minha irmã Leontina.

— Muito bem, dona Clementina, não posso lhe dizer por que esperaram tanto tempo para buscar o menino. Só o que sei é que pretendem encontrá-lo.

— Isso não está certo! — exasperou-se Clementina. — Depois de tantos anos, não é justo querer bagunçar a vida dele.

*Apesar de tudo...*

— Tenho certeza de que não é intenção deles bagunçar a vida do rapaz. Ao contrário, querem lhe dar uma vida melhor, como único descendente de uma importante e rica família do ramo de transportes coletivos. Isso se ele for realmente o seu neto.

As duas estavam abismadas, e Clementina retrucou dom azedume:

— Querem comprá-lo com dinheiro... É isso?

— Querem lhe dar o que é dele por direito. Por que não me contam o que sabem?

— Não sabemos nada! — irritou-se Clementina, levantando-se do banco de um salto. — Estamos aqui perdendo nosso tempo. Vamos embora, Leontina. Marcos Wellington nada tem a ver com esse sujeito e a tal família rica.

Leontina, contudo, não se moveu. Permaneceu com a foto nas mãos, rememorando o dia em que encontraram Marcos na lixeira. Sem levantar os olhos, ela apontou para o rosto cadavérico de Margarete e começou a contar:

— Não me lembro exatamente das feições da mulher, mas o que aconteceu... nunca vou me esquecer. Nós estávamos voltando da igreja...

— Fique quieta, Leontina! — berrou a irmã. — Vamos embora!

Sem dizer nada, Afrânio permaneceu à espera de que elas solucionassem o conflito de consciências que ele conhecia tão bem. Somente se elas realmente fossem embora é que tentaria impedir.

— Nós não podemos — objetou Leontina. — Tem o pastor... Já se esqueceu do que ele nos disse?

As ameaças do pastor pipocaram na mente apavorada de Clementina, que sentiu um tremor percorrer-lhe a espinha e tornou a sentar-se ao lado da irmã.

— O pastor... — repetiu.

— Não temos mais como esconder a verdade. Foi o que ele nos disse: não devemos mentir uns aos outros — ela abaixou a fotografia e encarou Afrânio: — Durante todos esses anos, permanecemos em silêncio, omitimos a verdade porque nunca ninguém nos perguntou nada. Agora, contudo, não podemos mais esconder o que sabemos, porque Deus não aceita mentiras.

Clementina começou a chorar, dando a Afrânio a certeza de que elas estavam muito mais envolvidas com o rapaz do que ele, a princípio, supusera.

— Tenha calma, minha senhora — falou ele gentilmente. — Não estou aqui para destruir as suas vidas, mas apenas para dar ao rapaz a chance de conhecer sua família. Seja qual for a relação que têm com ele, não é intenção de meus clientes destruí-la.

— Marcos Wellington é um bom menino — comentou Leontina. — Jamais nos trocaria por dinheiro. Muito bem, moço. Vou lhe contar o que sei.

Em minúcias, Leontina narrou a Afrânio tudo o que acontecera desde o momento em que viram Marcos atirado na lata de lixo até o atropelamento da mãe dele, que o buscava de lixeira em lixeira. A cada palavra, parava para respirar e enxugar as lágrimas, enquanto Clementina permanecia em silêncio, revelando sua presença apenas pelos soluços que deixava escapar.

— Agora o senhor já sabe — finalizou ela, os olhos inchados e vermelhos. — Sabe que minha irmã o criou como seu próprio filho, e eu o amei como o filho que nunca tive. Tem ideia do que ele representa para nós?

— Tenho certeza de que o criaram muito bem, assim como ele deve amá-las e reconhecer tudo o que fizeram por ele — declarou Afrânio. — As senhoras foram de muita coragem e precisam continuar sendo corajosas. As pessoas

*Apesar de tudo...*

que me contrataram querem conhecê-lo e lhe dar uma vida melhor. Não querem que ele progrida?

— Meu filho estuda direito na UERJ — anunciou Clementina, cheia de orgulho. — E é trabalhador também.

— Sem contar que foi criado na igreja, comigo — acrescentou Leontina. — É um bom cristão, honesto, temente a Deus.

— Não duvido de nada disso, e os avós saberão reconhecer o seu valor, assim como ele, acima de tudo.

— Não queremos o dinheiro deles — objetou Clementina, com raiva. — Só o que queremos é a felicidade de Marcos Wellington.

— Pois então, não têm nada a temer. Asseguro-lhes que os avós são pessoas de bem e querem o melhor para ele.

— Mas, e se Marcos Wellington não for quem procuram? — arriscou Clementina.

— Tudo leva a crer que é.

— Mas pode não ser. E se essa mulher, essa tal Margarete, for alguém com uma história parecida? Não tem nada que nos comprove que Marcos Wellington é realmente essa criança que sumiu.

— Podemos fazer um exame de DNA — sugeriu o investigador.

— Mas como? — opôs-se Leontina, que não via com bons olhos os testes de genética.

— Basta a senhora me conseguir um fio de cabelo dele, com raiz. Sei que pode fazer isso, não pode? — Clementina assentiu atônita. — Pois isso vai bastar. Levarei o cabelo aos meus clientes, que o encaminharão para o teste. Se der positivo, providenciaremos o encontro, de uma forma que não seja sofrida para ninguém. Se não for ele, irei embora, e as senhoras não terão mais com o que se preocupar. Então? O que me dizem?

— Não sei se é uma boa ideia — objetou Clementina.

— Será que funciona? — duvidou Leontina. — Não será um pecado contra Deus?

— Tenho certeza de que não. Deus há de querer o melhor para todos.

— Não quero participar disso — falou Clementina, de má vontade.

— Não é o momento de criar embaraços — censurou Leontina. — Vamos acabar logo com essa agonia.

— Muito bem então — tornou ela com ar desafiador. — Faça esse teste. Só lhe peço uma coisa: se der positivo, quero ser eu a contar a verdade a Marcos Wellington.

— Nada mais justo — concordou Afrânio.

— Venha conosco até a subida do morro. Darei um pulo até em casa e apanharei uns fios de cabelo da escova dele.

Foi exatamente isso que Clementina fez, lutando consigo mesma para não entregar a Afrânio os cabelos de outra pessoa. Seria muito fácil pedir a qualquer um que lhe desse um fio ou dois, mas ela sabia que não adiantaria. O detetive era esperto, não se deixaria enganar. Agora então que as conhecia, podia até descobrir onde moravam e falar pessoalmente com Marcos Wellington, o que despertaria a sua revolta por não ter sido informado de tudo por ela, que era sua mãe.

Ela correu até sua casa e tirou um punhado de fios da escova de Marcos, embrulhando-os num pedaço de papel de pão. De volta à rua, depositou, hesitante, o pequeno embrulho nas mãos de Afrânio.

— Não se preocupem com nada — assegurou ele. — Acreditem que o melhor há de acontecer.

Trocaram os números dos celulares, para um futuro contato. Estranhamente, as duas sentiram que podiam confiar naquele homem. Não sabiam que Félix lhes transmitia energias de confiança e calma, no entanto, sentiam os eflúvios

*Apesar de tudo...*

benéficos penetrando cada pedacinho de seus corpos. Assim revitalizadas, acreditaram no melhor, e as lágrimas que antes foram sofridas, transformaram-se em gotas de esperança num futuro incerto, porém melhor para todos eles.

# Capítulo 40

Nem de longe Marcos desconfiava do que se passava tão próximo a ele. A mãe e a tia cuidaram para nada deixar transparecer, enquanto aguardavam, ansiosas, o resultado do exame de DNA. Ele havia notado uma certa alteração no comportamento das duas, mas nada que indicasse a reviravolta que estava por surgir em sua vida.

Para aproveitar a noite de sexta-feira, Raquel combinou um cinema com Marcos e os amigos da faculdade. Estavam passando uma mostra especial de cinema francês numa sala em Botafogo, com sessão à meia-noite. O encontro foi marcado no restaurante do shopping às nove horas. Teriam tempo de jantar e, encerrado o expediente, partiriam juntos para o cinema.

De tão animados, traçavam planos sem se aperceber dos colegas em volta. Era hora do intervalo, e os quatro conversavam sem notar a presença de Antônio, que ocupava uma mesa próxima àquela a que eles haviam se sentado.

Ouvindo toda a conversa, sorriu sarcástico. Levantou-se discretamente para telefonar a Nélson, que não havia ido à aula.

— Tem que ser hoje — falou Antônio bem baixinho. — Raquel vai estar com os outros no restaurante, às nove horas.

Imediatamente após falar com Antônio, Nélson ligou para Elói, que ainda não havia voltado da faculdade. Teve que esperar até que ele retornasse a ligação, quando então lhe contou o que ouvira do amigo.

— Encontre-me naquele lugar, daqui a meia hora — Elói quase ordenou.

Meia hora depois, Nélson estacionava o carro num bar do outro lado da cidade. Assim que entrou, Elói acenou para ele. Não muito tempo depois, uma moça apareceu. Era uma menina de seus vinte e poucos anos, pele morena jambo, cabelos enrolados, bonita e bem vestida. Elói se levantou e deu-lhe dois beijinhos no rosto, puxando a cadeira para ela se sentar.

— Nélson, essa é Paloma, a garota de quem lhe falei — comunicou Elói. — É ela quem vai dar o golpe final.

Nélson se levantou e beijou-a também, encantado com sua beleza.

— Muito prazer.

— Ela não é linda? — provocou Elói.

— Muito.

— Sabia que ia aprovar. Escolhi Paloma para que ninguém viesse com alguma insinuação preconceituosa. Uma linda negra feito ela não teria motivos racistas para acusar Marcos.

Rapidamente, Elói relatou o seu plano, que era bem simples e só ia depender da capacidade de atuação de Paloma.

— Não se preocupe com nada — afirmou ela. — Sei que me sairei bem.

— Suas amigas não me decepcionaram — comentou Elói.

— Também não irei decepcioná-lo.

— Ótimo. Receberá seu pagamento depois, se tudo correr bem.

O dia transcorreu normalmente e, à hora marcada, Raquel chegou ao restaurante em companhia de Arnaldo, Paulo e mais duas outras garotas. Cumprimentou o namorado com discrição, sentaram-se a uma mesa e fizeram os pedidos. Ninguém notou quando Paloma entrou no restaurante, carregada de sacolas, usando uma blusa apertada, com um decote que deixava à mostra grande parte de seus seios. Sentou-se bem próxima à mesa de Raquel e fez o pedido.

Nenhuma anormalidade havia transcorrido, e, tirando Valdir, ninguém prestava atenção ao trabalho de Marcos. O chefe, contudo, viu quando a moça chegou e pensou ter notado um interesse especial de Marcos em atendê-la, quando, em verdade, Marcos evitava até olhar para ela, com medo da reação de Valdir.

Por mais que Paloma tentasse chamar a atenção dele, Marcos não olhava para ela. Passou ao largo de sua mesa, deixando-a furiosa quando outro garçom lhe estendeu o cardápio, que ela pegou com um sorriso forçado. Pelo canto do olho, prestou atenção em Valdir, que, por sua vez, não desgrudava os olhos de Marcos.

Paloma foi enrolando, até o garçom se afastar para atender outra mesa. Fingindo ler o cardápio, esperou até que Marcos passasse por perto para chamá-lo. Marcos estacou, com medo, e olhou para Valdir, que o encarava com ar de reprovação.

— Um momento, que vou chamar o garçom da sua mesa — avisou ele.

— Por quê? — revidou Paloma, fingindo aborrecimento.

— Você já não está aqui? Não pode me servir?

*Apesar de tudo...*

367

Sem saber o que fazer, temendo desagradar a cliente, Marcos sacou o caderninho e aproximou-se.

— Pois não? — falou educadamente, mantendo distância segura da moça.

— Traga-me um guaraná, por favor. E um peito de frango grelhado com salada de legumes.

Marcos tomou nota e afastou-se, sem perceber que ela, pelas suas costas, franziu as sobrancelhas e balançou a cabeça, aparentemente contrariada. Ele ia pedir a outro garçom que a servisse, mas os outros rapazes que trabalhavam com ele estavam muito ocupados nas mesas que lhes cabiam, já que Paloma havia se sentado numa área que, normalmente, era só dele.

Sob o olhar severo de Valdir, Marcos levou-lhe o guaraná. Mas inesperadamente, quando se abaixou para abrir a garrafa, ela se debruçou para a frente, de forma que seus seios roçaram levemente a mão dele. Paloma puxou o decote para cima num gesto brusco e olhou para Marcos de cara feia. Mais do que constrangido, ele ficou apreensivo, parando com a mão acima da garrafa, como quem havia sido surpreendido em algum ato criminoso.

Marcos fitou-a confuso, sem dizer nada. De tão aparvalhado, afastou-se quase correndo, torcendo para que Valdir não estivesse olhando. De soslaio, olhou para ele, deparando-se com seu ar severo de censura. Raquel, que seguia o namorado com olhares de paixão, também notou o que Paloma fez e lançou a Marcos uma interrogação silenciosa, que ele captou, mas não pôde responder.

Decidido a não se aproximar mais daquela mesa, finalmente, conseguiu que outro garçom a servisse. Em seu lugar, Paloma cravou os olhos no prato de comida e não os levantou mais, fingindo aborrecimento enquanto comia. Quando Marcos era obrigado a passar junto a sua mesa, ela se encolhia toda, sempre protegendo o decote com uma das mãos. Aquilo irritou Marcos, que não fizera nada e não compreendia por que todas as mulheres, de uma hora para outra, deram para cismar que ele as estava paquerando. Sua preocupação era com Raquel, que mal conseguia ocultar o ar de aborrecimento.

Marcos deu graças a Deus quando Paloma pagou a conta e se levantou. Todavia, ao invés de se dirigir para a saída, ela foi na direção de Valdir. De onde estava, Marcos não ouvia o que dizia, mas sabia que falavam dele, assim como Raquel também.

Fingindo embaraço e vergonha, Paloma se queixava:

— Não ia dizer nada, mas foi muito atrevimento do seu garçom. Além de quase mergulhar dentro do meu decote, teve a audácia de esfregar os dedos em mim! Minha vontade foi levantar e ir embora na mesma hora, mas fiquei com vergonha. Todo mundo deve ter notado o que ele fez.

— Perdão, senhorita — desculpou-se Valdir. — Isso não vai mais acontecer, eu garanto. Olhe, nem precisa pagar. Vou devolver o seu dinheiro...

— Não quero o dinheiro de volta. Só o que quero é ser respeitada. Eu bem devia ter dado ouvidos à Claudinha. Ela esteve aqui outro dia e falou a mesma coisa.

Paloma ia enrolando, até surgir o momento oportuno. Num momento em que Marcos conversava com Raquel, deu as costas rapidamente a Valdir. Acercou-se da mesa, e como todos a olharam surpresos, Marcos se virou abruptamente.

— Seu safado — disse ela com raiva e, dirigindo-se a Raquel, arrematou: — Cuidado, menina, que é para ele não passar a mão nos seus seios também.

Marcos estacou mortificado. Nem conseguiu responder, tamanha a surpresa e a indignação. Paloma rodou nos calcanhares, caminhando depressa, deixando todos de boca

*Apesar de tudo...*

aberta, sem saber o que dizer. Um clima de mal-estar se estabeleceu entre eles. Raquel não sabia o que fazer, relutando em acreditar no que acabara de ver e ouvir.

— Marcos! — a voz tonitruante de Valdir quase fez estremecer o chão. — Venha até aqui!

O rapaz meteu o bloquinho no bolso do avental e foi até o patrão, que o conduziu aos fundos do restaurante.

— Pode apanhar suas coisas e ir embora — anunciou. — Está despedido. E por justa causa!

— Mas seu Valdir, eu não fiz nada. Isso é uma injustiça.

— Olhe, Marcos, não é a primeira que vem fazer queixa de você. O que é que há? Sua religião não deixa você ter mulher e, por isso, passa a mão nas moças na surdina? O que você pensou? Que eu não ia descobrir? Que nenhuma delas ia me contar?

— Não foi nada disso. O senhor não está entendendo. Eu não passei a mão nela. Nem nela, nem em ninguém. Foi ela que roçou os seios na minha mão.

— Ah! Essa não, Marcos, invente outra. Quer me dizer por que uma moça linda feito ela iria fazer uma coisa dessas? Com certeza, pode ter o homem que desejar. Por que faria isso com você?

— Sei lá. Deve ser louca, não sei.

— E as outras? São todas loucas? Ou elas estão fazendo um complô contra você?

Foi nessa hora que ele compreendeu. Havia, realmente, um complô contra ele, muito provavelmente armado por Nélson. Só podia ser isso. Ele estava tentando destruí-lo. Até o episódio no Pão de Açúcar devia ser obra sua, pois era muita coincidência um amigo ter visto o ocorrido e lhe contado tudo.

— Seu Valdir, sei que é difícil acreditar, mas tenho certeza de que alguém está tramando isso contra mim.

— É? Quem? E por quê?

— Porque eu namoro aquela moça que está na outra mesa com os amigos, e o ex-namorado não se conforma. Só porque é rico, e eu sou pobre e negro, quer acabar com o nosso namoro.

Valdir fitou-o em dúvida. Realmente, aquela história havia começado de um tempo para cá. Mas aquele tipo de publicidade era péssimo para os negócios. Se as moças espalhassem a história de que havia um garçom tarado trabalhando lá, os clientes desapareceriam, e como é que ele faria para sobreviver?

— Ouça, Marcos, você sempre foi um bom rapaz, mas não posso mais continuar com você. Verdade ou não, essa história pode acabar com o meu negócio. Você me desculpe, mas sou obrigado a despedi-lo. O máximo que posso fazer é não lhe dar a justa causa. Mas aqui, você não pode mais ficar. Volte na segunda-feira, para irmos ao sindicato e você receber sua indenização.

— Por favor, seu Valdir, não faça isso. Somos só minha mãe e eu em casa. Preciso desse emprego. Sem ele, terei que parar de estudar.

— Lamento, mas tenho que pensar no meu negócio. Posso dar-lhe uma carta de referência, se você quiser. Mas é só isso.

Marcos saiu arrasado. Tirou o uniforme e o avental, dobrou-os cuidadosamente, lutando para não chorar. Raquel e os amigos mal conseguiam conter a ansiedade. Quando ele chegou, a namorada indagou, aflita:

— O que foi que houve, Marcos? Por que mudou de roupa?

— Fui despedido — respondeu amargamente. — Nélson armou contra mim e conseguiu me fazer perder o emprego.

— Nélson? — surpreendeu-se Raquel. — Do que é que você está falando?

*Apesar de tudo...*

— Tenho certeza de que foi o Nélson que armou tudo isso para nos separar. Já desmoralizou minha mãe e me fez perder o emprego. O que mais irá aprontar?

— Espere um instante, não estou entendendo. O que você quer dizer com isso?

— Vamos embora — pediu ele, quase suplicou.

Arnaldo e Paulo pagaram a conta e se despediram. Não havia mais clima para cinema, de forma que Marcos e Raquel se separaram do grupo. Ele estava tão transtornado que nem percebeu Elói e Nélson escondidos em outro restaurante, estrategicamente posicionados para não perder um movimento sequer. Paloma pegou o dinheiro e foi embora, mas os dois ficaram, para gozar a vitória sobre Marcos.

— Viu o que dá meter-se com gente que não é da sua laia? — ironizou Elói. — Agora quero ver como é que o neguinho vai se virar.

— Você acha que ele foi despedido? — sondou Nélson.

— Tem alguma dúvida? É só olhar para a cara dele.

— Bem-feito.

— Sim, muito bem-feito. Agora falta pouco para conseguirmos separar aqueles dois, e você poderá voltar para a tonta da minha irmã.

Raquel e Marcos chegaram ao estacionamento sem trocar uma palavra. Ela segurava a mão dele, sentindo o pranto contido do namorado. Depois que ela ligou o motor, ele começou a falar:

— Estou perdido. Como é que vou contar a minha mãe que perdi o emprego?

— Você arranja outro — consolou Raquel. — É um rapaz honesto e trabalhador. Não vai faltar quem o contrate.

— Para Nélson aprontar comigo de novo?

— Não me leve a mal, Marcos, mas como você pode ter certeza de que foi o Nélson que fez isso?

— Quem poderia ter sido então?

— E quem garante que foi armação?

— Várias mulheres vêm me acusando de tê-las molestado. Você acha que eu fiz isso?

— Não... Mas eu vi você roçar os dedos nos seios daquela garota.

— Espere aí! Não vá me dizer que acreditou naquela mentirosa! Está na cara que Nélson a mandou fazer aquilo. Eu não toquei nela. Foi ela que se debruçou sobre a minha mão e fez a maior cena. Também, com um decote daqueles!

— Você não passou a mão nela... mas reparou no decote.

— Não sou cego, Raquel. Eu vi o decote, só que não fiquei olhando. É diferente. Pelo amor de Deus, não acredito que você esteja desconfiando de mim. Será que já não me conhece o bastante?

Ela estacionou o carro na rua de acesso ao morro e deu-lhe um beijo nos lábios.

— Tem razão — disse, segurando-lhe o rosto entre as duas mãos. — Você não é disso.

— Acredita em mim quando digo que foi tudo armação?

— Acredito.

Não havia muita convicção na voz de Raquel, porém, Marcos não percebeu. Nélson até seria capaz de uma baixaria daquelas, muito embora ela pensasse que ele não se daria ao trabalho. Não por ela.

— O duro vai ser contar para minha mãe — prosseguiu ele. — Ela já anda meio estranha ultimamente. Tenho medo de que volte a beber.

— Será?

— Preciso orar muito antes de lhe contar, para que Jesus prepare o seu coração para receber a notícia.

*Apesar de tudo...*

— Rezar é bom. Vai ajudá-lo a encontrar a solução.

— É isso mesmo. Quando oro a Jesus, sinto minha alma se iluminar e sei que ele está comigo. As minhas dúvidas, é ele que dissipa. Os meus temores, ele os apaga. E o meu ódio, a minha indignação, a minha revolta perdem força só de pensar que ele existe e está junto de mim. Orando, sinto-me fortalecido para pensar, pois o pensamento se distorce pelas maldades do mundo e os vícios da alma. Quando oro a Jesus, tudo isso desaparece, é como se um sopro de renovação de vida me enchesse o espírito de fé e confiança. Tenho certeza de que, buscando-o, terei a inspiração necessária para falar.

Raquel emocionou-se com as palavras dele e o abraçou novamente. Como podia ter pensado, por um minuto que fosse, que Marcos seria capaz de atitudes indignas?

— Amo você — sussurrou ela.

— Também a amo — confirmou ele. — E mesmo que Deus esteja me punindo, não me incomodo, pois tenho o seu amor.

— Deus não pune quem ama. Deus não pune ninguém.

Naquele momento, uma luminosidade rósea coloriu o ambiente, derramando-se em todas as direções, fazendo com que Marcos e Raquel experimentassem a inabalável força de todo o seu amor. Despediram-se, e ele subiu o morro, orando pelo caminho. Passou pelos bares, por rapazes comprando drogas, por bandidos vigiando o morro com suas armas. Mas nada disso o incomodava. Tinha Jesus no coração e seguia confiante com ele.

# Capítulo 41

Preocupada com o resultado do teste de DNA e as implicações que traria a sua vida, Clementina recebeu a notícia do desemprego de Marcos com calma e tranquilidade. Pensava nos estranhos caminhos da vida, que tirava do filho o emprego, ao mesmo tempo em que lhe acenava com a possibilidade de ingressar numa família rica. Será que as coisas não tinham que ser assim?

— Marcos Wellington, venha cá — chamou a mãe. — Quero conversar com você.

Ele sentou-se ao lado dela no sofá, admirado com tantos carinhos.

— Será que preciso dizer o quanto o amo? — continuou ela, levando a mão dele aos lábios.

— O que é isso, mãe? — tornou ele confuso. — O que deu em você?

— Quero apenas que você me diga que sabe o quanto o amo. Você sabe, não sabe?

— É claro que sei.

— E que eu nunca faria nada para machucar ou magoar você. Sabe disso também, não sabe?

— Sei.

— E que, se um dia acontecer alguma coisa e você se afastar de mim, eu entenderei e continuarei amando você?

— Que bobagem é essa, mãe? Eu estou bem aqui. Não pretendo ir embora. Quando sair desse morro, levarei você comigo. E tia Leontina, e agora, meu pai também.

— Será, meu filho? Será que sairei mesmo daqui com você algum dia?

— Mãe — assustou-se ele. — Não me diga que você está doente. Você não voltou a beber, voltou?

Ela sorriu enigmaticamente e respondeu com mansidão:

— Não. Estou muito bem de saúde.

— Mas então, por que pensa que não vai sair daqui comigo? Só se você não quiser.

— Ah! Mas eu quero. Sempre quis.

— Pois então, você vai. Darei um jeito de arranjar outro emprego e vou terminar a faculdade. Sei que sou bom aluno, tiro boas notas. Meu currículo há de valer alguma coisa.

— Disso não tenho dúvidas.

— Vou me casar com Raquel, e você virá morar conosco. Depois alugarei um apartamento para tia Leontina viver com meu pai, e seremos felizes. Você vai ver. Vai terminar os seus dias cuidando dos netinhos.

— É o que mais quero, Marcos Wellington. Mas será que isso é possível? Será que Deus vai me permitir essa graça, depois de tê-lo abandonado e me voltado contra Ele?

— Deus perdoa, mãe. Ainda é tempo de você buscar o seu perdão. Volte para a igreja.

Clementina suspirou longamente e alisou o rosto dele, tentando esconder as lágrimas que teimaram em cair. Sem entender, Marcos a estreitou contra o peito, beijando-lhe a cabeça, e ela tornou num pranto contido:

— Ah! Marcos Wellington...

Ficaram assim abraçados por um bom tempo, até que as lágrimas secaram, e Marcos mudou de assunto. Como não compreendia, preferiu não falar mais sobre coisas tristes. No entanto, durante o resto da semana, a mãe continuou a segui-lo com olhares estranhos, carregados de um enigma indizível, provocador. O que estaria acontecendo?

Dias depois, Marcos deixou Clementina caminhando de um lado a outro em casa, o ar preocupado de quem estava prestes a perder tudo o que havia de bom em sua vida. Perguntou-lhe o que estava acontecendo, mas ela insistia que não havia nada.

— Tem certeza de que vai ficar bem, mãe? — indagou ele, temendo deixá-la sozinha.

— Tenho. Não perca sua aula por mim. Não tenho nada.

Marcos suspirou longamente, deu-lhe um beijo amoroso na testa e saiu desanimado. Passara o fim de semana procurando emprego, mas não conseguira nada. Havia alguns restaurantes e casas noturnas precisando de garçom, porém, os horários não lhe favoreciam. Precisaria trabalhar até muito tarde, o que prejudicaria imensamente seus estudos.

Com novo suspiro, desceu do metrô e entrou na faculdade. Subiu no elevador em silêncio, pensando no que diria a Raquel. Assim que pisou o hall do seu andar, algumas moças o viram e cochicharam entre si, mas ele não lhes deu importância. Não sabia qual era o motivo do comentário nem pretendia descobrir. À medida que ia atravessando o corredor, novos olhares se insinuaram, e alguém pigarreou à sua passagem, abanando a cabeça com ar de reprovação. Uma mocinha pálida do primeiro ano cutucou a colega e cochichou às escondidas:

— É esse aí.

As duas olharam para Marcos discretamente, sem saber que ele ouvira o comentário. Ele entrou na sala furioso, seguido de novos olhares furtivos. Um casal que conversava perto da mesa do professor abriu espaço para ele passar, e a garota encolheu-se toda junto ao rapaz, que a abraçou com ar protetor. O que estaria acontecendo? Será que a notícia de que perdera o emprego por causa de uma calúnia se espalhara com tanta rapidez, provocando o repúdio das pessoas? Talvez o julgassem um pervertido que bolinava mocinhas incautas no restaurante de um shopping lotado de pessoas.

Quando Raquel chegou também notou os comentários, muitos dos quais endereçados a ela. Ao passar pelas mesmas meninas do primeiro ano, ouviu um cochicho:

— Coitada...

Raquel estacou e se virou para elas.

— Falou comigo? — perguntou com ar de desafio, e a garota respondeu apressadamente:

— Não, não...

Ela entrou na sala atrasada, sentando-se entre Marcos e Paulo. Quando deu a hora do intervalo, saíram para a cantina, seguidos por olhares de medo e reprovação.

— O que é que está acontecendo? — perguntou Raquel.

— Todo mundo está nos olhando como se fôssemos dois ETs[1].

— Posso imaginar — respondeu Marcos. — Deve ter a ver com o meu suposto desvio sexual.

---

1 Extraterrestres.

— Não acredito! Será que a notícia se espalhou tão depressa? Mas como?

— Não imagina?

— Nélson! — fez ela, mal contendo a indignação.

— Só pode ser. Quem mais saberia do ocorrido?

As evidências eram óbvias, Raquel sentiu a raiva crescer dentro dela. Como fora capaz de namorar um sujeito igual a Nélson?

Por estranho que parecesse, Nélson não foi à faculdade naquele dia nem no outro, nem pelo resto da semana. Os comentários e os olhares foram diminuindo, embora não cessassem completamente. Apesar de intrigado, Marcos tinha certeza de que aquilo era obra de Nélson.

— Muito estranho isso, cara — comentou Paulo.

— Também acho — concordou Arnaldo. — Mas vou descobrir o que é.

Antes que Marcos pudesse impedir, Arnaldo e Paulo se afastaram, caminhando em direção a um grupo de moças que conversavam animadamente. Voltaram em cima da hora para a próxima aula, acompanhado das meninas. Quando tocou o sinal da saída, Arnaldo avisou:

— Alguém andou espalhando que você foi despedido porque é um tarado, molestador de mocinhas.

— Eu sabia! — exasperou-se Marcos.

— Quem foi que espalhou uma infâmia dessas? — quis saber Raquel.

— Não sei, ninguém sabe onde começou. Alguém contou para alguém, que contou para outro alguém, e por aí foi. Agora, quem começou, não se sabe.

— Foi o Nélson, tenho certeza.

— Acho que não — tornou Paulo. — Ele tem faltado às aulas porque está internado no hospital.

— Internado?

*Apesar de tudo...*

379

— Parece que fez uma cirurgia para retirada do apêndice.

— Mentira! — gritou Marcos, um tanto quanto descontrolado. — Essa é mais uma das armações dele.

— Espere um instante, vou verificar.

Raquel sacou o celular da bolsa e ligou para Nélson. Ela ouviu e olhou para Marcos, passando o aparelho ao seu ouvido.

— Caixa postal... — constatou ele, desanimado.

— Como é que vamos saber? — era Arnaldo.

— Ligue para a casa dele — sugeriu Paulo.

Raquel discou o número, e dessa vez atenderam.

— Alô? Por favor, o Nélson está? — Raquel ouviu cabisbaixa e desligou com um agradecimento murcho. — Era a empregada. Nélson está no hospital desde a semana passada. Foi operado do apêndice.

— Ela está mentindo, aposto — considerou Marcos.

— Quer me explicar por que a empregada mentiria a alguém que ela nem conhece? — retrucou Raquel. — E eu nem me identifiquei. Ou você acha que ela vai mentir para todo mundo que ligar para ele?

— Ela conhece a sua voz! Você foi namorada dele.

— Caia na real, Marcos! Não force a barra. Não foi o Nélson.

— Não é possível. Se não foi ele, foi alguém a mando dele.

— Não acha que está exagerando? — revidou Raquel, um pouco irritada. — Você está com mania de perseguição. Como é que alguém doente vai ter cabeça para imaginar uma coisa sórdida dessas?

— Acho que nem se estivesse são, Nélson teria inteligência suficiente para idealizar qualquer plano — considerou Paulo. — Ele resolve tudo no braço.

— Pode não ter sido o Nélson — ponderou Arnaldo. — Mas que tudo isso é estranho, é. De onde surgiram tantas garotas, de repente, acusando Marcos da mesma coisa? É coincidência?

— Não acredito em coincidências — observou Raquel.

— Espero que também não acredite que eu fiz o que elas disseram que fiz.

— Não acredito.

Havia uma certa desconfiança no tom de voz de Raquel que nem ela queria aceitar. Por mais que não desejasse, as dúvidas a assaltaram. Afinal, o que ela sabia de Marcos? Começara a namorá-lo no semestre anterior, não havia nem um ano. Não conhecia seu passado nem sua família, nem seus amigos do morro. Conhecera a mãe, que parecia uma boa pessoa, mas as aparências enganam. E depois, ele morava na favela...

Raquel balançou a cabeça rapidamente, afugentando os pensamentos para que eles não enveredassem pela senda do preconceito. Não era porque morava na favela que Marcos não prestava. Ela sempre fora a primeira a defender esse ponto de vista. No entanto, reconhecia que as facilidades para o crime eram muitas no morro, onde o contato com traficantes era quase diário. Marcos mesmo lhe dissera que, na infância, fora solicitado várias vezes para levar drogas. O pai os abandonara e agora retornara. A mãe se tornara alcoólatra, a tia era fanática. Clementina fora acusada de furtar uma loja. E agora isso...

De alguma forma, Marcos percebeu as dúvidas dela, porque a puxou com força e a abraçou com um quase desespero.

— Lembre-se do que Nélson fez a Arnaldo — sussurrou ao ouvido dela. — Uma pessoa assim é capaz de qualquer coisa para conseguir o que quer.

Raquel não duvidava. Nélson era capaz de tudo para alcançar seus objetivos, tudo que dependesse da força. Explosivo e impetuoso, não fazia o tipo que usa a inteligência

*Apesar de tudo...*

para conseguir o que quer. Com ele, tudo se resolve nos punhos, como fizera com Arnaldo. Esse era o estilo de Nélson, não era de seu feitio arquitetar planos para destruir o inimigo.

Por outro lado, pensar que Marcos fosse alguém capaz de molestar as freguesas do restaurante em que trabalhava era algo praticamente inadmissível. Ele era um rapaz dócil e religioso, não um pervertido sexual. Virgem até conhecê-la. Então, como acreditar que ele mexia com as moças de forma tão vulgar e revoltante?

Tudo isso eram ponderações importantes, mas o mais importante de tudo era que Raquel, realmente, não o conhecia.

Assim que desligou o telefone, a criada olhou para Nélson, que a fitava com seriedade.

— Tem certeza de que era ela mesma? — indagou ele com arrogância.

— Absoluta. Conheço a voz da Raquel, de tanto que ela ligava para cá quando vocês namoravam. Agora posso saber por que me fez inventar essa mentira?

— É uma brincadeira, só isso. Quero saber o quanto ela se importa comigo.

— Deu sorte de ela não ter perguntado em que hospital você está.

— Nesse caso, era só dizer que não sabe.

— É. Quero ver se ela procurar o seu pai.

— Ela não vai fazer isso.

É claro que não faria. Estava namorando aquele idiota, que não permitiria que ela fosse ao hospital visitá-lo. E depois, era difícil encontrar o seu pai, um homem muito ocupado que não parava em casa.

Nélson fora esperto ao prever que Raquel desconfiaria de seu envolvimento naquelas calúnias. Fora muita sorte ter ficado resfriado e faltado à faculdade aqueles dias. Isso serviu para dar maior credibilidade ao acontecido.

Ele apanhou o telefone e ligou para Elói, que atendeu rapidamente.

— Fale logo. Estou na faculdade.

— Você tinha razão. Raquel acabou de ligar para cá, perguntando por mim.

— E você atendeu?

— É claro que não. Marilda disse que eu estava no hospital, e ela acreditou.

— Que idiota, a minha irmãzinha. Aposto como está com a pulga atrás da orelha.

— E quem não estaria?

— Amanhã vai ser o golpe fatal. Já está tudo combinado com Anete.

— Ótimo. Mal posso esperar.

Desligaram, e Nélson ria de contentamento. Elói era inteligente, bem mais do que ele, que terminaria com o namoro daqueles dois simplesmente dando uns murros em Marcos. Agora, porém, via uma perspectiva de reconciliação. Quando Raquel estivesse arrasada ao descobrir as mentiras de Marcos, quem senão ele estaria a seu lado para consolá-la?

*Apesar de tudo...*

# Capítulo 42

De posse do resultado do teste de DNA, Afrânio tocou a campainha da casa dos Silva e Souza. Introduzido pela empregada, pôs-se a esperar na saleta que servia de escritório a Graciliano. Em poucos segundos, os dois apareceram. Cumprimentaram-se cordialmente, e Afrânio sentou-se na poltrona, tendo os dois defronte a ele, fitando-o com incrível ansiedade.

— E então? — adiantou-se Graciliano. — Saiu o resultado?

Afrânio balançou a cabeça e estendeu-lhe o envelope branco com o logotipo azul do laboratório. A melhor parte, para o cliente, era o resultado positivo da investigação, a dissolução de suas angústias, muitas vezes, só pelo fato de conhecer a verdade. No caso de Graciliano e Bernadete, a verdade vinha acompanhada da realização de seus anseios.

Graciliano abriu o envelope com pressa e retirou a folha que exibia o laudo, dividindo-a com a mulher. Percorreram os olhos pelo papel, ignorando os termos técnicos, até encontrarem o principal: positivo. Marido e mulher se olharam com euforia, tentando controlar a excitação e o desejo louco de irem correndo contar tudo ao rapaz.

— O senhor trabalhou muito bem, seu Afrânio — elogiou Graciliano. — Quando poderemos ver o menino?

— É sobre isso que temos que conversar. Assegurei à mãe e à tia que o senhor não pretendia separá-los.

— Por certo que não — interrompeu Bernadete. — Tudo o que aconteceu foi por nossa causa e assumimos nossa culpa.

— Não podemos destruir a vida das pessoas que criaram bem o nosso neto — afirmou Graciliano. — Ele podia ter sido um marginal, mas a mãe e a tia conseguiram mantê-lo no caminho do bem. Só temos a agradecer-lhes.

— Queremos apenas conhecê-lo — suplicou Bernadete. — E logo.

— Acho que, primeiro, a mãe deve contar a ele a verdade — sugeriu Afrânio. — Foi um pedido dela. Depois, posso trazê-lo aqui.

— Sim, acho que essa seria a melhor maneira — concordou Graciliano. — Não queremos que ele se volte contra a mulher que o criou.

— Perfeito. Então, se me permitem, gostaria de mostrar a ela o resultado do exame.

— É claro.

Graciliano devolveu-lhe o envelope, que Afrânio guardou na pasta.

— Vou procurá-la hoje mesmo e depois entrarei em contato para marcarmos o encontro.

— Perfeitamente.

Depois que o detetive se foi, Bernadete e Graciliano se abraçaram, esperançosos. Tinham as fotografias que Afrânio tirara do rapaz, para as quais olhavam embevecidos.

*Apesar de tudo...*

— Nosso neto é um rapaz muito bonito — elogiou Bernadete.

— Sim, é. E em breve ocupará o lugar que é seu, por direito, em nossa família.

Da janela, viram Afrânio entrar em seu carro. Ele também estava animado, satisfeito com seu trabalho. Ao chegar perto do morro, parou o carro e telefonou para Clementina, que já havia saído para trabalhar. O assunto era deveras delicado para ser tratado ao telefone. Por isso, combinou de encontrá-la ao final do dia, embora Clementina soubesse que não conseguiria trabalhar direito.

Marcos também já havia saído para a faculdade, atormentado pelo desemprego e as calúnias inventadas a seu respeito. Procurou não chegar muito cedo, para não ter que se submeter a olhares maldosos.

Pouco depois, Arnaldo chegou ao rol dos elevadores. O horário era de muito movimento, e enquanto aguardava que uma das portas se abrisse, foi surpreendido com uma conversa entre duas meninas, paradas um pouco mais atrás.

— Você não sabia?

— Não.

— Deve ser a única. O cara teve o desplante de passar a mão em mim na frente de todo mundo! Foi uma vergonha, dentro do restaurante...

— Que coisa! E você não reclamou?

— É lógico! E quando descobri que ele estuda aqui, contei para todo mundo, que é para saberem com quem estão lidando. Aquele tarado... Deve fazer isso com todas as garotas.

Os ouvidos de Arnaldo se aguçaram. Estariam elas falando de Marcos? Elas desceram, com ele atrás. Sentaram-se num dos bancos do hall, enquanto ele, fingindo que lia um livro, sentou-se em outro, próximo. O sinal anunciou o início das aulas, mas elas permaneceram sentadas. Ele também não saiu do lugar, disposto a ouvir mais. Aquilo era proposital e ele nem percebia. As meninas, garotas de programa contratadas por Elói, esperaram que ele chegasse para se postar atrás dele e iniciar aquela conversa.

— Como é mesmo o nome dele, hein? — prosseguiu uma das moças.

— Marcos Wallace, Wellington, sei lá... Alguma coisa ridícula assim.

Arnaldo entendeu como a fofoca havia começado. Fora aquela garota que fizera o comentário e não foi preciso muito para o mexerico se espalhar. Ninguém se preocupou em conferir a história nem em lhe apontar as falhas. Infelizmente, a maledicência ainda é muito atrativa para o ser humano, que recrimina seus próprios defeitos apontando-os no outro. E Arnaldo, pensando que poderia defender o amigo, sem saber, servia de instrumento aos planos de Elói e Nélson.

Ao ouvir o nome de Marcos, Arnaldo correu para a sala de aula. Após alguns minutos, as moças se levantaram rindo, tomando o elevador de volta ao térreo, sumindo pelo portão da frente. Nunca antes, em toda a sua vida, haviam pisado numa universidade. O trabalho fora bem pago por um amigo de Paloma, que lhes mandara encenar aquele teatro primeiro no restaurante, depois ali.

Como a aula já havia começado, Arnaldo parou na porta, fazendo sinais para que Marcos saísse. Já que aquele não era um comportamento usual de Arnaldo, Marcos logo percebeu que havia alguma coisa errada, assim como Raquel, que o acompanhou até o corredor.

— O que foi que houve? — perguntou Marcos.

— Descobri quem foi que espalhou aquela história.

— Quem? — ele e Raquel perguntaram ao mesmo tempo.

*Apesar de tudo...*

— Uma menina do primeiro ano.

— Quem é?

— Não sei, não a conheço. Mas ouvi-a contando tudo para uma amiga e escutei quando ela disse o seu nome.

— Ela disse o meu nome? — repetiu ele incrédulo. — Mas eu não conheço ninguém fora desta sala!

— É, mas parece que ela conhece você. Contou que você passou a mão nela, chamou-o de tarado.

— Não é possível. Arnaldo, você não acreditou, acreditou?

Arnaldo balançou a cabeça, sem saber o que dizer a princípio, até que respondeu:

— Não. Mas que é estranho, isso é. Como é que uma garota que nunca viu você, de repente, vai inventar tudo isso? E as outras?

— Isso é uma conspiração. Essas garotas só podem estar em conluio com Nélson para acabar comigo. Só não vê quem não quer.

— Lá vem você com essa história — replicou Raquel. — É difícil acreditar que ele conseguiria convencer tantas mulheres a mentir.

— Conseguiu — afirmou Marcos, categórico. — Não sei como, mas foi o que ele fez. Vou procurar essa garota. Ela vai ter que afirmar tudinho na minha cara. Quero só ver. Você vai me dizer quem é.

Embora contrariados, Arnaldo e Raquel seguiram Marcos até a sala do primeiro ano, mas não a encontraram. Procuraram nas outras salas, no hall, na cantina. Nada. Arnaldo não as via em lugar nenhum.

— Ela não está aqui, não é mesmo? — afirmou Marcos em tom de desafio.

— Não sei — respondeu Arnaldo, confuso. — Na verdade, não deu muito para reparar na cara dela. Pode ter sido qualquer uma.

— Mas que droga! — esbravejou Marcos, na mesma hora se arrependendo. — Meu Deus, Arnaldo, essa história está me tirando do sério e me obrigando a fazer coisas que normalmente não faria. Nunca fui de praguejar.

— Tenha calma, meu amigo. Você está nervoso, o que é compreensível.

Em silêncio, Raquel limitava-se a acompanhá-los pelas salas e corredores, sem saber ao certo o que pensar. Realmente, tudo aquilo era muito estranho, principalmente a obstinação de Marcos. Se fosse realmente culpado das acusações que lhe faziam, estaria tão disposto a confrontar suas acusadoras? Não seria mais prudente silenciar e deixar a poeira assentar?

— Não posso ter calma — contestou ele, com raiva. — Alguém está tentando destruir a minha reputação e parece que está conseguindo.

Ele olhou para Raquel com ar significativo, e ela apertou a mão dele. Tinha que lhe dar crédito.

— Estou do seu lado, Marcos — disse por fim. — Não acredito em nada disso.

— Estão me acusando de coisas terríveis, que eu jamais seria capaz de fazer. Sou uma pessoa temente a Deus e nunca cederia à tentação de Satanás. Mas é isso que essas pessoas estão fazendo.

— Sei disso — tranquilizou Raquel. — Vamos embora. Não vale a pena ficar alimentando essa fofoca. Deixe para lá, que ela acaba morrendo.

— Foi por causa dessa fofoca que eu perdi meu emprego. E sabe-se lá o que mais vou perder.

As palavras foram diretas para Raquel, que o abraçou com ternura.

— Você não vai me perder — sustentou ela. — Não por causa de uma fofoca infundada.

*Apesar de tudo...*

— É isso mesmo, Marcos — concordou Arnaldo. — Ninguém está acreditando.

Por mais que não acreditassem, sempre ficava a sombra da dúvida. No entanto, não havia como provar sua inocência, já que Marcos não conseguia se defrontar com nenhuma de suas acusadoras. Os três retornaram para a sala, enquanto as moças recebiam de Elói o pagamento que ele lhes prometera.

— Não se esqueçam — advertiu ele. — Nem uma palavra a ninguém. Nem ao namorado.

— Pode deixar. E se precisar de nós para algum outro serviço, é só nos chamar.

Foram-se rindo, e Elói telefonou ao falso doente. Nélson recebeu a notícia com a euforia de sempre. Tinha certeza de que o romance de Raquel e Marcos se aproximava do fim.

Assim que Marcos saiu da faculdade, foi ver alguns empregos que havia marcado no jornal. Finalmente, conseguiu um lugar num barzinho em Vila Isabel. O horário era puxado: das quatro da tarde em diante, sem hora para encerrar. O dono lhe havia informado que, nos dias de semana, o movimento não costumava passar das onze horas, prolongando-se pela madrugada às sextas e sábados. Não era o ideal, mas, era o que fechava mais cedo em dias de aula. Começaria no próximo sábado.

Chegou à casa animado, louco para contar a novidade à mãe, porém, ela ainda não havia retornado do trabalho. Ligou a televisão para esperar e acabou pegando no sono. Quando acordou, a noite já ia alta. Assustou-se com a silhueta de Clementina, sentada na penumbra, de frente a ele.

— Mãe! — exclamou. — O que está fazendo aí no escuro?

— Nada — falou sem expressão, como se em seu peito não houvesse um vulcão prestes a explodir.

— Consegui um emprego! — adiantou-se ele, acendendo a luz. — Num bar em Vila Isabel. Vou começar no sábado.

— Que bom.

— Não está feliz?

— Muito.

— Então, por que essa cara de desânimo? Aconteceu alguma coisa?

Como dizer a ele que o pior havia acontecido? Como contar-lhe o recente encontro com o detetive que descobrira toda a verdade e estava a um passo de destruir suas vidas? Clementina fitou-o com assustadora amargura, alisou o seu rosto, desatou a chorar.

— Mãe, o que é isso? — questionou ele assustado. — O que você tem? Diga-me, pelo amor de Deus.

— Ah! Marcos Wellington!

Ela escondeu o rosto no peito dele e deu livre curso ao pranto, que afogava as palavras em soluços doloridos.

— Você anda muito estranha — prosseguiu ele, tentando adivinhar o motivo de tanta angústia. — Alguém lhe fez alguma coisa? Foi o meu pai?

Quando ela ergueu os braços para abraçá-lo, o envelope branco escorregou para o chão. Em seu desespero, acabara esquecendo-se do laudo que Afrânio lhe entregara. Pusera-o debaixo do braço e congelara com ele ali, oculto dos olhos ávidos do filho. Como, porém, a emoção do momento era muito grande, num ímpeto, ela quis abraçá-lo, liberando o envelope para a descoberta.

— O que é isso? — questionou ele, apanhando-o do chão e lendo o nome do laboratório.

— Mãe, você disse que não estava doente!

Clementina não conseguiu suportar. Com a certeza do inevitável, sentiu os olhos escurecerem. Os joelhos procuraram o chão, amolecendo instantaneamente, levando-a a desabar com um baque surdo e abafado.

*Apesar de tudo...*

# Capítulo 43

Leontina descia o morro com passos lentos e cansados. Estava envelhecendo, seu corpo já não tinha mais o vigor de antes. O corpo... Nunca pensara que, depois de tantos anos, iria satisfazer o desejo pelo qual o corpo ansiava tão desesperadamente. O corpo de Romualdo...

Mas Romualdo estava doente, e ela se via obrigada a sair àquela hora para comprar-lhe remédios. Pensava na subida, na exaustão a que o caminho de volta a levaria. Não tinha mais idade para subir e descer o morro a todo instante. Aquilo era coisa para gente moça.

Ao passar pela porta da casa da irmã, as luzes acesas lhe deram a ideia. Marcos Wellington era jovem, podia ir à farmácia e voltar muito mais rápido do que ela, sem se cansar. Afinal de contas, o pai era dele. Mal sabia ela que o espírito de Félix a acompanhava na descida, fazendo essa sugestão desde que saíra de casa.

Encontrou a porta trancada e bateu.

— Quem é? — perguntou Marcos lá de dentro.

— Sou eu, querido.

Reconhecendo a voz da tia, Marcos abriu a porta. Surpreendeu-se ao ver Clementina deitada na cama, desfalecida. Sobre a mesa, o envelope jazia esquecido. Temeu pelo pior.

— O que foi que houve? — perguntou ela, desconfiada.

— Minha mãe desmaiou. Ia borrifar um pouco de água em seu rosto para ver se ela acorda. Mas foi bom a senhora ter aparecido. Sabe se minha mãe está doente?

— Doente? — repetiu ela cautelosa. — Por que pergunta?

— Ela deixou cair isto — anunciou ele, apanhando o envelope. — É de um laboratório.

— É dela? — horrorizou-se Leontina, imaginando do que se tratava.

Foi então que Marcos olhou a etiqueta colada no envelope, e qual não foi a sua surpresa ao constatar que o nome ali grafado não era o de sua mãe, mas o dele próprio.

— É meu! — disse, revelando a surpresa.

Começou a abrir o envelope, mas a tia segurou-lhe a mão, na tentativa inútil de impedi-lo.

— Por que não deixa isso para depois? — sugeriu ela, alarmada. — Não seria melhor cuidar primeiro de sua mãe?

A dúvida dissipou-se no mesmo segundo. Olhando da mãe para o envelope, a curiosidade o levou a abri-lo. Marcos leu e releu, sem entender bem o que estava acontecendo. Era um teste de DNA, feito com um fio de seu cabelo, positivo para a paternidade de Anderson Silva e Souza.

— O que é isso? — questionou, ainda sem compreender. — O que significa isso? Quem é esse tal de Anderson Silva e Souza?

Estimulada pelo espírito de Margarete, que nada perdia daquele momento, Clementina lentamente abriu os olhos.

*Apesar de tudo...*

Aos poucos percebeu a movimentação, dando-se conta da presença do filho e da irmã. O envelope, preso nas mãos de Marcos, fora encoberto pela folha branca que trazia o resultado do exame.

Sentada na cama, Clementina deixou que as familiares lágrimas invadissem seus olhos. Leontina viu quando ela se ergueu e endereçou-lhe uma súplica silenciosa, percebida por Marcos, que se virou para ela bruscamente.

— O que é isso, mãe? — repetiu ele, naquele momento esquecendo-se de que ela havia desmaiado e acabara de recuperar os sentidos. — Que teste de DNA é esse? E quem é esse sujeito?

— Tenha calma, Marcos Wellington, em nome de Jesus — pediu Leontina.

— Como posso ter calma se é o meu nome no exame de DNA, junto de um tal de Anderson Silva e Souza? O que isso quer dizer? Que ele é meu pai?

Um ciclone não teria feito mais estragos na cabeça de Marcos. Com a folha do exame nas mãos, deduziu que a mãe havia traído o pai e que, dessa traição, ele nascera.

— Agora compreendo por que meu pai foi embora com outra mulher — prosseguiu ele, tomado pela ira. — Ele descobriu tudo! Não sei como, mas descobriu e não a perdoou. E você se revoltou contra a igreja porque o pastor não lhe deu cobertura, não foi? E brigou com tia Leontina quando ela censurou o que você fez. Como pôde fazer isso, mãe? Acusou meu pai de traição quando foi você que deu início ao adultério? Dá para entender agora por que só lhe restou a embriaguez.

As palavras feriam Clementina tão duramente que ela nem conseguiu se defender. Desconhecia aquele homem que a tratava com arrogância e impiedade, substituindo o menino doce e amável que sempre fora seu filho. Bombardeado com tantos problemas, Marcos dava vazão à raiva, misturando a frustração com a recente descoberta à revolta causada pela difamação. Ele falava sem parar, acusando-a de coisas que ela jamais fora capaz de fazer. Desde que se casara com Romualdo, nunca se deitara com outro homem, nem mesmo depois que ele a abandonara.

Ela simplesmente chorava, incapaz de o contradizer. O massacre foi tão violento que Leontina não aguentou. Tomou a dianteira e desferiu uma bofetada no rosto de Marcos, ao mesmo tempo em que lhe dizia com autoridade:

— Jamais desrespeite sua mãe! Não se precipite no julgamento, porque o diabo espreita à procura da injustiça!

O tapa causou-lhe imenso choque. Marcos levou a mão ao rosto, sentindo a ardência se espalhar pela face. Fitou a tia com angústia. Nunca, em toda a sua vida, havia levado um único tapa, mas também jamais faltara com o respeito a sua mãe. A ardência da bofetada o trouxe de volta à razão, fazendo-o sentir imensa vergonha de si mesmo.

— Foi o que li no exame... — desculpou-se. — Está escrito aqui. Meu pai é um tal de Anderson Silva e Souza. Não sei quem é...

Leontina não queria que fosse ela a revelar a verdade. Achava que aquele papel não lhe cabia. Mas não foi preciso pedir o auxílio de Clementina. Ela mesma se levantou da cama, aproximou-se de Marcos e alisou o seu rosto, no local onde uma vermelhidão cor de vinho se insinuava sob pele morena.

— Meu menino — falou com doçura. — Você tem razão, Romualdo não é o seu pai. Assim como eu não sou a sua mãe.

A revelação causou-lhe um espanto ainda maior. Marcos agarrou a mão dela, tornando incrédulo:

— Como é que é?

As duas estavam agora lado a lado, e Leontina pediu a ele que se sentasse.

*Apesar de tudo...*

— Ouça primeiro toda a história — pediu ela. — Só depois nos julgue.

Ainda sem entender, Marcos se sentou, olhando de uma para outra, tentando adivinhar o que elas iriam lhe contar. Clementina, com o longo suspiro que costumava dar em ocasiões de muito embaraço, levou a mão à cabeça e começou a narrar:

— Tudo aconteceu quando você era um bebezinho... Encontrei-o na lata do lixo...

A cada parte da revelação, os olhos de Marcos se apertavam, as lágrimas desciam sem qualquer contenção. As palavras eram dolorosas, ao mesmo tempo em que exibiam a coragem, a determinação e, sobretudo, o amor que motivara todos os atos daquela mulher. Ao mesmo tempo em que se afligia, Marcos percebia uma admiração crescente por sua mãe, que levara uma vida de privações, suportara a dor e a miséria, vencera a embriaguez, modificara-se por amor a um filho que não era, genuinamente, dela.

Ao final da longa narrativa, os três choravam abraçados. Protagonizavam mais um drama da vida, que costuma consolidar as relações pela cumplicidade. Marcos queria dizer alguma coisa, contudo, as palavras escorregaram na garganta, afogadas em soluços.

— E quem são esses avós que agora pretendem me reencontrar? — indagou ele, assim que a voz se normalizou.

— Não os conhecemos — afirmou Clementina, agora mais controlada. — Até há poucos dias, nem sabíamos da existência deles.

— Só o que sabemos é que são pessoas ricas — comentou Leontina.

A riqueza dos supostos avós não lhe despertou interesse. A curiosidade, sim.

— Quero conhecê-los — disse convicto.

— Você vai nos deixar... — murmurou Clementina, presa de inigualável dor.

— Nunca! Mas acho que tenho o direito de saber quem foram meus pais verdadeiros. Vocês nada sabem sobre eles, nunca nem sequer os viram.

— Só vi sua mãe aquela vez — corrigiu Leontina. — Mas nem tive a oportunidade de falar com ela, pois morreu antes que eu tivesse essa chance.

— Você agora vai poder realizar o seu grande sonho de sair desse morro — falou Clementina. — Não se preocupe conosco, estamos velhas e sempre vivemos bem aqui. Mas você tem chance de ter uma vida rica, de se casar com Raquel e lhe dar tudo o que ela merece.

— Raquel não tem interesse em dinheiro. E eu... sempre quis melhorar de vida e acho que isso não é nada de mais. Contudo, jamais poderei ser feliz se vocês não estiverem comigo. E por que está se antecipando, mãe? Eu nem sei se vamos nos dar bem, esses que se dizem meus avós e eu.

— É claro que vão se dar bem! Por que outro motivo eles o estariam procurando?

— Você disse que minha mãe verdadeira morreu atropelada — conjeturou ele, olhando para a tia. — E meu pai biológico? Onde estará?

— Não sabemos. O detetive nada falou sobre ele. Sabia que sua mãe havia morrido e mencionou seus avós paternos. É tudo o que sabemos.

— Preciso encontrar-me com eles. Como posso achar esse detetive?

Clementina foi até uma gaveta e apanhou o cartão que Afrânio lhe dera.

— Tem o número do celular dele — avisou.

Marcos segurou o cartão e encarou a mãe, que ainda chorava de mansinho. A tia também chorava, ambas revelando o medo oculto de perdê-lo, de que ele se deixasse

*Apesar de tudo...*

seduzir pelo dinheiro e as abandonasse. Ele colocou o cartão no bolso, segurou a mão da mãe, apanhando, com a outra, a mão da tia.

— Tudo pode acontecer. Minha pobreza pode acabar, mas o amor que sinto por vocês não se acabará nunca. Fui bem criado pelas duas e guardo valores sólidos que a nossa igreja me transmitiu. Confiem em mim. Vocês são e sempre serão minha mãe e minha tia. Aonde quer que eu vá, vocês irão comigo.

Beijando as palmas das mãos das duas, levou-as ao coração, num claro gesto de reconhecimento e de afeto. Elas se abraçaram a ele, felizes e gratas ao mesmo tempo.

— E o seu pai? — indagou Leontina. — O que será dele?

— Ele sabe de tudo isso? — questionou Marcos.

— Nós lhe contamos.

— E como ele reagiu?

— Como ele reagiu? — tornou Clementina com azedume. — Ele se interessou pelo dinheiro, só isso. Nem ligou para a possibilidade de perdermos você.

— Acho que, no fundo, Romualdo conhece o coração de Marcos Wellington — defendeu Leontina. — Sabia que ele não se voltaria contra nós.

— E logo pensou em tirar proveito da situação, não é mesmo? Se o filho dele ficar rico de uma hora para outra, não será nada mau, não é?

— Ele só quer ter uma chance de voltar a enxergar. Que mal há nisso?

— Você sempre o defende, Leontina. O amor é cego mesmo.

— Vamos parar com essa discussão, por favor — pediu Marcos. — Meu pai está velho, com catarata, precisa da cirurgia. Eu disse a você, mãe, que sonhava sair daqui. Se isso acontecer, será com todos, inclusive meu pai. Mas não quero pensar nisso agora. Ainda nem conheci meus avós e não sei se gostarei deles. Tudo vai depender do tipo de pessoa que eles são.

— Por falar em seu pai, Marcos Wellington, ele está precisando de remédio — informou Leontina, que até havia se esquecido do motivo que a levara a descer o morro àquela hora. — É a pressão de novo.

— Deixe comigo, tia. Faça companhia a minha mãe que dou um pulo na farmácia rapidinho.

Ele apanhou a tampa rasgada da caixa, com o nome do remédio, aceitou o dinheiro e saiu, levando na mente um turbilhão de questionamentos a respeito de si mesmo. Muitas eram as perguntas que precisava fazer a seus avós que, por sua vez, também nada sabiam sobre ele.

Logo chegou à farmácia. Ao retirar do bolso o recorte da caixinha com o nome do remédio, veio junto o cartão do detetive. Ele entregou o pedacinho de papelão à atendente, os olhos fixos no cartãozinho cor de creme. Pagou o remédio e tomou o caminho de volta, com o cartão ainda apertado na mão. Parou na subida do morro, apalpando os bolsos, à procura do celular, mas lembrou-se de que o pusera na mesa da cozinha.

Ainda assim, resolveu arriscar. E se ligasse a cobrar? Se o detetive sabia o seu nome, talvez aceitasse a ligação. Procurou um orelhão e digitou os números. O telefone começou a tocar, mas ninguém atendia. Consultou o relógio, envergonhando-se de sua ansiedade, dizendo a si mesmo que não era mais hora de ligar para ninguém. Já ia afastando o fone do ouvido quando a gravação da chamada a cobrar ressoou em seu ouvido:

— *Ao ouvir o sinal, diga seu nome e a cidade de onde está falando.*

Alguém havia atendido. Quando o sinal agudo e metálico ecoou, Marcos falou clara e pausadamente:

— Marcos Wellington, do Rio de Janeiro.

Para sua surpresa, uma voz do outro lado respondeu:

— Alô?

— Alô... — repetiu ele confuso, sem saber o que dizer. — É o seu Afrânio quem está falando?

— Ele mesmo.

— Desculpe-me o adiantado da hora, seu Afrânio, e por ter ligado a cobrar. Mas é que estou na rua e esqueci meu celular em casa.

— Não se preocupe com isso. Fez bem em me ligar. Gostaria de falar comigo?

— Na verdade, não sei. Não sei o que lhe dizer. Acho que tenho mais a ouvir, esclarecer algumas dúvidas.

— Imagino que você esteja mesmo cheio delas. Podemos marcar de nos encontrar, se você quiser.

— Eu quero.

— Ótimo. Quando e onde?

— Não sei. O que o senhor sugere?

— Que tal amanhã? Você diz a hora e o lugar.

— Amanhã, pode ser. Mas longe daqui, por favor. Que tal numa praça?

— Para mim está ótimo.

— Conhece a Praça Afonso Pena?

— Não, mas descubro rapidinho. A que horas?

— Às duas da tarde está bom?

— Perfeito.

— Estarei esperando-o, sentado num banco, de camisa amarela.

— Não se preocupe, eu o encontrarei.

Marcos desligou com mãos trêmulas. Tudo andava rápido demais. Será que não se precipitara procurando o detetive? Voltou correndo e entregou o remédio à tia, acompanhando-a até em casa. Por ora, preferiu evitar falar com o pai. Entendia os motivos dele, mas achava que Romualdo não estava tão emocionalmente comprometido como a mãe e a tia.

Em casa, a mãe o esperava ainda com lágrimas nos olhos. Abraçou-o demoradamente e, quando falou, era visível sua angústia:

— Você demorou... Foi ligar para o detetive, não foi?

Ele não podia mentir, não era da sua natureza. Estreitou-a novamente e respondeu abraçado a ela:

— Fui. Mas você não tem do que se preocupar. Juro, mãe, nada vai substituir o seu amor. Não acredita em mim?

— Acredito. Mas sei o que o dinheiro faz com o caráter das pessoas. Ele transforma criaturas boas em seres humanos mesquinhos, egoístas e maus.

— Você não pode acreditar mesmo nisso. Não é o dinheiro que muda o caráter das pessoas. É o caráter que faz mau uso do dinheiro. Criaturas que se transformam em seres mesquinhos, egoístas e maus, na verdade, sempre foram assim. Só que nunca tiveram chance de demonstrar. Quem é bom é sempre bom. Quem se modifica, nunca foi bom. E mesmo os maus não o são para sempre.

Ela sorriu embevecida, maravilhada com as palavras do filho. Deu-lhe um tapinha carinhoso no rosto e falou com emoção:

— Meu menino, onde aprende a dizer tantas coisas bonitas? É na faculdade?

— Não sei — retrucou ele sorrindo. — Deve ser com a vida e com Raquel. Ela é que é cheia de filosofias.

Clementina riu novamente e tornou a afagar o rosto dele.

— Está doendo? — perguntou, passando os dedos sobre o local em que ele recebera o tapa.

— Não, já passou. Foi merecido. Eu não podia ter falado com você daquele jeito.

*Apesar de tudo...*

— Deixe para lá. A culpa foi minha por não ter-lhe contado antes.

— Você não pode se culpar por só ter me dado amor.

Clementina desvencilhou-se dele para apanhar um copo d'água, pensando, naquele momento, em como seria bom ter uma garrafa de pinga em casa.

— Nem pense nisso, Clementina! — censurou Margarete, ainda a seu lado. — Depois do trabalhão que deu para você e eu nos desintoxicarmos, não podemos entrar nessa novamente.

— Marcos não vai abandonar você — afirmou Félix, ao mesmo tempo em que a envolvia num halo energético e fluidificava a água. — Ele só quer conhecer a sua origem, nada mais. E vai ajudá-la muito, você vai ver.

O passe aplacou o desejo da bebida, e ela tornou a sentar-se junto a Marcos, bebericando a água com prazer, ingerindo, sem consciência, fluidos de refrigério para a alma.

— Imagine se ela voltar a beber, Félix — horrorizou-se Margarete.

— Ela não vai voltar, nem você. Não se preocupe.

— Tenho medo de que, se ela tiver uma recaída, eu tenha também. Ainda somos muito ligadas.

— Você a ajuda, e ela ajuda você. Nenhuma das duas vai voltar a beber.

— Como é que você pode ter tanta certeza?

— Ela tem um incentivo maior, assim como você.

— Ah, é? Qual?

— O amor de Marcos Wellington. Ambas precisam estar lúcidas para demonstrar esse amor. Não é importante para você?

— Marcos não me vê. Por mais que seja importante para mim, ele nunca irá saber.

— Ele sabe, porque agora conhece a sua existência. Com isso, vai percebendo, mesmo sem querer, as vibrações que você manda para ele. E você não vai querer enviar-lhe vibrações etílicas, vai?

— Deus me livre!

— Pois Clementina também não. Ela teme que um deslize o afaste para sempre de sua vida. Por isso, pode sentir o desejo, mas a mente sadia vai saber controlá-lo.

Mais calma, Margarete aproximou-se do filho. Deu-lhe um beijo amoroso na face e um abraço em Clementina, de quem havia aprendido a gostar após tantos anos de convivência invisível.

# Capítulo 44

Marcos chegou cedo à Praça Afonso Pena e procurou um banco à sombra para se sentar. Vestia jeans e uma camisa amarela, para facilitar que o investigador o reconhecesse. Não demorou muito, Afrânio apareceu.

— Boa tarde — cumprimentou ele. — Você é Marcos Wellington? — ele assentiu. — Posso me sentar?

Ao sinal positivo de Marcos, Afrânio sentou-se junto a ele.

— O senhor é o detetive, não é? O tal que meus supostos avós contrataram para me encontrar.

— Pelo visto, você já sabe de tudo.

— Sei de tudo o que minha mãe e minha tia sabem, que nada tem a ver com meus pais verdadeiros. Elas nunca os conheceram.

— Você sabe como foi encontrado?

— Elas me contaram, embora não soubessem dizer por que minha mãe me abandonou.

— Desespero... medo... solidão... desejo de lhe dar uma vida melhor...

— Na lata do lixo?

— Sei que é difícil entender essas coisas, mas eu não estou aqui para julgar sua mãe, nem o seu pai, nem seus avós, nem sua família adotiva. Nem a você.

— Já sei. Veio apenas cumprir o seu dever de me encontrar e me levar em segurança aos ricaços que o contrataram.

— Seus avós são pessoas de bem. Seu avô é dono de uma empresa de ônibus em Belford Roxo.

— Se são pessoas de bem, por que deixaram minha mãe me abandonar? E o meu pai, por que não fez nada? Por que ninguém me procurou antes?

— Tudo isso são perguntas que você terá que lhes fazer pessoalmente. Tenho certeza de que eles têm todas as respostas.

— Imagino que sim.

— Então, posso marcar um encontro entre vocês? — Afrânio notou a hesitação de Marcos e tentou acalmá-lo: — Não tenha receio. Como disse, eles são pessoas de bem e só o que querem é conhecer você.

— E minha família?

— O que tem ela?

— Não vão tentar me separar dela, vão?

— Você não é mais criança, Marcos. É dono do seu nariz, pode fazer o que bem entender. Se houver alguma separação, será por sua conta.

— Jamais farei isso. Amo minha mãe e minha tia acima de tudo.

— Ninguém quer ou pensa o contrário. Você seria uma pessoa muito egoísta se não sentisse dessa forma.

— Eles não vão tentar me convencer a mudar de vida?

— Talvez queiram lhe dar uma vida melhor, mas isso não significa que você tenha que se afastar de sua família.

*Apesar de tudo...*

— Eu não vou me afastar, disso tenho certeza. Mas não quero ser pressionado.

— Tudo bem, posso falar com eles sobre esse seu receio, e ninguém irá pressioná-lo.

— Você vai estar presente a esse encontro?

— Provavelmente não. Vocês têm muito o que conversar. Daqui por diante, meus serviços estão concluídos.

Marcos ficou calado por uns segundos, pensando em tudo o que Afrânio dissera. Por fim, concordou:

— Pode marcar o encontro. Quero conhecê-los e esclarecer logo tudo.

Além de corajoso, o rapaz era decidido, o que agradou Afrânio. Aliás, tudo nele lhe agradara, desde a aparência física até seu jeito educado. Seus clientes ficariam satisfeitos.

— Vou entrar em contato com eles hoje mesmo — anunciou Afrânio. — Tenho certeza de que desejarão conhecê-lo o mais rápido possível. Só falta você me dar o número do seu celular, para que eu possa encontrá-lo.

Encerrada a entrevista, Afrânio seguiu direto para Belford Roxo, a fim de narrar a seus clientes o sucesso de seu trabalho. Graciliano e Bernadete mal conseguiam conter a euforia. Queriam marcar o encontro para o mais breve possível.

Marcos sabia que não conseguiria prestar atenção alguma à aula. Nem os comentários maldosos a que estava sendo submetido foram suficientes para dissipar sua confusão. Ele chegou cedo e, assim que Raquel pisou na sala, correu ao seu encontro.

— Você faz questão de assistir aula hoje? — sondou ele, segurando-a pelo braço.

— Não sei — respondeu ela cautelosa. — Por quê? O que foi que houve?

— Preciso conversar com você. Longe daqui.

— Aconteceu alguma coisa?

— Aconteceu. E séria.

— É com a sua mãe?

— Nada tão sério assim. É algo pessoal, que me diz respeito.

— Está bem. Vamos embora então.

Marcos falou rapidamente com Arnaldo e saiu de mãos dadas com Raquel, ignorando os olhares que os acompanhavam por todo o corredor. Assim que entraram no carro, Marcos puxou Raquel e deu-lhe um abraço apertado, beijando-a com sofreguidão. Quando ele se afastou, ela indagou perplexa:

— O que foi que houve, Marcos?

— Minha vida está prestes a virar de cabeça para baixo.

— Por quê?

— Descobri ontem que não sou filho de meus pais.

— Como é que é?

Marcos contou tudo o que sabia, em detalhes. Ao final, concluiu:

— O detetive me ligou ontem mesmo. Meus avós querem me ver o mais rápido possível. Por isso, deixei que ele marcasse o encontro para hoje, logo após a faculdade. Seu Afrânio virá me buscar aqui, e iremos juntos.

— Meu Deus, Marcos, que doideira!

— É, é uma doideira, mas é a verdade. O teste de DNA não mente.

— Acho que você está recebendo essa notícia muito bem. Vai tirar esse encontro de letra.

— Eu vou, mas minha mãe, não. Ela está nervosa, aflita, nem conseguiu ir trabalhar hoje. Minha tia também, mas não

*Apesar de tudo...*

pode faltar ao emprego, e ela agora tem o meu pai. Por isso é que gostaria de lhe pedir um favor.

— O que é?

— Será que você poderia ficar lá em casa com ela? Minha mãe gosta tanto de você!

— É claro que sim, Marcos! Será o maior prazer. Também gosto muito dela.

— Ótimo, então. Vou telefonar a seu Afrânio e pedir que vá me buscar em casa. De toda sorte, não ia mesmo conseguir prestar atenção à aula. Estou um pouco nervoso.

— E quem não estaria? Eu, no seu lugar, ficaria toda trêmula.

— Mentirosa — ralhou ele com doçura. — Você é muito segura e decidida.

— Só quando você está comigo.

— Está falando isso por causa da favela? Tem medo de ficar lá sozinha?

— Absolutamente!

— Vou com você até em casa. Na volta, levo-a para baixo e a coloco de volta no carro.

— Se quiser, posso dormir lá com você.

— Ah, não, Raquel, você não ia gostar. Durmo num sofá pequeno e desconfortável, você ia acordar cheia de dores nas costas.

— Eu não me importo de dormir agarradinha com você. Vamos, Marcos, é a nossa chance. Nós nunca passamos a noite juntos.

— Seus pais não vão aprovar.

— Eles não ligam. Basta eu telefonar e dizer que não vou dormir em casa. Vamos, gostaria de partilhar com você este momento tão importante da sua vida.

— Bom, se é assim, está bem — concordou ele, após muita insistência. — Minha mãe vai adorar.

— Será que ela não se importa que durmamos juntos?

— Acho que não. Minha mãe não é minha tia. Não liga para essas coisas. Tia Leontina, sim, ficaria chocada. Mas ela não precisa saber.

— Ótimo. Então vamos.

Raquel subiu o morro tentando aparentar naturalidade e ocultar o receio. No fundo, tinha um pouco de medo dos bandidos e traficantes, porém, tudo transcorreu com normalidade. Marcos era conhecido, ninguém quis mexer com a namorada dele. Haviam antes passado numa confeitaria, onde Raquel fez questão de comprar uma torta para Clementina.

— Raquel! — exclamou ela. — Que surpresa boa! O que a traz aqui?

— Vim ficar com a senhora, enquanto Marcos vai conversar com os avós.

— Mesmo? Você veio só para me fazer companhia? — ela assentiu. — Que menina simpática!

— Vou me casar com o seu filho e tenho que cuidar da minha sogra, que é uma pessoa maravilhosa.

Clementina riu de prazer, para alívio de Marcos. Com tantas preocupações na cabeça, ao menos conseguira aliviar um pouco a aflição da mãe.

— Não fiz nada para o almoço — observou Clementina.

— Não faz mal — declarou Raquel. — Veja o que eu trouxe. Uma torta!

Havia genuína satisfação no riso de Clementina. A conversa de Raquel animava a mãe, que conseguiu, ao menos parcialmente, colocar de lado o pânico. Marcos mal conseguia participar da conversa, tamanha a ansiedade, consultando o relógio a todo instante. Na hora combinada, despediu-se das duas e desceu para se encontrar com Afrânio.

*Apesar de tudo...*

— Que Deus ilumine a cabeça do meu menino — rogou Clementina. — Para que ele não esqueça quem foi sua verdadeira mãe.

— A senhora não tem com o que se preocupar. Marcos a ama muito e não vai trocá-la por nenhuma outra família.

Ficaram vendo-o se afastar, Clementina agarrada ao braço de Raquel. Ele desceu o morro com a cabeça confusa, temendo o que estava por vir. Quando chegou lá embaixo, Afrânio já o aguardava e estendeu a mão, que ele apertou.

— Então? — indagou. — Pronto?

Marcos balançou a cabeça. Quando o carro se movimentou, voltou os olhos para o morro, na esperança de avistar sua casa, embora soubesse que ela não era visível de onde estava. A única coisa que ainda via em sua mente eram os olhos súplices da mãe, implorando que voltasse para casa e para ela. Mas Marcos não precisaria voltar. Jamais pensou em deixá-la.

# Capítulo 45

O coração de Marcos não se aquietava dentro do peito. Ele sentia um misto de euforia e medo, de curiosidade e dúvida. Temia o que iria encontrar, não sabia como se portar na casa daquelas pessoas que, embora responsáveis pela sua existência, eram estranhas para ele.

— Basta agir naturalmente — dissera Afrânio. — Seja você mesmo, não tente demonstrar o que não é.

Gostara de Afrânio. De uma certa forma, ele ajudara a desfazer a ideia de romantismo ou decadência que ele tinha de detetives particulares, fruto dos filmes de televisão, em que os investigadores ou eram homens cheios de charme e coragem, ou malandros arruinados e trapaceiros. A tranquilidade de Afrânio lhe transmitia uma segurança serena, a certeza de que as coisas seguiriam o caminho da natureza, que tudo faz para reunir as famílias.

Aliado a isso, a presença constante de Margarete e Félix era para ele um alívio, embora disso não se desse conta. O tempo todo, o casal de espíritos permanecera a seu lado, intuindo Afrânio a seguir o rumo certo na busca da verdade. E agora que tudo ia se desvendar, Margarete sentia-se grata e confiante, disposta a seguir seu caminho tão logo Marcos se harmonizasse com a família.

— Lembre-se de que não foi você quem pediu esse encontro — prosseguiu Afrânio, sem saber que parcialmente transmitia o pensamento dos espíritos. — Foram eles. Portanto, você não precisa se preocupar com nada. Deixe a eles a tarefa de conduzir a conversa. Faça as perguntas que quiser, mas não se coloque na defensiva nem seja arrogante. Mantenha-se calmo e neutro. São eles que estão loucos por você, não o contrário. Trate-os bem, com respeito, não se esqueça de que são seus avós.

Ao ver a mansão em que eles residiam em Belford Roxo, Marcos afirmou pensativo:

— Entendo por que minha mãe me jogou na lata de lixo. Eles devem tê-la expulsado de casa só porque era pobre e negra.

— Procure não julgar. Todos nós temos algo do que nos arrepender. Se você ainda não tem, é porque ainda é muito jovem e não viveu o suficiente para colecionar erros.

Afrânio era uma pessoa sensata, para satisfação de Marcos. Saltaram do carro, tocaram a campainha. Quando a porta se abriu, uma criada de avental os convidou a entrar, conduzindo-os diretamente à sala de estar, onde dois idosos, sentados em antigas poltronas de veludo carmim, olhavam-no com ansiedade.

— Seu Graciliano, dona Bernadete — anunciou Afrânio —, este é Marcos, o neto que procuravam.

Os dois se levantaram ao mesmo tempo, olhando para Marcos sem saber o que dizer. Haviam ensaiado tanto aquele momento, e agora, a voz lhes morrera na garganta. Graciliano estendeu a mão para ele, que a apertou firmemente.

— Como vai, meu rapaz? — indagou, sem jeito.

— Vou bem, obrigado. E o senhor?

Graciliano não respondeu, porque Bernadete passou a frente dele e puxou Marcos para um abraço efusivo, estreitando-o nos braços pelo tempo em que duraram as primeiras lágrimas.

— Meu menino! — exclamou ela. — Meu neto! Já é um homem... Perdemos sua infância e o começo da juventude. Como rezei a Deus para poder encontrá-lo!

Marcos olhou para Afrânio meio desconcertado, e o investigador devolveu-lhe um sorriso de incentivo.

— Acho melhor deixá-los a sós para que se conheçam. A que horas quer que eu venha buscá-lo, Marcos?

— Isso não será necessário — objetou Graciliano. — Meu motorista o levará em casa quando ele desejar.

Notando a fisionomia calma de Afrânio, Marcos relaxou naquele ambiente estranho, cercado de pessoas estranhas que, a despeito de tudo, eram seus avós. Com um aceno de cabeça, o detetive se despediu. Dando tapinhas fraternos nas costas de Marcos, finalizou:

— Boa sorte, rapaz. Vai dar tudo certo.

Depois que ele saiu, Bernadete convidou Marcos a sentar. Graciliano ocupou uma poltrona em frente, ainda sem jeito, tentando encontrar as palavras certas. Depois de muito observá-lo, Bernadete comentou eufórica:

— Veja como ele se parece com Anderson, Graciliano! Não se parece com o nosso filho?

Realmente, Marcos era uma mistura do pai e da mãe. Graciliano olhou-o bem, logo identificando os traços de Anderson no rapaz, sobretudo o nariz e a boca. Os olhos, inconfundivelmente, eram os de Margarete.

— Sim — respondeu Graciliano, atento à fisionomia do neto. — Ele se parece com Anderson, mas lembra também a mãe.

— Mas o queixo é de nosso filho. Igualzinho!

*Apesar de tudo...*

— Realmente.

— Ele é mais moreno do que Anderson, é claro, embora um pouco mais claro do que Margarete.

Margarete fitou Félix com olhos úmidos, sem dizer nada, e Marcos sorriu, sem graça ante a avaliação que faziam dele.

— Não conheci nenhum dos dois... — informou com voz sumida.

— Seu pai, nosso filho morreu há alguns anos — comentou Graciliano, enxugando os olhos. — Você é tudo que nos resta.

Um raio de sol penetrou pela janela, estendendo-se até o sofá. Vagarosamente alcançou os pés de Bernadete, que os puxou para a sombra.

— Anderson gostava de tomar sol — informou ela. — Diferentemente de mim. E você? Gosta de sol?

Ele se levantou nervosamente. Estava ali havia quase uma hora e só o que os dois conseguiram, até aquele momento, fora fazer comentários sobre sua aparência física, encontrando semelhanças e diferenças entre ele e seus verdadeiros pais.

— Por favor, não me levem a mal, mas foi para isso que me chamaram aqui? — indagou, a voz oscilando entre a irritação e a ansiedade.

Os avós se entreolharam assustados, até que Graciliano falou:

— Tem razão, meu jovem. Não o trouxemos aqui para compará-lo ao nosso filho que já morreu. Chamamos você porque queríamos conhecer nosso único neto.

— Meu nome é Marcos — anunciou, tentando não demonstrar exasperação. — Marcos Wellington.

— Sabemos disso, Marcos — continuou Graciliano. — Não queríamos ofendê-lo. Nós apenas estamos tão confusos quanto você.

— Temos medo de dizer algo que o ofenda — acrescentou Bernadete. — E, sem querer, parece que o ofendemos.

Arrependendo-se instantaneamente, Marcos tornou a se sentar ao lado de Bernadete.

— Perdoem-me. Eu é que não devia ter me irritado.

— Na verdade, estamos todos pouco à vontade — disse Graciliano. — O que é bastante natural.

— E você, mais do que nós, deve estar curioso acerca dos acontecimentos — observou Bernadete. — Afinal, não sabe quem somos nós, quem foram seu pai ou sua mãe.

— Só sei o que seu Afrânio me contou, ou seja, quase nada.

— Muito bem — declarou Graciliano. — Vou lhe contar tudo desde o começo. É seu direito conhecer sua história. Peço apenas que seja paciente e perdoe-me se a voz me faltar em alguns momentos. É preciso coragem para assumir as culpas e mais ainda para confessá-las — Graciliano buscou apoio em Bernadete, que o incentivou com o olhar: — Sua mãe veio trabalhar para nós há muito tempo, como doméstica. Anderson, nosso filho, seu pai, contava então quatorze anos de idade e acabou se envolvendo com ela. Fomos cegos, nada percebemos, porque tínhamos os olhos vendados pelo preconceito e sequer imaginamos um envolvimento entre nosso filho e... alguém como sua mãe.

Calmamente, sem omitir nenhum detalhe, Graciliano contou tudo a Marcos. Falou da gravidez de Margarete, da confissão de Anderson, de como a expulsaram de casa. Contou como Anderson jamais quis se casar com outra moça. De saúde frágil, teve várias pneumonias, vindo a falecer de câncer, carregado de culpa por não ter reconhecido o filho.

E agora, vendo sua descendência se acabar, sentiram a necessidade de procurar o neto. Velhos e arrependidos,

*Apesar de tudo...*

hoje compreendiam como era mesquinho o preconceito, que lhes roubara momentos de preciosa felicidade ao lado do menino.

Quando Graciliano terminou a narrativa, os olhos de Bernadete estavam inchados de tanto chorar. Marcos também chorava de mansinho. Ao lado deles, Margarete acompanhava a narrativa, em silêncio.

— Isso é tudo — concluiu Graciliano, entre a vergonha e o alívio.

— E minha mãe? — indagou Marcos, ainda tentando assimilar toda aquela história.

— De Margarete, nada sabemos depois que ela se foi, além do que Afrânio nos contou.

— Soubemos que ela morreu atropelada — acrescentou Bernadete.

— Sim — fez Marcos, desgostoso. — Logo após me abandonar na lata do lixo, bêbada, segundo informações. Seu Afrânio me narrou toda a trajetória dela desde que vocês a expulsaram daqui. Minha mãe verdadeira, aquela que me criou, me disse como me encontrou e cuidou de mim.

Por mais que Marcos intencionalmente não desejasse, sua fala veio com um inconfundível tom de acusação que Graciliano e Bernadete captaram com uma pontada no coração.

— Sabemos que é difícil — obtemperou Bernadete. — Mas por favor, tente não nos odiar.

— Queremos lhe oferecer uma compensação por tudo o que o fizemos passar — tornou Graciliano. — Como nosso neto, você será uma pessoa rica, poderá concluir seus estudos e, mais tarde, vir a me substituir na presidência da empresa.

Marcos sentiu o sangue ferver. Aquelas pessoas haviam mudado toda a sua vida, eram responsáveis pela morte de sua mãe biológica e as agruras por que ele passara desnecessariamente. Se eles houvessem aceitado a relação do pai e da mãe desde o começo, toda a sua miséria teria sido evitada, ele nunca teria ido parar na favela nem teria se tornado menino de rua. Muito menos teria visto a mãe se afogar na bebida por causa de seu pai.

— Clementina não teria sido sua mãe. E você jamais teria conhecido aquele pai.

O pensamento surgiu como um relâmpago em sua mente. Marcos fechou os olhos, tentando imaginar como teria sido sua vida sem a família que conhecera. Não pôde. Não havia vida imaginável longe de Clementina e Leontina. Era com elas que estava seu coração. Não queria outros pais nem avós. Continuaria amando as pessoas que o criaram, porque elas é que eram sua verdadeira família. Duvidava muito que sua mãe biológica fosse capaz de amá-lo tanto quanto Clementina.

— O que você acha, Margarete? — Félix perguntou, lendo os pensamentos do rapaz. — Você o teria amado tanto?

Margarete olhou para Marcos com ternura. Consultando seu coração, respondeu após breves instantes:

— Teria amado-o à minha maneira, embora, naquela época, não fosse a maternidade meu maior desejo. Era a satisfação dos prazeres que Anderson poderia me dar. Se tivesse sido aceita pelos pais dele, tenho certeza de que teria me tornado arrogante, esnobe e fútil. E meu filho não teria a educação que precisava ter.

— Viu como a vida não nos desaponta? Quando a vida age, não o faz para perder. Todos ganhamos com as experiências, ainda que tudo pareça perdido. Porque todos conhecemos, em essência, as necessidades de nossa alma.

Sem ouvir a voz do invisível, Marcos evocou a lembrança dos pais e da tia, pensando em como os três haviam sido importantes em sua vida e em quanto amor ele recebera. Mesmo Romualdo, antes de abandoná-los, fora um bom

*Apesar de tudo...*

pai. Não tinha do que se queixar em termos de carinho. Com os pais verdadeiros, teria todo dinheiro e conforto. Mas teria sido realmente feliz?

Naquele momento, Marcos compreendeu a aflição e os anseios de seus avós. Os dois pareciam ansiosos para tê-lo em seu convívio. O avô queria um herdeiro; a avó, um substituto do filho. Embora por motivos diferentes, ambos desejavam um neto para amar.

— Por que vocês não me procuraram antes? — foi a pergunta que ele proferiu sem pensar.

Graciliano e Bernadete, mais uma vez, se entreolharam, demonstrando como era difícil e dolorosa aquela revelação.

— Nós vivíamos iludidos — Bernadete falou. — Pelo nosso dinheiro, pelo nosso poder, pela nossa classe social, pela nossa cor... Achávamos que, por sermos ricos e brancos, éramos melhores do que os outros, os menos afortunados — ela deu uma pausa, respirou fundo e prosseguiu: — Sua mãe era tudo que desprezávamos. Pobre, negra... e atrevida. Atrevera-se a seduzir nosso filho, um menino de quatorze anos, ingênuo e branco.

— Vocês são racistas — afirmou Marcos, com inevitável rancor na voz.

— Éramos... sim — confessou Bernadete. — Hoje, não somos mais. O sofrimento nos ensinou que o valor da vida vem das pessoas, do que elas fazem ou são capazes de fazer, do quanto podem amar. Amamos nosso filho como a nenhum outro. Sem ele, descobrimos que poderíamos amar o fruto que ele nos deixou, nosso fruto também, independentemente de qualquer convenção social. Compreendemos que o preconceito impede as pessoas de serem felizes, porque as prende a falsos valores de virtude e de moral.

— Pode parecer que só fomos buscá-lo para termos um sucessor — esclareceu Graciliano. — Não é verdade, ao menos, não inteiramente. É claro que me preocupa a questão da empresa. Herdei de meu pai um patrimônio considerável, que ele construiu à custa de muito sacrifício. Bernadete e eu não temos irmãos vivos, apenas uma sobrinha que vive na Europa e que, por razões perfeitamente compreensíveis, não pretende se mudar para cá e cuidar de um negócio do qual nada entende. Dessa forma, o patrimônio que meu pai construiu acabaria se perdendo nas mãos de estranhos. Nesse sentido, um herdeiro resolveria todo o problema.

— Eu também nada entendo do ramo de transportes coletivos — contrapôs Marcos.

— Mas pode aprender. Posso ensinar-lhe tudo.

— Não sei se Afrânio lhe informou que estudo direito. Quero ser advogado, não administrador de empresas.

— Você pode ser as duas coisas. Pode dirigir a companhia e abrir um escritório de advocacia. Acho até que o direito o ajudaria com as questões jurídicas, seria muito difícil enganá-lo com os contratos, por exemplo.

— Não sei...

— Deixe-o, Graciliano — censurou a mulher. — Você o está pressionando, e não foi apenas para torná-lo nosso herdeiro que o encontramos. Foi para colocá-lo no lugar que lhe pertence em nossa família e em nosso coração. Independentemente de qualquer coisa, Marcos é nosso neto, tem o nosso sangue. Assumindo ou não o controle da empresa, é parte de nós e de nossas vidas.

— É claro — atalhou Graciliano, um tanto quanto decepcionado. — Mesmo que você não aceite vir para a minha empresa, isso não mudará nada entre nós. O que mais queremos é trazê-lo para o nosso convívio, para que você seja parte de nossa família. Queremos dar-lhe o nosso amor e, se possível, ser amado por você também.

— O que me pedem é muito estranho — confessou Marcos. — A única família que conheci está lá no Rio, no morro do

*Apesar de tudo...*

Salgueiro, morrendo de medo e preocupação de que eu os abandone.

— Não estamos pedindo isso — redarguiu Bernadete. — Fomos informados de sua relação com a família que o criou e a respeitamos por isso. Sabemos das dificuldades e dos perigos de ter sido criado no morro, temos ciência de que sua mãe o orientou muito bem. Você faz faculdade, tem uma religião e um emprego.

— Não tome nenhuma decisão precipitada — aconselhou Graciliano. — Volte para casa e pense em tudo o que lhe dissemos. Mas lembre-se também de que sua vida e a de seus pais irá mudar para melhor. Estamos lhe oferecendo a oportunidade de sair da favela e morar num lugar decente.

— Engana-se quem pensa que não somos decentes no morro — irritou-se ele. — A maioria dos que lá está é gente direita, que trabalha e vive honestamente.

— Não se ofenda — interveio Bernadete em tom conciliador. — Não queremos julgar ninguém. Quando falamos em lugar decente, referimo-nos tão somente às condições de vida, como infraestrutura, conforto e higiene. Não estamos mencionando as pessoas.

— Seja sincero, Marcos — pediu Graciliano. — Você gosta de morar na favela?

Ele olhou com amargura para os dois e balançou a cabeça negativamente:

— Estaria sendo hipócrita se dissesse que sim. Meu maior desejo sempre foi sair do morro e levar meus pais e minha tia comigo. Mas quero fazer isso honestamente.

— Pois agora estamos lhe dando essa chance. Você, seus pais e sua tia podem ir morar em qualquer lugar que desejarem.

— Seu pai está doente — prosseguiu Bernadete. — Seu Afrânio nos contou que ele está quase cego e com problemas de pressão. E a sua mãe já não aguenta mais as faxinas. Sua tia também já está ficando velha, as pernas não aguentam mais a subida do morro.

— Vejo que seu Afrânio fez o serviço completo. Há algo de minha vida que vocês não saibam?

— Não conhecemos a sua vontade — admitiu Bernadete. — Está dentro de você, e só você pode nos dizer qual é.

— Não queremos pressioná-lo — falou Graciliano. — Só gostaríamos que você pensasse no assunto. Com calma, no seu tempo. Depois, quando decidir, venha nos procurar. Seja qual for a sua resposta, nós a compreenderemos e aceitaremos.

— Agradeço o empenho e a compreensão de vocês. Não sei o que lhes dizer. Qualquer coisa que eu fale agora será precipitada. Preciso conversar com minha mãe, refletir sobre sua oferta, para só então decidir.

— Faça isso. A reflexão é o melhor caminho para uma decisão acertada. Ouça o seu coração e depois decida.

— E agora, venha jantar conosco — convidou Bernadete. — O dia se foi, a noite caiu, e nós continuamos trancados aqui. Venha conhecer a nossa casa e nos dê o prazer de sua companhia, ao menos por essa noite.

A conversa havia sido tão intensa que Marcos nem se deu conta de que a hora do jantar havia chegado. Saiu com os avós para conhecer a mansão, maravilhando-se com o bom-gosto e a amplitude dos ambientes. Impressionou-se com o jardim, a garagem, a piscina, deduzindo que seus avós eram, realmente, pessoas muito ricas.

O jantar também foi maravilhoso. Marcos jamais havia visto tanta comida na sua vida. Havia saladas, sopas, carnes, frangos, massas, iguarias as mais variadas para agradar o paladar desconhecido de Marcos. Experimentou de tudo, deliciando-se com as sobremesas e, pela primeira vez, provou uma taça de vinho.

*Apesar de tudo...*

Quando voltou para casa, sentiu o efeito da sedução sobre seus sentidos. Era difícil resistir a tantas maravilhas, ao conforto, ao luxo, a tudo com que ele sempre sonhara. Marcos abanou a cabeça, um pouco zonza por causa do vinho, tentando imaginar a reação de sua família àquele encontro. Ele mesmo não sabia o que pensar, como proceder. Não podia negar que a tentação era muito grande, adoraria ter uma vida confortável como a que os avós lhe ofereciam.

O motorista deixou-o ao pé do morro. Marcos agradeceu. Iniciou a subida pensando em tudo o que lhe acontecera. Tinha certeza, embora não admitisse, de que os passos que faziam aquele trajeto encaminhavam-se para a despedida.

# Capítulo 46

Depois daquele encontro, Marcos pensou que nunca mais seria o mesmo. Não que sua personalidade se modificasse, mas as coisas que os avós lhe mostraram, e que legitimamente lhe pertenceriam, causou uma confusão em sua cabeça.

— Se eles querem ajudar você e sua família, qual o problema? — ponderou Raquel. — Eles são seus avós.

— Você acha que isso vai dar certo? — contrapôs Marcos. — Minha família e eles são muito diferentes. Em cultura e criação, quero dizer.

— Deixe disso, Marcos. Seus pais são pessoas de bem e seus avós estão preparados para as diferenças. Ou então não lhe fariam essa oferta. Eles sabem que você não abandonaria sua família.

— O que você acha, mãe? — ele perguntou a Clementina que, até então, não dissera nada.

— Não sei. Tenho medo de que tudo venha a ser diferente.

— É claro que tudo vai ser diferente, mas não do jeito como você está pensando. Nossas vidas vão mudar para melhor.

— Ah! Marcos Wellington, e se tudo não passar de um sonho, uma fantasia? E se o que eles pretendem é apenas conquistar você, para que mude de família e esqueça que um dia pertenceu ao morro?

— Eu não pertenço ao morro, vocês não pertencem ao morro. Ninguém pertence ao morro. Isso é só um lugar para se viver.

— Marcos tem razão, dona Clementina — concordou Raquel. — Ninguém é dono de lugar nenhum. Somos apenas inquilinos nas dependências do mundo. Podemos ir e vir para onde quisermos. Todo mundo tem chance e direito de progredir.

— Não dessa maneira.

— Por que não?

— Para Marcos, tudo bem. Mas nós seremos intrusos na casa dele.

— Minha família verdadeira não pode ser intrusa — contestou Marcos, indignado. — Você é minha mãe, Romualdo é meu pai, e Leontina, minha tia. Meus avós sabem disso e os respeitam.

— Avós... — repetiu ela. — Você até já os chama assim.

— E o que é que tem? Não é isso o que eles são? Meus avós?

— Você acha que sua tia vai concordar com isso? — duvidou Clementina.

— Vai. No começo pode até dizer que não, mas depois, vai. É o que meu pai quer, não é?

— Seu pai não vale nada — disse ela com rispidez. — Está louco para você aceitar só para se aproveitar da situação e ficar nas suas costas.

— Ele está doente e licenciado pelo INSS. Não é nenhum vagabundo. E a cirurgia da catarata é um fato. Nós sabemos o tempo que ele vai levar na fila, aguardando sua vez de se operar pelo SUS — ele fez uma pausa e segurou a mão dela, falando em tom de súplica: — Vamos, mãe, por favor. Não perca essa chance.

— Você não precisa de mim para ir.

— Não vou sem você. Sem minha tia, pode até ser. Mas sem você, não.

Clementina olhou-o com lágrimas nos olhos, sentindo o quão verdadeiro era o amor dele. Pensou alguns minutos, alisou o rosto dele e finalizou:

— Preciso pensar, meu filho. As mudanças que você me propõe são muito grandes. Não sei se estou preparada para isso.

Marcos ia contra-argumentar, mas o olhar de Raquel o fez mudar de ideia. Ele pousou um beijo suave na testa da mãe, afagou suas faces, não disse nada. Estendeu a mão para a namorada, saindo com ela.

— Você acha que ela vai aceitar? — questionou ele, logo que chegaram ao pé do morro.

— Acho que sim. Ela está confusa, com medo de perdê-lo, mas vai acabar aceitando.

— Raquel — chamou ele, e ela o fitou pelo canto do olho. — Gostaria de lhe pedir uma coisa.

— O que é?

— Não conte a ninguém por enquanto, por favor.

— Eu não ia contar. Tem vezes que a gente não sabe se vai gerar algum magnetismo. Por isso, é bom se preservar de energias de inveja e despeito. Sem contar os interesseiros.

— Obrigado.

Mas não foi bem assim que aconteceu. Quando chegou à casa, Raquel não pôde evitar de comentar com a mãe. Ela

*Apesar de tudo...*

era de confiança, estava fora do rol de pessoas que poderiam invejar a posição de Marcos e não contaria a ninguém. Efetivamente, Ivone não contou nada, nem ao marido. Contudo, um observador furtivo espreitava em surdina.

Escondido atrás da porta do quarto de Raquel, Elói ouviu toda a conversa, mal contendo o despeito. O sangue ferveu, inflou suas veias, tornando seu rosto rubro de ódio e inveja. Depois de escutar tudo o que precisava, saiu sem ser percebido, tropeçando na própria raiva. Dentro do carro, sacou o celular e ligou para Nélson.

— Preciso falar com você. É urgente.

Encontraram-se no lugar de sempre, e Nélson foi logo perguntando:

— O que foi que houve?

— Você não vai acreditar. O cafajeste está milionário.

— Como é que é?

Em minúcias, Elói contou a Nélson tudo o que ouvira minutos antes. À medida que falava, as feições de Nélson iam adquirindo aquele tom avermelhado que acompanha a ira. Ele chegou a morder os nós dos dedos, de tão furioso que ficara.

— Isso é um disparate! — explodiu ele. — Como é que um neguinho pobretão fica rico de uma hora para outra? Esses caras devem estar enganados. Marcos não pode ser filho de gente importante.

— Você ouviu o que eu disse. O pai dele fez a mesma burrada que a minha irmã está fazendo agora.

— Só que agora o namorado é um ricaço. O que vamos fazer?

— Não sei. Todo o nosso trabalho foi em vão.

— Em vão nada. Posso combinar com a galera e dar uma surra no safado.

— Não seja estúpido, Nélson! Não é assim que resolvemos as coisas. Se você for preso, aí é que tudo estará perdido.

— Meu pai é desembargador. Nada vai me acontecer.

— Não é bem assim que funciona. E mesmo que você seja solto, acha que Raquel vai olhar para você depois disso?

— Você acha que ela vai se casar com Marcos só porque ele ficou rico? — tornou ele, a mente embaralhada pela revolta.

— Não. Só que agora nós ficamos sem ação contra Marcos. Como destruir a vida de um cara que ficou rico e influente?

— Quer dizer então que dinheiro e poder apagam a canalhice?

— Você está confundindo as coisas. Nós tentamos fazer parecer com que Marcos seja um canalha. Acontece que ele não é. E minha irmã sabe disso. Chega, Nélson, temos que reconhecer a derrota. Não adianta mais tentar desmoralizar nem destruir a vida de Marcos. Ficar sem emprego não é mais problema para ele, e a mãe, se tivesse motivos para furtar, agora não tem mais.

— E se nós arranjássemos alguém que se fizesse passar por amante dele?

— Isso não dá certo. Ele vai desmentir, e Raquel vai acreditar. A inocência costuma ser bem convincente.

— Nem sempre. Podemos fazer com que ele caia em tentação ao menos uma vez. O que você acha?

Elói pensou durante um momento, até que um sorriso enigmático despontou em seu rosto.

— Brilhante, Nélson! — exclamou ele. — Sua ideia é perfeita. Eu estava o tempo todo pensando em um jeito de desmoralizá-lo e me esqueci de que podemos usar a religião dele a nosso favor.

— Como assim?

— Raquel é muito diferente dele.

— E daí?

— Deixe comigo. Já sei o que fazer.

*Apesar de tudo...*

Passados quase dois meses, Clementina finalmente decidiu aceitar a proposta de Marcos e de seus avós. Um almoço foi marcado, dessa vez para que todos se conhecessem. Até então, Marcos não aceitara nada de Graciliano, preferindo assumir o emprego no barzinho e continuar com sua vida no morro até que toda a família estivesse disposta a mudar.

Foram dias de muita emoção para Marcos. Na véspera da visita aos avós, apresentara Raquel à tia e ao pai. Romualdo achou-a bonita, inteligente, com um futuro promissor, bem à altura da nova posição de Marcos. Leontina tratou-a bem, mas com frieza, comentando sobre a salvação da igreja sempre que tinha uma oportunidade.

A muito custo Marcos conseguiu convencer a mãe a viajar com o pai no mesmo carro. Ela concordou, desde que Leontina ficasse no meio e ela não fosse obrigada a acompanhá-lo para manter as aparências.

À entrada da família de Marcos, Graciliano percebeu que realmente havia mudado. Eram pessoas humildes, pobres, ignorantes, mas não se incomodou. Disposto a travar amizade com eles, tratou-os com sincera cortesia, feliz por estar realmente livre do preconceito.

Não deixou de notar, contudo, a diferença entre eles. Clementina era reservada, porém, simpática e espontânea. Leontina, por sua vez, parecia um pouco fanática, mas educada. Não lhe agradou, no entanto, a atitude interesseira de Romualdo. A moça o impressionou favoravelmente. Raquel era uma menina gentil, educada, fina. Era universitária, a família tinha dinheiro, logo, não era nenhuma caçadora de fortunas. Um ótimo partido para seu neto.

De volta para casa, no carro de Raquel, foram todos conversando, cada um dando sua opinião sobre aquela tarde.

— Puxa vida, eles moram numa mansão! — exclamou Romualdo, impressionado. — Jamais poderia imaginar que em Belford Roxo existissem casas assim. Pensei que fosse um lugar de gente pobre.

— Em sua maioria, é mesmo — esclareceu Marcos. — Mas há gente com dinheiro em todo lugar.

— São pessoas que se habituam ao local, criam raízes e não querem mais sair — acrescentou Raquel.

— E isso tem alguma coisa demais? — objetou Leontina em tom provocativo, visivelmente irritada.

Raquel ia responder, mas Clementina achou melhor não permitir. Mudando de assunto, comentou:

— Achei-os simpáticos. Pensei que fossem esnobes, mas até que não são.

— Não são pessoas tementes a Deus — observou Leontina, olhando para Raquel pelo espelho retrovisor. — Pude observar, pelas conversas de dona Bernadete, que eles talvez estejam envolvidos com essas coisas de espiritismo.

Marcos e Raquel se entreolharam.

— Por que diz isso? — perguntou ele.

— Ela falava no filho que morreu como se ele estivesse vivo. Como se a alma dele pudesse nos ver e ouvir. Isso é coisa do demônio.

Antes que Raquel retrucasse, Marcos tentou tranquilizá-la:

— Deixe de bobagens, tia Leontina. Dona Bernadete deve sentir muita falta do filho. É por isso que fala como se ele ainda estivesse vivo.

— É verdade, minha irmã — concordou Clementina. — Que mãe não sofreria terrivelmente com a morte de seu filho? A dor deve ser tão grande que é melhor pensar que a alma dele está nos acompanhando. Você não acha?

— Não. O filho dela está aguardando a ressurreição dos corpos na segunda vinda de Cristo à Terra. Pensar que a

*Apesar de tudo...*

alma de um morto pode acompanhar a vida dos vivos é heresia, coisa do chifrudo.

— Está bem, Leontina, deixe disso — cortou Romualdo. — Ninguém aqui, além de você, acredita nessas bobagens.

— Marcos Wellington sabe do que estou falando! — inflamou-se ela. — E Clementina também, embora prefira agora o caminho do pecado.

— Quem é você para falar em pecado? — objetou Clementina com irritação. — Não é você que está vivendo em adultério?

Uma pequena discussão quase se iniciou, mas Romualdo apertou a mão de Leontina e lançou-lhe um olhar de reprovação, fazendo com que ela se calasse. Seguiram o resto do percurso em silêncio, cada qual entregue a seus próprios pensamentos.

Depois desse encontro, não foi difícil acertar a mudança. Graciliano comprou dois apartamentos em nome de Marcos: um para ele e a mãe, outro para a tia e o pai. Nada de muito luxo, mas confortáveis e amplos.

Terminada a mudança, Marcos deixou o emprego no restaurante para trabalhar na empresa do avô. Todos os dias, após a faculdade, guiava seu carro novo até Belford Roxo, onde, ao lado de Graciliano, aprendia tudo sobre como dirigir uma empresa de ônibus. Por insistência dele, ganhava um salário elevado, com o qual pôde pagar um bom médico e um hospital particular para fazer a cirurgia de catarata no pai.

Tudo correra conforme o esperado. Bernadete e Graciliano sentiam-se gratos à vida por ter-lhes permitido reencontrar o neto. Era uma graça que não esperavam alcançar.

Reconheciam a ajuda de Deus, mas também a cooperação de Afrânio, posto em seu caminho para realizar a tarefa que era parte do plano divino.

No dia seguinte, ao receber o pagamento, Afrânio sentia-se gratificado não apenas financeiramente, mas porque conseguira fazer o seu trabalho com eficiência e rapidez. Havia ainda um ingrediente especial que o deixava muito feliz: o bem que causara àquela família.

Não era de seu feitio aceitar qualquer caso que lhe oferecessem. Tinha escrúpulos e não fazia tudo por dinheiro. Era preciso que seu trabalho fosse útil, não prejudicasse nem criasse problemas. Assim como fizera com Marcos Wellington, um dos casos que mais lhe dera prazer em trabalhar.

Dali, Afrânio partiu para outros casos, satisfeito com a certeza de que, graças a ele, uma família reconquistara a felicidade.

*Apesar de tudo...*

# Capítulo 47

Seguir Marcos não era nada difícil, ainda mais porque ele não conhecia o irmão de Raquel. Rapidamente, Elói descobriu o trajeto entre a empresa e seu apartamento na Tijuca, arquitetando novo plano. Custou um pouco para encontrar uma amiga de Paloma que aceitasse encenar uma mentira do tamanho da que ele inventou, mas conseguiu. Sempre havia quem se interessasse por dinheiro e diversão.

Tudo combinado com Carla, o plano foi posto em execução. Ainda inseguro na direção, Marcos dirigia devagar, atento a placas e sinais, sem notar que Carla o seguia de perto, aguardando o momento oportuno. Um sinal com fiscalização eletrônica o assustou ao mudar para o amarelo, levando-o a frear imediatamente. Era a chance que ela esperava. Carla acelerou um pouco mais e pisou no freio, entrando direto pela traseira dele.

A colisão fez um estrondo tremendo, atirando o carro de Marcos para a frente, mas ele conseguiu puxar o freio de mão a tempo de impedir que o automóvel ultrapasse o sinal. Meio atrapalhado com os pedais, o carro morreu em cima da faixa de pedestres, e ele saltou furioso.

— O que foi que deu em você? — esbravejou ele. — Por acaso é cega?

Uma moça abriu a porta do carro, gritando em desespero:

— Ai, meu Deus, me perdoe! O que foi que eu fiz? E agora? Meu pai vai me matar. Que estúpida eu fui! Tão desatenta! Também com tudo o que estou passando!

Ela parecia tão descontrolada que Marcos se espantou. Buzinas começaram a soar, estridentes, e uma pequena retenção se formou atrás deles.

— Vamos estacionar ali — pediu ele, apontando para uma calçada livre.

Depois de estacionados junto ao meio-fio, Marcos voltou para perto dela, que parecia um pouco mais calma.

— Perdoe-me, moço — suplicou ela. — Não fiz de propósito. Foi uma distração, uma coisa boba. Mas não se preocupe: tenho seguro, vou pagar tudo. Você não vai ter nenhum prejuízo.

— Tudo bem, não estou preocupado. Basta você me dar o seu telefone que ligarei depois, para saber em que oficina posso levar o carro.

Notando que ele, embora não a acusasse, não se mostrava disposto a uma conversa mais longa, Carla teve que agir. Abaixou a cabeça, tirou um lencinho de papel da bolsa e, fingindo que chorava, quase suplicou:

— Será que você pode esperar um instante? Estou nervosa para dirigir e tenho medo de ficar aqui sozinha.

— Não tem para quem ligar?

— Não posso...

Ouvindo seus soluços fingidos, Marcos apertou o ombro dela, falando com paciência:

*Apesar de tudo...*

— Tudo bem. Mas não precisa ficar assim só por causa de um acidente bobo. Você mesma disse que tem seguro.

— Meu pai vai me matar... Ou me expulsar de casa.

De tanto esfregar os olhos com o lencinho, eles se avermelharam e umedeceram, como se ela estivesse chorando.

— Não precisa ficar desse jeito — retrucou ele, achando aquilo um exagero. — Afinal, foi um acidente. Seu pai não vai expulsá-la de casa só por causa disso.

— Você não está entendendo — tornou ela chorosa, seguida e disfarçadamente esfregando os olhos para deixá-los ainda mais vermelhos. — Não é disso que tenho medo. Foi o acidente... — ela forçou um soluço. — Bati no seu carro porque estava com a cabeça no mundo da lua... em Sérgio...

— Sérgio? Não estou entendendo.

— Deixe para lá. Você não tem nada com isso. O problema é meu, tenho que resolvê-lo sozinha. Perdoe-me. Foi o desespero que fez eu me abrir com você.

Olhos pregados no chão, ela fungou baixinho, despertando nele uma piedade inata ante o sofrimento alheio.

— Olhe, não sei do que você está falando, mas se eu puder ajudar em alguma coisa...

— Não pode, obrigada. Ninguém pode. Você não entenderia.

— Talvez você esteja enganada.

— Não... Só um evangélico para compreender a gravidade do meu erro e a intensidade da minha dor.

— Mas eu sou evangélico! — exultou ele.

— Você é? — desconfiou, e ele assentiu. — Jura?

— Juro.

— Não vai me julgar?

— O julgamento pertence ao Senhor. Quero apenas ajudá-la, se for possível.

Ela o olhava com disfarçada desconfiança, fingindo hesitar diante de um desconhecido.

— Não o conheço, mas sinto que posso confiar em você.

— E pode mesmo. Por que não vamos até aquele sorveteria ali? Você poderá me contar seu problema com mais calma, sem medo. Não vou lhe fazer mal.

— Está bem — concordou ela, após alguns poucos minutos em que fingia dúvida. — Preciso desesperadamente de um conselho. Talvez Deus tenha enviado você para me ouvir e me ajudar. Como são estranhos e misteriosos os caminhos do Senhor!

Juntos, seguiram até a sorveteria próxima. Sentaram-se, pediram sorvetes, se apresentaram. Aparentando agora mais confiança, ela começou a falar:

— A gente pensa que sabe tudo, que nossos pais são uns tolos ultrapassados, até cair nas armadilhas de Satanás. É aí que nos vemos envolvidos na sua trama diabólica, feita exclusivamente para levar nossas almas à perdição.

— Por que está dizendo isso? O que foi que lhe aconteceu de tão terrível?

— Vou lhe contar se você prometer que não vai me condenar. Eu mesma já me condeno o suficiente.

— É claro que não vou condenar você. Eu nem a conheço.

— Às vezes é mais fácil a gente se abrir com um estranho, não é?

— Realmente.

Ela olhou profundamente para ele por alguns instantes, antes de começar a contar:

— Há algum tempo, conheci um rapaz. Nunca havia namorado antes, apenas flertara com alguns garotos da minha igreja. Mas esse não era como os outros. Conheci-o na faculdade e me encantei. Ele era diferente de tudo o que havia visto. Bonito, atlético, simpático, inteligente, cativante. Estudante de odontologia, como eu. Apaixonei-me por ele, e ele por mim. No começo, tudo ia bem. Meus pais não sabiam do nosso namoro, não iriam aceitar porque ele era...

*Apesar de tudo...*

— Era o quê?

— Espírita — respondeu ela, em tom quase inaudível.
— Ou macumbeiro, sei lá. Só o que sei é que Sérgio tinha
umas conversas esquisitas, coisas que eu, enfeitiçada,
não pude ver. Sim, porque hoje sei que ele jogou um feitiço
em cima de mim só para... — calou-se, sufocada por um
soluço imaginário.

— Para...

— Para dormir com ele — confessou baixinho.

— E você dormiu?

O silêncio aparentemente constrangedor foi a revelação.

— Mas isso não foi o pior — sussurrou ela.

— Como assim?

— Por favor, não me peça para dizer. É constrangedor,
vergonhoso. Foi horrível! Uma coisa antinatural, que a bíblia
condena. Lembro-me das palavras do pastor: "Por isso,
Deus também os entregou a paixões vergonhosas: suas
mulheres transformaram as relações naturais em relações
antinaturais[1]".

Marcos estava impressionado. Ela conhecia passagens da bíblia, sinal de que era muito religiosa. Mal sabia
que aquela fora a única que ela decorara, por ordem de Elói,
para dar um ar de maior veracidade a seu teatrinho ensaiado.
Mas ele também sabia o que significava. Era uma forma sexual
desaprovada pela bíblia.

De tão ingênuo, não percebeu a armação. Estranhou o
fato de ela confidenciar fatos tão íntimos a um desconhecido, mas não conseguiu detectar os sinais da mentira em
sua fala. É difícil para quem não tem malícia enxergá-la na
atitude alheia. Como de resto, ninguém percebe no outro
características que não possui.

— O que vocês fizeram foi errado — afirmou ele, pouco à
vontade. — Mas pode ser consertado. Você e Sérgio podem

---

1 Romanos, 1:16.

se casar e nunca mais retomar essas práticas. O sexo natural no casamento é abençoado por Deus.

— Isso não vai ser possível. Sergio não concorda em parar.

— Ele não a ama?

— Não sei — desabafou ela, caindo num pranto que há muito tentava puxar.

— Vocês precisam conversar. Se ele a ama, vai compreender e parar.

— Você não o conhece. Sérgio é uma pessoa difícil. E hoje, passou dos limites.

— O que ele fez?

— Foi por causa dele que bati no seu carro. Encontramo-nos em um motel, ele exigiu que eu permitisse aquilo novamente. Como me recusei, ele me pegou à força e me obrigou. Eu chorei, implorei que ele me largasse, que estava me machucando, mas ele não ligou. Quando me soltou, eu estava arrasada, humilhada. Ele riu de mim, dizendo que era bobagem, que já havíamos feito aquilo outras vezes e que eu estava fazendo drama. Disse a ele que era pecado e queria parar. Ele disse que não permitiria, e se eu me recusasse, ele procuraria meu pai e contaria tudo. Fiquei desesperada. Vesti-me e saí correndo do motel. Ele nem ligou quando entrei no carro feito uma louca. Saí desabalada, cantando pneu, dirigindo sem pensar. Aí você parou no sinal, eu não vi e bati no seu carro.

— Você devia denunciar esse safado! — aconselhou Marcos, entre a raiva e a indignação. — Onde já se viu uma barbaridade dessas?

— Denunciá-lo seria impossível, e ele sabe disso. Não posso me expor perante meus pais e toda a igreja.

— Mas esse Sérgio não pode ficar sem punição!

— Até parece que alguém vai punir um homem. Sou maior de idade, fui ao motel porque quis. E ele nunca me bateu. Como provar que foi à força?

*Apesar de tudo...*

Marcos deduziu que ela devia estar muito desesperada para abrir-se com ele como se fossem velhos amigos. Talvez ela fosse uma pessoa só, sem amigos, iludida pelo primeiro cafajeste que lhe dera atenção. E quando encontrou alguém que, embora estranho, era também evangélico, a afinidade logo surgiu, levando-a a confiar nele.

— Você está certa — disse ele, agora profundamente penalizado, sentindo imensa empatia por ela. — Não pense mais assim. Você errou, como todo ser humano. Arrependa-se de seu pecado e volte para Jesus.

— É o que pretendo fazer. Se eu mostrar que me modifiquei, você acha que ele irá me perdoar?

— Tenho certeza de que sim.

— Ah! Marcos, você nem imagina o que passei. Só agora compreendo por que meus pais insistem tanto em que eu namore um rapaz da igreja, uma pessoa com princípios. Essa gente que se diz espiritualista tem uma conversa macia, muito liberal, tudo é permitido. Para eles, nada é pecado. E depois que a gente cede, querem mais e mais, e nós vamos nos afundando nas furnas do inferno com eles. Tenha cuidado com essa gente, Marcos. Se um dia conhecer alguém assim, fuja depressa. São pessoas malignas, com aparência de boazinhas. Lobos em pele de cordeiro. No fundo, no fundo, o que querem é desvirtuar nossas almas. São anjos caídos a serviço de Satanás. Seus gestos doces e sua voz meiga são os veículos do diabo para enganar os incautos.

Marcos silenciou, pensando em Raquel. Ouvir o relato de Carla o deixara deveras impressionado. A situação da moça era muito semelhante à sua. Só que Raquel não era igual àquele Sérgio.

— Será que todos são assim? — divagou ele.

— Não se iluda, todos são assim. Não há verdade fora das Escrituras Sagradas, e eles rejeitam e menosprezam a palavra de Deus. No começo, podem parecer muito bons, compreensivos, amiguinhos. Vão nos envolvendo numa teia de pecados da qual fica difícil sair depois. Foi o que aconteceu comigo, mas vou mudar. Juro que vou me voltar para Jesus e só vou sair com outro rapaz se for para me casar, caso ele me perdoe.

— Sabe, Carla, eu também tenho uma namorada que se diz espiritualista.

— Oh...! Perdoe-me, eu não sabia.

— Mas Raquel não é assim. É uma pessoa boa, carinhosa, compreensiva.

— Sérgio também era. Fazia tudo o que eu queria, tinha ideias que, a princípio, considerei extravagantes, porém, coerentes. Ele quis conhecer a minha família, mas eu não deixei, com medo da reação dos meus pais. Sentava-se sempre comigo na faculdade, me defendia dos comentários maldosos dos outros colegas, que faziam referências pejorativas à minha religião. Era prestativo e muito atencioso. Fazia tudo para mim. Estudávamos juntos, e ele nunca me contrariava. Embora dissesse que seguia outra crença, dizia respeitar e aceitar a minha. "Todas as religiões levam a Deus", dizia ele. Pois sim. O que ele pratica não pode ser chamado de religião. Falar sobre o universo, cosmo, corpos sutis, afinidades, energias, consciência, reencarnação... Tudo são heresias criadas por Satanás para nos iludir. Para ele, nada é pecado, nem sexo antes e fora do casamento.

Uma luz de alerta se acendeu na mente de Marcos. Era muita coincidência. Raquel conversava com ele exatamente sobre aquelas coisas. Nem de longe Marcos imaginava que Elói, conhecendo bem os pensamentos e ideias da irmã, instruíra Carla direitinho, orientando-a na escolha das palavras exatas que deveria usar com ele.

— Acho que já está na hora de eu ir embora — anunciou ele, o rosto transfigurado pela dúvida.

*Apesar de tudo...*

— Sim, está ficando tarde. Já ocupei demais o seu tempo com os meus problemas.

— Foi um prazer ouvi-la. Espero tê-la ajudado.

— Você me ajudou muito. Vou terminar de vez com Sérgio e voltar para a igreja. Ninguém precisa saber o que aconteceu. Juro que vou me redimir, participar das vigílias, empregar o meu tempo em orações. Vou modificar a minha conduta, com sinceridade, e conquistar o perdão de Deus. E se Ele me julgar digna, pode me permitir encontrar um bom homem, sossegado e apegado aos valores cristão, que me perdoe e me ajude a me redimir dos meus pecados.

— Faça isso. Tenho certeza de que você vai conseguir.

— Vou deixar com você o número do meu celular e apanhar o seu. Vou verificar com a seguradora em que oficinas você pode levar o carro e ligo para você. Não se preocupe.

— Não estou preocupado. Confio em você.

Depois de trocarem os números de telefone, Marcos a acompanhou até o carro, surpreendendo-se imensamente quando ela lhe deu um beijo amistoso na face.

— Isso é por ter sido tão amigo sem me conhecer. No fundo, é do que mais preciso: de um amigo. Não tenho nenhum.

— Agora tem.

Ela se foi, deixando-o pensativo a respeito de tudo. Uma comparação com Raquel era inevitável. Carla e ele tinham muito em comum: eram evangélicos, se apaixonaram por pessoas espiritualistas e fizeram sexo antes do casamento. Mas Raquel, ao contrário de Sérgio, respeitava suas opiniões e sua religião. Não era fingida nem devassa.

# Capítulo 48

Ao encontrar-se com Raquel no dia seguinte, Marcos estava diferente. O amor ainda era o mesmo, contudo, algo dentro dele se modificara. O encontro com Carla fizera-o refletir sobre sua vida, mostrando-lhe o que acontecia quando se desviava do caminho da igreja. Carla pegara esse desvio e se dera mal. Iludira-se com um homem que julgava correto. Não estaria ele fazendo o mesmo com Raquel?

Não, Raquel era diferente. Podia ser liberal, mas era decente. Ou será que não era? Seus pensamentos eram estranhos, ousados, heréticos... Afastou essa última palavra da mente e puxou-a para ele, beijando-a como se desejasse sufocar a dúvida.

— O que houve com seu carro? — indagou ela, assim que ele a largou. — Bateram em você?

— Foi. Uma mulher no sinal. Mas está tudo bem. Ela tem seguro e vai pagar.

— Que bom.

Foram para o motel. Raquel, como sempre, demonstrava-se apaixonada e calorosa, mas Marcos estava diferente, frio, distante. Ele sempre fora um pouco comedido, ainda apegado aos valores religiosos que recebera sobre sexo, mas costumava entregar-se por inteiro. Naquele momento, contudo, parecia arredio, reclamando das coisas que ela fazia, evitando tocá-la ou ser tocado em suas partes mais íntimas.

Ao final, ele se desvencilhou dela e foi apanhar uma água mineral, sorvendo-a com avidez. Ligou a televisão e cobriu-se com o lençol, jogando parte dele sobre o corpo nu de Raquel.

— O que você tem? — questionou ela, retirando a garrafa da mão dele e bebendo um gole.

— Nada — respondeu rapidamente e indagou de chofre: — O que você acha de sexo anal?

Tomada de surpresa, ela respondeu com cautela:

— Particularmente, não aprecio, mas há quem goste e não vejo nada demais.

— Você não acha errado?

— Não.

— Nem perigoso?

— Depende. Sem camisinha, pode ser, devido à transferência de bactérias intestinais.

— Só por isso?

— Só. Por quê?

— Você faria, se eu pedisse?

Ela o fitou espantada. Era a primeira vez que Marcos lhe fazia perguntas sobre sexo. Com cuidado, ela respondeu:

— Olhe, Marcos, já disse que não gosto muito. Mas se for importante para você, tudo bem. Podemos tentar.

Marcos olhou para ela decepcionado. Aquilo nunca lhe passara pela cabeça, nem de longe, tamanha a repulsa que lhe causava. Era algo inimaginável para o verdadeiro cristão. Mas Raquel não era cristã. Nem sabia ao certo o que ela era. Não devia ficar admirado porque ela concordara tão facilmente.

— Sabia que isso é pecado? — irritou-se.

Ela notou a irritação dele e rebateu indignada:

— Se acha que é pecado, por que me pediu? — ele não respondeu. — Não vá me dizer que foi só para saber qual seria a minha resposta.

— E se foi? — desafiou.

— Não estou entendendo. Está querendo me testar? Isso é ridículo.

— Por quê? Porque você não dá a mínima para a bíblia e desafia a lei de Deus com suas heresias?

Ela o encarou com mágoa. Não fazia o estilo de Marcos aprontar armadilhas.

— O que foi que houve, Marcos? Desde quando você deu para ser capcioso?

— Não se trata disso — defendeu-se aturdido. — Eu só não imaginei que você fosse concordar tão rapidamente com algo que você mesma disse que não gosta.

— Pensei que você quisesse.

— E porque eu quero, você faz?

— Faria porque o amo. Não gosto, mas em nome do nosso amor, estava disposta a experimentar. Será que é errado querer sentir prazer com o parceiro?

— Será que é certo sobrepujar os valores que a bíblia nos ensina só para fazer a vontade do outro?

— Você está sendo injusto — queixou-se ela, com lágrimas nos olhos. — Primeiro, porque não acredito que seja pecado. Nada que se faz com amor pode ser pecado. Segundo porque, mesmo não gostando, me dispus a tentar não propriamente para agradar você, mas para buscar uma

*Apesar de tudo...*

satisfação plena de nós dois. Se você fica feliz, consequentemente, fico feliz também.

— E, para isso, você está disposta a se ultrajar.

— Não é nada disso. Ia tentar algo de que não gosto em nome do nosso amor. Se desse certo, ótimo. Mas se eu não gostasse, logo de início lhe diria, confiante no seu respeito por mim. Isso é amor, Marcos. Não vê a diferença?

Ele não sabia o que dizer. Fora longe demais, magoara Raquel por causa do que ouvira de uma desconhecida. E se não recriminara Carla pelo que fizera, por que recriminar Raquel por algo que ela nunca chegara a fazer?

— Desculpe — falou ele, abraçando-a com cuidado. — Não devia ter dito isso.

— Devia, sim. Não quero que você esconda nada de mim. Eu só acho que a armadilha foi desnecessária. Quando a gente pergunta uma coisa, tem que ter maturidade para ouvir a resposta. Se não, é melhor nem perguntar.

— Tem razão, perdoe-me. Às vezes me deixo levar pela minha origem evangélica e me esqueço de que você não compartilha das minhas crenças.

— Não é bem assim. Existem coisas que não me convencem, como essas de pecado.

A observação dela o irritou novamente. Não acreditar em pecado era uma ótima justificativa para seguir pecando. Contudo, não queria mais se indispor com ela. Por amá-la muito, achou melhor engolir possíveis recriminações. Afinal, quando a conhecera, sabia que ela era assim. Não devia se surpreender nem se decepcionar com o comportamento ímpio dela.

— Vista-se — ordenou, tentando não parecer muito incisivo. — Já é tarde.

— Por que a pressa? Amanhã é sábado.

— Estou cansado. Trabalhei demais hoje.

— O que aconteceu com você, Marcos? Por acaso não me ama mais?

Arrependido por tê-la ofendido, Marcos mudou o tom de voz:

— Olhe, Raquel, me perdoe. Não estou bem hoje. Foram muitas mudanças na minha vida, tudo aconteceu depressa demais. E minha tia vive recitando a bíblia sempre que vai lá em casa. Para completar, ainda bateram no meu carro.

— Você não disse que a mulher vai pagar?

— Vai, mas fiquei chateado. Meu primeiro carro, novinho, e acontece isso. Não deixa de ser um transtorno, ainda mais porque agora o meu tempo é curto.

— Se você quiser, posso levá-lo à oficina para você.

— A mulher ainda vai me ligar para me dar a relação das oficinas autorizadas pela seguradora dela.

— Tudo bem. Assim que ela ligar, me avise. Levo o carro lá e cuido de tudo.

Marcos não conseguiu evitar a lembrança de Carla contando como Sérgio era prestativo, exatamente como Raquel estava sendo agora.

— Não precisa se incomodar — objetou ele. — Esse negócio de oficina não é para mulher.

— Que preconceito bobo!

— Não é preconceito. É um lugar frequentado por homens sujos, mal-educados, que têm sempre um palavrão na boca.

— Tudo bem, se você prefere assim. Mas, por mim, eu não ligo.

Por que será que ela não ligava? Qualquer mulher se sentiria constrangida em lugares como oficinas, onde a educação passava longe. Raquel, contudo, dizia não se importar. E Carla? Será que se sentiria incomodada numa oficina mecânica? Na certa que sim. Um lugar cheio de homens

*Apesar de tudo...*

não é o mais adequado para uma moça evangélica. Podia ser para as que se diziam espiritualistas, que não eram dadas a sentir vergonha. Mas para uma verdadeira moça cristã não era nada aconselhável.

— Eu levo, Raquel, pode deixar — arrematou ele.

— Está bem. O carro é o menos importante. Estou mais preocupada conosco.

— Não devia se preocupar — afirmou ele, segurando a mão dela. — Continuo amando-a como antes.

— Tem certeza?

— Absoluta. Perdoe-me novamente e procure esquecer todas as bobagens que lhe falei.

— Está certo. Se você tem certeza...

— Tenho certeza.

— Ótimo, porque preciso lhe falar sobre outro assunto.

— Que assunto?

— Acho que está na hora de você conhecer os meus pais. Eles querem muito conhecê-lo. Gostaria de marcar um jantar lá em casa.

— Vamos dar mais um tempo — pediu ele, pouco à vontade com a ideia. — Ainda não me sinto preparado.

— Por que não? Qual vai ser a desculpa agora?

— Desculpa nenhuma. Só acho que ainda não é o momento.

— Nós já estamos namorando há mais de um ano, e meus pais só conhecem você de nome. Daqui a pouco, eles vão achar que você é virtual ou os está evitando.

— Deixe de histórias, Raquel. Você sabe que não é nada disso.

— Não sei, não. Honestamente, Marcos, se você não quiser ir, só pode ser porque não leva a sério o nosso namoro.

— Você sabe que não é isso — rebateu, meio inseguro, mas depois concordou: — É, acho que você tem razão. Não temos mais por que adiar esse encontro.

— Você vai gostar dos meus pais. Meu irmão é meio bestinha, mas deixe-o para lá.

— Tudo bem, acho que consigo lidar com ele. E para quando você pretende marcar esse jantar?

— Vou ver com a minha mãe e o aviso. Talvez no próximo sábado ou domingo.

— Certo. Mas vou só, está bem?

— Como você quiser. O principal é a sua presença.

— Ótimo. Marque e me avise.

Depois de deixá-la em casa, Marcos seguiu caminho pensando em tudo o que lhe acontecera nos últimos dias. Não conseguia evitar a comparação entre Raquel e Carla. As duas eram lindas. Raquel era muito segura de si, ao passo que Carla era uma moça frágil e delicada.

Não era isso, contudo, que lhe chamara a atenção em Carla, mas o fato de ela professar a mesma religião que ele. Podia pertencer a uma vertente diversa, mas a base era a mesma. Como evangélica, compreenderia todos os conflitos que ele tivera que enfrentar para namorar Raquel. Mesmo porque, vivia conflitos semelhantes.

Os pensamentos de Carla guardavam imensa similitude com os dele. Ela acreditava nas mesmas coisas que ele, via a vida com os mesmos olhos cristãos. Até mesmo sua iniciação no sexo fora parecida com a dele. Ambos se deixaram seduzir por quem estavam apaixonados e dizia amá-los. Raquel, porém realmente o amava. Aquele Sérgio podia ser um cafajeste, mas Raquel era honesta e correta. E era a ela que ele amava.

*Apesar de tudo...*

# Capítulo 49

Enquanto Marcos agasalhava no coração as dúvidas que Carla, maliciosamente, nele implantara, ela mantinha secreto encontro com Elói, onde, às gargalhadas, tramava com ele os próximos passos de sua farsa.

— Como vamos fazer para consertar o carro dele? — indagou ela, dando uma tragada no cigarro.

— Primeiro, você tem que se acostumar a não fumar — censurou ele, tirando-lhe o cigarro da boca e apagando-o no cinzeiro. — Onde já se viu uma evangélica fumante?

— Ora, Elói — protestou ela. — Marcos não está aqui.

— Mas vai sentir esse cheiro à distância.

— Quando tiver que me encontrar com ele, não fumarei. Mas agora, deixe de ser chato e me devolva o cigarro.

Ela retirou o cigarro do cinzeiro e acendou-o novamente. Deu uma baforada longa, encarou Elói e continuou:

— Você ainda não respondeu a minha pergunta. Quem vai pagar pelo conserto?

— Seu carro não tem seguro?

— Tem, mas assim vou perder o bônus no ano que vem. Não pensamos nisso quando combinamos a batida.

— Eu cubro o seu bônus. Pago a franquia e mais uma compensação, além da que já lhe ofereci.

— Tudo bem. Vou ligar para ele então.

— Você já tem a relação das oficinas?

— É claro!

— Então, o que está esperando? Ligue logo para ele.

Carla apanhou o celular e telefonou para Marcos, que estava no trabalho. Reconhecendo o número dela, ele atendeu imediatamente.

— Alô?

— Quem fala? É o Marcos?

— Ele mesmo.

— Oi, Marcos, aqui é a Carla. Lembra? A doida que bateu no seu carro, na sexta passada.

Ouvir a voz dela lhe causou estranha comoção, e só então ele percebeu que passara os últimos dias ansiando por aquele momento.

— É claro que me lembro. Só não acho que você seja doida.

— Tudo bem, você é mesmo um cavalheiro. Estou ligando porque já tenho a relação das oficinas. Você quer anotar?

— Pode falar.

Ele ouviu os endereços e tomou nota de um perto de sua casa, ouvindo atentamente as instruções dela sobre o procedimento que deveria adotar.

— Anotou direitinho?

— Sim. Obrigado.

— Bem, então é isso. Qualquer coisa, é só me ligar. Boa sorte e, mais uma vez, desculpe o transtorno.

— Obrigado, Carla.

*Apesar de tudo...*

— Até logo.
— Até...

Ela desligou, deixando-o com o telefone na mão, fitando o horizonte pela janela. Na outra ponta da linha, Elói quase saltou sobre ela.

— Você desligou? Ficou louca?

— Temos que ir com calma ou ele vai se assustar e fugir. Se ele está realmente apaixonado pela sua irmã, não vai se interessar por mim só porque estou dando em cima dele. Pelo contrário. Vai acabar me achando vulgar e oferecida, ainda mais depois da história que lhe contei. Ele tem que pensar que sou frágil e desprotegida, não uma tarada em busca de sexo.

— Tem razão. Mas como é que você vai fazer para se reencontrar com ele?

— Simples. Vou telefonar para saber se o serviço ficou bem feito. Tenho certeza de que ele vai puxar conversa comigo.

— Acho bom que isso aconteça. E lembre-se de não fumar e perfumar o hálito. Não queremos estragar tudo por causa desse maldito vício, não é mesmo?

No final da tarde, Marcos levou o carro à oficina, deixando-o lá para ir buscá-lo no outro dia. Quando, na saída, o celular tocou, ele o apanhou com ansiedade, olhos vidrados no visor à espera de ver ali grafado o número de Carla. Ficou decepcionado. Era Raquel. Atendeu com uma contrariedade que nem mesmo ele percebeu.

— Alô?

— Oi, meu bem. Onde você está?

— Na oficina. Acabei de deixar o carro para consertar.

— Está a pé?— Estou.

— Vai para casa?

— Vou.

— Quer que eu vá buscar você? Estou morrendo de saudades.

O interesse dela balançou o coração dele. Afinal de contas, Raquel sempre se importara com ele. No íntimo de si mesmo, sabia que a amava, embora reconhecesse estar encantado com Carla. Entre o remorso e a saudade, sentiu uma vontade louca de estar com Raquel.

— Venha — concordou ele, a voz cheia de amor. — Também estou louco para ver você.

Coração aos pulos, Raquel desligou. Nos últimos dias, Marcos andava estranho. Embora não houvesse mais tocado no assunto que quase os levara a brigar no motel, ele demonstrava um desinteresse desconcertante pelo sexo.

Na portaria do edifício, Marcos fez sinal para o porteiro abrir o portão da garagem, a fim de que Raquel estacionasse o carro numa de suas duas vagas.

— Oi, meu amor — cumprimentou ele, dando-lhe um beijo mais caloroso do que o habitual.

Ela correspondeu com alegria, abraçando-o bem apertado.

— Que saudades! Nem parece que nos vimos ontem.

— Vamos subir? Estou morrendo de fome. Com essa de passar na oficina, pedi para sair mais cedo do trabalho e nem tive tempo de almoçar.

Subiram abraçados. Clementina, sentada na sala, assistia um filme num canal de TV por assinatura.

— Olá, crianças — cumprimentou ela.

— De novo na frente da televisão, mãe?

— Nunca vi tanta TV desde que deixei de trabalhar. E esses canais pagos são uma maravilha. Passa filme toda

*Apesar de tudo...*

hora. Adoro filmes, mas confesso que estou ficando um pouco preguiçosa.

— Bobagem, dona Clementina — cortou Raquel, dando-lhe um abraço. A senhora já trabalhou muito, e ainda trabalha, cuidando da casa e do Marcos. Seu descanso é mais do que merecido.

— Estou com fome, mãe. Tem alguma coisa para comer?

— O jantar já está pronto. Vou pôr a mesa.

Ela foi para a cozinha, deixando Marcos e Raquel a sós na sala.

— O que pretende fazer depois do jantar? — indagou ela, maliciosamente. — Por que não vamos lá para o quarto e aproveitamos a sobremesa?

— Será possível que você só pensa em sexo? — retrucou ele rindo, mas com um tom de censura quase imperceptível na voz.

— Você não gosta?

— Gosto. Mas minha mãe está em casa.

— E daí? Ela sempre está e nunca se importou. Sequer bate à porta do quarto ou pergunta o que estamos fazendo.

— Isso porque ela já sabe e nos respeita. Mas será que nós a estamos respeitando?

— Se ela não se incomoda, não vejo por que não a estaríamos respeitando.

— Garanto que, na sua casa, você não faria isso.

— É diferente — disse ela, com uma pontinha de mágoa. — Eu moro com meus pais, na casa deles. Aqui, sua mãe é que mora com você, na sua casa.

— Dá no mesmo.

— O que há, Marcos? Por que, de uma hora para outra, você deu para recriminar tudo o que eu faço? Por acaso está arrependido de ter começado a me namorar ou simplesmente está cansado de mim? Seja o que for, pode dizer.

A explosão dela tinha fundamento. Na mesma hora, ele se arrependeu, não tinha motivos para tratar Raquel daquele jeito.

— Venha cá, querida — falou com doçura, puxando-a para si. — Perdoe-me. Não estou arrependido nem cansado de você. Eu a amo.

— Então, por que está me tratando assim? O que foi que eu fiz?

— Nada. Não é você, sou eu. Acho que ainda não consegui digerir direito tudo o que me aconteceu.

— Até quando as mudanças na sua vida vão servir de desculpas para o seu comportamento arredio?

— Não são desculpas. Se quer saber, o que acontece mesmo é que tenho sentido falta da igreja. Sempre gostei da igreja, mas depois que começamos a namorar, nunca mais frequentei os cultos. Isso está me fazendo um certo mal.

— Não é culpa minha se você não vai à igreja. Mais uma vez, você usa uma desculpa para justificar seus atos. Só que não quero que essa desculpa seja eu. Nunca lhe pedi para não ir à igreja ou qualquer outro lugar. Você é livre e respeito sua liberdade.

— Não se importa mesmo que eu vá?

— Você sabe que não. Se quiser, posso até acompanhá-lo.

— Mas não vai acreditar em nada do que ouvir.

— Não se trata disso. Acreditar, eu acredito, só que a leitura que eu faço das coisas sagradas é diferente. Nós já conversamos sobre isso muitas vezes.

— Tem razão. Então, acho mesmo que vou voltar a frequentar os cultos. A palavra do pastor é sempre esclarecedora.

— Ótimo. Só espero que você não mude de ideia quanto a mim e ao nosso namoro.

— Por que diz isso?

— Parece que o sexo o incomoda. Não vai voltar atrás, vai?

— É com isso que está preocupada? Com sexo?

*Apesar de tudo...*

— Também.

— Não se preocupe. Quero voltar à igreja para conforto da minha alma. Não tem nada a ver com você.

Não tinha, de verdade. Tinha a ver com Carla, fato que Marcos não admitia nem para si mesmo. Sentia falta dos cultos sim, mas somente porque conhecera Carla, que despertara nele o desejo de retornar à igreja. E se Carla fosse sua namorada, em lugar de Raquel? Não precisaria fingir nem se aborrecer. Não seria tudo perfeito?

Pensar nessa possibilidade assustou-o imensamente. Gostara de Carla porque ambos professavam a mesma religião, partilhavam ideias semelhantes. Seria bom manter um relacionamento com ela, não estivesse ele apaixonado por Raquel. Imaginar a vida sem Raquel abriu um vazio em sua alma. Não podia substituí-la por nenhuma outra mulher. Com essa certeza, puxou Raquel e deu-lhe um beijo amoroso, para depois concluir:

— Daqui a pouco, vamos para o quarto. Quero amar você muito, mas muito mesmo... para sempre. Você é a mulher que eu amo.

Dali em diante, ele conseguiu afastar Carla de seus pensamentos, certo de que jamais tornaria a vê-la ou falar com ela. No fundo, entendia por que ela mexera tanto com ele. Mas fora uma impressão passageira, uma fantasia de momento, algo que não poderia alimentar por faltar o ingrediente essencial do amor. Era a Raquel que ele amava. Se tivera dúvidas naqueles dias, elas já se haviam dissipado só com a perspectiva de ficar sem ela.

Terminado o jantar, permaneceram algum tempo conversando com Clementina, até que ela adormeceu diante da televisão, e eles se retiraram para o quarto, em silêncio. Deixaram-se ficar abraçados por muito tempo, mesmo depois do completo anoitecer, presos na emoção daquele momento. A faculdade ficou esquecida, o carro batido deixou de existir e Carla desapareceu sob as carícias de Raquel, que suplantaram todas as incertezas que Marcos julgava ter.

*Apesar de tudo...*

# Capítulo 50

Satisfeito com o conserto do carro, Marcos pensou em ligar para Carla e agradecer. O medo, contudo, levou-o a desistir. Talvez não fosse uma boa ideia falar com ela novamente. A fragilidade dela poderia levá-la a alimentar falsas ilusões, caso ele insistisse em procurá-la. Na verdade, Marcos temia por si mesmo. Receava, mais uma vez, utilizar-se de desculpas para obter o que realmente queria.

Ela, por sua vez, ligara para a oficina e ficara sabendo do prazo para os reparos. Aguardou um dia e telefonou para Marcos, sob o pretexto de saber se o conserto ficara bom. Era hora do intervalo na faculdade, como Elói lhe dissera. Marcos, certamente, estaria ao lado de Raquel.

Realmente, os dois, juntamente com Arnaldo e Paulo, discutiam um caso a uma mesa da cantina. Na outra ponta, Nélson os olhava com rancor, sem se atrever a se aproximar, apenas aguardando o resultado do plano. Marcos consultou o visor do celular e hesitou.

— Não vai atender? — perguntou Raquel, vendo-o parado com o aparelho na mão.

— Hã? Melhor não.

— Por quê? Quem é?

— A mulher que bateu no meu carro.

— Ora, Marcos, então você tem que atender.

— Por quê? Ela é muito chata.

— Ela deve estar querendo saber se está tudo o.k.

Arnaldo e Paulo pareciam não ter se dado conta do telefonema, de tão entusiasmados com a discussão. Por que justo Raquel fora notar?

— Tem razão — concordou ele desanimado, pressionando a tecla do celular. — Alô? Ah... oi, Carla... Sim, foi consertado... Está tudo bem, obrigado... Tchau...

Desligou rapidamente. Sorriu para Raquel, deu de ombros, tentando reintegrar-se ao debate com os amigos. Não conseguiu. Ouvia tudo sem compreender. De vez em quando, dava uma opinião superficial, que os amigos rechaçavam com argumentações poderosas. Ele nem ligava. Estreitou Raquel com o braço e desistiu de falar.

Carla, por outro lado, mal continha a indignação. Esperava uma recepção mais calorosa. Se Elói soubesse que ela estava perdendo terreno, ia se decepcionar com seu trabalho, e adeus dinheiro. Pensando bem, talvez não fosse isso. Com a namorada ao lado, Marcos não pôde falar direito. Isso significava que não seria boa ideia ligar de novo. O que precisava fazer era dar um jeito de provocar um novo encontro casual.

Poucos dias se passaram antes que Carla conseguisse uma nova investida. À distância, seguiu Marcos em seu carro, aguardando uma oportunidade de se aproximar. Cedeu a vez a alguns veículos, impediu a passagem de outros. Por fim, perto de onde haviam batido, conseguiu posicionar-se ao lado dele no sinal vermelho.

*Apesar de tudo...*

Distraído como sempre, Marcos não notou a presença dela. Ouviu uma buzina insistente, olhou pelo espelho, mas não viu nada. Só percebeu que era ela quando o vidro do carro ao lado baixou e uma voz familiar chamou o seu nome:

— Marcos! Ei, Marcos, sou eu!

— Carla! — surpreendeu-se ele. — Você por aqui de novo?

— Moro logo ali — apontou para um lugar inexistente. — E você?

— Também.

— Que coincidência, hein?

Com a mudança do sinal, buzinas impacientes espocaram atrás deles. Carla se adiantou e ligou a seta para a esquerda, sinalizando que ia parar. Sem graça de seguir adiante, Marcos estacionou atrás dela. Saltaram quase ao mesmo tempo, ela, já com a mão estendida para ele.

— Como vai? — perguntou de forma gentil, porém, formal.

— Bem, e você?

— Bem também. E o carro ficou bom?

— Perfeito.

— Você escolheu uma boa oficina — elogiou, vistoriando a traseira do automóvel. — Nem dá para perceber que houve uma batida.

— Foi só uma batidinha à toa.

Fingindo embaraço, ela olhou dele para o chão e murmurou hesitante:

— Sabe o Sérgio? — ele assentiu. — Terminei tudo com ele.

— Não me diga! E aí?

— Ele ficou furioso, mas acabou aceitando.

— Parou de ameaçá-la?

— Parou. Acho que se convenceu de que eu não valia tanto a pena assim.

— Não diga isso, Carla. Você é uma pessoa de muito valor, principalmente pela sua coragem.

— Eu não teria conseguido sem você.

— Eu?! Mas eu não fiz nada.

— Fez muito mais do que imagina. Você é um bom cristão, respeita as Escrituras. Foi o seu exemplo que me deu forças para enfrentar o Sérgio, pedir perdão a Deus e me modificar.

Ele enrubesceu diante da imagem que Carla criara dele. Há um bom tempo não se considerava um bom cristão.

— Não sei se respeito tanto as Escrituras como você pensa.

— Como assim? Você me pareceu tão seguro na sua fé.

— Deixemos isso para lá, sim? O importante é que você conseguiu se libertar daquele infame.

— E me voltei para Jesus. Aleluia!

Ela jogou aos mãos para o céu e fechou os olhos em aparente contrição mas, na verdade, tentava não encará-lo, para não cair na gargalhada. Que papel risível estava fazendo. Esperava que nenhum conhecido a visse naquela situação absurda, irreal e ridícula.

O teatro, no entanto, surtiu o efeito desejado. Enquanto ela ocultava a comicidade, ele refletia na fé.

— Também eu devia me voltar para Jesus — pensou. — Há muito o abandonei.

Com esse pensamento, ele tocou de leve o ombro dela, que finalmente abriu os olhos.

— Onde fica a igreja que você frequenta? — indagou interessado.

Prevendo aquela possibilidade, Elói preparara tudo. Fizera Carla frequentar uma igreja bem grande pelas redondezas, de forma a dificultar que alguém a reconhecesse. Ela detestava aquele culto, ou qualquer outro, porém, não tinha jeito. O plano tinha que sair certinho, ou Marcos não iria se convencer.

— Por acaso é aqui perto — informou ela, vitoriosa.

— Fico muito feliz — fez uma pausa e continuou pensativo: — Agora veja, o tempo todo, você aqui pertinho de mim, e tivemos que nos conhecer em circunstância tão desastrosa.

*Apesar de tudo...*

— Vai ver já nos esbarramos muito aqui pelo bairro, mas, como não nos conhecíamos, não nos demos conta.

— É verdade. E agora que nos conhecemos, parece que, coincidentemente, nos encontramos sempre.

— Não exagere, Marcos. Essa é a segunda vez.

A cumplicidade que antes surgira entre eles começava a ganhar forma. Marcos se pegou adiando a hora de ir embora, sua vontade era ficar ali conversando com ela. O celular dele tocou; era Raquel. Pela primeira vez, não sentiu vontade de atender, mas o remorso o incomodou e ele premiu a tecla correspondente.

— Alô?

— Oi, querido, onde está?

— Estou na rua. Quando chegar à casa, ligo para você.

Desligou apressado e fitou Carla, que parecia sem graça.

— Era a sua namorada?

— Era sim.

— Sérgio sempre queria saber onde eu estava. Ficava o tempo todo me controlando.

— Raquel não me controla — objetou ele, irritado consigo mesmo por dar razão a ela.

— Eu não disse isso. Estou falando de Sérgio. Raquel deve ter outros motivos para ligar para você. Na certa o ama.

— E eu a ela.

Havia um tom de desafio na voz dele que Carla imediatamente percebeu. Não era ainda a hora de confrontar-se com Raquel.

— Fico feliz por você. Tem sorte de amar e ser amado.

Propositadamente, ela imprimiu uma nota de tristeza a suas palavras, despertando nele mais do que compaixão, um enorme desejo de confortá-la.

— Não fique triste — disse ele, compassivo. — Você também vai encontrar alguém que a ame.

— Espero que seja alguém feito você, capaz de perdoar os pecados de uma mulher, mesmo não tendo cometido pecado nenhum.

— Como você sabe que não cometi nenhum pecado? — exasperou-se, maldizendo a si mesmo por se deixar incomodar tanto com o que ela dizia.

— Perdão, estou sendo indiscreta — contemporizou em tom humilde. — Não são comentários que se faça. Não tenho nada com isso.

— Não, sou eu quem devo lhe pedir desculpas. Acabei sendo grosseiro sem querer. Mas é que você faz uma ideia um pouco romântica de mim. Esse homem perfeito não sou eu.

— Não tem importância. O que você faz da sua vida não é problema meu.

Aflito para remediar a situação e não deixar marcada uma imagem rude, Marcos acabou se abrindo:

— Mas somos amigos e podemos confiar um no outro, não é?

— Sim, claro, podemos.

— Pois vou lhe confessar uma coisa, Carla — ela o olhou curiosa, e ele prosseguiu bem baixinho: — Raquel e eu fazemos coisas semelhantes ao que você e Sérgio faziam. Ela não era mais virgem quando a conheci, de forma que sempre nos relacionamos sexualmente.

Carla arregalou os olhos, demonstrando visível surpresa.

— Oh! Marcos, lamento — balbuciou. — Eu não sabia...

— Não precisa se lamentar. Sou humano como todo mundo, portanto, falível.

— Mas você é homem. Sempre vai haver uma desculpa para o que você faz.

— Não é bem assim. Você sabe que temos que nos manter puros até o casamento. E, assim como você, também fiz com Raquel coisas das quais não me orgulho.

*Apesar de tudo...*

— Por isso você me compreende tanto! — exclamou ela. — Porque passa pelas mesmas coisas que eu passei.

— Sim, as semelhanças são muitas. Raquel também é espiritualista. A conversa dela é muito parecida com a do seu ex-namorado.

— Sério?

— Tem coisas que ela fala que são iguaizinhas às que você me contou. Fiquei ressabiado.

— Você acha que ela também está a serviço de Satanás?

— Não creio. Amo Raquel, ela é muito doce e sincera. Não consigo acreditar que tenha algo demoníaco nela. Mas que ela fala coisas estranhas, verdadeiras heresias, isso fala.

— Raquel deve ser uma boa moça — tornou ela, sem muita convicção. — Talvez esteja só iludida com as mentiras que os enviados do demônio andam pregando por aí. Ela não deve conhecer as Escrituras, é isso. Sergio conhecia, mas dizia que elas haviam sido escritas por homens que distorciam a palavra de Deus. Onde já se viu?

— Raquel diz a mesma coisa! — Carla emudeceu, e ele continuou exaltado. — Mas ela não tem nada de demoníaco, não tem!

— Acalme-se, Marcos, por favor. Ninguém está dizendo que ela tem. E você não devia mais pensar nisso. O importante é que vocês se amam.

Ele a olhou em dúvida. Cada vez mais, desconfiava de Raquel. Amava-a profundamente, mas temia estar sendo enganado pelo coração e trazendo para sua vida uma mulher infernal.

— Não fale mais nada, Carla, por Deus. Está me deixando confuso.

— Sinto muito, eu não pretendia. Perdoe-me, por favor, e esqueça tudo o que falei. Não devia ter dito nada, sou uma idiota mesmo! Falo coisas sem pensar... Mas não ligue. Raquel não é Sérgio...

— Não. Deixe estar. Você não é idiota nem eu tenho nada que perdoar. É sincera e pura, mesmo depois de tudo o que passou.

— Olhe, Marcos, não vamos mais falar nisso, está bem? Eu preciso ir para casa, e você também. Raquel está esperando o seu telefonema.

— Não sei se quero ir.

— Esqueça tudo o que eu disse, por favor. Se você brigar com Raquel, vou me sentir tremendamente mal.

— Não vou brigar com ela. Raquel é como é, conheci-a desse jeito. Se alguém foi imprudente, fui eu, que aceitei todas as suas iniquidades. Mas o coração é tolo, não enxerga a razão. Raquel não tem culpa. O culpado sou eu, por amá-la tanto e não conseguir viver sem ela.

— Isso vai passar. Quando ela estiver em seus braços, verá que o amor de vocês supera tudo.

— Espero.

— Se você precisar de alguém para conversar, pode ligar para mim. Quero ser sua amiga e retribuir todo o bem que você me fez.

Ela estendeu a mão para ele, que a tomou e puxou, dando-lhe dois beijinhos no rosto.

— Vou ligar para você. É só aguardar.

— Ligue sim.

Ela saiu com o carro, virando na primeira esquina. Olhou pelo retrovisor, para se certificar de que ele não vinha atrás dela. Como ele não apareceu, ela entrou na rua seguinte, seguindo para sua casa, distante dali, repleta de satisfação. Elói ficaria contente.

*Apesar de tudo...*

# Capítulo 51

Raquel estranhou Marcos não ter ligado, porém, preferiu não telefonar. Não queria parecer uma daquelas garotas que grudam no namorado, sem lhe dar chance de respirar. Ela não era desse tipo e, se às vezes insistia, era porque se preocupava com ele. Marcos andava diferente, alternando momentos de carinho e atenção com outros de frieza e distância.

Esperou até o dia seguinte, quando o encontrou na faculdade. Logo que Marcos a viu, seu coração disparou. Estava vivendo um conflito atroz, mas não queria dividi-lo com ela. Raquel nada disse sobre o esquecimento dele, apenas correspondendo ao seu abraço. Queria que ele soubesse que não estava ali para lhe fazer cobranças, só para dar-lhe apoio no que precisasse.

Quando as aulas terminaram, ele a acompanhou até o carro, como sempre fazia.

— Já marquei o almoço — anunciou Raquel com cautela.

— Que almoço?

— Marcos! Esqueceu? O almoço para você conhecer minha família.

— Ah! Para quando?

— O próximo sábado. Tudo bem?

— Tudo bem.

Depois, não disse mais nada. Conhecer a família de Raquel não seria uma boa ideia naquele momento, mas ele não podia agora voltar atrás. Despediu-se dela com um beijo, seguindo para o trabalho, pensativo.

À noite, quando chegou à casa, encontrou a tia e o pai aguardando-o.

— Está tudo bem? — indagou ele, estranhando aquela visita inesperada.

— Tudo, meu filho — respondeu Clementina, dando-lhe um beijo na face.

O pai o abraçou, a tia beijou-o também.

— Por que estão aqui? — insistiu desconfiado. — Alguma coisa aconteceu.

— Seu pai e sua tia querem lhe dar uma notícia — informou Clementina.

— Que notícia?

— Sente-se, meu filho — pediu Romualdo.

Ele se sentou, pondo-se à espera de que lhe dissessem algo. Leontina tomou a palavra:

— Bom, Marcos Wellington, estamos aqui porque queríamos lhe dar a notícia... — calou-se, perdendo a coragem.

— Que notícia? — insistiu ele.

— Sua tia e eu resolvemos nos casar — anunciou Romualdo prontamente.

— Não me digam!

Ante a surpresa genuína, Marcos olhou para a mãe com preocupação.

*Apesar de tudo...*

— Por mim está tudo bem — comentou Clementina, percebendo a inquietação dele. — Estamos divorciados, e você sabe que não quero mais nada com seu pai há muito tempo.

— Essa situação é inusitada — ponderou ele. — Vocês têm certeza?

— Absoluta — confirmou Romualdo. — Não que eu faça questão, mas sabe como é sua tia.

— Estamos vivendo em pecado há muito tempo — lastimou ela.

— Sei, tia, mas a igreja não vai aceitar o casamento de vocês. Meu pai é adúltero e...

— Sabemos disso tudo, Marcos Wellington — cortou ela. — Mas eu estou disposta a me casar mesmo assim.

— Como? O pastor não vai querer celebrar a cerimônia.

— Faz tempo que não vou à igreja — disse ela, com um certo sofrimento. — O pastor já mandou me chamar várias vezes, mas não consigo encará-lo. Não teria coragem, depois de tudo, de lhe pedir que nos casasse.

— Vamos nos casar apenas no civil — contou Romualdo.

— E a senhora vai se conformar com isso, tia? Logo a senhora, sempre tão apegada às Escrituras?

— Estou disposta a mudar isso também.

— Mudar como? Não se pode mudar o que está escrito.

— Mas posso mudar de igreja.

— A senhora? Mudar de igreja? Não acredito!

— Para você ver do que o amor é capaz — gracejou o pai.

— Não brinque, Romualdo, isso é coisa séria — censurou Leontina. — Refleti muito sobre isso, sei que vou sentir falta da igreja, contudo, não tem outro jeito. Não me atrevo a pedir bênção para o meu casamento a nenhum pastor. Contudo, depois de casados, passarei a frequentar outra igreja onde, espero, ninguém me pergunte nada.

— Ninguém vai perguntar nada — protestou Clementina.

— Já disse a ela que, se ela quisesse se casar em outra igreja, nenhum pastor ia perguntar o motivo do divórcio de Romualdo. Mas ela não quer.

— Repudio a mentira, minha irmã, e você sabe disso. Uma coisa é calar-me. Outra é mentir.

— Não vejo diferença. Em ambas, está enganando alguém, ainda que a si mesma.

— Não estou me enganando! — objetou Leontina com veemência. — E estou disposta a acertar minhas contas com Deus no dia do juízo.

— Por que não deixamos isso para lá? — interveio Marcos, de forma conciliadora. — Se minha tia e meu pai estão contentes com o casamento dessa forma, tudo bem. É o que importa.

— Importa para nós a sua opinião — falou Leontina. — Sua mãe já disse que não se incomoda. E você?

— Eu?! Se minha mãe não liga, por que eu ligaria? Vocês são adultos, sabem o que fazem.

— Quer dizer que não se opõe? — tornou Romualdo.

— Não. Se está tudo bem para minha mãe, está bem para mim também.

— Podemos então dar entrada na papelada? — indagou Leontina.

— Por mim, podem — respondeu Marcos.

— Ótimo! Amanhã mesmo vamos providenciar tudo. Queremos nos casar o mais rapidamente possível. Viver em pecado está me fazendo mal.

Depois que eles saíram, Marcos foi ter com a mãe.

— Tem certeza de que está tudo bem?

Clementina o fitou com os olhos úmidos. Segurando as mãos dele, disse:

— Está, meu filho. Confesso que, num primeiro momento, levei um choque. Mas não posso contrariar algo que eu mesma incentivei. Quando seu pai voltou para casa, sua tia veio me procurar. Disse a ela que não o queria mais. Por que agora haveria eu de ir contra o casamento?

— Você não o ama mais?

— Não. Disso tenho certeza. Só eu sei o que já sofri por causa dele. Por ele me meti na bebida, e foi difícil sair. Foi o seu amor que me tirou do vício, Marcos Wellington, não ele.

— Mas você não sentiu nada? Até eu fiquei chocado na hora.

— Se alguma coisa senti, foi orgulho ferido. Mas que direito tenho eu de me sentir assim? Não fui a primeira a tirar Romualdo de sua tia? Então agora, nada mais faço do que lhe devolver.

— É só por isso que concorda? Porque se sente culpada por ter tirado meu pai dela?

— Não me sinto culpada. O que quero dizer é que não posso dar asas ao orgulho, já que, de amor mesmo não sinto nada. Ninguém nos pertence, Marcos Wellington, ainda que nos enganemos assim.

— Você é uma mulher incrível — elogiou ele, beijando-a na testa.

— Sei, sei — brincou ela, enxugando duas pequeninas lágrimas. — Vamos deixar isso para lá. Quero saber de você.

— De mim? Estou bem, por quê?

— Não tem falado de seu trabalho na companhia de seu avô. Está gostando?

— Até que estou. Todos na empresa são educados e atenciosos, não tenho do que me queixar. Meu avô me trata muito bem, se esmera para me ensinar tudo. Acabou me colocando no departamento jurídico. Aos poucos vou me inteirando dos contratos, concessões do governo, direitos trabalhistas. É interessante.

— Muito bem. E Raquel?

— Está bem também.

— Tem certeza?

— Por que pergunta isso?

— Noto que algo está diferente em você. O que é?

— Não tem nada diferente em mim.

— Ah! Tem. Você não me engana. Não quer me contar?

— Não consigo esconder nada de você, não é mesmo?

— Sou sua mãe, conheço-o melhor do que ninguém. Vamos, conte-me: o que o preocupa tanto?

Marcos se desvencilhou dela e sentou-se no chão, enlaçando os joelhos.

— Sabe o que é, mãe? Conheci outra garota.

— Ah...! Só podia ser.

— Não é o que você está pensando. Essa garota é muito diferente de Raquel. Mais parecida comigo.

Em breves palavras, ele contou a ela como conhecera Carla, confessando as dúvidas que o afligiam.

— E agora você acha que Raquel está a serviço de Satanás, e que essa Carla é que é pura?

— Mais ou menos.

— Vou lhe confessar uma coisa, Marcos Wellington. Quando conheci seu pai, eu também não era mais virgem. Sendo assim, dormimos juntos muitas vezes antes do casamento. E sua tia, que é tão fanática, também perdeu a virgindade com ele. Você acha que alguma de nós duas tem algo a ver com o diabo?

— Não. Mas é diferente. Você se voltou para a igreja depois, e minha tia viveu em abstinência esses anos todos. Foram perdoadas dos seus pecados.

— Qual! Você, um menino tão inteligente, acredita mesmo nisso? — ele balançou a cabeça hesitante. — Pois eu acho isso tudo uma besteira. Não acredito em pecado. Não dessa forma. O que vale são as atitudes da pessoa. Se ela age no bem, então está com Deus. Se não, pode-se dizer que ela própria é o diabo.

*Apesar de tudo...*

— Que coisa, mãe. Parece até a Raquel falando.

— Você sabe o quanto gosto da Raquel. Ela é sincera, não tem medo de dizer o que pensa. Isso de não ser mais virgem não tem importância. Quem hoje em dia é? Você não, espero.

Ele riu envergonhado e protestou num gracejo:

— Mãe! Isso é pergunta que se faça ao filho?

— O que é que tem? Já não lhe falei que não casei virgem? Nenhum Deus vai me punir por causa disso.

— A igreja a salvou...

— Mentira! Eu só fui para a igreja porque sua tia insistiu.

— Falando desse jeito, parece que a igreja é um mal.

— Não é. Foi bom para mim naquele tempo, não nego. Evitou que eu caísse na vida, pois eu tinha uma tendência à libertinagem, assim como foi bom para você, pois o impediu de aderir ao vício e ao tráfico. O que eu não gosto é desse fanatismo, dessa mania de achar que tudo é pecado e que seremos punidos. Você acha que, se Deus nos ama tanto, vai nos condenar a um sofrimento eterno? Não consigo acreditar nisso.

— Pois vou lhe confessar uma coisa também, mãe. Estou sentindo falta da igreja.

— Era só o que me faltava! E eu que achei que agora você estava começando a ter uma vida normal.

— Talvez vá à igreja da Carla.

— Cuidado, Marcos Wellington. Não vale a pena trocar uma menina decente feito a Raquel por essa Carla que você mal conhece. Não é só porque ela é da sua religião que é boa. Já pensou que ela pode estar mentindo sobre tudo que falou? Quem lhe garante que as coisas aconteceram da forma como ela lhe contou? Para mim, parece mais que ela se entregou ao sujeito e depois se arrependeu, ou então, ele lhe deu o fora, porque ela deve ser uma chata.

— Mamãe! Não fale assim de quem não conhece.

— Dois encontros não me parecem suficientes para se dizer que se conhece alguém.

— Pois ela me pareceu bem genuína.

— Sei. Tome cuidado. Pense bem antes de magoar sua namorada.

— Não pretendo magoar ninguém. Amo muito a Raquel.

— Ama, mas está aí empolgado com essa outra.

— É só afinidade por causa da religião e do que nós passamos.

— Ela pode ter passado uns maus pedaços, se é que o rapaz a forçou a alguma coisa. Mas você, não. Ou será que Raquel o obrigou a dormir com ela?

— É claro que não!

— Você foi porque quis, não foi? — ele assentiu. — E gostou, não gostou?

— Isso não vem ao caso.

— Vem sim. Você gostou, que eu sei. E Raquel é uma moça inteligente. Já conversei com ela e acho as ideias que tem muito interessantes.

— Logo vi. É por isso que você veio com essa conversa. Já se deixou contaminar pelas birutices de Raquel.

— Não acho nada birutice. Ela é bem sensata. E você não devia falar assim dela. Sabia que ela é louca por você?

— Eu sei, mãe. Também sou louco por ela. Não se preocupe, não pretendo trocá-la por nenhuma outra.

— Ainda bem.

— Boa noite, mãe. Vou tomar um banho e dormir.

— Não vai jantar?

— Não. Comi um lanche na rua.

Depois dos beijos de boa-noite, Marcos seguiu para seu quarto pensativo. Ouvir a mãe lhe fizera tremendo bem. Não concordava com a opinião que ela formara de Carla,

*Apesar de tudo...*

no entanto, os elogios que tecera a Raquel o deixaram mais tranquilo. Embora não fosse religiosa, Clementina era uma mulher muito sábia, com uma visão clara da vida. Sabia que podia confiar nela.

# Capítulo 52

Tarde da noite, Elói e Carla terminavam de se vestir enquanto conversavam.

— Você tem que agir logo! — exaltou-se ele. — Está demorando muito.

— Acho que não vai dar certo. Quando me vê, sinto que ele se empolga, mas depois vem a sua irmã e ele se afasta. Não adianta, Elói. É dela que ele gosta.

— Você é mulher, possui armas para conquistar os homens.

— Sua irmã possui as mesmas armas. Com uma vantagem. Ele está apaixonado por ela. Assim, fica praticamente impossível.

— Não existe isso de impossível. O que existe é a incompetência.

Ela soltou um suspiro desanimado e rebateu com azedume:

— Então, mostre você que é competente e faça. Eu estou fora.

— Calma aí, querida — contemporizou ele. — Não precisa exagerar.

— Olhe aqui, Elói, eu estou me desdobrando para conquistar o cara, mas não está dando. Ele não quer. Deu para entender? Ele não está a fim de mim.

— Tudo bem, não precisa ficar nervosa. Eu só acho que você tem meios de conquistá-lo. E não se esqueça de que lhe dei muito dinheiro para isso.

— Devolvo tudo, se você quiser.

— Não precisa. Basta armar para cima do Marcos. Não pode ser tão difícil.

— Lá vamos nós de novo... Quantas vezes vou ter que repetir que ele não quer?

— Não quer? Vamos ver até que ponto ele é durão.

— Em que está pensando?

— Tive uma ideia. Será nossa cartada final. Se depois disso ele não cair, desisto. E você pode ficar com o dinheiro.

Carla achou a ideia interessante e concordou que poderia dar certo. Três dias depois, puseram o plano em prática. Marcos e Raquel saíam da faculdade quando o celular dele tocou. O número era de um telefone desconhecido. Ele atendeu, reconhecendo, no mesmo instante, a voz histérica de Carla.

— Marcos! Pelo amor de Deus, me ajude! — soluços. — Estou desesperada. Sérgio me bateu... E agora, o que é que eu faço? O que eu faço?

Ela chorava descontrolada, ele olhou para Raquel em pânico. Não queria que ela ouvisse o choro de Carla.

— Aconteceu alguma coisa? — perguntou a namorada.

Ele não respondeu, mas disse ao telefone:

— Está bem, acalme-se e me aguarde. Já estou indo.

— Mas Marcos, você nem sabe onde estou...

— Ligue-me daqui a dez minutos, por favor.

Ele desligou. Beijou Raquel e concluiu apressado:

— Sinto muito, Raquel, surgiu uma emergência.

— O que foi?

— Depois conversaremos. Agora tenho que ir, está bem?

Deu um beijo nos lábios dela, esperou até que ela saísse. Já em seu carro, trancou a porta e aguardou. Exatos dez minutos depois, o celular tocou novamente.

— Marcos? — lamuriou-se Carla, aos prantos, do outro lado da linha. — Ah! Marcos, sinto envolvê-lo nisso. Estou desesperada, não tinha a quem recorrer. Sérgio ficou com ódio e me largou aqui sozinha, sem carro, sem dinheiro, sem nada.

— Tudo bem, Carla, eu só quero que você se acalme. Onde é que você está?

— Num motel, na Washington Luiz[1] — ela deu o endereço e continuou eufórica: — Você vem?

— Já estou a caminho.

Assim que ele desligou, Carla olhou para Elói com um brilho vitorioso no olhar.

— Ele está vindo — falou exultante.

— Ótimo! Vamos logo concluir essa maquiagem. Tenho que ir embora o mais rápido possível.

— Não precisa de mais nada. Já está bom.

Elói apalpou os falsos hematomas no rosto de Carla e balançou a cabeça em dúvida.

— Essa maquiagem custou uma nota — comentou. — Tem certeza de que é à prova d'água?

— De maquiagem, eu entendo. Não se preocupe, não vai sair. Os machucados não estão ao alcance das lágrimas, e é claro que não vou esfregar o rosto na água nem deixar que Marcos fique me alisando. Quando ele tocar, vou dizer que dói.

---

1 Rodovia Washington Luiz.

*Apesar de tudo...*

— Ótimo! Então, vou embora. Não podemos nos arriscar.

— Certo.

— Tome cuidado. Não dê bandeira, ou ele vai perceber.

— Já sei, já sei. Vá logo, ande. Ele deve estar chegando.

Algum tempo depois que Elói saiu, Marcos bateu à porta do quarto. Carla se olhou no espelho, imprimiu uma expressão de sofrimento ao rosto e indagou com voz trêmula:

— Quem é?

— Sou eu, Marcos. Abra.

Ela abriu a porta devagar, os olhos baixos, fingindo constrangimento. Vestia uma camiseta de malha branca bem curtinha, além da calcinha. Marcos ficou atônito, tentando não olhar para o corpo bem torneado de Carla.

— Entre — pediu ela com timidez. — E por favor, não olhe para mim.

— Mas o que é isso? — indignou-se ele, levantando o queixo dela. — O que foi que esse cafajeste lhe fez? Carla, você tem que ir à polícia! Um sujeito como esse é um criminoso, não pode andar solto por aí!

— Por favor, Marcos, polícia, não. O que vou dizer a meus pais? Que um marginal me espancou no motel porque eu não quis dormir com ele?

— Carla, Carla, por que fez isso? Não disse que tinha terminado tudo?

— E tinha. Mudei até de celular, para ele não conseguir mais falar comigo. Mas ele me procurou, disse que queria conversar...

— No motel?

— Era para termos mais privacidade. Ele me garantiu que não faria nada.

— E você acreditou?

— Ele disse... — calou-se, engasgada com um falso soluço.

— Você ainda gosta dele, não é? — ela não respondeu.

— Meu Deus, Carla, o homem é um animal!

— Eu sei...

Ela se sentou na cama, de cabeça baixa, fingindo chorar de mansinho. Estava com uma aparência tão fragilizada que Marcos deixou-se envolver completamente pela aura de tragédia que ela criara. Sentado ao lado dela, puxou-a para ele, pousando a cabeça dela em seu ombro.

— Não fique assim — confortou ele. — Eu estou aqui. Sou seu amigo e vou levá-la embora. Onde está o seu carro?

— Numa esquina aqui perto — respondeu, aproximando bem as coxas das dele.

— Então venha — ele quase suplicou, confuso ante aquele contato perturbador.

— Não posso — sussurrou ela. — Como vou chegar à casa assim? E meus pais?

— Vai ter que enfrentá-los. Você não pode ficar aqui.

— Vou esperar até amanhã. Compro uma maquiagem, óculos escuros e disfarço os hematomas.

Ela olhou diretamente para ele, que ficou impressionado com a coloração excessivamente arroxeada dos machucados.

— Dói muito? — perguntou ele, tocando-os de leve.

— Ui! — fez ela, puxando o rosto para trás e segurando os dedos dele.

— Desculpe-me.

Ela levou os dedos dele aos lábios, deixando-o transtornado e surpreso. Marcos tentou puxá-los de volta, mas ela não permitiu. Aproximou a mão dele de seu rosto, numa parte não ferida. Depois, voltou a beijar-lhe os dedos, um a um, encarando-o com um brilho de sedução inocente no olhar.

— Carla, por favor, não...

Ela não lhe deu tempo de terminar a frase. Encostou-se totalmente a ele, beijando-o entre espaçados soluços. Marcos quis resistir, tentou empurrá-la gentilmente, mas ela manteve o corpo firmemente colado ao dele.

*Apesar de tudo...*

— Por favor, Marcos, não me rejeite — murmurou. — Você é a única pessoa que se importa comigo.

Movido mais pela compaixão do que propriamente pelo desejo, Marcos cedeu ao beijo. Em breve, estavam se amando, sem que ele percebesse os cuidados que ela tomava para não manchar a maquiagem do rosto. Ao final, Marcos deixou o corpo cair ao lado dela, exausto. Durante uns momentos, permaneceu calado, fitando-se pelo teto espelhado. Logo a vergonha e o arrependimento o dominaram. Ver a si mesmo e a Carla, nus e entrelaçados, causou-lhe indescritível mal-estar. Imediatamente caiu em si, sentindo-se dominar pelo pânico. Por que fora trair Raquel? Se ela descobrisse, nunca iria perdoá-lo.

Marcos desvencilhou-se de Carla, sentando-se na cama para não ter mais que encarar a si mesmo pelo espelho. Engoliu as lágrimas, temendo pelo futuro. Satisfeito o desejo, via agora que Carla não representava nada em sua vida. Nem era assim tão diferente de Raquel. Deixara-se envolver pelas manhas de um canalha, mas, ainda assim, transara com ele. Por que achava que Carla não pecara ao fazer sexo antes do casamento, e Raquel, sim? Raquel, ao menos, não o seduzira.

O que ele sabia realmente de Carla? Nada. Agora, raciocinando com mais clareza, achava estranho o fato de ela entregar-se a ele tão facilmente. Se estava mesmo arrependida, não devia insistir no pecado, muito menos provocá-lo. E as coisas que ela fizera não condiziam com sua condição de menina abusada. Ao contrário, Carla era uma mulher experiente, fazia sexo com desenvoltura, sem timidez alguma, utilizando-se de práticas que nem Raquel conhecia. Talvez a mãe tivesse razão, e tudo o que Carla lhe contara fosse mentira.

Eram desculpas, mais uma vez, ele sabia. Carla podia ser mentirosa, mas ele se deitou com ela porque quis. Ninguém o obrigou. Com aquele breve momento de fraqueza, podia ter destruído a vida com seu verdadeiro e único amor.

Sentindo as mãos dela sobre suas costas, Marcos disse com uma certa aspereza:

— Vista-se. Vamos embora.

— Marcos...

Ela tentou abraçá-lo, mas ele não permitiu.

— Chega, Carla. Nós não devíamos ter feito isso. Tenho uma namorada e gosto dela. O que aconteceu entre nós foi mera casualidade. Não significou nada.

— Como pode dizer uma coisa dessas? Foi tudo tão lindo!

— Deixei-me levar pelo momento, mas isso não vai se repetir, até porque, não pretendo tornar a vê-la.

— Por quê? — perguntou ela em lágrimas. — Marcos, acho que amo você.

— Isso é impossível. Nós mal nos conhecemos.

— Como não? Você foi o meu salvador, meu único amigo...

— Com quantos homens você dormiu antes de Sérgio? — disparou ele.

— Como assim? Não estou entendendo. Você sabe que Sérgio foi o primeiro.

— Não foi o que me pareceu. Para alguém sem experiência, até que você sabia coisas demais.

— Sabia porque Sérgio me ensinou — revidou com raiva.

— Pelo visto, você aprendeu muito bem.

— Não estou entendendo, Marcos. Por que quer me humilhar? O que foi que eu fiz? Pensei que você fosse diferente. Agora vejo que é igual a todos os homens.

Tocado pelas palavras dela, Marcos contemporizou:

— Não quero magoar você, Carla. Perdoe-me. O que acontece é que eu amo a Raquel. Vamos deixar as coisas como estão.

— Você não pode fingir que não houve nada entre nós!

*Apesar de tudo...*

— Não estou fingindo. O que houve foi um acidente, fruto do seu sofrimento e da minha compaixão.

— Nem eu estava sofrendo, nem você demonstrou estar com peninha de mim quando nos amamos. Deu a impressão de que sentia prazer.

— Prazer não necessariamente tem a ver com amor. Não amo você, Carla. Amo Raquel. Vamos esquecer que isso aconteceu.

Ela abaixou a cabeça, fingindo chorar.

— Não posso esquecer. Não tenho mais como apagar você da minha vida.

— Sinto muito. Não era para isso acontecer. Vamos embora.

Vestiram-se em silêncio, Carla engolindo o ódio que sentia dele naquele momento. Depois de pagar a conta, Marcos levou-a até onde ela havia deixado seu carro.

— Espero que você não me procure mais — pediu ele, sem olhar para ela. — Foi um erro o que aconteceu, e você sabe.

— Não fiz nada sozinha. Você transou comigo porque quis.

— Estou bem ciente disso.

— Está com raiva de mim, mas não o obriguei a nada. Você não tem do que me culpar.

— Não a estou culpando. Culpo a mim mesmo por ter sido tão fraco.

— Vai voltar correndo para sua namoradinha? — irritou-se.

— Por favor, deixe Raquel fora disso.

Sem dizer nada, Carla entrou em seu carro e bateu a porta. Marcos deixou-a sem olhar para trás. Só pensava em Raquel. Chegou atrasado à empresa, mal se concentrando no trabalho. O avô perguntou se tudo estava bem, mas Marcos achou melhor não o envolver em seus problemas emocionais.

Carla voltou para casa exultante, orgulhosa de sua atuação. Depois de tirar calmamente a maquiagem, ligou para Elói.

— Deu tudo certo — anunciou vitoriosa.

— Vocês transaram? — surpreendeu-se ele.
— É lógico.
— Eu sabia! Meu plano foi infalível, não foi?
— Mais ou menos. Marcos se arrependeu. Está com raiva de mim agora.
— Isso não importa. Vá procurá-lo amanhã, antes que ele conte o que fez a Raquel.
— Deixe comigo.

No dia seguinte, ao chegar à faculdade, Marcos mal conseguia encarar Raquel. Ela o recebeu com o carinho de sempre, mas percebeu que havia algo estranho na forma como ele agia.
— Está tudo bem? — indagou.
— Está.
Durante o resto do dia, ele permaneceu quieto, lutando entre o desejo de contar-lhe tudo e o medo de perdê-la. Quando o celular tocou, ele não atendeu, reconhecendo o novo número de Carla no visor. Ela telefonou várias vezes, ele ignorou todas as ligações. Mesmo quando ela ligou de um aparelho fixo, ele não atendeu, desconfiado de que poderia ser ela. Resolveu então não atender mais nenhuma ligação de números desconhecidos.

A consciência dizia que ele devia contar tudo a Raquel, todavia, faltava-lhe coragem. O medo de perdê-la era maior do que o desejo de ser sincero. Tinha agora quase certeza de que Carla o enganara. Só não entendia por quê.

A maior surpresa veio dois dias depois, ao término das aulas. Ao chegar ao estacionamento da faculdade, Marcos teve desagradável surpresa ao encontrar o carro de Carla parado ao lado do de Raquel. Gelou. Sua vontade foi dar meia-volta e sumir com a namorada. Não teve tempo, porém. Carla saltou do carro tão logo os avistou pelo retrovisor.

O sangue fugiu do rosto de Marcos, que puxou Raquel para trás. Sentindo a resistência dele, ela parou.

— O que foi que houve? Esqueceu alguma coisa?

— Esqueci! — ele quase gritou. — É isso, esqueci... minha lapiseira.

— Ah! Marcos, dê um tempo. Não vai me fazer voltar tudo isso só para buscar uma lapiseira que nem deve estar mais lá. Amanhã compro outra para você.

Marcos maldisse a si mesmo pela resposta infeliz. Raquel recomeçou a andar, praticamente arrastando-o pela mão, tagarelando, alheia à presença da outra. Ela abriu a porta do carro e virou-se para se despedir de Marcos, mas Carla havia se interposto entre eles.

— Precisamos conversar — falou ela, ignorando o ar de surpresa de Raquel.

Marcos ficou confuso. Por uma fração de segundos, seus olhos e os de Raquel se cruzaram. Ela compreendeu tudo antes mesmo que ele pensasse.

— Agora não — respondeu ele em desespero, lutando para passar por ela e chegar até Raquel.

— Agora sim — prosseguiu Carla.

— O que está acontecendo? — interveio Raquel, tentando não acreditar em sua voz interior.

— Pergunte a ele — falou Carla secamente.

Raquel o questionou com o olhar. Ele lhe devolveu outro, de súplica, de medo.

— Vamos embora, Raquel — implorou.

— Você é mesmo um covarde — disparou Carla. — O que há? Tem medo de dizer a verdade?

— Não tenho medo de nada — enfureceu-se, encarando-a com ar hostil. — Suma daqui, antes que eu perca a cabeça e não responda por mim.

— Está me ameaçando? Vai me bater?

— Não. Vou chamar a polícia.

Ela hesitou por um momento, o suficiente para ele empurrar Raquel para dentro do carro e correr para o lado do carona.

— Isso, fuja! — gritou Carla. — Mostre a sua namorada que, além de infiel, você é também covarde.

Marcos bateu a porta do seu lado, aguardando que Raquel desse partida no motor. Ela, contudo, não se mexia.

— Ande, Raquel — pediu ele. — Ligue logo esse carro.

Raquel o encarou com olhos úmidos. Conhecia, em seu íntimo, a razão daquele escândalo.

— O que você fez? — exprimiu num sussurro.

— Vamos sair daqui, Raquel. Conversaremos em outro lugar.

— Não. Quero saber o que houve entre vocês.

Não foi preciso esperar pela resposta. Com os nós dos dedos, Carla batia no vidro de Raquel.

— Não se deixe enganar, moça. Esse que está aí é um cafajeste, canalha, ordinário. Transou comigo, me usou o quanto quis e agora volta para a noivinha com ar arrependido. Ele não presta! Safado! Ordinário!

— Isso é verdade? — indagou Raquel, as lágrimas a um passo de despencar.

— Raquel, por favor...

— É verdade ou não é?

— Não é o que você está pensando...

— É verdade ou não é? — repetiu, sentindo a raiva tentando dominá-la.

Ele não ousou responder. De olhos baixos, balançou a cabeça em afirmativa, enquanto Carla continuava a esbravejar do lado de fora:

— Venha aqui para fora, cretino! Exijo uma explicação...

*Apesar de tudo...*

— Saia — ordenou Raquel, os olhos ardendo, prestes a transbordar de lágrimas.

— Raquel...

— Saia! — vociferou, debruçando-se sobre ele para abrir a porta do carona.

Sem alternativa, Marcos saltou. Imediatamente, Raquel girou a chave na ignição, saindo do estacionamento o mais calmamente que pôde. Não queria dar a eles o gostinho de vê-la desesperada. Marcos permaneceu parado, vendo o carro se afastar com o peito inflado de dor.

— Por que fez isso? — perguntou a Carla, só agora notando que os hematomas dela haviam desaparecido.

— Nada pessoal.

Certificando-se de que o carro de Raquel já ia longe, Carla entrou em seu próprio automóvel, deixando Marcos ainda mais estupefato, sem entender nada. Carla simplesmente destruía seu relacionamento com Raquel, aparentemente sem motivo algum. Não. Tudo tinha um motivo. Ela não podia ter entrado em sua vida surgindo do nada. Alguém a colocara ali. Não era preciso pensar muito para descobrir quem fora. Todas as evidências apontavam para Nélson.

— Quanto foi que Nélson lhe pagou para fazer isso? — questionou com raiva, mas Carla já havia ligado o carro e ido embora.

Pelo retrovisor, viu-o parado no estacionamento, a lividez do espanto cedendo lugar à vermelhidão do ódio. Tateando na bolsa ao lado com uma das mãos, ela apanhou o celular. Ligou para Elói e, assim que ele atendeu, disse com simplicidade, porém, em tom de vitória:

— Feito.

Foi a última vez que Marcos viu Carla.

# Capítulo 53

O pastor Euzébio teve uma grande surpresa ao entrar na igreja. Ainda era cedo, nenhum culto estava programado, de forma que os bancos estavam todos vazios, à exceção de um dos primeiros, onde um rapaz orava contrito. Passou em silêncio para não o interromper mas, ao perceber que se tratava de Marcos, não conseguiu conter a curiosidade.

Sentou-se em um banco mais atrás. Podia simplesmente ir embora, mas algo lhe dizia que Marcos, que há tanto tempo não aparecia, estava atravessando algum problema difícil ou não teria ido à igreja fora dos horários dos cultos, só para rezar. Passados alguns minutos, Marcos abriu os olhos, sentindo-se melhor, mais tranquilo. Levantou-se calmamente. Ao se virar, avistou o pastor parado mais atrás e o cumprimentou:

— Bom dia, pastor.

— Bom dia, Marcos Wellington. Faz tempo que não o vejo.

— É verdade.

— E a sua tia também. Ela não atendeu a nenhum de meus chamados.

— Nós nos mudamos.

— Fui avisado. E você, como é que está?

— Não muito bem, para dizer a verdade.

— Alguma coisa em que eu possa ajudar?

— Acho que não.

— Você sabe que pode confiar em mim, não sabe? Estou à disposição para ajudá-lo a enfrentar seus problemas e a vida.

— Mesmo que meus pecados sejam muitos?

— Quem não comete pecados não tem problemas. E qual é o homem que não peca?

Com um sorriso desanimado, Marcos sentou-se ao lado dele.

— Pastor... — começou de forma hesitante — tenho feito coisas das quais não me orgulho.

— Que tipo de coisas? — ele não respondeu, visivelmente envergonhado. — Por que não me conta tudo?

— Para começar me apaixonei por uma moça que não é da nossa fé. Raquel é maravilhosa, mas tem ideias estranhas.

— Essa Raquel é a moça que o afastou da igreja?

— Ninguém me afastou da igreja — protestou ele com veemência. — Eu só estou sem tempo.

— Sempre há tempo para as coisas de Deus, meu filho.

— Eu sei, pastor, mas minha vida anda meio complicada. O senhor sabe de tudo, não sabe? De meus pais verdadeiros, de meus avós em Belford Roxo?

— Fui eu que recebi o detetive e aconselhei sua tia a contar a verdade. Fiquei muito satisfeito em saber que tudo acabou bem.

— Meus avós têm sido maravilhosos comigo.

— Mas não são evangélicos, suponho.

— Não.

— Uma pena. Enfim, cada um escolhe seu caminho, não é mesmo? O mais importante é respeitar Deus e ser uma boa pessoa.

— Eles são boas pessoas. Quanto a eles, estou tranquilo. Contudo, desde que conheci Raquel, uma sucessão de desgraças tem acontecido na minha vida. Minha mãe foi acusada de um furto que não cometeu, perdi meu emprego, envolvi-me com outra mulher.

— Outra mulher? — surpreendeu-se.

— Uma mulher que eu conheci na rua.

— A que ponto foi esse seu envolvimento com ela? — Marcos abaixou a cabeça envergonhado, e Euzébio prosseguiu: — Você fornicou com ela, não foi? E com sua namorada também.

— Falando assim, o senhor faz parecer que sexo é uma coisa feia e nojenta.

— Não é, desde que dentro do casamento. Mas você não é casado. Nem poderia ser com duas mulheres!

— Eu sabia que não devia ter lhe falado nada — irritou-se Marcos, erguendo o corpo do banco. — Já começou o julgamento.

— Não, Marcos, espere, não vá embora. Perdoe-me se o estou julgando. É que me preocupo com a sua alma.

— Olhe, pastor, eu agradeço, mas agora é tarde. Se quer mesmo saber, dormi, sim, com Raquel e com Carla, mas só quanto a esta me arrependo. O que sinto por Raquel é amor, e não posso me arrepender de amar.

— Fique calmo, meu filho. Encontrarei um jeito de ajudá-lo. Deus sempre perdoa os que se arrependem sinceramente.

— O senhor não está entendendo. Com todo respeito, não vim aqui em busca da sua ajuda. Vim apenas me reconciliar com Deus, conversar com Ele, pedir o seu perdão pelo

*Apesar de tudo...*

que fiz a Raquel. Enganei a mulher que sempre foi sincera comigo, duvidei de sua lealdade, cheguei mesmo a pensar que ela estivesse a serviço de Satanás. É disso que me arrependo.

A situação em que Euzébio se encontrava não era das mais confortáveis. Fora-se o tempo em que a rigidez levava a bons resultados. Mais valia ceder para tentar reconquistar a confiança de Marcos do que perder sua alma para Satanás. Era preciso ser cuidadoso, medir bem as palavras, para que o rapaz, sentindo-se ofendido, não fosse embora para sempre.

— Muito bem, Marcos — disse ele com cautela. — Se você está realmente arrependido, Deus irá perdoá-lo. Ele, mais do que ninguém, pode ler o coração dos homens.

— Sei disso.

— Arrependa-se e ore, pedindo perdão. Depois, case-se com Raquel.

— É o que pretendo, se ela ainda me quiser.

— Se vocês se casarem, Deus perdoará seus pecados.

Os olhos de Marcos se encheram de lágrimas, que ele enxugou rapidamente.

— O senhor não faz ideia do quanto amo Raquel — confessou. — Se ela não me perdoar e não me quiser mais, não sei o que será de mim. Juro que nunca mais amarei outra.

Comovido com a sinceridade de Marcos, o pastor deu-lhe um abraço fraterno e concluiu:

— Não se preocupe. Se ela o ama também, vai perdoá-lo.

— Ah! Pastor, o que devo fazer?

— Já experimentou procurá-la?

— Ela não atende o telefone. E não foi à faculdade hoje.

— Uma hora, vocês vão se encontrar. Quando isso acontecer, coloque-se na posição humilde do pecador que reconhece o seu erro. Não tente rebater o que ela diz nem se justificar. Assuma o que fez e demonstre arrependimento. Mostre-lhe o quanto ela é importante, submeta-se ao castigo que ela quiser lhe dar. Se possível, deixe de dormir com ela até o casamento. Isso irá ajudá-los a se purificar.

Marcos deu um sorriso sem graça e não contestou. O pastor tentava manter sua fidelidade à igreja mudando de atitude. Combater Raquel não era uma boa tática. O que ele pretendia era trazê-la para perto. Se eles se casassem e ela passasse a frequentar a igreja, tudo estaria resolvido. Mas Marcos, que a conhecia muito bem, sabia que isso seria praticamente impossível.

— Obrigado, pastor — falou Marcos ao final. — Vir aqui e conversar com o senhor deixou-me bem melhor.

— Ótimo. Eu só quero o seu bem.

— Eu sei. Agora, preciso ir. Estou atrasado para o trabalho.

— Vá, meu filho. Mas volte. E diga à sua tia para vir também. Precisamos conversar.

— Estamos morando mais longe agora, e não sei se continuaremos a frequentar essa igreja. Talvez procuremos outra, mais próxima de nossa casa.

— Que pena! Mas enfim, o importante é não deixar de lado os ensinamentos sagrados e manter a fé em Jesus. Não deixem morrer essa fé em vocês. Procurem outra igreja, mas não se afastem dela.

— O senhor é um bom homem, sábio e amigo. Vou sentir sua falta.

— Também vou sentir a sua e a de sua tia. Estou nessa congregação há mais de vinte anos. Conheço-os há muito tempo.

— Prometo vir visitá-lo quando puder.

— Não se comprometa com promessas que sabe que não irá cumprir. Acredito que os sentimentos bons que construímos com os outros nunca se perdem, mas a distância cria obstáculos à assiduidade. Tem sempre o trânsito, o cansaço, a preguiça, a hora. Não faz mal. É parte da vida. Só espero que as boas sementes que ajudei a plantar no seu coração frutifiquem em qualquer outro lugar.

— Isso, sem dúvida. Os valores morais que aprendi com o senhor são para sempre.

— Muito bem, Marcos. Você é um bom rapaz. Sempre foi. Vá, meu filho, e seja feliz.

— Obrigado — concluiu Marcos, apertando as mãos do pastor.

Saindo dali, Marcos foi direto para o trabalho, mas não conseguiu se concentrar, só pensando em Raquel. Tentou ligar para ela várias vezes ao longo do dia, mas ela não atendeu. Tampouco compareceu à faculdade nos dias que se seguiram. Desesperado, Marcos pensou em procurá-la em sua casa, mas o medo de ser atendido pelos pais dela o impediu. Não sabia mais o que fazer.

— Não estou aguentando mais — queixou-se ele a Arnaldo. — Raquel não vem mais às aulas. Preciso falar com ela.

— O que foi que houve entre vocês?

— Fiz uma burrada, Arnaldo. Envolvi-me com uma aventureira.

Em breves linhas, Marcos colocou Arnaldo a par de tudo.

— É, foi uma besteira — concordou o amigo. — Mas será que ela não irá perdoá-lo?

— Não sei. Ela sumiu.

O professor entrou, silenciando a turma. Sempre que a porta se abria, o coração de Marcos disparava, na esperança de que fosse Raquel. Mas nunca era. Os dias foram se passando, e nada de sinal da moça. Ela não atendia o celular nem o telefone. Ele até tomou coragem para procurá-la em sua casa, mas foi informado de que ela não estava. Como a insistência não era de sua natureza, preferiu respeitá-la e não a procurou mais.

Certa manhã, ao entrar na sala de aula, encontrou Arnaldo e Paulo conversando. Cumprimentou-os, sentou-se ao lado deles, não se interessou pela conversa. Até que Arnaldo o introduziu no assunto:

— Você tem visto o Nélson?

Marcos levantou a cabeça, olhando ao redor.

— Engraçado, agora que você comentou é que reparei que ele também anda sumido.

Arnaldo e Paulo se entreolharam, e este se adiantou:

— Isso é porque agora ele está estudando no turno da noite — Marcos ergueu uma sobrancelha. — E Raquel também.

— O quê? Como isso foi possível? No meio do semestre!

— Não é impossível, Marcos. Basta um problema convincente.

— E o problema sou eu? É isso?

Os dois deram de ombros, e Paulo prosseguiu:

— Soube que, assim que ela mudou para o turno da noite, Nélson pediu a transferência dele.

— Cafajeste — Marcos rilhou entredentes. — Não gosto de ter esses pensamentos contra ninguém, mas acho que Nélson armou para mim.

— Como assim?

— Pensem bem. Se Carla era tão apaixonada por mim como dizia, por que iria sumir? Não era o caso de ela aproveitar que Raquel não quer mais me ver para tentar me conquistar?

— Você acha que Carla estava a serviço de Nélson? — indignou-se Arnaldo.

— É uma possibilidade.

— Não sei se Nélson seria capaz de uma coisa dessas — objetou Paulo. — Não é o jeito dele. Nélson resolve tudo na força. Não tem cabeça nem inteligência para arquitetar um plano como esse.

— Vocês repararam nas coisas estranhas que me aconteceram desde que comecei a namorar Raquel? — prosseguiu ele. — Primeiro foi aquele episódio lamentável com a minha

*Apesar de tudo...*

mãe no Pão de Açúcar. Depois, foram as acusações de assédio, perdi meu emprego. Por fim, veio Carla. E agora, depois de tudo isso, finalmente Raquel me deixa e quem é que surge logo em cena? O Nélson.

— Se foi ele, não agiu sozinho — insistiu Paulo. — Volto a afirmar que Nélson não tem cabeça para isso. Alguém deve ter idealizado tudo para ele.

— Quem?

— Antônio? — sugeriu Arnaldo.

— Duvido muito. É outro que não está acostumado a usar a cabeça.

— Então quem?

— Não sei. Mas é o que vou tentar descobrir.

# Capítulo 54

Como a concentração de Marcos andava péssima nos últimos dias, o avô chamou-o à sua sala para uma conversa. Graciliano recebeu-o com a afetuosidade de sempre, abraçando-o com carinho.

— O que foi que houve, Marcos? — perguntou interessado. — Você tem andado estranho ultimamente. Aconteceu alguma coisa?

— Problemas pessoais, nada com a empresa.

— Então você está com problemas. Será que posso ajudá-lo?

— Não, obrigado. Estou tentando resolver sozinho.

— É algo com a sua namorada?

— Como é que sabe?

— Meu filho, eu já tive a sua idade. Bernadete foi minha única namorada, acredita? Quando ela brigava comigo, eu ficava assim, jururu que nem você.

Marcos achou graça na forma com ele falava e retrucou com um pouco mais de ânimo:

— O senhor não faz ideia do quanto amo Raquel.

— Ama e não faz nada para tê-la de volta?

— Eu não disse que a perdi.

— E nem precisa. Não sou tolo. Então, o que fez para tê-la de volta?

— O que posso fazer? Ela não quer falar comigo. Até transferiu a faculdade para o turno da noite.

— Já experimentou lhe mandar flores? — Marcos meneou a cabeça, surpreso. — E uma caixa de bombons? E um bichinho de pelúcia, desses bem engraçadinhos? Ou, quem sabe, um livro de poemas? Como vê, há muitas maneiras de se agradar uma mulher. Só não mande joias. Ela pode pensar que você está querendo comprá-la.

— O senhor acha que adianta? — retrucou Marcos, bastante interessado.

— Desde que você não escreva um cartão imenso, cheio de pedidos de desculpas. Um simples *eu te amo* basta.

— Sabe que o senhor me deu uma ótima ideia?

— Ela pode até nem falar com você ou fingir que não liga. Mas que vai gostar, isso vai.

— Mas se ela não falar comigo, de que vai adiantar?

— O amor está presente nesses simples gestos, e ela vai sentir isso. Aos poucos, o coração magoado de Raquel vai perceber seu arrependimento sincero.

— E depois?

— Depois, ela vai dar mostras de que você pode procurá-la.

— Como?

— Pode ser de várias maneiras. Basta você estar atento.

Marcos sentiu como se uma luz se acendesse no mar de sombras que aparentemente o envolvia. Abraçou o avô com entusiasmo, pronto para iniciar seu plano de reconquista.

As primeiras flores chegaram à casa de Raquel na manhã seguinte. Quando ela voltou de sua caminhada matinal, encontrou-as em um jarro em seu quarto, com um cartão que dizia simplesmente: *eu te amo*. Estava assinado por Marcos.

Ela amassou o cartão, atirando-o longe. Depois, pegou as flores e jogou-as pela lixeira, arrependendo-se em seguida. Mas, como as flores já haviam descido pelo duto de lixo, não pôde pegá-las de volta. Apanhou, contudo, o cartão. Desamassou-o, leu novamente aquele *eu te amo*. Lágrimas lhe vieram aos olhos, ela apertou o cartão contra o peito, ainda se perguntando como Marcos fora capaz daquela traição.

Dois dias depois, recebeu uma caixa de bombons em forma de coração, com um cartão que continha apenas as palavras *eu te amo* e a assinatura dele. Dessa vez, não a jogou fora. Abriu a caixa, cheirou-a. Experimentou um bombom, saboreando-o com prazer, como se tocasse os lábios de Marcos. Mais uma vez, os olhos umedeceram, extravasando a saudade que pressionava seu peito.

Na segunda-feira seguinte, a surpresa foi redobrada. O auditório estava aberto para uma palestra sobre direito civil, a ser ministrada por um importante jurista da atualidade. Toda a faculdade estava presente, inclusive Marcos, sentado numa das primeiras filas com Arnaldo e Paulo. Ele olhou para ela e sorriu, mas não fez nenhum gesto que indicasse aproximação.

A presença dele deixou-a desconcertada. Na mesma hora, seu coração perdeu o ritmo, numa aceleração frenética que quase a fez tropeçar. Nélson também notou que ele estava ali, cerrando os punhos com ódio, louco de vontade de acertar-lhe um murro. Vê-lo despertou ainda mais a saudade em Raquel. Observava-o discretamente, acompanhando todos os seus passos. Ele estava tranquilo, aparentemente desinteressado dela, mas Raquel sabia que ele apenas fingia. Quando, por vezes, ele se virava para trás, seus olhos se cruzavam, e era como se um mundo de sonhos os convidasse a viver.

O final da palestra foi como o despertar de um sonho. Marcos se despediu dela com um aceno, que ela respondeu mais entusiasticamente do que pretendia. A seu lado, Nélson se remoía por dentro, sem conseguir evitar o despeito.

— Não sei o que ele veio fazer aqui — comentou com raiva. — Não estuda de manhã?

— A palestra é para todos os alunos — defendeu ela. — Não importa o turno.

Nélson tentou não pensar em Marcos. Queria atrair a atenção de Raquel só para ele.

— Quer ir a um cinema mais tarde? — convidou.

— Hoje? Acho que não. Já está tarde.

— E amanhã?

— Não sei. Por que não me telefona?

Ele telefonou. Era sábado, mas ela não quis sair. Deliciava-se com as poesias de Vinícius de Moraes que Marcos lhe enviara, lendo para si mesma: "No entanto a tua presença é qualquer coisa como a luz e a vida..."[1]

Era a primeira vez que alguém lhe enviava poesias, gesto que ela achou de um romantismo extremo. Deliciava-se tanto com os versos marcados por ele que ninguém conseguiria tirá-la dali. Ouviu batidas na porta, e Elói entrou em seguida.

— O Nélson está ao telefone — anunciou. — Quer falar com você.

Levantando os olhos da leitura, ela apanhou o fone da mão do irmão. Enquanto falava com Nélson, Elói puxou o livro e folheou-o, notando as várias marcações românticas e a

---

1 Extraído do poema Ausência, em *Antologia Poética*, Livraria José Olympio Editora, 25ª edição, 1984.

dedicatória feita por Marcos. Com o sangue fervendo, perguntou irritado, assim que ela desligou:

— Desde quando você se interessa por poesia?

— Desde que Marcos as manda para mim.

— Vocês não terminaram? — ela não respondeu. — Nélson não vai gostar de saber disso.

— Nélson não é nada meu. E agora, dê-me licença, sim? Quero terminar de ler.

Elói fechou a porta furioso. Nélson estava facilitando demais, dando espaço para que Marcos enchesse Raquel de presentinhos idiotas.

Embora ela ainda estivesse aborrecida com a traição de Marcos, acostumara-se a receber seus presentes. E se ligasse para ele para agradecer? Não seria nada de mais, apenas um gesto de educação. Segurou o celular na mão, pensando se devia ou não ligar. Olhou para sua escrivaninha, cheia de flores que ele lhe mandava. Marcos devia estar muito arrependido para enchê-la de presentes daquela forma. E sempre coisas delicadas. Bonito, inteligente, simpático e agora rico, podia ter as mulheres que desejasse. Contudo, persistia tentando reconquistá-la. Talvez devesse lhe dar uma chance. Resolveu ligar.

Ele atendeu com voz trêmula, visivelmente se esforçando para conter a explosão de alegria.

— Raquel! Que surpresa maravilhosa!

— Estou ligando para agradecer os presentes que você me mandou. São todos lindos.

— Não foi nada. É só uma forma de lhe mostrar o quanto a amo.

— Será que me ama mesmo?

— Você ainda duvida?

— Não sei. Não depois de tudo o que você fez.

— Por que não conversamos e me deixa explicar?

*Apesar de tudo...*

— Explicar o quê? Que você me traiu com aquela mulherzinha à toa?

— Não é bem assim, Raquel. Alguém armou para mim e...

— Armou para você? Essa é muito boa! Arranjando desculpas, como sempre.

— Carla não significou nada. Por favor, Raquel, deixe-me explicar. Foi tudo uma armação de Nélson.

— De novo com essa história? Não dá mais, Marcos. Nélson pode ser um grosseirão, mas não é justo você tentar se justificar de seus atos colocando a culpa nele.

— Não é nada disso.

Todo o romantismo que ela vira nos agrados de Marcos se perdeu nas palavras inúteis dele. Seria muito mais fácil ela aceitar que ele tivera um deslize se ele fosse sincero. Mas tentar colocar a culpa em outra pessoa lhe parecia indigno, um ato de desespero em nada condizente com os princípios de Marcos.

— Olhe, Marcos, esse assunto já morreu — rebateu ela com frieza. — Só eu sei como me senti naquele dia. Agradeço o livro e as flores, mas não tente me convencer da sua inocência. Você, como sempre, procura se safar com alguma desculpa. Chega. Acabou. E, por favor, não me mande mais presentes. A partir de hoje, não os aceitarei mais.

Ele desligou arrasado. Bem que o avô o avisara. Estava tudo indo tão bem, por que ele tinha que acusar Nélson, ainda mais sem provas? E agora, o que faria? Se não podia lhe mandar presentes, como fazer para reconquistá-la? Precisava pensar em algo que a sensibilizasse e que ela não se atrevesse a devolver. Mas o quê?

A ideia surgiu de repente, quando ele fazia uma pesquisa na internet. Uma foto que ele vira num site. Conhecendo Raquel como conhecia, tinha certeza de que ela ficaria encantada com o presente. Era algo que ela, mesmo que não aceitasse, não poderia jogar fora. Teria que ir, pessoalmente, devolvê-lo.

No final da tarde de sexta-feira, o presente chegou. Era uma caixinha vermelha, pequena, amarrada com um imenso laço de fita dourada. Mesmo contrariada, a curiosidade foi maior. Raquel soltou o laço, levantando a tampa. Levou um susto. De dentro, uma gatinha angorá, branca e de olhos azuis, a fitou com espanto, toda trêmula. Soltou um miado fraquinho, sedutor, que logo a encantou. Raquel não resistiu. Apanhou a gatinha no colo. Verificou a coleirinha vermelha que ela usava e exibia uma plaqueta com seu nome: Raquel.

— Eu não acredito! — entusiasmou-se ela. — Veja, mãe, Marcos me deu uma gatinha com o meu nome. Ele é louco!

— Nós não podemos ter um gato em casa! — objetou Elói com raiva.

— Por que não? Ela é tão bonitinha! Posso ficar com ela, mãe?

— Por mim, tudo bem, desde que ela não suje a casa toda.

O cartão vinha com o costumeiro *eu te amo*. Raquel abraçou a gatinha, sentindo-lhe a maciez do pelo e a língua áspera.

— Ela é uma gracinha. Está até me lambendo. Acho que gostou de mim.

— Isso vai dar é trabalho — replicou Elói, de má vontade. — Odeio gatos. Só mesmo um idiota feito o seu namoradinho para lhe mandar um presente de grego desses. E aqui em casa nem tem lugar para ela.

— Ela vai ficar comigo, no meu quarto.

— Quero só ver quando ela começar a emporcalhar tudo.

— Ela não vai fazer isso. Gatos são limpinhos. Vou sair agora mesmo para comprar ração, caixa de areia e outras coisas.

*Apesar de tudo...*

— Vou com você, filha — anunciou Ivone. — Preciso dar uma passada no shopping.

— Ótimo.

— Então vamos.

— Vou deixar a gatinha no meu quarto, Elói. Nem se atreva a lhe fazer algum mal.

Depois de acomodar a gata no quarto, Raquel saiu em companhia da mãe. Na garagem, experimentou a chave, que não abriu a porta do carro, só então percebendo que apanhara o chaveiro trocado.

— Ora essa, mas que azar. Trouxe a chave do carro de Elói. Espere só um instante, mãe. Vou lá em cima pegar a minha.

Sem qualquer tipo de preocupação ou desconfiança, Raquel voltou ao apartamento. Ao passar pela sala, ouviu a voz do irmão ao telefone. Ele estava sentado no sofá, com a televisão ligada, de frente para a janela, e não viu quando ela entrou. Raquel não teria se detido para ouvir, não tivesse ele pronunciado o nome de Nélson:

— É o que estou dizendo, Nélson. O idiota agora mandou uma gatinha para ela. E ela, a tonta, se derreteu toda. É nisso que dá a sua pasmaceira. Por que não faz nada? Está esperando o quê? Que ela volte com Marcos? — fez-se silêncio, provavelmente porque Nélson respondia alguma coisa, até que Elói prosseguiu: — E daí? Você está perdendo terreno. De que adiantou eu gastar meu dinheiro com a Carla se você não faz a sua parte? — novo silêncio, nova resposta de Nélson. — O que quero que você faça? Que tome uma atitude de homem! — pausa. — Não, não vou contratar Carla novamente. Não vai mais adiantar, Marcos não é bobo. Você agora tem que se virar sozinho. Já está tudo pronto, só depende de você. Vire-se!

Elói bateu o telefone e desligou a televisão. Ao se virar para sair, seu corpo todo gelou. Em pé atrás do sofá, Raquel o fitava em choque.

— Elói, o que você fez? — esbravejou. — Que história foi essa que eu ouvi?

Mudo de espanto, Elói passou por ela feito uma bala. Raquel segurou-o pelo braço, olhando-o com ódio.

— Largue-me, Raquel — disse ele entredentes. — Não lhe devo satisfação da minha vida.

— Eu ouvi o que você disse. Você pagou essa Carla para seduzir Marcos e aprontar aquele escândalo? Foi isso? Mas por quê? Só para eu voltar com Nélson?

Nesse momento, a mãe entrava em casa, preocupada com a demora de Raquel. Vendo os filhos em posição de guerra, assustou-se e correu a interceder:

— O que está acontecendo aqui? Vocês estão brigando?

— Pergunte ao Elói o que ele fez.

Ivone olhou para o filho sem entender, mas ele não disse nada.

— Vamos, conte a ela o que você fez — desafiou Raquel. — Não foi homem para pagar a vagabunda? Pois seja homem agora para admitir.

— Não tenho que admitir nada — rosnou ele, puxando o braço.

— Covarde! Entendi bem o que você fez. — E, virando-se para a mãe, revelou: — Elói pagou uma vadia para seduzir Marcos, transar com ele e fazer escândalo na porta da faculdade. Tudo isso para eu voltar com Nélson. Por quê?

— Elói! — indignou-se a mãe. — Você realmente fez isso?

— É o que Raquel está dizendo.

— Eu ouvi! — confirmou ela. — Cheguei aqui para buscar a chave do carro, e ele estava ao telefone com Nélson. Não minta, Elói, eu ouvi tudo!

Não adiantava mais tentar esconder. Elói replicou em fúria:

*Apesar de tudo...*

— Fiz mesmo, e daí? Por culpa sua, Raquel. Onde já se viu uma moça branca e de classe envolvida com um negro pé-rapado e favelado? Não podia permitir que você manchasse o nome da nossa família.

— Que preconceito! — indignou-se Ivone. — Meu filho, onde você aprendeu a ter preconceito? Em nossa casa é que não foi.

— Ele pode ter o preconceito que quiser — interveio Raquel. — Desde que não prejudique ninguém, muito menos faça armações para destruir a vida dos outros. Que coisa feia, Elói! Digna de um cafajeste. É isso que você é? Meu irmão é um cafajeste?

— Veja lá como fala, Raquel! Não vou permitir que ninguém me ofenda dessa maneira. Ainda que minha própria irmã.

— O que você vai fazer? Contratar alguém para dar um jeito em mim, assim como contratou uma prostituta para seduzir o Marcos?

— Não me aborreça, Raquel. Foi para o seu bem.

— Para o meu bem? Essa é muito boa. Agora compreendo tudo: o furto no Pão de Açúcar, as garotas fazendo queixa de Marcos... Você queria destruí-lo, não é?

— E daí? É o que ele merece.

— Então você admite?

— Admito. E qual o problema? Estava apenas tentando defender minha família. A mãe dele é gentinha, não é ninguém especial. E quem garante que ele não passou mesmo a mão naquelas garotas? Quanto a Carla... Bom, ele transou com ela porque quis. Ninguém o forçou. Você devia me agradecer.

Foi uma afronta. Raquel, descontrolada, deu-lhe um bofetão na face e, olhos em chamas, esbravejou:

— Canalha! Tenho vergonha de dizer que sou sua irmã.

Ela deu as costas a eles, deixando Elói a cargo da mãe. Apanhou a chave de seu carro, pegou a gatinha no colo e saiu desabalada. O irmão tinha razão quando dissera que Marcos dormira com Carla porque quisera. No entanto, diante das circunstâncias, ele merecia uma chance de se explicar. E ela agora estava disposta a ouvir.

*Apesar de tudo...*

# Capítulo 55

Raquel nunca sentira tanta raiva em sua vida. Nem quando descobrira a traição de Marcos. Ser enganada pelo namorado era algo realmente doloroso, mas os amores podiam se alternar na vida com a mesma intensidade. Já o irmão era o seu sangue. Um namorado ou marido podiam deixar de sê-lo. Um irmão, não.

Chegou em frente ao prédio em que Marcos residia com a máxima rapidez possível. Estacionou e olhou para o alto do edifício, tentando localizar a janela dele. Estava acesa, o que foi um alívio. Ele já havia voltado do trabalho. Ela apanhou a gatinha e trancou a porta do carro. O porteiro já a conhecia, de forma que ela não teve dificuldade em subir sem ser anunciada. Tocou a campainha, Clementina a recebeu.

— Ora, Raquel! — exclamou ela com alegria. — Que surpresa agradável. Marcos vai ficar feliz em ver você.

— Ele está?

— Chegou agora do trabalho. Está no quarto.

Quando Raquel passou, Clementina afagou a cabecinha da gata, dando mostras de que sabia da história. Ela bateu à porta do quarto, mas ninguém respondeu. Deitado em sua cama, com fones no ouvido tocando alto um gospel, ele não escutou. Raquel bateu novamente. Como ele não atendesse, ela abriu a porta devagarzinho, espiando para dentro. Marcos estava deitado de costas, o braço encobrindo os olhos, os pés sobre a cabeceira da cama, balançando levemente ao ritmo da música.

Ela entrou sem fazer barulho, pousando a gatinha, suavemente, em cima dele. Ele abriu os olhos espantado, surpreendendo-se mais ainda com o animalzinho em seu peito. Não sabia se devia se sentir alegre ou preocupado. Retirou os fones do ouvido, sentou-se, deixando o animal em seu colo.

— Raquel... — sentiu a voz faltar e engoliu em seco. — Veio devolver a gata?

— Não. Vim para conversar com você. Posso?

— Você pode tudo — falou embevecido.

Raquel sentou-se ao lado dele e apanhou a gatinha.

— O que deu em você para me mandar um presente desses? — indagou ela, virando o animal para ele.

— O que melhor do que uma gatinha para alegrar outra gatinha?

— Quanta originalidade! — zombou ela, mas com ternura.

— Sei que você gosta de gatos. Nunca me esqueço aquele dia no Pão de Açúcar. Quase perdi você para aquele vira-latas.

— Não fale assim. Ele era tão bonitinho!

— Eu sei. Como você.

Sem conseguir ocultar o rubor, Raquel disse sem jeito:

— Ela é linda. Obrigada.

— Quer dizer que vai ficar com ela?

— Quem é que resiste a uma coisinha dessas? Até minha mãe se apaixonou por ela. — Marcos sorriu de prazer, e ela

*Apesar de tudo...*

prosseguiu: — Mas não foi exatamente por isso que vim até aqui.

— Não?

— Na verdade, queria que você me contasse o que houve entre você e aquela... — calou-se, sem coragem de dizer o nome de Carla.

Para Marcos, era a chance que ele tanto esperava. Contudo, ver-se diante de Raquel sem nenhum preparo para falar da outra causou-lhe um certo pânico, que ele teve que conter para não perder a namorada de vez. Era preciso, sobretudo, não acusar ninguém para não parecer que ele, mais uma vez, buscava justificativas para seus atos.

— O nome dela é Carla... — começou, num esforço tremendo para não perder a voz. — Eu a conheci por acaso... ela bateu na traseira do meu carro.

Sem omitir nenhum detalhe nem tentar diminuir sua participação nos eventos, Marcos narrou-lhe tudo, desde o aparentemente casual acidente até seu último encontro na faculdade.

— Sei que foi uma estupidez... — balbuciou ele, olhos marejados. — Não adianta falar que eu não queria.

— Se não quisesse, não teria ido até o motel.

— Acredite, Raquel, até então, eu estava sendo ingênuo. Achava que iria tirá-la de lá e levá-la de volta para casa. Nem me passou pela cabeça encontrá-la seminua, pronta para me seduzir. Eu pensava que ela gostava do tal Sérgio, que acho que nem existe. Só sei que depois daquele episódio na faculdade, ela nunca mais apareceu.

— Por que foi vê-la novamente? Não podia simplesmente consertar o carro e nunca mais falar com ela?

— É difícil para mim confessar, mas eu estava realmente impressionado com ela. Ela me pareceu tão linda, tão frágil... Mas não foi isso o decisivo para eu me envolver com ela. Foi eu pensar que ela era evangélica e acreditava nas mesmas coisas que eu.

— E o que o fez mudar de ideia?

— O amor que sinto por você. Podia estar confuso por causa dessa coisa de religião. Mas assim que terminei de transar com ela, dei-me conta do que havia feito. Senti meu corpo todo vazio, a garganta embolada, o coração comprimido. Naquele momento, tive certeza de que era você que eu amava e imediatamente me arrependi. Foi uma fraqueza, Raquel, não um ato de amor.

— Compreendo.

— Por favor, diga que me perdoa. Estou sofrendo muito sem você.

Por alguns segundos, Raquel não fez nada além de olhar nos olhos dele. Acreditava em tudo o que ele dissera. A sinceridade dele era inquestionável, suas palavras, autênticas. Não tinha como duvidar.

— Sabe, Marcos, o que mais me doeu não foi a traição. Foi achar que você não me amava mais.

— Como pôde pensar uma coisa dessas, Raquel? Você é tudo para mim.

— Nem tanto. A traição traz para o círculo energético do casal uma vibração estranha e oportunista, capaz de se aproveitar dos momentos de fraqueza para gerar desequilíbrio. Foi exatamente o que aconteceu. Seus questionamentos sobre religião favoreceram a atuação da energia interesseira de Carla, e a minha raiva facilitou o desentendimento.

— E como se conserta isso?

— Com o perdão, que é um dos muitos frutos do amor.

— Você me perdoa?

— Como poderia não perdoar alguém que está sendo verdadeiro? É claro que fiquei magoada e triste. Mas conhecendo a vida espiritual como conheço, considero que a traição aconteceu por um desequilíbrio qualquer de nós

*Apesar de tudo...*

dois. Ninguém é vítima. E não acho justo nem válido terminarmos o nosso relacionamento por causa do orgulho.

— Orgulho?!

— É o orgulho que impede o perdão. Mas se há amor, o perdão há de conviver com ele.

— Você me perdoa mesmo? — insistiu ele.

— De corpo e alma.

Beijaram-se com ardor, cada vez mais conscientes do quanto se amavam. Não demorou muito, estavam nos braços um do outro, concretizando o que sentiam. Após o ato de amor, permaneceram abraçados, Marcos acariciando os cabelos de Raquel. A gatinha, posta momentaneamente de lado, fora colocada de volta em cima da cama, ronronando com as carícias que ambos lhe faziam.

— Tem algo que preciso lhe dizer — anunciou ela, olhando-o gravemente.

— O que é?

— Pensei muito se lhe contar traria algum benefício, mas não acho justo você passar o resto da vida sem saber o que realmente aconteceu.

— Do que está falando?

— Dos incidentes dos últimos tempos.

— Como assim?

— De Carla, das garotas, do furto envolvendo sua mãe no Pão de Açúcar.

Marcos sentou-se, surpreso.

— Você sabe o que aconteceu?

— Descobri hoje. Tenho até vergonha de lhe contar, já que Elói é meu irmão.

— Seu irmão? — espantou-se ele. — Mas eu nem conheço o seu irmão.

— Elói é amigo de Nélson e não suporta você. Foi por puro preconceito que armou tudo isso para nos separar. Eu ouvi a conversa toda ao telefone.

Diante de um Marcos espantado e atônito, Raquel narrou tudo o que descobrira sobre o plano de Elói.

— Foi por isso que você resolveu me procurar? — indagou ele.

— Achei que devia ao menos dar-lhe a chance de se explicar. Fiz mal?

Ele e abraçou novamente e falou com emoção:

— Acho que devemos nos casar.

— Casar!? Mas ainda estamos estudando!

— Agora sou um homem rico. Tenho um emprego e um futuro na empresa do meu avô. Mais tarde, pretendo abrir meu próprio escritório de advocacia e ajudar as pessoas. Com dinheiro, poderei fazer isso. Vou continuar a obra do meu avô, mas vou conciliá-la com meus próprios projetos pessoais. Para isso, vou precisar de ajuda. E quem melhor do que a minha esposa para me auxiliar nesse sonho?

— Além de me propor casamento, está me oferecendo um emprego?

— Permanente — brincou ele. — Ambos, o casamento e o emprego.

— Ah! Marcos...

Após um beijo longo, ele questionou:

— Esse *ah* quer dizer que aceita?

— O que você acha, tolinho? Vamos logo contar a sua mãe.

Foi um momento de prazer e alegria. Clementina dividiu com eles aquela emoção, partilhando de uma felicidade que também lhe pertencia. Raquel passou a noite com Marcos. No dia seguinte, ligou para a mãe e anunciou em breves palavras:

— Mãe, Marcos e eu queremos convidar você e papai para almoçar conosco. Finalmente vão conhecê-lo.

— Está bem, minha filha. Onde vai ser o encontro?

— Aqui mesmo, na casa dele, por volta de uma hora. Vocês podem vir?

— Tudo bem. Estaremos aí.

— E por favor, não tragam Elói. Durante um bom tempo, não quero falar com ele.

À uma em ponto, o porteiro interfonou, anunciando a chegada deles. Raquel os recebeu e fez as apresentações. De imediato, os pais de Raquel simpatizaram com Marcos e Clementina. Como o almoço era em família, Leontina e Romualdo também estavam lá. Apesar das colocações inconvenientes de Romualdo e das observações fanáticas de Leontina, o almoço transcorreu agradável, deixando os pais de Raquel muito satisfeitos com o rapaz.

Em dado momento, após a sobremesa, Raquel entrou com uma bandeja cheia de taças, uma garrafa de champanhe e outra de guaraná.

— Raquel e eu gostaríamos de dizer que estamos muito felizes com esse encontro — disse Marcos. — Por isso, queremos fazer um brinde. Um brinde muito especial.

A um olhar seu, Raquel abriu a garrafa de champanhe e a de guaraná. Serviu as taças, entregando-as uma para cada um.

— Algumas contêm guaraná — informou Raquel. — É que a família de Marcos não bebe.

Depois que cada um estava com sua taça na mão, ele prosseguiu:

— O motivo do brinde não é apenas comemorar a harmonia dessa reunião em família. Na verdade, reunimos todos aqui porque queremos anunciar que Raquel e eu resolvemos nos casar.

Foi uma surpresa geral, exceto para Clementina, que já sabia.

— Para quando será isso? — perguntou o pai de Raquel, mal contendo a surpresa.

— Para o mais breve possível — respondeu Marcos. — Amanhã mesmo vamos dar entrada nos papeis.

Foi o que fizeram. No dia seguinte, logo cedo, estavam no cartório com toda a documentação necessária. Em seguida, Marcos foi trabalhar. Na hora do almoço, Raquel estava com ele em casa de Graciliano e Bernadete, que receberam a notícia com genuína alegria.

— Isso é maravilhoso! — comentou Bernadete. — Acho que você escolheu a moça certa, Marcos.

— Obrigada — respondeu Raquel com um sorriso tímido, porém, gracioso.

— Deixe-me dar-lhes uma festa de presente — pediu Graciliano.

Embora Raquel e Marcos estivessem pensando numa festa simples, permitiram que os avós fizessem de seu jeito. Nada lhes custava dar-lhes aquela alegria.

Aquele fora o primeiro passo. O próximo seria a reconciliação de Marcos com a igreja. Embora Raquel e ele fossem muito diferentes nas questões religiosas, o contato com a igreja era extremamente salutar a ele, que sentia falta das pregações e vigílias, das quais gostava e o faziam sentir-se bem.

— O que você acha, Raquel? — sondou ele. — Vai aborrecê-la se eu voltar para a igreja?

— Meu querido — respondeu ela amorosamente —, iria aborrecer-me se você me deixasse em casa para encher a cara com os amigos.

— Quer dizer então que você não se incomoda?

— Não. Desde que você não queira me converter, tudo bem. Podemos ter as nossas conversas, como sempre, que serão sempre construtivas se soubermos nos respeitar.

— Eu a respeito, Raquel, e sei que você sempre me respeitou.

— Cada um é livre para seguir o caminho que escolher, e nenhum é melhor do que o outro, pois todos conduzem ao mesmo lugar. A ilusão do homem é que o coloca como senhor dos caminhos e detentor da verdade, sem saber, mais uma vez, que tudo isso está no domínio de Deus.

— Você tem razão. Prometo que não vou insistir para que você vá comigo.

— Ir com você, eu até posso ir. A oração e o trabalho no bem jamais vão me incomodar. Só não quero fazer parte da sua congregação por uma divergência de compreensão e exteriorização das doutrinas.

— Sei disso, Raquel, e não vou lhe pedir para seguir a minha crença em detrimento das suas. Se nos respeitarmos, poderemos ser felizes.

— E não quero que você minta para o pastor. Ele tem que saber que eu aceito e respeito a sua religião, mas que não é a minha. Não gosto de enganar ninguém.

— Eu também não. Minha tia descobriu uma igreja aqui perto, e estou pensando em ir até lá com ela.

— Ótimo, vá. Só cuidado com a sua tia. Você sabe como ela é com essas coisas de igreja.

— Não se preocupe. Tia Leontina é uma boa pessoa e não vai interferir na nossa vida.

O casamento de Leontina e Romualdo realizara-se no próprio cartório, com a presença apenas de Marcos e Raquel. Depois de casada, sentindo muita falta da sua religião, ela saiu à procura e encontrou uma igreja perto de casa, que passou a frequentar. Depois, enchendo-se de coragem, retornou à sua antiga igreja e despediu-se de Euzébio. Apesar de não aprovar o novo casamento de Leontina, o pastor não a recriminou. Lembrou-lhe apenas as palavras das Escrituras e prometeu orar por ela.

Posteriormente, quando Marcos se juntou a ela na igreja escolhida, sentiu que sua vida voltava ao normal. Era como se Deus houvesse desistido de puni-la.

# Epílogo

O dia do casamento de Marcos e Raquel amanheceu envolto numa aura especial. Os noivos receberam muitas visitas de amigos espirituais, que vieram até a Terra para derramar sobre eles energias de luz e amor. Toda vez que um acontecimento dessa natureza ocorre no mundo físico, os espíritos se felicitam, porque a vibração de alegria dos encarnados reflete também no invisível, que trabalha para espalhar as energias de felicidade por todo o planeta. Quanto mais gente vibrando alegria, maior a carga energética lançada no ar e, consequentemente, mais próxima se encontra a vitória do bem, que necessita de bons sentimentos para se consolidar. Um dia, quando todo o ódio, a depressão e a vingança forem tocados pela alegria genuína do ser consciente de seu papel no mundo, as guerras, a fome, a corrupção e a dor deixarão de existir, transformadas que estarão em novas partículas de uma luz sem sombras, que só há de refletir o amor.

Mas não apenas os espíritos iluminados são tocados pela felicidade dos encarnados. Há aqueles que, ainda apegados à ilusão do mal, deixam-se envenenar por sentimentos de inveja, despeito, ódio e partem para um possível ataque espiritual, sendo contidos ou não por seres astrais encarregados da proteção espiritual dos noivos, dependendo de sua condição moral.

Não foi por outro motivo que as visitas de seres iluminados se sucederam na casa de Raquel e Marcos, parentes desencarnados e companheiros de outras vidas que acompanhavam ou se interessavam pelo progresso espiritual dos noivos. A primeira visita de Marcos foi do pai biológico. Anderson chegou em companhia daquela que fora sua avó em vida e sentiu imensa alegria em ver que o filho estava conseguindo cumprir a sua tarefa, muito mais ainda com a amizade que surgira entre ele e seus pais.

Como não podia deixar de ser, Margarete apareceu de braços dados com Félix, chorando de alegria. Seu corpo fluídico, já quase inteiramente livre dos efeitos deletérios do álcool, não acusava mais perda de energia.

— E então? — indagou Laureano, que também havia comparecido. — Como se sentem?

— Com a satisfação do dever cumprido — afirmou Félix.

— É muito mais do que isso — acrescentou Margarete. — Para mim, é a consolidação do amor.

— A intervenção de vocês foi decisiva para que tudo desse certo — falou Laureano. — Parabéns.

— Ninguém, mais do que eu, está feliz — assegurou Margarete.

Laureano segurou os dois pela mão e perguntou docemente:

— Prontos para partir? — Margarete olhou para Félix. — Um merecido lugar de luz e descanso os aguarda.

*Apesar de tudo...*

— Estamos prontos — afirmou Félix.

— E você, Margarete?

— Estou pronta. Sei que, de onde estiver, poderei acompanhar a vida de Marcos, sem prejudicá-lo nem interferir. Aprendi a aproximar-me dele apenas com a oração.

— Muito bem. Agradeçamos a Deus e vamos.

De mãos dadas, partiram os três, deixando no ambiente uma cintilação luminosa, radiante, feliz.

Em sua casa, os muitos amigos espirituais de Raquel revezavam-se nas felicitações. O quarto da moça recebia uma constante chuva de luz, que se espraiava para além das paredes. Eram tantas as vibrações, que, inevitavelmente, acabaram penetrando no aposento vizinho, onde uma nuvem cinza de frustração e aborrecimento envolvia o corpo de Elói.

Desde que Raquel descobrira o que ele fizera, nunca mais falara com ele, deixando-o triste e sombrio. E tudo para quê? Para nada. Nem Nélson se interessava mais por ela. Soubera, por amigos, que ele se cansara e se envolvera com outra garota.

A entrada da luminosidade refrescante no quarto de Elói, embora não fosse suficiente para dissipar as energias densas do desânimo, serviu para diminuir um pouco seus efeitos, levando-o a chorar de mansinho. Raquel nem o convidara para o casamento. Mas também, ele não merecia ir. O que faria lá, se não gostava de seu futuro cunhado?

Uma voz interior lhe dizia que tudo aquilo era ilusão. Que a cor da pele não qualificava ninguém, que todas as criaturas eram iguais em essência. Incentivava-o a deixar de lado o preconceito para abraçar a irmã e pedir-lhe perdão. Elói nem percebia que havia um espírito amigo junto a ele, mas recebia suas palavras em pensamento.

Durante o dia todo, ele ficou oscilando entre a raiva e o desejo de falar com Raquel. Próximo da hora de sair, ele ainda não havia se decidido a procurá-la. Raquel não queria que ele fosse ao casamento, contudo, não o impedira propriamente. Na verdade, não dissera nada. Não o convidara nem o repelira.

Alguém bateu à porta, e ele foi abrir. Era o pai.

— Você não está pronto? — indagou, perplexo.

— Não. Eu não vou.

— Tem certeza? Não faça isso.

— Não vou, pai. Primeiro porque não concordo com esse casamento. Segundo, porque Raquel não me quer lá. Aliás, não tenho mesmo nada que fazer numa igreja de crentes.

— Deixe de bobagens, Elói — censurou Ricardo. — O que tem contra a religião do rapaz?

— Nada — respondeu de mau-humor. — Por isso mesmo é que não vou.

— Você é quem sabe.

No mesmo momento, Ivone conversava com Raquel.

— Tem certeza de que não quer que seu irmão vá? — perguntou ela.

— Tenho, mãe. O que Elói fez foi baixaria.

— Não é você mesma que diz que todo mundo merece uma segunda chance?

— É, mas ele é muito orgulhoso. Por que não vem falar comigo e me pedir perdão?

— Por que você não vai até ele e diz que o perdoa?

— Eu o perdoo, mas ele é que tem que vir falar comigo. Não fui eu que pisei na bola.

— Isso não é orgulho também?

Raquel não respondeu. No fundo, a mãe tinha razão, mas era-lhe difícil tomar a iniciativa para reparar uma situação desconfortável que não fora ela que criara. Todavia, envolvida pela leveza de toda aquela vibração, intimamente alimentava o desejo de que uma chance surgisse para que ela e o irmão pudessem se falar.

*Apesar de tudo...*

Quando a vontade é grande, a realização acontece. Assim que a maquiadora terminou seu trabalho, Raquel pôde finalmente olhar-se no espelho. Estava muito bonita em seu vestido branco, de véu e grinalda. Sorriu para si mesma e enxugou as lágrimas dos olhos da mãe com divertimento.

— Chorando antes da cerimônia? — brincou.

Ivone deu um tapinha bem humorado na mão de Raquel e observou:

— Você está linda! A noiva mais linda que eu já vi.

— Aposto como toda mãe diz isso.

O pai entrou no quarto e parou embevecido, repetindo as mesmas palavras de Ivone:

— Minha filha, você é a noiva mais linda que eu já vi!

— Vocês são maravilhosos! — falou ela, abraçando-se aos dois.

Ricardo deu-lhe o braço, que ela segurou, saindo para o corredor com Ivone e a maquiadora tentando levantar o véu para que não se sujasse.

— Não acha melhor colocar o véu no carro? — perguntou ela.

— Não — objetou Raquel. — Quero sair de casa pronta.

Ao atravessarem o corredor, uma porta se abriu. Elói se encostou no portal para admirá-la. Raquel nunca estivera tão linda. Precisava dizer-lhe isso, mas e a coragem? Agora, vendo-a tão bonita, tão feliz, já não sabia mais se acreditava em seu preconceito. Queria poder partilhar com a irmã daquele momento de felicidade, porém, não conseguia desvencilhar-se do orgulho e admitir que aceitar um negro na família não era nada demais. Não depois de tudo o que fizera. Ao passar por ele, Raquel parou, atraída pelo seu olhar de admiração.

— Você está linda — elogiou ele, lutando para conter as lágrimas.

— Também vai dizer que sou a noiva mais linda que você já viu? — retrucou ela, tentando segurar a emoção.

— Não quero ser repetitivo, mas é verdade. Nunca vi noiva mais bonita.

— Até parece que você já viu muitas noivas. Nunca vai aos casamentos a que é convidado.

— Tem razão. Não sou muito ligado nessas coisas.

— É por isso que não vai ao meu?

A pergunta saiu sem querer, embora resumisse bem o que Raquel queria dizer. Ricardo e Ivone se entreolharam, torcendo pela reconciliação dos filhos, até que Elói respondeu:

— Não. O seu é diferente. Torço para que vocês sejam felizes, mas não posso ir. Tenho que ser fiel a mim mesmo.

— Fiel a si mesmo? O que quer dizer isso? Que precisa ser fiel a atitudes ruins?

— É complicado, Raquel. Deixe isso para lá. Não vamos estragar o seu casamento.

— Tudo bem, se é o que você quer.

Ele segurou a mão dela. Olhando-a fixamente nos olhos, falou com voz trêmula:

— Perdoe-me.

Raquel deu um breve sorriso e beijou-o na testa. Saiu sem dizer nada, deixando o ar carregado de emoção. Elói balançou a cabeça. Tinha entendido o gesto sem palavras que revelava o perdão.

Quando o coro da igreja começou a tocar *Agnus Dei*[1], Raquel fez sua entrada triunfante na igreja. No altar, Marcos

---

[1] Música de Michael W. Smith, cantor e compositor americano de música cristã contemporânea, do álbum *Worship*, 2001.

andava de um lado a outro, contido por Arnaldo, seu padrinho. Ela foi caminhando lentamente, sob o olhar admirado dos convidados, numa cerimônia religiosa que misturava evangélicos, católicos, espíritas e gente sem religião alguma. O pai de Raquel entregou a noiva nas mãos de Marcos, que a recebeu com indescritível emoção.

Seguiram-se as comoventes palavras do pastor, alertando os jovens para as responsabilidades do casamento e a necessidade de cultivo constante do amor em família. As alianças foram ungidas, os noivos prestaram o compromisso de amor e fidelidade perante Deus.

Encerrada a cerimônia, o casal seguiu para os cumprimentos no salão de um clube elegante, onde Graciliano e Bernadete ofereceriam um coquetel. Tudo muito bonito e de extremo bom-gosto. Para agradar a todos, a orquestra alternava música popular, clássica, gospel, tornando o clima descontraído, de muita alegria.

Terminados os cumprimentos, Marcos abraçou Raquel, admirando a movimentação dos convidados.

— Feliz? — perguntou ele.

— Muito. Vivo agora um sonho.

Marcos tomou-a nos braços, rodopiando com ela na pista de dança colocada no meio do gramado. Nada, naquele momento, poderia estragar tanta felicidade. Todas as dificuldades que Marcos atravessara pareciam não ter mais importância. A vida, que fora difícil no começo, mostrara-lhe que o esforço da alma na direção do bem sempre traz recompensas, e o prêmio de maior valor são as pessoas que se conquista e com as quais se aprende que vale a pena viver.

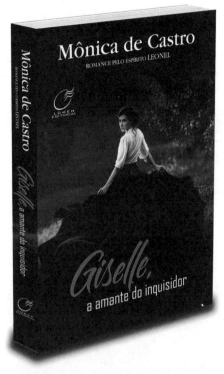

## Mônica de Castro
### ROMANCE PELO ESPÍRITO LEONEL

Romance | 16x23 cm | 400 páginas

Durante séculos, a Inquisição dominou boa parte do mundo, levando a toda sorte de crimes cometidos em nome da justiça divina, que passava pelo tortuoso caminho da ganância.

Nesse contexto, Giselle, amante de poderoso monsenhor, se utilizava da beleza para seduzir, enganar e entregar hereges criminosos nas mãos do inquisidor, angariando, com isso, riqueza e influência. Para tanto, não hesitava em mentir, trair e manipular poderosas energias da treva, que lhe valeram não apenas bens materiais, como também, sérios comprometimentos futuros.

Mas a vida não espalha injustiças, e nada passa impunemente aos olhos de Deus e da própria consciência.

Entre em contato com nossos consultores e confira as condições
Catanduva-SP 17 3531.4444 | boanova@boanova.net | www.boanova.net

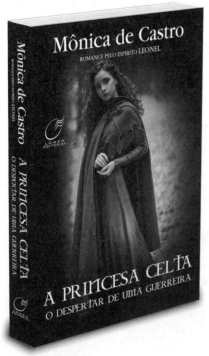

## Mônica de Castro
ROMANCE PELO ESPÍRITO LEONEL

Romance | 15x22 cm | 392páginas

LÚMEN
EDITORIAL

# A PRINCESA CELTA
## O DESPERTAR DE UMA GUERREIRA

Em uma época em que não havia registros históricos, viveu uma princesa celta que sonhava em ser guerreira para livrar seu povo do jugo dos romanos. Envolvida em intrincadas conspirações, não se deixou abalar pela ilusão do poder, mantendo íntegra a vontade de lutar por liberdade e justiça. Ao mesmo tempo, sentiu aflorar a paixão e o desejo, descobrindo que o amor desconhece hostilidades e aproxima inimigos. Acompanhada de uma deusa africana (que, nesta história, é chamada de Oyá, nome proveniente da tradição iorubá), seguiu o destino que a espiritualidade lhe reservou, revelando que as fronteiras entre os povos são imaginárias e incapazes de destruir afinidades e os desígnios traçados pelo Plano Superior.

Entre em contato com nossos consultores e confira as condições
Catanduva-SP 17 3531.4444 | boanova@boanova.net | www.boanova.net

# A ESTRADA DA SOLIDÃO
## Mônica de Castro
Romance pelos espíritos Daniela e Leonel

LÚMEN EDITORIAL

Romance | 15,6x23 cm | 208 páginas

A estrada da solidão narra a história real de Daniela, uma jovem que compartilha sua experiência traumática, com a intenção de ajudar outras pessoas que passaram por situações semelhantes. O romance destaca a coragem de Daniela em contar sua história sem filtros, com a esperança de sensibilizar os leitores para a dor e o sofrimento que ela enfrentou. Mônica de Castro pede que os leitores se abstenham de julgamentos, mostrando empatia e respeito pela protagonista e todos os envolvidos, convidando-os a refletir sobre a solidariedade humana. Livro editado anteriormente com o título "Desejo - até onde ele pode te levar?".

**Entre em contato com nossos consultores e confira as condições**
Catanduva-SP 17 3531.4444 | boanova@boanova.net | www.boanova.net

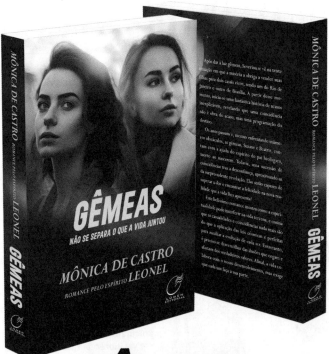

# GÊMEAS
### NÃO SE SEPARA O QUE A VIDA JUNTOU

## MÔNICA DE CASTRO
### ROMANCE PELO ESPÍRITO LEONEL

Após dar à luz gêmeas, Severina se vê na triste situação em que a miséria obriga-a a vender suas filhas para dois casais ricos, sendo um do Rio de Janeiro e outro de Brasília. A partir desse momento, inicia-se uma fantástica história de acasos inexplicáveis, revelando que uma coincidência não é obra do acaso, mas uma programação do destino.

Este belíssimo romance mostra como a espiritualidade pode interferir na vida terrena e ensina que as casualidades e coincidências nada mais são do que a aplicação das leis cósmicas e perfeitas para auxiliar a evolução de cada ser. Entretanto, é preciso se desvencilhar das ilusões que cegam e afastam dos verdadeiros valores. Afinal, a vida colabora com o nosso desenvolvimento, mas exige que cada um faça a sua parte.

Romance | 15,8x23 cm | 400 páginas

# IMPULSOS DO CORAÇÃO

## MÔNICA DE CASTRO ROMANCE PELO ESPÍRITO LEONEL

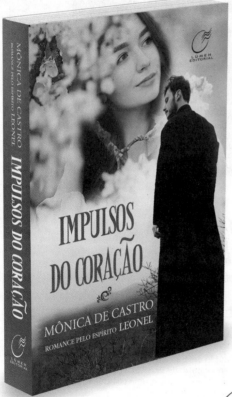

Romance
Páginas: 432 |15,5x22,5cm

"Augusto adora animais e não gosta quando Jaime, seu pai, leva-o à força para caçar bichos na floresta. Aos poucos, distanciam-se do convívio e Jaime envia o garoto para um seminário, obrigando Augusto a abraçar o sacerdócio, minando seus sonhos de ser veterinário e, quem sabe, um dia poder casar e ter filhos. Augusto torna-se padre e é enviado para trabalhar numa igreja na cidade do Rio de Janeiro. É quando ele conhece Rafaela, jovem que luta pela democracia; procurada pela polícia, busca abrigo na igreja e vai morar na casa do padre Augusto. Os dois se apaixonam, mas ele é padre e ela, foragida. O amor deles é, portanto, impossível de ser concretizado. Embora seja uma história que se desenrole ao longo dos anos tristes em que enfrentamos uma ditadura, Impulsos do coração enfatiza o valor do perdão e, acima de tudo, o amor como componente essencial para cicatrizar as feridas emocionais resultantes dos tombos e desafios que a vida nos impõe.

📞 17 3531.4444  |  ⓒ 17 99257.5523

📷 @boanovaed  |  f boanovaed  |  ▶ boanovaeditora

# GRETA

## MÔNICA DE CASTRO
### ROMANCE PELO ESPÍRITO LEONEL

Romance | 15,5x22,5 | 416 páginas

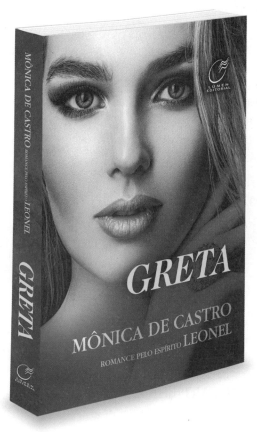

"Por que uma criança saudável e alegre morre de repente? Como vencer a dor da perda e continuar vivendo? O que fazer quando a motivação vai embora e tudo parece perdido? Em um momento de distração da babá, Tiago tenta resgatar seu brinquedo e se afoga na piscina. Os pais, inconformados, expulsam a babá. A mãe do menino não consegue lidar com a morte; afunda na depressão afastando-se do marido, que procura conforto fora do lar. Os fatos de espalham e, sem conseguir mais emprego, a babá amorosa se transforma em uma mulher sensual que tenta sobreviver como pode. Nasce uma nova mulher: Greta! Eis que o destino une Greta com a família de Tiago novamente e mostra que só a sabedoria da vida tem todas as respostas."

LÚMEN EDITORIAL

Entre em contato com nossos consultores e confira as condições
Catanduva-SP 17 3531.4444 | boanova@boanova.net | www.boanova.net

**Levamos o livro espírita cada vez mais longe!**

Av. Porto Ferreira, 1031 | Parque Iracema
CEP 15809-020 | Catanduva-SP

www.**lumeneditorial**.com.br
www.**boanova**.net

atendimento@lumeneditorial.com.br
boanova@boanova.net

17 3531.4444

17 99257.5523

Siga-nos em nossas redes sociais.

@boanovaed          boanovaeditora

**CURTA, COMENTE, COMPARTILHE E SALVE.**
utilize #boanovaeditora

Acesse nossa loja

Fale pelo whatsapp